김봉환의 논어 공부노트 (상)

김봉환의 논어 공부노트 (상)

한문과 고전의 지혜를 함께 한글 세대를 위한 논어 해설

초판 1쇄 발행 2025년 12월 25일

지은이 김봉환
펴낸이 장길수
펴낸곳 지식과감성#
출판등록 제2012-000081호

주소 서울시 금천구 벚꽃로298 대륭포스트타워6차 1212호
전화 070-4651-3730~4
팩스 070-4325-7006
이메일 ksbookup@naver.com
홈페이지 www.knsbookup.com

ISBN 979-11-392-3007-9(03150)
값 19,000원

지식과감성#
홈페이지 바로가기

한문과 고전의 지혜를 함께
한글 세대를 위한 논어 해설

김봉환의 논어 공부노트 (상)

김봉환

지식과감성#

일러두기

1. 엮은이는 전문적인 한문 교육을 받은 일이 없는 법률 실무가이다. 이 노트는 젊었을 때부터 관심이 있었던 논어를 은퇴 후 혼자 공부하면서 그 요점을 정리해서 자료가 쌓이다 보니 기왕이면 손자들에게 남겨 주면 좋겠다는 생각으로 다시 정리한 것이다. 따라서 이 노트는 학술전문서가 아님은 물론이고, 한문을 전공하는 분들을 위한 것도 아니다. 단지 한글 전용 세대인 내 손자 또래를 위한 것이다.

2. 논어는 2,500여 년 전의 語錄體어록체와 敍事體서사체가 혼합되어 있다고 하며, 이를 해설한 학자들도 저마다 풀이가 조금씩 다른가 하면, 어떤 경우에는 정반대의 풀이까지 있어서 엮은이로서는 왜 그런 풀이가 되는지를 이해하려고 노력했다. 특히 우리글과는 다르게 한문에서는 어떤 글자 하나가 문장의 어느 위치에서 어떠한 성분으로 쓰이느냐에 따라 뜻이 전혀 다르므로 이를 이해하는 데 노력을 기울였고, 이 노트는 그 이해의 과정을 정리한 것이다.

3. 엮은이가 공부하고 참고한 문헌들은 아래와 같다. 본문 중에서 그 인용 근거를 일일이 밝히려고 노력하였으나 혹시 빠트린 것은 없는지 걱정된다. 다만 이 노트는 학술적 연구 결과물이 아니라 이 문헌들을 읽으면서 기억해 두어야겠다고 생각하는 점을 그때마다 옮겨 정리한 것이어서 그렇게 되었다는 점을 아래 문헌들의 저자님들께 양해를 구한다. 다만 茶山의 《論語古今註》의 내용은 전부 《논어집주》 1, 2(박헌순 역주)의 풀이를 그대로 인용하였음을 밝혀둔다.

《논어의 문법적 이해》(류종목 저) , 《논어집주》(성백효 역주), 《현대인을 위한 논어》 상, 하(이문주 저), 《논어》(임동석 역주), 《논어》(김형찬 옮김), 《논어》(홍승직 역해), 《이우재의 논어읽기》(이우재 역주), 《중국철학사》(정진일 지음), 《도올논어》 1, 2(김용옥 지음). 《논어강의(孔子가 들려주는 인생경험)》 상, 하(남회근 지음, 송찬문 번역), 《논어집주》 1, 2(박헌순 역주), 《논어 1》(윤재근 편), 《논어》(김석환 역주), 《논어》(이기석. 한백우 역해), 《논어》(김원중 옮김) , 《논어》1, 2(최영갑 옮김),《논어강설》(이기동 역해), 《새번역 논어》(이수태 지음), 《논어입문》(김용재 역해), 《대학.중용집주》(성백효 역주), 《신편 중국철학사》(황준연 지음) , 《여기, 孔子가 간다》(진현종) , 《四書》(성균관) /생각하는 힘 노자인문학(최진석 지음), 《열국지》(이수광 지음), 《경연, 왕의공부》(김태완 지음), 장자강의(전호근), 《한문 문법》(김태수 저), 《한문 문법》(이상진 저), 포켓 한자사전 application, 다음(Daum)과 네이버(Naver)의 한자사전, 백과사전, 중국어사전

4. 논어의 저자와 역사, 孔子의 생애 등에 관한 이해를 돕기 위하여 앞에 朱子의《논어집주》〈서설〉을 실었고, 논어의 해석은 원칙적으로《논어집주》의 풀이를 따르되, 다른 견해도 메모하도록 힘썼다. 또 각 경문의 이해를 돕는 한에서《논어집주》를 각주로 인용하였다.

5. 문해력 저하가 사회문제가 되고 있다는 신문 기사를 읽었다. 어린이집 보육교사가 알림장에 '금주 행사'라고 적어 알림을 띄우니 한 엄마가 '선생님, 애들이 술을 먹는 것도 아닌데 금주라니요? 무슨 이런 단어를 쓰세요'라고 항의를 하더란다. 또 '우천시 ○○로 장소 변경'이라는 공지 내용을 '우천시에 있는 ○○지역'으로 장소를 바꾼다고 이해하는가 하면, 수학여행 가정통신문에 '중식 제공'이라고 했더니 '우리 아이는 한식을 제공해 달라'고 요청한 학부모도 있다고 하였다. 우리 사회가 사용하는 말 중에는 한자어가 적지 않은데도 불구하고 한자 교육을 전혀 받지 못한 한글 전용 세대에 있을 법한 웃지 못할 에피소드로 생각된다.

6. 엮은이는 한문을 전문적으로 공부한 일이 없어서 이 노트에도 부족한 섬이 석시 않을 것을 짐작하고 있다. 그래서 이를 공개하는 것이 주제넘은 일은 아닐까 하는 걱정으로 망설이고 또 망설였으나 오히려 한문 교육을 받지 못한 엮은이가 스스로 이해한 과정을 노트한 것이니 한글 전용 세대인 우리 손주들도 부담 없이 읽고 이해하여 논어는 물론이고 한자, 나아가 한문에 대해서도 좀 더 이해할 수 있고, 그래서 문해력도 높일 기회를 제공할 수도 있겠다는 생각에 이르러 감히 공개하게 되었다. 이런 결심과 출판 과정에는 나의 세 남매 자녀의 도움이 컸으며, 특히 세종사이버대학교 경영학과 교수인 딸 知垠이 밀어붙이지 않았다면 이 책은 햇빛을 보지 못했을 것이다.

7. 이 노트가 한글 전용 세대인 우리 손주들이 논어, 나아가 우리 고전에 접근할 수 있는 디딤돌이 되고, 문해력을 높일 수 있는 계기가 될 수 있으면 좋겠다.

2025년 8월 1일

김 봉 환

김봉환의 논어 공부노트 (상)

김봉환의 논어 공부노트 (하)

김봉환의 논어 공부노트 (상)

차 례

제2편 爲政(위정)

제4편 里仁(리인)

第5편 公冶長(공야장)

제6편 雍也(옹야)

제7편 述而 (술이)

제8편 泰伯(태백)

제9편 子罕(자한)

제10편 鄕黨(향당)

《論語集註》 序說[1)]
논어집주 서설

史記世家曰
사기세가왈

《사기》의 〈孔子世家〉에 기록되기를[2)]

孔子 名丘, 字仲尼. 其先 宋人, 父叔梁紇, 母顔氏.
공자 명구 자중니 기선 송인 부숙량흘 모안씨

孔子는 이름이 '구'이고, 자는 '중니'이다[3)]. 그 선조는 송나라 사람이며, 아

---

1) 《논어집주》는 중국 南宋남송 시대의 儒學者유학자 朱熹주희(1130 ~ 1200, 보통 '朱子'라는 존칭으로 불린다)가 논어에 주석을 달아 저술한 것이다. 朱子는 孔子의 제자인 曾子증자를 《大學대학》의 저자로, 孔子의 손자로서 曾子의 제자인 子思자사를 《中庸중용》의 저자로 보아 孔子의 道도가 曾子를 통해 子思에게 전해지고, 다시 孟子맹자에게 이어졌다가 끊어졌으나 그 후 程顥정호(1032 ~ 1085) · 程頤정이(1033 ~ 1107) 형제(二程)에 의해 다시 일어나게 되었다고 주장하였다. 朱子는 《논어》 외에도 《大學》, 《孟子》, 《中庸》에도 수석을 달아서 四書集註사서집주를 펴냈으며, 유교의 기본 경서인 '四書'의 개념도 그에 의해 확립된 것이다.

四書集註는 중국 元원나라 때부터 明명나라, 靑청나라 때에 이르기 까지 과거시험의 지정서가 됨으로써 모든 지식인의 기본 교양서가 되었고, 우리나라에는 고려 말 性理學성리학의 도입과 함께 유입되어 조선시대의 유학자들은 《논어집주》를 논어 해석의 금과옥조로 삼았다. 茶山다산 丁若鏞정약용(1762 ~ 1836)은 《논어집주》에 대해 이론을 제기한 대표적 학자이다.

2) 漢한나라 武帝무제(재위 B.C. 141 ~ B.C. 87)때 司馬遷사마천(B.C. 145 ? ~ B.C. 85?)이 완성한 역사서이다. 《사기》라는 명칭은 漢나라 후기에 붙여진 것으로, 원래는 《太史公書태사공서》라 하였다. 《사기》는 <本紀본기>, <書서>, <表표> , <世家세가>, <列傳열전> 으로 되어 있다. <世家>에는 주로 諸侯제후들의 사적을 기록하였는데, 제후가 아닌 孔子를 포함시켰다. 사마천은 孔子의 사상이 시대를 뛰어넘어 동양, 나아가 세계의 정신세계를 지배하게 될 것을 예상하였던 것일까? 다만 《사기》를 집필하던 시기의 漢 武帝는 유교의 국교화를 진행하고 있었으니, 이것이 그 이유라는 견해가 유력하다.

3) '仲尼'의 '仲'은 둘째 아들을 뜻하고, '尼'는 그 어머니가 尼丘山니구산에서 기도드려

버지는 숙량흘('숙량'은 字, '흘'이 이름), 어머니는 안(顔徵在안징재)씨이다.4)

[丘: 언덕 /仲: 버금, 가운데 /尼: 여승, 화평하다 /梁: 다리 /紇: 묶다 /顔: 얼굴]
구 중 니 량 흘 안

以魯襄公二十二年 庚戌之歲 十一月 庚子, 生孔子於昌平縣鄒邑.
이노양공이십이년 경술지세 십일월 경자 생공자어창평현추읍

노나라 양공 22년(B.C. 551) 경술년 11월 경자일에 (노나라) 창평현 추읍에서 출생하였다.5)

서 孔子를 낳았다 하여 붙였다고도 하고, 태어났을 때 머리 중간이 움푹 들어가 있었기 때문이라고 하기도 한다. 字는 남자가 15~20세에 이르러 冠禮관례(남자들의 성인식에 해당하는 유교 의례. 관례를 마치면 성인으로서의 대우를 받았음)를 치르고 성인이 되었을 때 윗사람이 지어주거나 본인이 직접 지었는데, 보통 이름의 뜻을 보충해 주는 뜻의 한자를 사용하였다고 한다. 이름은 부모나 스승 또는 왕이 아니면 함부로 부르지 않았고, 字로 불렀다고 한다. 여자의 경우에는 '媄차'라고 하였다. 師任堂사임당은 본명이 申命欽신명흠이고 師任堂은 그의 媄이며, 許蘭雪軒허난설헌은 본명은 許楚姬허초희, 媄는 景蘭경란 혹은 景樊경번이며, 蘭雪軒은 그의 호이다.

4) 孔子의 조상은 본래 周주나라의 제후국인 宋송나라의 귀족이었고, 더 거슬러 올라가면 周나라 이전에 中原중원(중국인들이 한족이 일어난 황허강 중류의 양 기슭 지역을 지칭하는 말)을 다스린 商상(殷은)나라 왕족의 후예로서 성이 '子'이었다. 그러나 孔子의 증조부 孔防叔공방숙이 宋나라 정쟁에 휘말렸다가 魯노나라에 망명하여 성을 孔이라 하였는데, 그 집안은 이미 이때 망한 집안이었다. 2대째 타국 땅에서 한미하게 살던 孔子의 집안은 叔梁紇숙량흘이 뛰어난 勇力용력으로 무공을 세워서 꽤 유명하였다. 叔梁紇은 70세 가까운 나이(일설에는 66세)에 16세밖에 안 된 처녀인 顔씨의 딸과 '野合야합'하여 공자를 낳았다(B.C. 551). '사생아'라는 뜻이다. 부친이 孔子 나이 3세 때 사망하여 孔子 모자는 평민 신분으로 몰락하였고, 모친 안씨도 孔子 나이 24세 때 사망하였다. 모친이 사망하여 부친의 묘에 합장해야 했지만 부친의 묘소를 알지 못하여 五父衢오보구라는 길거리에 빈소를 차려놓고 장례를 치르지 못하다가 추읍 사람이 그 부친의 묘소를 알려 주어서 防山에 가서 합장할 수 있었다고 한다.

5) 曲阜곡부(qūfù): 孔子가 태어난 곳으로 현재는 山東省산동성 濟寧市제녕시에 속한 縣현급의 市로 드넓은 평원이다. 넓이는 대구광역시와 비슷하며, 성 동쪽으로 약간의 휘어진 언덕이 있어서 曲阜로 불린다. 孔子가 생활하던 터에 孔子를 추모하기 위한 사당인 孔廟공묘와 孔子의 嫡孫적손들이 기거하는 종가인 孔府공부, 孔子와 그 후손들의 가족묘인 孔林공림이 있고, 그 근처에 안회의 사당인 顔廟안묘, 안회의 적손들이 기거

爲兒嬉戲，常陳俎豆，設禮容.
위 아 희 희 상 진 조 두 설 례 용

어려서 어울려 놀 때 항상 祭器를 진설하고 예를 행하는 용모를 베풀었다.

[爲(위): 하다, 되다 /兒(아): 아이 /嬉戲(희희): 서로 어울려 즐겁게 놂 /常(상): 항상 /陳(진): 진을 치다, 늘어놓다 /俎豆(조두): 제기 이름 /設(설): 베풀다, 설치하다 /禮(례): 예, 예의 /容(용): 얼굴, 모양]

及長 爲委吏 料量平. 委吏, 本作季氏史. 索隱云: '一本作委吏, 與孟子合.' 今從之. 爲司職吏，畜蕃息.
급 장 위 위 리 요 량 평 위 리 본 작 계 씨 사 색 은 운 일 본 작 위 리 여 맹 자 합 금 종 지 위 사 직 리 축 번 식

장성하여 창고관리자가 되어서는 셈이 공평하였다. '委吏'는 본래는 '季氏史'로 되어 있으나 (당나라의 사마정이 사기를 주석한 책)《索隱색은》에는 '어떤 책에는 委吏로 되어 있고 《맹자》와 부합된다' 하였으니 지금은 이를 따른다. 사직리(축산담당자)가 되어서는 가축이 많이 번식하였다.

[及(급): 이르다, 미치다 /長(장): 어른 /委(위): 맡기다 /吏(리): 벼슬아치, 관리 /委吏(위리): 창고관리자 /料(요): 헤아리다 /量(량): 양, 부피 /料量(요량): 셈하다 /平(평): 공평하다 /史(사): 사관, 장관 밑에 딸린 벼슬아치 /司(사): 맡다 /職(직): 직책 /畜(축): 가축, 기르다 /蕃(번): 많다 /息(식): 새끼 치다]

適周問禮於老子，旣反而弟子益進.
적 주 문 례 어 노 자 기 반 이 제 자 익 진

주나라에 가서 老子에게 예를 물었으며, 돌아오자 제자들이 더욱 많아졌다.

[適(적): 가다 /禮(례): 예, 예의 /於(어): ~에게 /旣(기): 이미, 이윽고 /反(반): 돌아오다 /而(이): ~하여 /益(익): 더욱 /進(진): 나아가다, 더하다]

昭公二十五年 甲申，孔子年三十五而昭公奔齊 魯亂，於是適齊，爲高昭子家臣以通乎景公. 公欲封以尼谿之田，晏嬰不可，公惑之. 孔子遂行反乎魯.
소 공 이 십 오 년 갑 신 공 자 년 삼 십 오 이 소 공 분 제 노 란 어 시 적 제 위 고 소 자 가 신 이 통 호 경 공 공 욕 봉 이 니 계 지 전 안 영 불 가 공 혹 지 공 자 수 행 반 호 노

하는 종가인 顔府가 있다.

노나라 소공 25년(B.C. 517) 갑신년, 孔子 35세 때 소공이 齊나라로 망명하고 노나라가 혼란하니[6], 이에 (孔子도) 제나라로 가서 高昭子고소자의 가신이 되어 경공에게 통하였다. 경공은 孔子를 尼谿니계땅으로 봉해 주려 했지만 晏嬰안영(제나라의 대부, 晏子)이 불가하다 하여 경공이 미혹되었다. 孔子는 마침내 (제나라를) 떠나서 노나라로 돌아왔다.

[奔(분): 도망하다 /亂(란): 어지럽다 /於是(어시): 이에 /爲(위): 되다 /通(통): 통하다 /乎(호): ~에 /欲(욕): 하고자 하다 /封(봉): 봉하다 /以(이): ~로써 /惑(혹): 미혹하다 /之(지): 안영의 말을 가리키는 인칭대사 /遂(수): 마침내 /行(행): 가다]

定公元年壬辰, 孔子年四十三而季氏疆僭, 其臣陽虎作亂專政, 故孔子不仕而退修詩書禮樂, 弟子彌衆.
정공원년임진 공자년사십삼이계씨강참 기신양호작란전정 고공자불사이퇴수시서례악 제자미중

노나라 정공 원년 임진년(B.C. 509), 孔子 43세 때 계씨가 강성하여 참람하고, 그 가신인 陽虎양호가 난을 일으켜 국정을 전횡하자 孔子는 벼슬하지 아니하고 물러나 詩, 書, 禮, 樂을 편수하니, 제자들이 더욱 많아졌다.

[疆(강): 강성하다 /僭(참): 참람하다 /專(전): 제멋대로 /仕(사): 벼슬하다 /退(퇴): 물러나다 /彌(미): 더욱, 두루 /衆(중): 많다, 무리]

九年庚子, 孔子年五十一, 公山不狃以費畔季氏, 召孔子, 欲往而卒不行.
구년경자 공자년오십일 공산불뉴이비반계씨 소공자 욕왕이졸불행

정공 9년 경자년(B.C. 501) 孔子 나이 51세 때 공산불뉴(제17편 양화5장에는 '公山不擾공산불요'라 하였다)가 비읍에서 계씨에게 모반을 일으키고 孔子를 부르자 가려고 했지만 끝내는 가지 않았다.

[畔(반): 배반하다(=叛(반)) /召(소): 부르다 /欲(욕): 하고자 하다 /往(왕): 가다 /卒(졸): 끝내, 마침내]

---

6) 季平子계평자가 귀족 郈昭伯후소백과 닭싸움을 벌이다가 魯 昭公에게 죄를 지었다. 이에 소공이 군대를 이끌고 계평자를 공격했으나 孟孫氏맹손씨와 叔孫氏숙손씨 등과 연합한 계평자에게 패해 제나라로 달아난 일을 말한다. 소공은 제나라에 머무른 지 7년 후에 죽었다.

定公以孔子爲中都宰, 一年四方則之. 遂爲司空, 又爲大司寇.
정공이공자위중도재 일년사방칙지 수위사공 우위대사구

정공이 孔子를 중도의 읍재로 등용하자[7] 1년 만에 사방에서 孔子를 본받았다. 마침내 司空사공이 되고, 또 大司寇대사구가 되었다.[8]

[宰재: 읍재, 재상 /則칙: 본받다 /之지 : 孔子의 중도재로서의 행적을 가리키는 대사 /遂수: 마침내 /爲위: 되다]

十年辛丑, 相定公會齊侯于夾谷, 齊人歸魯侵地. 十二年癸卯, 使仲由爲季氏宰, 墮三都收其甲兵, 孟氏不肯墮成, 圍之不克.
십년신축 상정공회제후우협곡 제인귀노침지 십이년계묘 사중유위 계씨재 타삼도수기갑병 맹씨불긍타성 위지불극

정공 10년 신축년(B.C. 500) 정공이 제나라 군주(景公)와 夾谷협곡에서 회맹하는 것을 도우니, 제나라 사람들이 침범한 노나라 땅을 노나라에 반환해 주었다.[9] 정공 12년 계묘년(B.C. 498)에 仲由로 하여금 계씨의 가신이 되게 하고, 세 읍의 성을 허물고 갑옷과 병기를 거두게 했는데, 맹씨가 成(郕, 성) 땅의 성을 허물지

---

7) 孔子 나이 51세 때이다(B.C. 501). 中都는 노나라의 도읍시가 아닌 제2의 도시쯤 되었다.

8) 司空은 고대 중국 왕조의 관직 가운데 하나로서 감옥에 갇힌 수형자의 관리와 治水 등의 각종 토목공사를 맡아 보았다고 한다. 당시에는 관의 공사에 죄수를 동원하는 경우가 있었기 때문에 두 가지 일을 함께 담당하게 한 것으로 보인다. 大司寇는 법령, 소송 및 국제사무를 담당하는 장관에 해당하며, 朝鮮조선에서는 刑曹判書형조판서의 뜻으로 썼다.

9) 제나라 경공이 노나라 정공을 회의를 구실로 夾谷협곡으로 초청하였을 때 정공이 아무런 대비 없이 출발하려 하자 孔子는 만일의 사태에 대비하여 군사를 데리고 가게 하였고, 협곡에서는 경공과 정공이 단상에 오르자 두 제후의 만남을 축하한다는 구실로 제나라가 무기를 든 무용수들로 하여금 춤을 추게 하여 공포 분위기를 조성하자 孔子가 층계를 뛰어올라 두 나라의 "군주가 엄숙한 회견을 하고 있으니 오랑캐의 음악을 중지하게 하라"고 소리쳐서 물리치게 하였다. 그럼에도 불구하고 다시 난쟁이 등이 나타나 음악을 연주하자 "비천한 몸으로 제후를 우롱하는 행위"라며 이 또한 중단하게 하였다. 이렇게 창피를 당한 경공이 사죄하는 뜻으로 일찍이 노나라로부터 뺏은 鄆운 . 文陽문양 . 龜陰구음의 땅을 돌려준 일을 말한다.

않아서 포위했으나 이기지 못하였다.10)

[相(상): 돕다 /會(회): 회의, 모임 /于(우): ~에서 /歸(귀): 돌려보내다 /侵(침): 침노하다, 범하다 /使(사): ~로 하여금 ~하게 하다 /墮(타): 허물다 /圍(위): 포위하다 /克(극): 이기다]

十四年乙巳, 孔子年五十六, 攝行相事, 誅少正卯, 與聞國政, 三月魯國大治.
(십사년을사 공자년오십육 섭행상사 주소정묘 여문국정 삼월노국대치)

정공 14년 을사년(B.C. 496) 孔子 나이 56세 때 (대사구로서) 宰相의 일을 대행하여, (노나라의 대부) 소정묘를 죽이고11) 국정에 참여하여 들으니 3개월 만에 크게 다스려졌다.12)

---

10) 孔子가 定公에게 周禮주례에 의하면 家臣은 私的으로 軍을 보유할 수 없고 大夫는 百雉之城백치지성(길이와 높이가 300丈인 城)을 쌓지 못하는 것이니 大夫(三桓氏삼환씨)들의 城성을 허물어야 한다고 건의하고, 季孫氏계손씨도 동조하므로 子路자로가 季桓子계환자의 家宰가재가 되어 叔孫氏숙손씨의 郈城후성과 季孫氏의 費城비성을 허무는 데는 성공했지만 孟孫氏맹손씨의 郕城성성은 허물지 못했다. '禮墮三都예타삼도'라고 하는 사건으로 삼환씨의 세력을 약화시키고 왕권을 강화하기 위한 것이었다.

11) 孔子는 소정묘를 처형한 이유를 이렇게 밝혔다. 사람에게 악한 것이 다섯이 있는데, 도둑질도 그에 끼지 않는다. 마음은 만사에 통달하면서도 음험한 것이 하나이고, 행실이 편벽되고 완고한 것이 그 둘이며, 말이 거짓되고 잘하는 것이 그 셋이며, 추한 것을 기록하면서 지식만 많은 것이 그 넷이며, 그릇된 일을 일삼아서 혜택을 누리는 것이 그 다섯이다. 사람이 이 다섯 가지 중 한 가지만 가지고 있더라도 처형을 면할 수 없거늘, 소정묘는 그것들을 다 갖추고 있었다. …이런 자는 소인들의 걸웅이라 할 수 있으니, 처형하지 않을 수 없는 것이다.

다만 청나라 말기의 사상가인 梁啓超양계초(1873 ~ 1929)는 '(사람을 죽인 것은) 孔子의 큰 잘못이고 사실이 아닐 것이다'라고 논평하였으나, 楊榮國양영국(1907 ~ 1978) 등은 소정묘는 당시 신흥 지주계급을 대표하는 정치가이며, 孔子는 노예제를 기반으로 하는 구체제의 회복을 기도한 반동사상가임을 예증하는 것이라고 주장하고 있다. [네이버 지식백과]

12) 孔子가 다스려 3개월이 지나자, 장사꾼은 폭리를 탐하지 않게 되고, 문란한 풍기도 사라졌으며, 나라 안의 치안이 확보되고 잃어버린 물건을 가져가는 사람조차 없어지게 되었으며, 노나라를 방문하는 다른 나라 사람들도 일일이 관리에게 말하지

齊人歸女樂以沮之，季桓子受之，郊又不致膰俎於大夫，孔子行適衛，主於子路妻兄顔濁鄒家.
제인귀녀악이저지 계환자수지 교우불치번조어대부 공자행적위 주어자로처형안탁추가

제나라가 여자 악공을 보내어 저지하려는데 계환자가 이를 받았으며, 또 郊祭교제를 지내고도 그 고기를 대부들에게 보내지 않자[13] 孔子는 (노나라를) 떠나 위나라로 가서 子路자로의 처형 안탁추의 집에 주인을 정하였다.[14]

[歸귀: 선물하다 /沮저: 저지하다 /受수: 받다 /郊祭교제: 제사 이름 /致치: 보내다, 이르다 /膰번: 제

않고 물자를 마음대로 밖으로 가지고 나갈 수 있게 되었다고 한다.

13) 孔子의 다스림으로 노나라가 날로 융성해지자 그대로 두면 노나라가 언젠가는 천하의 패자가 될 것이라고 우려한 제나라가 미녀 80명을 뽑아 노래와 춤을 가르친 후 이들을 아름답게 장식한 수레 50대에 태워 노나라에 선물하자 정공은 교외 시찰을 핑계 삼아 남문에 가서 온종일 그들의 노래와 춤에 빠져 나랏일은 아랑곳하지 않았다. 거기다가 며칠 후 郊祭교제를 지내고도 제사에 쓰인 고기를 孔子를 비롯한 대부들에게 보내주지 않자 孔子는 더는 노나라에 희망이 없다고 생각하여 노나라를 떠난 사실을 말한다. 애둘러 표현했지만 공자는 '예타삼도'(→ 주 10 참조)에 실패한 이후 당시의 권력자들에 의해 실각한 것이다. 이때 공자를 따른 제자들은 안연, 염구, 자로, 자공 등이었다.

14) 孔子의 周遊列國주유열국(周遊天下주유천하) (B.C. 496 ~ B.C. 484)(56세 ~ 68세): 孔子는 열국을 주유하며 가는 나라마다 그 나라에서 등용되어 자기의 도를 실현하고자 했으나 실패하고, 노나라 哀公애공 11년(B.C. 484) 季康子가 폐백을 갖추어 초빙하므로 14년 만에 노나라로 귀국하였다.

주유 중에 ①匡광 땅을 지나다가 그곳에서 반란을 일으켰던 陽虎양호로 오인돼 그곳 사람들에게 5일 동안 포위당한 일이 있었고(제9편 자한5장), ②宋송나라를 지나면서 큰 나무 밑에서 제자들에게 예를 가르치고 있던 중 司馬桓魋사마환퇴가 孔子를 죽이려고 그 나무를 뽑는 일을 당하는 위기를 겪기도 하고(제7편 술이22장), ③蒲포 땅을 지나다가 그 지방 사람들의 방해를 받았으며, ④陳나라와 蔡채나라 사이에 머물던 중 楚초나라 昭王소왕의 초빙을 받고 가려 하자 진나라와 채나라의 대부들이 孔子가 초나라에 등용되면 자기들 나라가 위태로워질 것을 염려하여 사람들을 보내 孔子의 일행을 포위하게 하고 7일 동안 길을 막아서 孔子 일행은 꼼짝도 못 하는 상태에서 식량마저 떨어져 굶고 병들어 일어서지도 못할 지경이 되는 등(제15편 위령공1장), 수많은 수난을 당했다.

사 고기 /適적: 가다 /衛위: 나라 이름 /子路자로: 孔子의 제자]

適陳過匡，匡人以爲陽虎而拘之，旣解還衛，主蘧伯玉家，見南子.
적 진 과 광 광 인 이 위 양 호 이 구 지 기 해 환 위 주 거 백 옥 가 견 남 자

진나라로 가는 중에 (송나라의) 광 땅을 지났는데, 광 땅의 사람들이 (孔子를 전에 광 땅을 짓밟은 일이 있는) 陽虎양호로 오인하여 구류했지만, 풀려난 후에는 위나라로 돌아가 거백옥의 집에 주인을 정하고, (위나라 靈公령공의 부인) 南子남자를 만났다.

[過과: 지나다, 지나치다 /拘구: 체포하다 /解해: 풀리다 /還환: 돌아오다 /見견: 보다, 만나다]

去適宋，司馬桓魋欲殺之，又去適陳，主司城貞子家，居三歲而反于衛，靈公不能用.
거 적 송 사 마 환 퇴 욕 살 지 우 거 적 진 주 사 성 정 자 가 거 삼 세 이 반 우 위 영 공 불 능 용

위나라를 떠나 (조나라를 거쳐) 송나라로 갔는데, (일찍이 孔子에게 창피를 당한 적이 있는 송나라의) 司馬桓魋사마환퇴가 죽이려 하므로 또 송나라를 떠나 진나라로 가서 (진나라 대부인) 사성정자의 집에 주인을 정하고 3년 동안 살다가 衛나라로 돌아갔는데, 령공이 등용하지 못하였다.

[適적: 가다 /去거: 떠나다 /又우: 또 /居거: 거주하다 /歲세: 해, 세월 /于우: ~에]

晉趙氏家臣佛肹 以中牟畔，召孔子，孔子欲往，亦不果. 將西見趙簡子，至河而反，又主蘧伯玉家，靈公問陳，不對而行，復如陳.
진 조 씨 가 신 필 힐 이 중 모 반 소 공 자 공 자 욕 왕 역 불 과 장 서 견 조 간 자 지 하 이 반 우 주 거 백 옥 가 영 공 문 진 불 대 이 행 복 여 진

진나라 조씨의 가신인 佛肹필힐이 중모 땅에서 반란을 일으키고 孔子를 부르니 孔子도 가려고 했지만 역시 결행하지는 않았다. 서쪽으로 가서 (晉진나라의 대부) 趙簡子조간자를 만나려고 하여 黃河황하에 이르렀다가 (衛나라로) 돌아와 다시 거백옥의 집에 주인을 정하였는데, 령공이 (군대의) 진법을 묻자 대답하지 않고 떠나 다시 陳진나라로 갔다.

[晉진: 나라 이름 /以이: ~로써 /畔반: 밭두둑, 배반하다 /召소: 부르다 /欲욕: 하고자 하다 /往왕: 가다 /果과: 결행하다 /將장: 장차 /至지: 이르다]

季桓子卒，遺言謂康子必召孔子，其臣止之，康子乃召冉求.
계환자졸 유언위강자필소공자 기신지지 강자내소염구

계환자가 죽음에 아들 강자에게 유언하기를 반드시 孔子를 부르라 하였는데, 그 신하들이 저지하자 강자는 冉求를 불렀다.

孔子如蔡及葉，楚昭王將以書社地封孔子，令尹子西不可，乃止. 又反乎衛，時靈公已卒.
공자여채급섭 초소왕장이서사지봉공자 영윤자서불가 내지 우반호 위 시영공이졸

孔子가 채나라로 가서 葉땅에 이르렀다. 초나라 소왕은 장차 서사('社'는 행정단위)의 땅을 孔子에게 봉해 주려 하였으나 영윤인 자서가 불가하다 하여 결국 그만두었다. 다시 위나라에 돌아갔는데, 이때에는 이미 령공이 죽었다.

衛君輒欲得孔子爲政， 而冉求爲季氏將 與齊戰有功， 康子乃召孔子而孔子歸魯. 實哀公之十一年丁巳 而孔子年六十八矣.
위군첩욕득공자위정 이염구위계씨장 여제전유공 강자내소공자이공 자귀노 실애공지십일년정사 이공자년육십팔의

위나라 왕 輒이 孔子를 얻어 정치하고자 하였으며, 冉求가 노나라 계씨의 장수가 되어 제나라와 싸워 전공을 세우자, 계강자가 마침내 孔子를 불러서 孔子가 노나라로 돌아왔다. 실로 애공 11년 정사년(B.C. 484)이었고 孔子의 나이 68세였다.

然魯終不能用孔子， 孔子亦不求仕， 乃叙書傳禮記， 刪詩正樂， 序易彖繫象說卦文言.
연노종불능용공자 공자역불구사 내서서전례기 산시정악 서역단계 상설괘문언

그러나 노나라는 끝내 孔子를 등용하지 못했고, 孔子 또한 벼슬을 구하지 않고, 書傳과 禮記를 서술하고, 詩를 산정하고 樂을 바로 잡았으며, 차례로 周易주역의 彖傳단전, 繫辭傳계사전, 象傳상전, 說卦傳설괘전, 文言傳문언전을 지었다.[15]

15) 彖傳단전 上下, 繫辭傳계사전 上下, 象傳상전 上下, 說卦傳설괘전, 文言傳문언전과 序掛傳서괘전, 雜掛傳잡괘전의 7종 10권은 주역을 풀이한 책으로 주역의 十翼십익이라고 한다. 모

[然: 그러나 /終: 끝내 /能: ~할 수 있다 /用: 등용하다 /亦: 또한, 역시 /求: 구하다 / 仕: 벼슬 /敍: 펴다, 서술하다, 쓰다 /刪: 깍다 /易: 주역 /彖: 주역단사 /繫: 매다 / 卦: 점괘 /蓋: 대개]

弟子蓋三千焉, 身通六藝者 七十二人.
제 자 개 삼 천 언 신 통 육 예 자 칠 십 이 인

제자가 대략 3,000명이었고[16], 몸소 六藝에 통달한 이가 72명이었다.

十四年庚申, 魯西狩獲麟, 孔子作春秋. 明年辛酉, 子路死於衛.
십 사 년 경 신 노 서 수 획 린 공 자 작 춘 추 명 년 신 유 자 로 사 어 위

애공 14년 경신년(B.C. 481) 노나라 서쪽에서 사냥을 하여 기린을 잡았는데[17], (이 해에) 孔子가 춘추를 지었다. 다음 해 신유년(B.C. 480) 子路가 衛나라에서 죽었다.

[狩: 사냥 /獲: 잡다 /麟: 기린]

十六年四月己丑孔子卒, 年七十三. 葬魯城北泗上. 弟子蓋服心喪三年而去, 惟子貢廬於塚上凡六年.
십 육 년 사 월 기 축 공 자 졸 년 칠 십 삼 장 노 성 북 사 상 제 자 개 복 심 상 삼 년 이 거 유 자 공 려 어 총 상 범 육 년

애공 16년(B.C. 479) 4월 기축일에 孔子가 죽으니 향년 73세였다. 노나라 도성 북쪽의 泗水사수가에 장사 지내고 제자들이 모두 3년의 心喪을 입고 떠나고, 오직 子貢만은 무덤가에 여막을 짓고 모두 6년 동안 지냈다.

두 孔子가 지었다고 전하지만 학자들은 전국시대부터 한나라 초 사이에 유학자들에 의해 완성된 것으로 본다.

16) 3,000명이라는 숫자는 "매우 많았다"라는 뜻으로 풀이할 수 있다.

17) 기린은 현인이나 성군이 나타날 것을 예고하는 상서로운 외뿔 짐승이다. 그런데 이 기린이 사람에게 잡혔다는 것은 매우 불길한 징조가 아닐 수 없다. 孔子는 이 소식을 듣자 "吾道窮矣!"라고 말했다고 한다. 자신의 도가 적어도 자신의 생전에는 이 세상에서 이루어질 수 없음을 한탄한 것이다.

[葬장: 장사 지내다 /蓋개: 덮다, 모두 /心喪심상: 喪服상복은 입지 않으나 喪制상제(부모나 조부모가 세상을 떠나 喪中상중에 있는 사람)와 같은 마음으로 몸가짐이나 행동을 삼가고 조심함 /去거: 가다 /惟유: 생각하다, 오직 /廬려: 농막 집, 오두막집 /塚총: 무덤]

孔子生鯉, 字伯魚, 先卒. 伯魚生伋, 字子思, 作中庸.
공자생리 자백어 선졸 백어생급 자자사 작중용

孔子는 아들 鯉리를 낳았는데 자는 伯魚이다.[18] (孔子보다) 먼저 죽었다. 백어는 伋급을 낳았는데 자가 子思자사이다. 그가 《중용》을 지었다.

何氏曰, 魯論語二十篇, 齊論語 別有問王知道, 凡二十篇, 其二十篇中, 章句頗多於魯論. 古論出孔氏壁中, 分堯曰下章子張問以爲一篇, 有兩子張, 凡二十一篇, 篇次不與齊魯論同.
하씨왈 노논어이십편 제논어 별유문왕지도 범이십편 기이십편중 장구파다어노론 고논출공씨벽중 분요왈하장자장문이위일편 유양자장 범이십일편 편차불여제노논동

하(何晏하안)씨는 말하기를, "魯논어는 20편이고, 齊논어에는 별도로 「問王」과 「知道」의 2편이 있어서 모두 22편이며, 그 20편 중에 章句도 魯논어보다 상당히 많다. 古논어는 孔씨(孔安國공안국)의 집 벽에서 나왔는데[19], 「堯曰」편 아래 장

---

18) 孔子는 19세에 혼인하여 20세에 아들을 낳았는데, 그때 노나라의 昭公소공이 孔子의 득남 소식을 듣고 이를 축하하기 위해 多産다산의 상징인 잉어 두 마리를 선물로 보냈고, 孔子는 이에 감격하여 아들의 이름을 잉어를 뜻하는 鯉리라고 했다고 한다. 소공이 겨우 20세의 평민인 孔子에게 이렇게 선물을 한 것으로 미루어 당시에 이미 孔子의 학식과 인품이 널리 알려졌을 것으로 짐작되며, 이 소문이 퍼지자 더 많은 제자가 모여들었다고 한다.

19) 당시 집 주인 劉유씨가 집을 수리하기 위하여 벽을 허물자 그 안에 감춰져 있던 竹簡죽간에 적힌 논어가 쏟아져 나왔는데 蝌蚪文字과두문자로 씌어져 있고 헝클어진 상태이었기 때문에 읽기 어려웠고, 그 이후 訓詁學훈고학의 발전으로 해독이 가능해졌다고 한다.

* 蝌蚪文字과두문자: 筆墨필묵이 아직 쓰이기 전인 고대 중국에서는 대나무 조각의 끝을 뾰족하게 만든 후 그 끝에 옻을 묻혀서 죽간에다 글을 썼는데, 옻이 끈적끈적하기 때문에 글자의 획이 머리는 굵고 끝은 가늘게 되어 마치 과두(올챙이) 모양으로 보였기 때문에 붙은 이름.

의 「子張問」을 나누어 한 편을 만들어서 두 개의 자장 편이 있으니 모두 21편이며, 편의 차례도 齊논어나 魯논어와 같지 않다."고 하였다.[20]

[頗파: 자못, 상당히 /於어: ~보다 /壁벽: 벽 /堯요: 요임금]

程子曰, 論語之書, 成於有子曾子之門人, 故其書獨二子以子稱.[21]
정자왈 논어지서 성어유자증자지문인 고기서독이자이자칭

---

* 竹簡죽간: 대나무를 마디별로 길이 20~25cm, 폭 2~4cm로 자른 후 불에 구워 기름을 빼는 방법으로 만들었다고 한다. 후에는 이를 모방하여 나무로 만든 木簡목간도 사용되었다고 한다. 2세기 초 후한시대 채윤에 의해 종이가 발명되기까지는 비단과 함께 저렴한 죽간, 목간이 많이 사용되었다. 하나하나에 구멍을 뚫고 가죽이나 비단으로 된 끈으로 여러 개를 묶은 것을 策책 또는 冊책이라고 불렀다. 책을 세는 단위가 卷권인데, 지금도 책을 세는 단위로 사용한다.

20) 현재 논어라고 할 때는 魯논어를 가리킨다.

21) ① 漢書에 "논어는 孔子가 제자들과 당시 사람들에게 응답한 말('論')과 제자들이 孔子로부터 들은 것('語')들이다. 孔子 사후에 再傳弟子재전제자들이 각기 기록해 둔 것을 서로 모으고 의론하여 펴낸 것이기 때문에 '論語'라고 칭하였다."고 하였다.

② 초기에는 논어라는 명칭 대신 '傳', '記', '論', '語' 등의 이름으로 불렸고, 논어라는 이름으로 불리게 된 것은 前漢 6대 景帝경제(재위 B.C. 157 ~ B.C. 141)부터 武帝무제(재위 B.C. 141 ~ B.C. 87) 기간이라고 하며, 後漢(A.D. 25 ~ 220)에 이르러 현재와 같은 형태로 정리되었다고 한다.

③ 현재 논어는 모두 20편, 482장, 600여 문장, 15,000여 자로 전해 내려오고 있다. 앞의 10편을 上論, 뒤의 10편을 下論으로 구분하여 앞의 10편이 더 이전 시대에 서술된 것으로 보는 견해가 일반적이다. 각 편의 이름은 그편 내용의 첫 두 글자를 딴 것으로서 특별한 뜻이 있는 것은 아니다. 전호근(5면)은 《老子》는 5,000여자, 《맹자》는 35,000여자, 《장자》는 65,000여자라고 하였다.

④ 논어의 文體는 語錄體어록체와 敍事體서사체가 혼합되어 있다.

⑤ 시중의 논어 관련 서적 중에는 '공자 저/○○○ 역'이라고 한 것도 보이지만 논어의 저자에 대해서는 정설이 없다. 다만 일반적으로는 그 내용으로 보아 孔子 사후 그의 제자들이 여기저기 흩어져 교육에 종사하면서 스승의 말씀을 죽간 등에 기록해 학생들을 가르칠 때 쓰던 것들을 모으고 자신들의 얘기를 첨가해 편찬했을 것으로 본다. 따라서 논어는 어느 한 시기에 편찬되었다기보다 몇 차례에 걸쳐 지어졌다고 보이는데, 첫 번째 孔子 사후에 仲弓중궁, 子游자유, 子夏자하, 閔子민자, 有若유약 등의

정자는 말하기를 “논어는 유자와 증자의 門人에게서 이루어졌기 때문에 이 책은 유독 그 두 사람만을 ‘子’로 칭하였다”고 하였다.

程子曰, 讀論語有讀了全然無事者, 有讀了後其中得一兩句喜者, 有獨了後知好之者, 有讀了後直有不知手之舞之足之蹈之者.
정자왈 독논어유독료전연무사자 유독료후기중득일양구희자 유독료후지호지자 유독료후직유부지수지무지족지도지자

정자는 말하기를 “논어를 읽음에, 읽은 뒤에도 전혀 아무 일도 없는 사람도 있고, 읽은 뒤에 그중 한두 구절을 얻고 기뻐하는 사람도 있으며, 읽은 뒤에 논어를 알고 좋아하는 사람도 있고, 읽은 뒤에 곧바로 자기도 모르게 손으로 춤을 추고 발로 뛰는 사람도 있다”고 하였다.

程子曰, 今人不會讀書. 如讀論語, 未讀時是此等人, 讀了後, 又只是此等人, 便是不曾讀.
정자왈 금인불회독서 여독논어 미독시시차등인 독료후 우지시차등인 변시부증독

정자는 말하기를 “오늘날 사람들은 책을 읽을 줄 모른다, 만일 논어를 읽음에 읽기 전에도 이러한 사람이요 다 읽고 난 뒤에도 또 다만 이러한 사람이라면 이것은 곧 읽지 않은 것”이라고 하였다.

[會회: 모이다, 모으다, 만나다, 부합하다, 능숙하다, 잘하다, 깨닫다 /便是변시: 다른 것 없이, 곧 /曾증: 일찍이, 이미, 이에]

제자들이, 두 번째는 孔子의 가장 나이 어린 제자였던 曾參증삼 사후에 그 제자들이, 세 번째는 전국시대 孟子맹자 시기 또는 맹자 死後에 누군가 내용을 첨가하고 보충했다고 보는 것이 정설이다.

⑥ 논어에서 孔子의 제자를 일컬을 때는 주로 字를 썼는데, 증참, 유약, 염구, 민자건 등을 曾子, 有子, 冉子, 閔子로 일컬은 예가 각각 17회, 3회, 3회, 1회가 있다. 이 점은 논어가 증참과 유약의 제자에 의하여 편찬되었다고 주장하는 사람들의 주요 논거가 되고 있다.

⑦ 한반도에는 삼국시대에 전해진 것으로 추정되며, 3-4세기경 한성백제시대 목간에 公冶長공야장 편의 주요 내용이 기록되어 남아 있다고 한다.

程子曰, 頤自十七八讀論語, 當時已曉文意, 讀之愈久, 但覺意味深長.
정자왈 이자십칠팔독논어 당시이효문의 독지유구 단각의미심장

정자는 말하기를 "나는 17, 8세 때부터 논어를 읽었는데, 당시에도 이미 글뜻을 깨달았지만, 읽기를 더욱 오래 함에 의미심장함을 깨달았다"고 하였다.

[曉: 깨닫다 /愈: 더욱 /久: 오래되다 /但: 다만 /覺: 깨닫다 /深: 깊다]
효 유 구 단 각 심

제1편 學而
학 이

此爲書之本首篇. 故所記多務本之意, 乃入道之門, 積德之基,
차위서지본수편 고소기다무본지의 내입도지문 적덕지기

學者之先務也. 凡十六章
학자지선무야 범십육장

이는 이 책의 머리 편이다. 그러므로 기록한 내용이 근본에 힘쓰는 뜻이 많으니, 바로 도에 들어가는 문이요, 덕을 쌓는 바탕이다. 배우는 이들이 먼저 힘써야 할 것이다. 모두 16장이다.《논어집주》

※ 孔子 死後사후 孔門의 제자들이 '仁인'이나 '禮예'가 아닌 '學'을 논어의 首篇수편으로 삼은 것은 그만큼 儒學유학이 '시의성'과 '융통성'을 발휘하는 학문으로 거듭날 수 있기를 소망했기 때문이었을 것이다.(김용재, 65면)

1. 學而時習之(학이시습지)

1-1. 子曰(자왈): 學而時習之(학이시습지), 不亦說乎(불역열호).

> 子(자): 아들, 자식, 남자, 사람, 스승, 그대(존칭, 2인칭 대사) *《논어》에서 '子曰(자왈)'의 '子(자)'는 모두 孔子를 가리킨다. /曰(왈): 말하기를, ~라 하다, 말하다 /學(학): 배우다, 공부하다, 본받다, 학문, 학자, 학교 /而(이): 그리고, ~하고 *순접관계를 표시하는 접속사 /時(시): 때때로, 때맞추어 /習(습): 익히다, 학습하다, 익숙하다, 잘 알다, 버릇, 습관 /之(지): 그, 그것 * '배운 것'을 가리키는 指示代詞(지시대사)[22] /不(불): 아니하다 /亦(역): 또한, 역시 /說(열): 기뻐하다(=悅(열)), *說(설): 말씀 /乎(호): ~인가? ~겠지? ~하지 아니한가? *반어형 의문어기조사[23] *不亦說乎(불역열호)는 亦說(역열)과 뜻은 같지만, 부정사 不(불)과 乎(호)가 호응하여 反問(반문)의 형식을 취함으로써 강한 긍정의 뜻을 나타낸다.

子曰(자왈) 孔子께서 말씀하셨다. **學而時習之**(학이시습지) 배우고 때때로(때맞추어) 그것을 익히니,[24] **不亦說乎**(불역열호) 또한 기쁘지 않겠는가?[25]

---

22) 代詞대사는 명사, 동사, 형용사, 수량사, 부사 등을 대신하는 역할을 하는 말로서, 인칭대사와 지시대사, 의문대사가 있다. 인칭대사 외의 것들은 가리키는 것이 명사뿐이 아니고 형용사, 부사 등도 포함하기 때문에 '대명사'라고 하지 않고 '대사'라고 한다. 지시대사는 사람이나 사물의 구체적인 명칭 대신에 사용하여 해당하는 사람이나 사물을 가리키는 역할을 하며, 인칭대사는 我아, 吾오, 汝여, 若약 등 사람을 대신하여 지칭하는 대사이고, 의문대사는 상황 · 방식 · 원인 따위를 물을 때 쓰는 대사이다.

23) 語氣助詞어기조사: 문장의 끝에 위치하여 문장의 내용을 확실하게 정해주거나, 판단하고 결정해 주는 역할을 하고, 말하는 기세(뉘앙스, 어감)와 말하는 사람의 심정, 기분의 상태, 의도, 동작 진행 여부 등을 나타내주는 조사이다. 문장의 끝에 써서 그 문장의 여러 가지 형태(서술, 의문, 감탄, 강조 등)를 나타내고, 절이나 문장이 끝남을 나타내는 때는 '종결사', '종결어기조사'라고도 한다.

24) '學'의 대상은 六藝육예(禮예, 樂악: 음악, 射사: 활쏘기, 御어: 수레 몰기, 書서: 서예, 數수: 셈

1-2. 有朋自遠方來, 不亦樂乎.
유붕자원방래 불역낙호

> 有(유)[26]: 있다, 존재하다, 보유하다, 가지다, 소지하다 /朋(붕): 벗, 같은 스승 밑에서 배운 동문 친구, 무리(모여서 뭉친 한 동아리) *友(우): 벗, 뜻을 같이하는 친구 /自(자): ~으로부터, ~에서부터 *장소를 나타내는 말이나 행위를 나타내는 말 앞에 놓이면 행위의 시발점을 표시하는 전치사 /遠(원): 멀다 /方(방): 방향, 곳, 장소, 도리, 방법 /來(래): 오다, 돌아오다, 未來(미래) /亦(역): 또한 /樂(락): 즐겁다 *樂(악): 음악 *樂(요): 좋아하다

有朋自遠方來(유붕자원방래) 벗이 먼 곳에서 찾아오니 不亦樂乎(불역낙호) 또한 즐겁지 않은가?

법)와 이른바 孔門四科공문사과인 德行덕행, 言語언어, 政事정사, 文學문학이다.

25) '亦'은 강조의 의미를 내뿜고 있다. 다른 기쁨과 즐거움도 있는데, 이와(앞의 경문)와 같이 행동해야만 유독 '기쁨'과 '즐거움'이 생겨날 수 있음을 뜻한다. 혹은 앞의 경문대로 행동할 때 생겨나는 내면적 기쁨과 외면적 즐거움을 의미하는 것이기도 하다.(김용재, 67면)

26) • '有'는 '가지고 있다', '소유하다'라는 뜻의 동사로 뒤에 오는 명사를 목적어로 삼지만, 때로는 불특정의 사람이나 사물을 표시하는 관형어가 되어 뒤에 오는 명사를 수식하기도 한다. 이 경우 '어느, 어떤'으로 풀이할 수 있는데, 이는 현대 중국어의 有와 마찬가지이다. … "有朋"은 '친구가 있어서'로 풀이할 수도 있고, '어떤 친구'로 풀이할 수도 있지만, 두 가지는 궁극적으로는 같은 것이기 때문에 구분하기도 어렵고 또 굳이 구분할 필요도 없다.(류종목, 14면)

• 한 글자로 된 단어(특히 나라 이름 등) 앞에 붙여 두 글자로 만듦으로써 음률을 부드럽게 하는 역할을 할 뿐이고 다른 뜻은 없다. 栗谷율곡 李珥이이는 有를 다음에 오는 '朋自遠方來'의 술어로 보아 '벗이 원방에서 옴이 있으면'으로 풀이하였다.(이기동, 34면)

• "有朋自遠方來"라 할 때, "有朋"의 有는 잘 해석이 되질 않는다. "友朋"이라고 한 텍스트도 있음으로 아마도 友朋으로 고쳐 읽는 것이 더 타당할 것이다(김용옥, 161면)

1-3. 人不知而不慍, 不亦君子乎.
인부지이불온 불역군자호

> 人(인): 사람, 타인 *고전에 쓰인 人은 대부분 타인을 뜻한다. /不(부): 아니하다 *뒤따르는 글자의 자음이 ㄷ, ㅈ일 때에는 "부"로 읽고, 그 외의 경우에는 "불"로 읽는다. /知(지): 알다 *여기서는 知(지)의 목적어(己(기): 자기)가 생략되었다. /而(이): ~한데도, ~해도, ~하나, ~인데, 그런데도 *역접관계를 표시하는 접속사 /慍(온): 성내다, 화를 내다, 원망하다, 괴로워하다, 화, 노여움 /君子(군자)[27]: 군자, 군자답다(형용사)

人不知而不慍(인부지이불온) 남이[28] 알아주지 않더라도 성내지 않는다면 **不亦君子乎**(불역군자호) 또한 군자답지 아니한가?

2. 君子務本
군자무본

2-1. 有子曰: 其爲人也孝弟 而好犯上者, 鮮矣. 不好犯上 而好作亂者, 未之有也.
유자왈 기위인야효제 이호범상자 선의 불호범상 이호작란자 미지유야

> 其(기): 그, 그것 *인칭대사 /爲(위): 하다, 되다, 위하다 /爲人(위인): 사람의 됨됨이 /其爲人也(기위인야)의 也(야): 음절을 조정하고 어기를 고르는 어기조사[29] /孝(효): (부모에게) 효도하다 /弟(제):

---

27) 君子: 春秋時代춘추시대 말까지는 통치계급인 귀족을 가리켜 군자라 하고, 육체노동에 종사하던 사람들을 가리켜 '小人'이라고 하다가 춘추시대 말 이후 군자는 점차 학문과 수양을 통해 일정한 인격적 완성에 이른 사람을 두루 가리키는 말이 되었다. 朱子는 "군자는 덕을 이룬 이의 명칭이다(君子 成德之名)."〈학이 1장〉, "군자는 재주와 덕이 출중한 자의 이름이다(君子 才德出衆之名)"〈술이 25장〉라고 하였다.

28) 人은 자기(己) 외의 '남'을 뜻하지만 여기의 人은 그중에서도 爲政者위정자를 뜻하는 것이라는 주장도 있다. 즉, '위정자가 알아주지 않더라도 성내지 않는다'는 뜻으로 새기는 것이다.

공경하다, 공손하다(=悌제), 형제자매간의 우애, 아우 /好호: 좋아하다, 좋다 /犯범: 침범하다, 해치다, (법을) 어기다, 거스르다 /者자: ~하는 사람, ~하는 것 *의존명사[30] /上상: 위, 손윗사람 /而이: ~하면서 *순접관계를 표시하는 접속사, ~하면서도 *역접관계를 표시하는 접속사 /鮮선: 적다 /矣의: ~이다, ~도다 *단정적 어기를 표시하는 어기조사 *류종목(17면)은 필연의 결과를 표시하는 어기조사라고 하였다. /作작: 만들다, 행하다 /亂란: 어지럽다, 어지럽히다 /未미: 아직, 아직까지 ~하지 않다 /未之有미지유의 之지: 그, 그러한 사람('不好犯上 而好作亂者'를 가리키는 대사) /未之有미지유: 未有之미유지의 도치형 *부정사 未미를 강조하기 위한 것 /未之有也미지유야의 也야: '~이다'(~아니다)라는 판단 또는 비교적 단호한 진술의 어기를 표시하는 어기조사[31]

有子曰유자왈 有子가 말했다.[32] **其爲人也孝弟**기위인야효제 그 사람됨이 효성스럽

---

29) 이런 종류의 어기조사는 중간에 말을 잠시 끊음으로써 화자의 호흡을 조절하고 청자의 주의를 환기하는 역할을 한다.(류종목, 17면)

30) 의존명사: 자립적이지 못하고 그 앞이나 뒤에 반드시 수식어가 있어야 하는 명사로서 불완전명사라고도 한다.
①수식어 + 者 (~하는 사람, ~라는 것) *'其爲人也孝悌而好犯上'이 者 를 수식하여 전체가 명사구로 된다.(류종목, 17면)
② 所 + 수식어 (~하는 바) *者와 달리 수식어가 뒤에 온다 [己所不欲 자기가 하고자 하지 않는 바를]
③ 所以 + 수식어 (~까닭, 이유) [君之所以君 … 是必有道矣. 임금이 임금 되는 까닭]에는 … 반드시 도리가 있다.
④ 數量詞수량사도 일종의 의존명사이다.

31) 류종목(18면)은 "판단 또는 잔술의 어기를 표시하는 어기조사"로서 "명사 · 대사 · 수사 또는 이에 준하는 명사성 구조가 술어인 체언술어문(體言述語文)의 끝에 쓰여서 '~이다'('아니다'를 포함한다)라는 어기를 표시하거나, 일반적인 문장의 끝에 쓰여서 비교적 단호한 진술의 어기를 표시한다"고 하였다.

32) 有子: 이름은 有若유약이며, 字는 子有, 子若자약이다. 魯나라 사람으로 孔子의 제자. 孔子보다 13세 적었다는 설과 33세 적었다는 설이 있다. 《논어》는 주로 孔子의 말

고 공경스러우면서 而好犯上者(이호범상자) 윗사람 해치기를 좋아하는 사람은 鮮矣(선의) 드물고, 不好犯上(불호범상) 윗사람 해치기를 좋아하지 않으면서 而好作亂者(이호작란자) 난을 일으키기를 좋아하는 사람은 未之有也(미지유야) 아직 없었다.[33]

2-2. 君子務本(군자무본), 本立而道生(본립이도생). 孝弟也者(효제야자), 其爲仁之本與(기위인지본여).

務(무): 힘쓰다, 일, 업무 /本(본): 근본 /立(립) : 서다 /而(이): ~하고, ~해야 *순접관계를 표시하는 접속사 /道(도): 도, 도리, 사람이 지켜야 할 올바른 도리, 세상 살아가는 바른 방법[34] /生(생): 생기다, 낳다 /也者(야자): ~라는 것은[35] /其(기): 그, 그것, 만약, 아마, 아마도 * 추측을 나타내는 부사 /與(여): 감탄의 어기를 표시하는 어기조사 /其(기) ~ 與(여): 아마도 ~이리라! 아마도 ~일 것이다! *추측의 어기와 감탄의 어기를 함께 표시한 것 /爲(위): ~하다 /爲仁之本(위인지본)의 之(지): 〈동사인 爲(위) +관형격 어조사 之(지)〉가 '本(본)'을 수식하는 관형어, '(동사)~하는'으로 해석한다. 仁(인)은 爲(위)의 목적어

씀을 기록한 책이고, 《논어》에서 孔子의 제자를 일컬을 때는 주로 字를 썼는데, 曾參증삼, 有若유약, 冉由염유, 閔子騫민자건을 曾子, 有子, 冉子, 閔子로 일컬은 예가 각각 17회, 3회, 3회, 1회씩 있다. 이 점은 《논어》가 증삼과 유약의 제자에 의하여 편찬되었다고 주장하는 사람들의 주요 논거가 되고 있다.(류종목. 16면)

33) 《논어집주》: 부모를 잘 섬김이 '孝'이고(善事父母爲孝), 형과 손윗사람(연장자)을 잘 섬김이 '弟'이다(善事兄長爲弟). …'作亂'은 사람의 도리를 어기고 싸우고 다투는 일을 함이다(作亂 爲悖逆爭鬪之事矣 /悖패: 거스르다 /逆역: 거역하다 /爭쟁: 다투다 /鬪투: 다투다).

34) • 무릇 '도'라는 것은(凡言道者) 모두 사물의 당연한 이치로서(皆謂 事物當然之理) 사람이 모두 따르는 바인 것을(人之所共由者也) 일컫는 것이다.《논어집주》 학이14장, 里仁8장

• '도'는 인륜과 일상생활의 사이에서(道則人倫日用之間) 마땅히 행해져야 할 바가 이것이다(所當行者是也). 이것(道)을 알고 마음이 반드시 그(道)에 간다면(知此而心必

君子務本(군자무본) 군자는 근본에 힘써야 하니, **本立而道生**(본립이도생) 근본이 서야 (비로소) 도가 생겨난다. **孝弟也者**(효제야자) 부모에게 효도하고 웃어른을 공경함이 **其爲仁之本與**(기위인지본여) 仁을 행하는 근본이리라.[36]

3. 巧言令色(교언영색)

子曰: 巧言令色, 鮮矣仁.
(자왈 교언영색 선의인)

巧(교): 솜씨가 있다, 아름답다, 좋게 하다, 꾸미다 /言(언): 말, 말씀 /令(영): 착하다, 좋게 하다, 꾸미다 /色(색): 빛, 얼굴빛, 예쁜 여자 /鮮(선): 적다, 드물다, 곱다 /矣(의): 단정적 어기를 표시하는 어기조사 /鮮矣仁(선의인): '仁鮮矣'와 같은 뜻이지만 '鮮'을 강조하기 위하여 도치시킨 것 *강조효과를 위한 도치

子曰(자왈) 孔子께서 말씀하셨다. **巧言令色**(교언영색) (듣기 좋게) 말을 꾸며서 하고

之焉) 그 가는 바가 바르게 되어(則所適者正) 다른 갈림길의 미혹이 없을 것이다(而無他岐之惑矣).《논어집주》 술이6장
• 하늘이 부여한 것을 '性성'이라 이르고(天命之謂性), '性'을 따름을 '道'라 이르며(率性之謂道), '道'를 닦는 것을 '教교'라 이른다(修道之謂教). 《중용》 장구1장
• 茶山: 道는 사람이 말미암아 행하는 바(길)이다(道者 人所由行也)(박헌순, 36면)

35) • (이문주, 26면) '也'는 어조사, '者'는 의존명사, '也者'는 '~라는 것은'의 뜻.
• (류종목, 19면) '也者'는 "음절을 조정하고 어기를 고르는 두 개의 어기조사가 연용된 것", '者'는 "음절을 조정하고 어기를 고르는 어기조사, 경우에 따라 '~라고 하는 것', '~라고 하는 사람'으로 풀이하는 것"이 더 자연스러울 때도 있다.
• (김용재, 68면) 주어를 객관화시켜 강조하는 용법. '효제라고 하는 것은'으로 풀이한다.
* 문법적인 설명은 다소 차이가 있지만 풀이는 같다고 할 수 있다.

36) '爲'를 '~이다'라는 뜻의 연계동사로 보면 "(효제라는 것은) 아마도 인의 근본이리라"로 풀이하게 된다.

낯빛을 (보기 좋게) 꾸미는 사람은 鮮矣仁(선의인) 仁한 이가 드물다.

4. 三省吾身(삼성오신)

曾子曰(증자왈): 吾日三省吾身(오일삼성오신). 爲人謀而不忠乎(위인모이불충호). 與朋友交而不信乎(여붕우교이불신호). 傳不習乎(전불습호).

> 曾(증): 일찍이 /吾(오): 나, 우리 (=我(아)) /日(일): 매일, 날 /省(성): 살피다, 깨닫다 *省(생): 덜다, 줄이다, 간략하다 /身(신): 몸, 자신 /爲(위): 위하다 /人(인): 다른 사람, 타인 /謀(모): 도모하다, 모색하다, 살피다 /而(이): ~하면서 *순접관계를 표시하는 접속사 /忠(충): 충성(하다), 공평, 정성(스럽다 =誠(성)), 진실함 /乎(호): ~인가? *반어형 어기조 사: 반문을 통해 강한 긍정을 표현한다> /與(여): ~와, 함께, 더불어 *동반관계, 병렬관계를 표시하는 전치사 /朋(붕), 友(우): 벗 /交(교): 사귀다 /信(신): 신의, 믿음 /傳(전): 전하다, 전달하다 /習(습): 익히다, 익숙하다

曾子曰(증자왈) 증자가 말했다.37) 吾日三省吾身(오일삼성오신) 나는 매일 세 가지로써 나 자신을 살핀다.38) 爲人謀而不忠乎(위인모이불충호) 남을 위하여 일을 도모할 때 誠心(성심)을

---

37) 曾子: 노나라 사람으로 孔子의 제자. 성이 曾, 이름은 參삼(참)이다. 자는 子輿자여이며, 孔子보다 46세 아래였다. 증삼은 가장 어린 나이에 아버지인 曾點증점(자 晳석)에 이끌려 孔子의 문하에 들어온 인물로 孔子 死後에 《大學》을 지어 孔子의 학맥을 정통적으로 계승하고, 많은 제자를 배출하였으며, 특히 孔子의 손자이며 《中庸》의 저자로 알려진 子思(孔子 사망 당시 3세)도 그의 제자이다. 孔子는 증삼에 대해 "노둔하다"(제11편 先進17장)고 하였으나, 孔子가 吾道一以貫之(나의 도는 한 가지 이치로써 관통된다)라고 말했을 때 오직 증자만이 夫子之道 忠恕而已矣(선생님의 도는 충과 서일 따름입니다) 라고 깨우쳤을 정도로 명민했던 것으로 보인다(제4편 리인15장). 또한 증삼은 孝를 가장 잘 실천한 제자로 제8편 泰伯3장에 이러한 그의 孝가 잘 나타나 있다.

38) '三'은 '九'와 함께 '여럿', '여러 번', '자주'의 뜻으로 많이 쓰이므로 본문을 '여러

다하지 않았는지?[39] **與朋友交而不信乎**(여붕우교이불신호) 벗과 더불어 사귀면서 미덥지 않게 하지는 않았는가? **傳不習乎**(전불습호) (스승으로부터) 전수받은(배운) 것을 익히지 않은 것은 없는가?[40]

5. 道千乘之國(도천승지국)

子曰: 道千乘之國, 敬事而信, 節用而愛人, 使民以時.
(자왈 도천승지국 경사이신 절용이애인 사민이시)

道(도): 길, 事理(사리), 방법, 근원, 도덕, 이야기하다, 다스리다, 가르치다, 引導(인도)하다 /乘(승): (말

번 나 자신을 살핀다.'로 풀이할 수도 있다.

39) '忠'은 漢 武帝(재위 B.C. 141 ~ B.C. 87)가 黃老學派황노학파를 제압하고 왕권 강화를 위해 儒家를 등용한 이래 국가 또는 어떤 한 사람에 대한 忠誠충성이라는 의미로 쓰이기 시작했으나, 孔子가 말하는 忠은 국가, 사회, 부모, 벗 등 어떤 사람, 어떤 일에 대해서든 변함없는 성실한 마음(誠성)을 말한다.

* 黃老學派: 漢대 초기에 유행한 法家법가와 道家도가의 융합 사상. '황로'는 黃帝황제와 老子노자를 가리킨다. 황제는 중국 전설상의 제왕으로 法家的 사고를 대표하며, 老子는 道家의 시조이다.

40)《논어집주》: 자기 자신(자신의 몸과 마음)을 다하는 것을 '忠'이라 이르고(盡己之謂忠 /盡진: 다하다, 완수하다), 진실로써 하는 것(진실 되게 하는 것, 성실히 하는 것)을 '信'이라 이른다(以實之謂信). …증자는 이 세 가지로써(曾子以此三者) 날마다 자기 자신을 살펴서(日省其身), (잘못이) 있으면 고치고(有則改之), 없으면 더욱 힘썼다(無則加勉 /勉면: 힘쓰다). …이 세 가지의 순서는(而三者之序 /序서: 차례) 또 '忠'과 '信'으로써 전습의 근본을 삼는다(則又以忠信爲傳習之本也).

41) 乘: 말 네 마리가 끄는 군사용 수레(兵車병거)를 말한다. 1乘은 대략 100명의 군사로 이루어져 있다. 甲士갑사 3명、步卒보졸 72명, 人夫인부 25명, 兵車병거 1대, 말 4필, 소 15두가 따른다. 甲士는 말을 모는 병사 1명, 활 쏘는 병사 1명, 창과 방패를 사용하는 병사 1명 등이다. 天子의 나라를 萬乘之國만승지국, 諸侯제후의 나라를 千乘之國천승지국, 제후의 대부를 百乘之家백승지가라고 했는데. 乘을 제후나 대부의 경제력을 나타내는 말로도 썼다.

이나 차에) 타다, 수레, 네 마리의 말이 끄는 戰車를 세는 단위[41] /千乘之國: 1,000대의 戰車(兵車)를 가진 나라, '千乘之'는 國을 꾸며주는 관형어[42] /敬: 공경(하다), 경건하게 대하다, 삼가다 /事: 일, 직업, 재능, 섬기다, 부리다, 종사하다 /而: ~하여 *순접관계를 표시하는 접속사 /信: 믿다, 믿음직하다 /節: (비용을) 절약하다, 절제하다, 예절 /用: 쓰다, 사용하다, 일하다, 하다, 作用 /愛: 아끼다, 사랑하다 /使: 부리다, ~하게 하다 *사역동사 〈使+대상ⓐ +ⓑ용언〉: ⓐ로 하여금 ⓑ하게 하다. *ⓐ가 생략되기도 한다. /民: 백성[43] /使民以時의 以: ~에 *행동의 기준이나 근거를 표시하는 전치사 /時: 때, 계절, 시간, 때를 맞추다

子曰 孔子께서 말씀하셨다. **道千乘之國** 천승의 나라(諸侯國)를 다스리는 데는 **敬事而信** 삼가는 마음으로 나랏일을 하여 백성의 믿음을 얻고, **節用而愛人** 씀씀이를 절약하고 인재를 아끼며, **使民以時** 백성 부림을 때에 맞게 하여야 한다.[44]

---

42) 冠形語관형어: 체언 앞에서 체언의 뜻을 꾸며주는 구실을 하는 문장성분으로, 술어(동사나 형용사) 앞에서 술어를 수식하는 副詞語부사어와 구별된다. '千乘之'는 <명사 + 之>의 형으로 '國'을 꾸며주는 관형어이며, '之'는 이 말을 관형어로 만들어 주는 관형격 어조사이다. <명사 + 之>는 '~의'로, <형용사 + '之'>는 '~한'으로, <동사 + '之'> 는 '~하는'으로 풀이하게 된다.

43) 人과 民: 원래는 귀족이나 士大夫 이상의 관리(벼슬아치)들이 일반 백성을 가리켜 '民'이라 하고, 자기들을 지칭할 때는 일반 백성들과 구별해서 '人'이라고 하였다고 한다. 특히 人과 民을 붙여 쓸 때 人은 상류계층을, 民은 천민을 가리키는 말로 썼다고 한다. 그러나 '愛人'을 士大夫 이상의 관리만 사랑하는 것으로 보면 뜻이 너무 좁아지므로 '人' 과 '民'을 통칭하는 것으로 보는 견해를 따른다. 그러나 '使民以時'의 '民'이 천민, 즉 농민을 가리키는 것이라는 데는 이견이 없다. naver한자사전에 의하면 民자는 원래 '노예'를 가리키는 말이었다.

44) 《논어집주》: 나라를 다스리는 요점이 이 다섯 가지(敬信節愛時)에 있다고 말하였으니(言治國之要在此五者) 또한 근본을 힘쓴다는 뜻이다(亦務本之意也). …양씨는

6. 弟子入則孝(제자입즉효)

子曰(자왈): 弟子(제자), 入則孝(입즉효), 出則弟(출즉제), 謹而信(근이신), 汎愛衆而親仁(범애중이친인), 行有餘力(행유여력), 則以學文(즉이학문).

> 弟子(제자)의 弟(제): 아우, 동생 /弟子(제자): 젊은 사람, 스승으로부터 가르침을 받는 사람 /出則(출즉)弟(제)의 弟(제): 공경하다(=悌(제)) /則(즉): 만일 ~이라면 곧, ~하면 곧, ~해도 *가정이나 조건에 따르는 결과를 표시하는 접속사 /謹(근): 삼가다, 몸가짐이나 언행을 조심하다 /而(이): ~하고 *순접관계를 표시하는 접속사, ~하되 *역접관계를 표시하는 접속사 /信(신): 믿다, 신임하다 /汎(범): 넓다, 널리 /衆(중): 무리, 많은 사람 /親(친): 친하다, 가깝다, 가까이 하다 /行(행): 행하다, 실천하다 /餘(여): 남다, 여유 /文(문): 글 /以(이): 그것을 가지고 *전치사 以(이) 다음에 목적어 '餘力(여력)'을 대신하는 代詞(대사) 之(지)가 생략된 형태. '以(이)', '與(여)', '爲(위)' 따위의 전치사는 왕왕 그 다음에 오는 목적어가 생략된다.(류종목, 24면)

子曰(자왈) 孔子께서 말씀하셨다. **弟子(제자)** 젊은이는 **入則孝(입즉효)** 집에 들어가면 효도하고, **出則弟(출즉제)** 밖에 나오면 공손하게 처신하며, **謹而信(근이신)** (행실을) 삼가고 (말을) 미덥게 행동하며, **汎愛衆(범애중)** 널리 사람들을 사랑하되,

---

말하기를(楊氏曰 /명: 時 /자: 中立 /호: 龜山구산) "윗사람이 공경스럽지 않으면 아랫사람들이 태만하고(上不敬則下慢), (윗사람이) 미덥게 하지 않으면 아랫사람들이 의심하며(不信則下疑), 아랫사람이 태만하고 의심하면(下慢而疑) 일이 바로 서지 못한다(事不立矣). 일을 공경히 하고 미덥게 한다는 것은(敬事而信) 자신이 솔선수범하는 것이다(以身先之也). …쓰기를 사치하게 하면 (나라의) 재물을 손상하고(蓋侈用則傷財), 재물을 손상하면(傷財) 반드시 백성을 해침에 이른다(必至於害民). 그러므로 백성을 사랑함은(故 愛民) 반드시 절용을 우선으로 한다(必先於節用). 그러나 백성 부리기를 제때에 하지 않는다면(然 使之不以其時. …(윗사람이) 비록 사람 사랑하는 마음을 가지고 있다고 하더라도(雖有愛人之心) 사람들이 그 혜택을 입지 못할 것이다(而人不被其澤矣) …"라고 하였다.

而親仁(이친인) 仁한 이를 친근히 해야 한다. 行有餘力(행유여력) 이렇게 하고 남는 힘이 있으면 則以學文(즉이학문) (그 남는 힘으로) 글을 배워야 한다.[45][46]

7. 賢賢(현현)

子夏曰(자하왈): 賢賢易色(현현역색), 事父母能竭其力(사부모능갈기력), 事君能致其身(사군능치기신), 與朋友交(여붕우교) 言而有信(언이유신), 雖曰未學(수왈미학), 吾必謂之學矣(오필위지학의).

夏(하): 여름 /賢賢(현현): 앞의 賢(현)은 동사로서 어질게 여기다, 현명하게 여기다, 소중히 여기다의 뜻이고, 뒤의 賢은 어진 이, 어짊의 뜻의 명사로서 앞의 賢의 목적어 /易(역): 바꾸다 *易(이): 쉽다, 가벼이 보다, 다스리다, 기쁘다 /色(색): 빛, 색채, 얼굴빛, 예쁜 여자(美色(미색)) /事(사): 섬기다, 일, 직업, 事業(사업), 事故(사고) /能(능): ~할 수 있다, 잘 한다 /竭(갈): 다하다 /其(기): 그('자기'를 가리키는 인칭대사) /致(치): 바치다, 도달하다, 맡기다, 끝까지 다하다 /與(여): ~와, 함께, 더불어 *동반관계를 표시하는 전치사 /交(교): 사귀다 /言而有信(언이유신)의 而(이): 가정

---

45) 《논어집주》: '謹'이란 것은 행실에 떳떳함이 있는 것이요(謹者 行之有常也 /常상: 떳떳하다, 일정하다), '信'이란 것은 말에 실질이 있는 것이다(信者 言之有實也). …'仁'은 仁한 사람을 말한다(仁 謂仁者). …'文'은 《詩經》, 《書經》과 '六藝'의 글을 이른다(文 謂詩書六藝之文).

* 일반적으로 '학문'을 언급할 경우에는 '問'을 쓰나, 여기 경문에서는 '文'을 썼다. 이것은 상대적으로 실천적 의미가 강한 '行'을 부각시키고 이론적인 의미의 '文'을 약화시킴으로써 孔子의 교육사상이 이론이나 문자의 암기보다 실천 지향의 교육이었음을 드러내고자 함이다.(김용재, 72면)

46) 김용옥(216면): 行有餘力 則以學文을 "行하고 나서 여유가 생기면"이라는 시간의 단계적 선후를 말하는 것으로 풀면 안 된다. 이것은 … 學과 行 사이에서 "行"이 얼마나 중요한 일인가를 강조하기 위한 일종의 이디엄적인 표현일 뿐이다.

이나 조건에 따르는 결과를 표시하는 접속사로서 '~이면', '~하면 곧', '만일'. '만약'의 뜻 /雖(수): ① 비록 ~하더라도 *假定副詞(가정부사)로서 놓인 위치에 가서 해석한다. ② 아무리 ~하여도 *讓步關系(양보관계)를 표시하는 접속사 /雖曰未學(수왈미학)의 曰(왈): 일컫다, ~라고 하다, ~이다 /未(미): 아직 ~하지 않다 /謂(위): 일컫다, 생각하다, 평하여 말하다 /吾必謂之(오필위지)의 之(지): 그, 그 사람 *앞의 행위를 다 하는 사람을 가리키는 지시대사 /矣(의): 단정적인 어기를 표시하는 어기조사

子夏曰(자하왈) 子夏가 말했다.[47] **賢賢易色**(현현역색) 어진 이를 어진 이로 소중하게 여기기를 예쁜 여자를 좋아하는 마음과 바꾸고,[48] **事父母能竭其力**(사부모능갈기력) 부모를 섬김에 자신의 힘을 다하고, **事君能致其身**(사군능치기신) 임금을 섬김에 자기 몸을 바치며, **與朋友交言而有信**(여붕우교언이유신) 벗과 더불어 사귐에 말에 신의가 있다면, **雖曰未學**(수왈미학) 비록 아직 배우지(교육을 받지) 않았다고 하더라도 **吾必謂之學矣**(오필위지학의) 나는 반드시 그를 잘 배운 사람이라고 말하겠다.

---

47) 子夏(B.C 507년~ ?): 성은 卜복, 이름은 商상이며, 子夏는 그의 자이다. 衛위나라 사람으로 孔子보다 44세가 적은 孔子의 제자이다. 子夏는 출신이 빈한하였으나 재물에는 관심을 두지 않았다. 만년에 儒生들을 가르쳤는데, 배우는 사람들이 삼백여 인에 이르렀으나 일생 동안 매우 청빈한 생활을 하였으며 만년에 자식까지 잃는 불행을 겪기도 했다. 孔子는 제자들을 평하면서 文學에는 子游자유와 子夏라 하였는데, 文學이란 바로 詩, 書, 易 등 儒家의 經典경전을 말하며, 子夏는 이들을 전승하는 데 큰 공이 있었다.

48) • 최영갑(30면): 어진 사람을 어질게 여기되 여색을 좋아하는 마음과 바꾸듯이 하며
• 이문주(38면): 어진 이를 어질게 여기기를 예쁜 여자를 좋아하듯 하며
• 류종목(27면): 아내를 대함에 있어서 현덕을 중시하고 미색을 경시하며

8. 不重則不威(불중즉불위)

8-1. 子曰(자왈): 君子不重則不威(군자불중즉불위), 學則不固(학즉불고).

> 重(중): 무겁다, 중후하다 /不重則(불중즉)의 則(즉): ~하면 곧 *가정이나 조건에 따르는 결과를 표시하는 접속사, 조건에 따른 결과를 표시함(=卽) /學則(학즉)의 則(즉): ~하여도, ~해도 *역접 관계를 표시하는 접속사 /威(위): 위엄 /固(고): 굳다, 단단하다

子曰(자왈) 孔子께서 말씀하셨다. 君子不重則不威(군자불중즉불위) 군자가 진중하지 못하면 위엄이 없고 學則不固(학즉불고) 배워도 견고하지 못하다.[49]

8-2. 主忠信(주충신)

> 主(주): 주인, ~을 주로 하다, ~을 주장하다 /忠(충): 진실, 성실, 충성, 자신의 몸과 마음을 다함 /信(신): 믿음, 진실 되게 하는 것 *[盡己之謂忠(진기지위충) 以實之謂信(이실지위신) 《논어집주》학이4장]

主忠信(주충신) 진실됨과 믿음직함을 위주로 하며,[50]

8-3. 無友不如己者(무우불여기자).

> 無(무): 여기서는 '없다'라는 뜻이 아니라 '~하지 말라'는 뜻 *금지를 표시하는 부사 =

---

49) 8장의 앞부분(君. …不固)과 主忠信 이하의 부분을 분리하여 별개의 장으로 보아야 한다는 주장과 학설이 많다.(김용재, 76면)

50) 《논어집주》: 사람이 진실함과 신의가 없으면(人不忠信) 일이 모두 실질이 없어서(則事皆無實), 악을 행하기는 쉽고(爲惡則易), 선을 행하기는 어렵다(爲善則難). 그러므로 배우는 자는 반드시 이것(진실함과 신의)을 주로 삼아야 한다(故學者必以是爲主焉).

毋(무), 勿(물) *無(무)가 문장 앞에 쓰이면 이런 뜻인 경우가 많다. /如(여): ~와 같다 *對等比較(대등비교) 의미의 형용, ⓐ 如 ⓑ: ⓐ는 ⓑ와 같다. [渴時一滴(갈시일적) 如甘露(여감로) 목마를 때 한 방울의 물은 감로수와 같고, 醉後添盃(취후첨배) 不如無(불여무) 취한 후에 잔을 더하는 것은 없는 것만 못하다.《明心寶鑑(명심보감)》] /友(우): 벗, 벗하다, 우애 있다 /己(기): 자기 /者(자): ~한 사람

無友不如己者(무우불여기자) 자기보다 못한 사람을 벗하지 말라.

8-4. **過則勿憚改.**(과즉물탄개)

過(과): 허물, 잘못, 지나다, 경과하다, 초과하다 /則(즉): ~하면 곧 *가정이나 조건에 따르는 결과를 표시하는 접속사 /勿(물): 아니다, 없다, ~하지 말라 *금지를 표시하는 부사 /憚(탄): 꺼리다 /改(개): 고치다

過則勿憚改(과즉물탄개) 잘못이 있으면 고치기를 꺼리지 말라.

9. **愼終追遠**(신종추원)

曾子曰: 愼終追遠, 民德歸厚矣.(증자왈 신종추원 민덕귀후의)

愼(신): 삼가다, 몸가짐이나 언행을 조심하다, 두려워하다 /終(종): 마치다, 죽다, 끝, 마지막, 결국 /追(추): 좇다, 따르다, 思慕(사모)하다, 거슬러 올라가다, 따르다 /遠(원): 멀다, 先祖(선조), 祖上(조상) /德(덕): 덕성, 덕, 節操(절조)(節介(절개)와 志操(지조)) /歸(귀): 돌아가다, 돌아오다, 돌려보내다, 膳物(선물)하다 /厚(후): 두텁다 /矣(의): 필연의 결과를 표시하는 어기조사

曾子曰(증자왈) 증자가 말했다. **愼終**(신종) (君子가) 장례를 삼가고(신중하게 하고), **追遠**(추원) 먼 조상을 추모하면, **民德歸厚矣**(민덕귀후의) 백성들의 덕성이 두

터운 데로 돌아갈(순후하게 될) 것이다.[51)]

10. 必聞其政
필문기정

10-1. 子禽問於子貢曰: 夫子至於是邦也, 必聞其政, 求之與, 抑與之與.
자금문어자공왈 부자지어시방야 필문기정 구지여 억여지여

禽(금): 날짐승 /問於子貢(문어자공)의 於(어): ~에게 *간접목적어를 표시하는 전치사(류종목, 29면) / 夫子(부자): 大夫(대부)나 스승에 대한 敬稱(경칭) /至(지): 이르다, 다다르다, 지극하다, 마침내 /是(시): 이, 이것, 어떤 하나 *막연한 것을 가리키는 지시대사, 불특정의 것인 만큼 ‘어느 것이든’이라는 의미를 내포하고 있다.(류종목, 29면) /邦(방): 제후의 나라(=國(국))[52)] /至於是方(지어시방)의 於(어): ~에, ~에서, ~에게서, ~로 (=于(우), 乎(호)) *기점.출발, 발단, 근원, 시발점, 동작의 귀착지를 표시하는 전치사 /也(야): 음절을 조정하고 어기를 고르는 어기조사 /聞(문): 듣

---

51) 《논어집주》: ‘愼終’이라는 것은 상을 당하여 그 예를 극진히 함이고(愼終者 喪盡其禮) ‘追遠’은 제사에 그 정성을 극진히 함이다(追遠者 祭盡其誠). ‘民德歸厚’는 백성들이 변화하여 그 덕이 역시 후함에 돌아감을 말한 것이다(民德歸厚 謂下民化之 其德亦歸於厚). 대개 마지막은 사람들이 소홀히 하기 쉽지만(蓋終者人之所易忽也) 이를 삼갈 줄 알고(而能謹之), 먼 조상은 사람들이 잊기 쉬운데(遠者人之所易忘也) 조상을 추모할 수 있다면(而能追之) 두터운 도이다(厚之道也). 그러므로 이를 스스로 행하면(故以此自爲) 자기 자신의 덕이 두터워지고(則己之德厚) 백성들이 교화되면(下民化之) 그 덕이 또한 두텁게 될 것이다(則其德亦歸於厚也).

52) 避諱(避피: 피하다 /諱휘: 꺼리다, 기피하다, 높은 사람의 이름): 제후의 나라를 칭할 때 漢한나라 이전에는 邦방이라 하였으나 漢나라 이후에는 邦자를 쓰지 않고 國자를 썼다. 高祖고조의 이름이 劉邦유방이어서 邦자 쓰기를 피한 것인데 이를 피휘라고 한다. 당나라는 태종의 이름이 李世民이세민이어서 그 이후에는 피휘하여 ‘몇 世’라고 하지 않고 ‘몇 代’라고 썼다. 靑나라 4대 황제인 康熙帝의 이름이 愛新覺羅 玄燁(만주어 ‘애신’과 ‘각라’는 각각 우리말의 ‘金’과 ‘~氏’에 해당)이었기 때문에 그 이후 靑나라에서 발간된 ‘千字文’에는 天地玄黃천지현황을 天地元黃천지원황으로 바꿔 쓸 정도로 피휘가 철저하였다. 고려에 성리학을 처음 도입한 이가 安珦안향인데 조선 문종의 휘가 珦이었기 때문에 그 이후에는 피휘하여 安向안향으로 쓰거나 安裕안유라고 불렀다.

다, 알다, 깨우치다 /其(기): 그 *나라를 가리키는 지시대사 /政(정): 정사 /求(구): 구하다 /求之與(구지여)의 之(지): '聞其政(문기정)'을 가리키는 지시대사 /求之與(구지여)의 與(여): ~인가 ? *의문의 어기를 표시하는 어기조사 =歟(여) /抑(억): 억누르다, 그렇지 않으면 *선택 관계 또는 역접관계를 표시하는 접속사 /抑與之與(억여지여): 앞의 與(여)는 동사로서 제공하다, 주다, 베풀어 주다의 뜻. 뒤의 與(여)는 求之與(구지여)의 與(여)와 같은 의문의 어기를 표시하는 어기조사

子禽問於子貢曰(자금문어자공왈) 자금이[53] 자공에게[54] 물었다. **夫子至於是邦也**(부자지어시방야) 夫子께서 어떤 나라에 가시든 **必聞其政**(필문기정) 반드시 그 나라의 政事(정사)를 들으신 것은 **求之與**(구지여) (夫子가) 그것을 요구한 것입니까? **抑與之與**(억여지여) 그렇지 않

---

53) 子禽: 陳(진)나라 사람으로 孔子의 제자. 성이 陳(진), 이름이 亢(항, 강)이고, 자가 子禽이다. 孔子보다 40세 아래였다. 혹자는 자금을 孔子의 제자인 子貢(자공)의 제자라고 하나 확실하지 않다.

54) 子貢 (B.C 520년경 ~ B.C 456년경): 孔子의 제자로 성이 端木(단목)이고, 이름은 賜(사)이다. 子貢은 그의 자이다. 衛나라 출신으로 孔子보다 31살 연하였다. 孔子가 아끼는 제자로서 언변에 뛰어났으며 정치적 수완이 뛰어나 노나라와 위나라의 재상을 지냈다. 또한 장사에도 비범한 재능이 있어서 큰 재산을 모아 孔子의 70여 제자 중에 가장 부유해서 孔子學團(공자학단)을 지원하는 등, 孔子를 경제적으로 많이 도왔다. 그러나 孔子는 자공의 재능을 인정하면서도 어쩐지 별로 인정하지 않는 듯한 모습을 보인다. 예를 들어 孔子가 자공에게 "너와 안회는 누가 나으냐"고 물어서 스스로를 안회와 비교해 보라고 하는가 하면(제5편 公冶長8장), 자공이 본인을 평해달라고 하자 '너는 그릇이다'라고 함으로써 그를 군자라고 하기 어렵다는 취지로 대답한다. 다만 '호련'이라고 부연함으로써 그릇 중에서는 가장 소중하다고 했지만(제5편 公冶長3장). 그러나 孔子의 제자 중에서도 孔子를 가장 경외했던 인물도 자공이었다. 자공은 孔子를 古今의 진실로 위대한 성인이라고 치켜세우며 그만한 인물은 세상에 없다고 당당하게 말하고 다녔다(제19편 子張25장). 孔子가 죽은 후 6년 상이라는 전대미문의 상을 치렀고, 그 후에도 재물을 가지고 다니면서 孔子의 위대함을 선양하였으니, 孔子가 고금 제일의 성인으로 추앙받을 수 있었던 것은 사실상 자공의 덕분이라고 말하는 이도 있다고 한다.

으면 (그 나라가) 그것을 베풀어준 것입니까?

10-2. 子貢曰(자공왈): 夫子(부자) 溫良恭儉讓以得之(온량공검양이득지). 夫子之求之也(부자지구지야), 其諸異乎人之求之與(기저이호인지구지여).

> 溫(온): 온화하다, 부드럽다, 익히다, 학습하다, 溫度(온도) /良(량): 어질다, 좋다, 훌륭하다 /恭(공): 공손하다, 예의 바르다 /儉(검): 검소하다 /讓(양): 겸손하다, 사양하다 /溫良恭儉讓以(온량공검양이): 以(이)는 전치사로서 '~(으)로써', '~을 가지고', '~함으로써'의 뜻[55] /得(득): ①<뒤에 목적어가 오면 동사〉 얻다, 만족하다, 깨닫다 ②<뒤에 서술어(동사, 형용사)가 오면 그 서술어를 보조하여 可能(가능)을 표시하는 조동사〉 ~할 수 있다, ~할 만하다 /得之(득지), 求之與(구지여)의 之(지): 각각 '聞其政(문기정)'을 가리키는 지시대사 /夫子之(부자지), 人之(인지)의 之(지): 주격 어조사, 앞의 명사(명사구)가 주어임을 나타낸다. ~은(는), ~이, ~가에 해당[56] /也(야): ~은[57] *류종목(30면): 음절을 조정하고 어기를 고르는 어기조사 /其諸(기저): 그야말로 ~일 것이다 *어기조사[58] /異(이): 다르다 /乎(호): 보다, ~와 *술어(형용사) 뒤에 위치하여 주어가 술어보다 낫다는 優等(우등)비교의 대상을 표시하는 전치사(=於(어), 于(우), 焉(언)) /人(인): 다른 사람 /與(여): 의문의 어기를 표시하는 어기조사

子貢曰(자공왈) 자공이 말했다. **夫子 溫良恭儉讓以得(부자 온량공검양이득)** 夫子께서는 溫厚(온후)

---

55) • 류종목(30면): 以는 수단, 방법, 원인 등을 표시하는 전치사로서 다음에 '溫良恭儉讓'을 가리키는 인칭대사 之가 와서 본위 목적어 역할을 해야 하는데 그것이 생략됨으로써 결과적으로 전치사와 그 목적어가 도치된 형태가 된 것이다. 이런 성격의 以는 점점 순접관계를 표시하는 접속사 而와 같은 기능을 지니게 되었다.

56) • 류종목(31면): 주어와 술어 사이에 쓰여 主述構造(주술구조)로 하여금 독립성을 잃고 명사구 또는 명사절이 되게 하는 構造助詞(구조조사)
• 構造助詞: 단어나 구의 뒤에 붙어 앞부분의 문장 안에서의 성분을 알려 주는 조사.

하고 어질고 恭遜(공손)하고 儉素(검소)하고 謙讓(겸양)하셔서 그것을 얻어 들으신 것이니, **夫子之求之也**(부자지구지야) 夫子께서 그것을 구하신 것은 **其諸異乎人之求之與**(기저이호인지구지여) 다른 사람이 그것을 구함과는 다를 것입니다.

11. 觀其志(관기지)

子曰: 父在觀其志, 父沒觀其行, 三年無改於父之道, 可謂孝矣.
(자왈 부재관기지 부몰관기행 삼년무개어부지도 가위효의)

> 在(재): 존재하다, 살아있다 /觀(관): 살피다, 보다 /父在觀其志(부재관기지)의 其(기): 그('아들'을 가리키는 대사) /志(지): 뜻 /沒(몰): 죽다, 사라지다 /行(행): 행실, 행동 /無(무): 없다, 아니하다(=不(불)) /改(개): 고치다, 바꾸다 /於(어): ~을, ~를 *류종목(32명): 동작의 대상을 표시하는 전치사, 자동사 뒤와 타동사 뒤에 다 쓸 수 있다. *이문주(51면): '~를'의 뜻을 갖는 어조사 /可(가): 옳음, 맞다, ~할 수 있다, ~할 만하다, ~해도 좋다 *서술어인 동사를 보조하여 가능의 의미를 나타내는 조동사 /矣(의): 단정적인 어기를 표시하는 어기조사

子曰(자왈) 孔子께서 말씀하셨다. **父在觀其志**(부재관기지) 아버지가 살아계실 때는 그(아들의) 뜻(志向(지향)하는 바)을 살펴보고, **父沒觀其行**(부몰관기행) 아버지가 돌아가신 후에는 그(아들의) 행실을 살펴본다. **三年無改於父之道**(삼년무개어부지도) 3년[59] 동안 아버지의

---

57) • 류종목(30면): 음절을 조정하고 어기를 고르는 어기조사
  • 김용재(77면): 이 문장을 객관화시켜 주어로 이끄는 역할을 하고 있다.

58) • 류종목(31면): '아마', '혹시'라의 뜻의 추측을 표시하는 부사 '其'의 어기를 더욱 강하게 하기 위하여 어기조사 諸가 덧붙여진 형태로서 자신의 말에 대한 확신이 없을 때 하는 말투로서 제나라와 노나라의 사투리라는 견해도 있다.
  • 이문주(48면): 發語(발어)를 위한 어조사로서 별다른 의미가 없다.
  • 김용재(77면): 어조사로서 해석할 필요가 없다.

도(일을 처리함에 지켰던 원칙과 방법)를 바꾸지 않아야 **可謂孝矣** 가히 효성
가위효의
스럽다고 할 수 있다.[60][61]

12. 禮之用和爲貴
예지용화위귀

12-1. 有子曰: 禮之用, 和爲貴. 先王之道, 斯爲美, 小大由之.
유자왈 예지용 화위귀 선왕지도 사위미 소대유지

禮: 예, 예절[62] /先王之道의 之: ~의 *[명사 先王+之]가 '道'를 수식하는 관형어 / 예 선왕지도 지 선왕 지 도 用: 쓰임 /和: 화목하다, 온화하다, 서로 응하다 /和爲貴, 斯爲美의 爲: ~로 여기다 용 화 화위귀 사위미 위 /斯: 이, 이것, 이런, 이러한 *사물(여기서는 '和')을 가리키는 지시대사 /美: 아름답 사 화 미

---

59) 三年: 三年喪삼년상을 뜻한다. '여러 해'를 뜻하는 것으로 볼 수도 있으나, 父在 . 父沒 식으로 전개되는 논리 과정을 보면 三年喪을 뜻하는 것으로 보는 것이 타당하다.(류종목, 32면)

60)《논어집주》: 아버지가 살아 계실 때는 자식은 자기 스스로 마음대로 할 수 없지만(父在 子不得自之專) 뜻하는 바는 알 수 있고(而志則可知), 아버지가 돌아가신 후에야 (아들이 자기 뜻에 따라 행동하므로) 그 사람의 행실을 볼 수 있는 것이다(父沒 然後其行可見). 그러므로 이것(뜻과 행실)을 살펴보면(故觀此) 충분히 그 사람의 선악을 알 수 있는 것이다(足以知其人之善惡).

* 朱子는 觀其志, 觀其行의 其를 '아들'로 본 것이다. 그러나 '아버지'로 보아 '아버지께서 살아계실 때는 그분의 뜻을 살피고, 아버지께서 돌아가신 뒤에도 그분의 행적을 살핀다'라고 해석하기도 한다.

61) '道'를 朱子는 아버지가 하던 '일(事)'로 해석한다. 이에 비해 茶山은 "道는 政令정령(정사를 펴면서 내린 명령이나 법령)과 施措시조(어떤 일을 시행하고 조치를 취함)를 이른다. … 이 章은 증자가 맹장자의 효성을 일컬은 것(제19편 자장19장)과 서로 조응되니, 본래 대부를 위해 꺼낸 말이다. 천자나 제후에게 천하에 재앙을 끼치고 종묘를 위태롭게 할 만한 先君의 弊政폐정이 있다면, 고치기를 마치 불 속에서 사람을 구해내듯이, 물에 빠진 사람을 건져 내듯이 해야지 어찌 감히 효도를 핑계로 미적거릴 수 있겠는가"라고 하였다.(박헌순, 1-60면)

다, 좋다, 좋은 일 /由(유): 말미암다, 따르다 /小大由之(소대유지)의 之(지): 그, 그것(和(화)를 가리키는 대사)

有子曰(유자왈) 有子가 말했다. **禮之用**(예지용) 禮의 쓰임은(예를 적용하는 데는) **和爲貴**(화위귀) 조화를 귀중하게 여긴다.[63] **先王之道**(선왕지도) 선왕의 도(세상을 다스리는 원칙, 가르침)도[64] **斯爲**(사위) 이를(조화를) 아름답다고 여겨서 **小大由之**(소대유지) 작은 일이나 큰일이나 다 그것에 따랐다.

12-2. 有所不行, 知和而和, 不以禮節之, 亦不可行也.
(유소불행 지화이화 불이예절지 역불가행야)

> 所(소): ~하는바, ~하는 일, ~하는 것 *반드시 수식어가 필요한 불완전명사(의존명사)로서「所+用言類(소용언류)(동사, 동사구)」의 형태로 體言化(체언화) 한다. *'者(자)'도 의존명사로서 반드시 수식어가 필요하지만 所(소)는 수식어가 뒤에 오는 데 비해 者(자)는 수식어가 앞에 온다.

---

62) '예'는 '하늘의 이치(天理)' 또는 '자연의 질서', '하늘과 땅의 운행 법칙', '사계절의 순환 질서' 등 형이상학적으로 '원리'와 '질서'를 뜻한다. 또는 일상에서 개인이나 집단의 행동에 대한 '준칙', '의칙', '법규', '규범', '문물', '제도' 등을 총칭할 수도 있다.(김용재, 78면)

63) 류종목(33면)은 '爲'를 '~이다'라는 뜻의 동사라고 하고, "일반적으로 그 뒤에 명사나 대사가 오지만 형용사나 명사로 전용된 형용사가 올 경우도 있는데, 이 경우에는 '~함이다' 또는 '~한 것이다'라는 뜻이 되고 이는 결국 '~하다' 또는 '~한 셈이다'라는 뜻이 된다. … 이 경우 대개 '가장~하다'라는 어감을 내포한다"고 하였다. 본문을 "예의 효용 가운데 조화가 가장 귀중하다"로 풀이한다.

64) 先王: 堯, 舜, 禹, 湯, 文王, 武王 등 선정을 베풀었다고 전해져오는 이들을 가리킨다. 堯와 舜은 각각 임금의 지위를 舜과 禹에게 선양한 것으로 칭송되며, 특히 舜은 효성을 다한 인물로 알려져 있고, 禹는 고대 夏하나라의 개국 군주로서 治水치수에 공을 세웠다고 한다.

*류종목(34면) : 주어와 술어 사이에 쓰여 주술구조를 명사구로 만들어 주는 특수대사. /而(이): ~하고, ~하여 /以(이): ~로써 *수단, 방법을 표시하는 전치사 /節(절): 마디, 조절하다, 절제하다 /之(지): 和(화)를 가리키는 대사 /不可(불가): ~할 수 없다 /也(야): 판단 또는 단정의 어기를 표시하는 종결어기조사

有所不行(유소불행) (그러나) 행하지 않을 것이 있으니 知和而和(지화이화) 조화가 귀한 것만 알아서 조화만 이루려고 할 뿐, 不以禮節之(불이예절지) 예로써 그것(조화롭게 하는 것)을 절제하지 않으면 亦不可行也(역불가행야) 또한 행하지 않아야 할 것이다.65)

13. 信近於義(신근어의)

有子曰(유자왈): 信近於義(신근어의), 言可復也(언가복야). 恭近於禮(공근어례), 遠恥辱也(원치욕야). 因不失其親(인불실기친), 亦可宗也(역가종야).

信(신): 약속, 미덥다, 믿음 /近(근): 가깝다 /於(어): ~에 *동작의 귀착지를 표시하는 전치사 /義(의): 옳다, 의롭다, 바르다, 착하다, 올바른 도리, 의로운 일, 명분, 法道(법도) /可(가): 옳음, 맞다, ~할 수 있다, ~할 만하다, ~해도 좋다 *서술어인 동사를 보조하여 가능의 의미를 나타내는 조동사 /復(복): 회복하다, 갚다, 실천하다 *復(부): 다시 /恭(공): 공손하다 /遠(원): 멀다, 멀리하다 /恥(치): 부끄러워하다 /辱(욕): 욕되다, 수치스럽다, 치욕 /因(인): 인하다, 어떤 사실로 말미암다, 이어받다, 따르다, 주인 삼다, 의지하다 /其(기): 그 /親(친): 가까이하다, 친하다 /宗(종): 존숭하는 사람, 우두머리, 높이다 /也(야): 판단이나 진술의 어기를 표시하는 어기조사

65) 류종목(35면): 인간관계에서는 인화가 중요한바 이는 예를 통하여 이룩할 수 있다. 예를 통하여 인화를 이룩하지 않고 억지로 인화를 위한 인화를 추구한다면 참다운 인화에 이를 수 없다는 뜻이다.

有子曰(유자왈) 有子가 말했다. **信近於義**(신근어의) 약속이 義(마땅함)에 가까워야 **言可復也**(언가복야) 그 약속한 말을 실행(실천)할 수 있으며, **恭近於禮**(공근어례) 공손함이 예에 가까워야 **遠恥辱也**(원치욕야) 수치스러움을 멀리할 수 있고, **因不失其親**(인불실기친) 의지한 사람이 친할 만한 사람들을 잃지 않으면 **亦可宗也**(역가종야) 또한 宗主(종주)로서 섬길 만하다66).

14. **食無求飽**(식무구포)

子曰: 君子食無求飽, 居無求安, 敏於事而愼於言, 就有道而正焉, 可謂好學也已.
(자왈 군자식무구포 거무구안 민어사이신어언 취유도이정언 가위호학야이)

食(식): 먹다 *食(사): 밥 /無(무): 아니하다(=不(불)) /飽(포): 배부르다, 속이 꽉 차다 /居(거): 거처하다, 살다 /敏(민): 민첩하다, 재빠르다, 명민하다, 힘쓰다 /於(어): ~에 *동작의 귀착지를 표시

---

66) • 류종목: 가까이 지내면서도 친밀함을 잃지 않고 계속 친근한 관계를 유지한다면 그 사람도 역시 본받을 만하다.

• 김형찬: 의탁하여도 그 친한 관계를 잃지 않을 수 있다면 또한 지도자가 될 수 있다.

• 성백효 : 因과 宗의 의미를 이해하기 위해서는 孔子 당시의 제도와 관행을 알아야 한다. 당시 타국에 가서 벼슬을 하는 자들은 반드시 그 나라의 大夫나 幸臣을 주인으로 삼아서 그를 통해 군주를 만나보고 벼슬을 할 수 있었다. 孔子는 衛나라의 權臣인 彌子瑕미자하나 王孫賈왕손가를 주인으로 삼지 않고 賢大夫현대부인 蘧伯玉거백옥을 주인으로 삼으셨는데, 이러한 내용이 《史記》〈孔子世家〉에 자주 보이는 바, 누구를 주인으로 삼았는가 하는 것이 중요한 행적이 되기 때문이다. 라고 하면서 '주인을 삼은 것이 그 친할 만한 사람을 잃지 않으면 또한 그 사람을 끝까지 종주로 삼을 수 있다.'고 풀이한다.

하는 전치사 /事(사): 일 /而(이): ~하고, ~하여서 *순접관계를 표시하는 접속사 /愼(신): 삼가다, 신중하다 /就(취): 나아가다 /有(유): 있다, 존재하다, 가지다, 소지하다 /正(정): 바르다, 정당하다, 올바르다, 정직하다, 바로잡다 /焉(언): 전치사(於) 겸 대사 (之)의 뜻으로 之는 "자기"를 가리킨다. /可(가): ~할 만하다, 할 수 있다 /也已(야이): ~일 뿐이다, 일 따름이다 *단정적인 어기를 표시하는 어기조사. *류종목(36면): 也와 已가 모두 단정적인 어기를 표시하지만, 이 둘을 연용함으로써 더욱 단정적인 어기를 표시할 수 있다.

子曰(자왈) 孔子께서 말씀하셨다. **君子食無求飽**(군자식무구포) 군자가 먹음에 배부름을 구하지 않으며, **居無求安**(거무구안) 거처하는 데 편안함을 구하지 않으며, **敏於事而愼於言**(민어사이신어언) 일에는 힘쓰고 말은 신중히 하며, **就有道而正焉**(취유도이정언) 도를 가진 이에게 나아가 자신을 바로잡는다면, **可謂好學也已**(가위호학야이) (이러한 사람은) 배우기를 좋아한다고 일컬을 만하다.

15. 富而好禮者(부이호례자)

15-1. **子貢曰: 貧而無諂, 富而無驕, 何如.**
(자공왈 빈이무첨 부이무교 하여)

子曰: 可也. 未若貧而樂, 富而好禮者也.
(자왈 가야 미약빈이락 부이호례자야)

貧(빈): 가난하다, 결핍되다 /富(부): 부유하다 /而(이): ~하면서도 *역접관계를 표시하는 접속사 /無(무): 아니하다(=不(불)), 없다 /諂(첨): 아첨하다 /驕(교): 교만하다 /何(하): 어찌, 어느, 어디 /如(여): ~와 같다 /何如(하여): 어떠한가? (=如何(여하)) *의문문에서 대사 목적어가 동사 앞에 놓인 것(류종목: 38면) *의문문에서 목적어가 의문사이면 그 목적어인 의문사는 보통 동사 앞에 놓인다. /可(가): 괜찮다, 좋다 /可也(가야)의 也(야): 음절을 조정하고 어기를 고르는 어기조사 /未(미): 아직 ~하지 아니하다(못하다), 아직~이 아니다, 아니다(=不(불)), 못하다,

없다(=無(무)) /若(약): 같다, ~와 같다 *對等比較(대등비교) 의미의 형용사 *ⓐ若(약)ⓑ: ⓐ는 ⓑ와 같다. /ⓐ未若(미약)ⓑ: ⓐ는 ⓑ와 같지 아니하다, ⓐ는 ⓑ만은 못하다 /樂(락): 즐기다, 즐거워하다 *樂(요): 좋아하다 *樂(악): 음악 /者(자): ~하는 것, ~하는 사람 *의존명사 /好禮者也(호례자야)의 也(야): 단정의 어기를 표시하는 종결어기조사

子貢曰(자공왈) 자공이 여쭈었다. 貧而無諂(빈이무첨) 가난해도 아첨하지 않고 富而無驕(부이무교) 부유해도 교만하지 않다면 何如(하여) 어떻습니까?

子曰(자왈) 孔子께서 말씀하셨다. 可也(가야) 괜찮다. 未若貧而樂(미약빈이락) (그렇지만) 가난하지만 즐겁게 살고, 富而好禮者也(부이호례자야) 부유하면서도 禮를 좋아하는 사람만은 못하다.67)

15-2. 子貢曰(자공왈): 詩云(시운) '如切如磋(여절여차), 如琢如磨(여탁여마),' 其斯之謂與(기사지위여).

詩(시): 詩經(시경)을 가리킨다 /云(운): 말하다 /如(여): ~같이, ~비슷하다 /切(절): 끊다 /磋(차): 갈다 /琢(탁): 쪼다 /磨(마): 갈다, 연마하다 /其(기): 아마, 아마도 *추측을 나타내는 부사, 어세를 공손히 하는 추측부사로서 풀이하지 않아도 된다. /與(여): 감탄의 어기를 표시하는 어기조사(류종목, 39면) /其(기)~與(여): 아마도 ~이리라! 아마도 ~일 것이다! *추측의 어기와 감탄의 어기를 함께 표시한 것 /斯(사): 이, 이것(앞에 나온 孔子의 말씀을 가리키는 지시대사) /其斯之謂與(기사지위여)의 之(지): 목적어('斯(사)')를 강조하기 위하여 동사('謂(위)')앞에 도치하면서 목적어와 동사 사이에 쓴 구조조사(류종목, 38면)

子貢曰(자공왈) 子貢이 말했다. 詩云(시운) 如琢如磨(여탁여마) 《詩經(시경)》에 如切如磋(여절여차)(骨器(골기)

---

67) 자공은 스스로가 富而無驕하다고 자부하여 스승으로부터 칭찬을 받고 싶어서 물은 것이었지만 孔子는 그 정도로는 되지 않고 예를 좋아하여야 한다고 완곡하게 가르치고 있는 것이다.

혹은 牙(아)를 칼로) 끊은 것 같고 (줄로) 갈은 것 같으며, (玉(옥)을 정으로) 쫀 것 같고 (숫돌로) 간 것 같다 한 것은, **其斯之謂與**(기사지위여) 아마도 이것을 말한 것이겠군요![68]

15-3. 子曰: 賜也, 始可與言詩已矣. 告諸往而知來者.

(자왈 사야 시가여언시이의 고저왕이지래자)

> 也(야): 음절을 조정하고 어기를 고르는 어기조사 /始(시): 비로소, 시작, 처음 /可(가): ~가히 ~할 만하다 /與(여): 더불어 *與(여)다음에 목적어로서 賜(사)를 가리키는 대사 之(지)가 생략되었다. /已矣(이의): ~로다. ~도다, ~뿐이다, ~따름이다 *한정, 강조 내지 단정적 어기를 표시하는 어기조사인 已(이)와 矣(의)를 연용한 것 /告(고): 알리다 /諸(저): 음이 之於(지어)의 合音(합음)과 비슷하므로 이를 대용한다. 之(지)는 賜(사)를 가리키는 대사 *諸(제): 여러, 모든 /往(왕): 지나간 것, 가다 /而(이): ~하니 *순접관계를 표시하는 접속사 /來(래): 오다, 미래 /者(자): ~하는 것 /來者(래자): 올 것

68) 《논어집주》: 뼈와 뿔을 다루는 자가(言 治骨角者) 이미 이를 자르고(旣切之) 다시 그것을 갈며(而復磋之), 옥과 돌을 다스리는 자가(治玉石者) 이미 그것을 쪼고(旣琢之) 다시 그것을 간다(而復磨之)는 말은, 다스린 것이 이미 훌륭하지만(治之已精) 더욱 그 훌륭함을 추구함이다(而益求其精也). 자공이 스스로(子貢自) (가난했을 때) 아첨함이 없고 (부자가 되어서도) 교만함이 없음을 지극한 것으로 여겼다가(以無諂無驕爲至矣) 부자의 말씀을 듣고(聞夫子之言) 또 의리의 무궁함을 알은 것이다(又知義理之無窮). 비록 터득함이 있었으나(雖有得焉) 문득 스스로 만족할 수 없었으므로(而未可遽自足也). 이 시를 인용하여 그것을 밝힌 것이다(故引是詩以明之).

* 切磋琢磨절차탁마: 옥이나 뿔 등으로 공예품을 만드는 네 가지 공정으로서 학문이나 덕행을 갈고 닦음을 비유하는 말로 쓰이는 四字成語사자성어.

* 四字成語: 한자 네 글자로 이루어진 말로 중국의 역사적 사건 또는 문헌에서 유래한 것이 대부분이지만, 身土不二신토불이(몸과 흙은 둘이 아니다 라는 뜻으로 농산물의 수입개방에 맞서 우리 농산물을 애용하자는 뜻으로 많이 쓰였음) 처럼 우리가 흔히 쓰는 속담이나 일상의 이야기에서 비롯된 것들도 있다. 사자성어에는 우리 일상생활과 밀접한 것이 많고, 옛사람들의 지혜와 슬기가 담겨 있어서 이를 익히면 어휘력도 늘릴 수 있고, 적절히 사용하면 글쓰기나 말하기에서 표현을 풍부하게 하는 데 큰 도움이 된다.

子曰(자왈) 孔子께서 말씀하셨다. **賜也**(사야) 賜야! **始可與言詩已矣**(시가여언시이의) 이제 비로소 너와 더불어 詩를 말할 만 하구나! **告諸往**(고저왕) 지나간 일을 말해주었더니 **而知來者**(이지래자) 올 것을(아직 해주지 않은 것도) 아는구나!

16. 人之不己知(인지불기지)

子曰: 不患人之不己知, 患不知人也.(자왈 불환인지불기지 환부지인야)

不(불): ~하지 말라 *금지를 표시하는 부사 /患(환): 걱정, 근심(하다), 병을 앓다 /之(지): 주격어조사 *류종목(41면): 주어와 서술어 사이에 쓰여 主述(주술)구조로 하여금 독립성을 잃고 명사구 또는 절이 되게 하는 구조조사 /己(기): 자기 /知(지): 알다 /不己知(불기지): *부정문에서 인칭대사가 목적어인 경우 인칭대사가 동사 앞에 도치한 형태('不知己(부지기)'의 도치) /患不知人也(환부지인야)의 也(야): 판단 또는 진술의 어기를 표시하는 어기조사

子曰(자왈) 孔子께서 말씀하셨다. **不患人之不己知**(불환인지불기지) 남이 자신을 알아주지 않음을 걱정하지 말고 **患不知人也**(환부지인야) 내가 남을 알아보지 못할까를 걱정해야 한다.69)

---

69) 《논어집주》: 윤씨는 말하기를(尹氏曰 /명: 焞돈 /1071~1142 /南宋의 학자) "군자는 자기에게 있는 것을 구하므로(君子求在我者) 남이 알아주지 않는 것을 근심하지 아니하고(故不患人之不己知), 사람을 알아보지 못하면(不知人) 옳고 그름과 사악하고 정직함을 혹시 분별할 수 없기 때문에(則是非邪正或不能辨) 걱정으로 삼는 것이다(故以爲患也)"라고 하였다.

제2편 爲政
위 정

凡二十四章
범 이 십 사 장

모두 24장이다.《논어집주》

1. 爲政以德
위정이덕

子曰: 爲政以德, 譬如北辰居其所 而衆星共之.
자왈 위정이덕 비여북신거기소 이중성공지

爲(위): ~하다 /政(정): 政事(정사), 나라를 다스리는 일 /以(이): ~(으)로써 *수단, 방법을 표시하는 전치사[70] /德(덕): 덕, 크다[71] /譬(비): 비유하다 /如(여): 마치 ~와 같다 *대등 비교 의미의 형용사 /譬如(비여): 비유하자면 ~와 같다 /星(성): 별, 해, 세월 /辰(신): 별, 때, 시각, 해와 달과 별의 총칭, 북극성, 때, 시각, 새벽 *辰(진): 별의 총칭, 별의 이름(水星), 다섯째 地支(지지)로 龍(용)을 뜻함 /北辰(북신): 북극성 /居(거): 머물다, 살다 /其(기), 之(지): 그(北辰을 가리킨다) / 所(소): 장소, 處所(처소), 지위, 도리, 만일, ~하는바, ~한 것 /而(이): ~하고 *순접관계를 표시하는 접속사 /衆(중): 무리 /共(공): 같이, 모두, 함께(하다), 공손(공경)하다, 向(향)하다 *共자의 갑골문을 보면 네모난 상자(제기 그릇)를 두 손으로 공손히 들고 가는 모습으로 그려져 있었다.(navr한자사전)

---

70) 前置詞전치사: 명사나 대사 또는 명사성 어구(체언) 앞에 놓여 그 앞에 서술어로 쓰인 동사나 형용사에 동작, 행위, 처소, 시간, 대상, 방향, 원인 등을 나타내주거나, 명사와 명사 사이에 놓여 그 둘을 소유나 수식 관계로 맺어준다. 우리 말 중에 체언 뒤에 붙는 조사인 ~에, ~에서, ~에게, ~로 등에 해당한다. 문장 속의 위치로 인하여 전치사라는 명칭을 사용하기도 하지만, 일반적으로는 介辭개사라 불린다. 한문 해석의 관건이 개사를 이해했느냐에 달려 있다고 해도 과언이 아니라고 한다.

71) • '德'은 '얻음'이라는 말이니(德之爲言 得也), 도를 실천하여 마음에 터득함이 있는 것이다(行道而得於心也). 《논어집주》위정1장
• 마음에 얻음이 있고(得之於心) 그것을 지켜 잃지 않는다면(而守之不失), 끝과 시작이 한결같아서(則終始惟一), 나날이 새로워지는 성과가 있게 된다(而有日新之功矣 /功공: 공로, 성과). 《논어집주》술이6장
• '德'은 의리를 자기 몸에 터득한 것을 일컫는다(德謂義理之得於己者). 《논어집주》위령공3장
• 《中庸》제1장은 "하늘이 만물에 부여한 것을 '性'이라 이르고(天命之謂性천명지위성), 자신이 부여받은 성을 따르는 것을 '道'라고 이르며(率性之謂道솔성지위도), 도를 닦는 것을 '敎'(가르침)라고 한다(修道之謂敎수도지위교)"로 시작한다.

子曰(자왈) 孔子께서 말씀하셨다. 爲政以德(위정이덕) (임금, 제후가) 德으로써 政事(정사)를 하는 것은[72] 譬如北辰居其所(비여북신거기소) 비유하자면 마치 북극성이 제자리에 머물러 있고[73] 而衆星共之(이중성공지) 뭇별들이 그를 향하는 것과 같다.[74]

2. 思無邪(사무사)

子曰: 詩三百, 一言以蔽之, 曰思無邪.
(자왈 시삼백 일언이폐지 왈사무사)

詩(시): 시, 운문 /一言以(일언이): 以一言(이일언)의 도치된 형태 /以(이): ~로써 *수단.방법을 표시하는 전치사 /蔽(폐): 덮다, 가리다, 총괄하다, 판단하다 /之(지): 그것(詩三百(시삼백)을 가리키는 대사) / 曰(왈): ~이다, 말하다 /思(사): 생각, 생각하다 /邪(사): 간사하다, 사악하다, 사특하다

子曰(자왈) 孔子께서 말씀하셨다. 詩三百(시삼백) 詩經[75] 삼백 편을 一言以(일언이)

---

72) 爲政: 임금(제후)이 정사를 함을 뜻한다. 大夫로서 정사에 종사함은 '從政'이라 한다.(從政 謂爲大夫 《논어집주》옹야6장)

73) 而를 역접관계를 표시하는 접속사로 보면 '머물러 있는데', '머물러 있어도'로 해석하게 된다.

74) 《논어집주》: '政'이란 말은 '正'이니(政之爲言 正也), 사람의 바르지 못함을 바로잡는 것이다(所以正人之不正也 /所以: ~한 것, ~하는 것). '德'이. …도를 실천하여(行道) 마음에 터득함이 있는 것이다(而有得於心也). …정사를 덕으로써 하면(爲政以德) (작위적으로 억지로) 하는 일이 없어도(則無爲) 천하가 그에게로 돌아가는 것이니(而天下歸之) 그 형상이 이와(북극성과 뭇별의 관계) 같다(其象如此).

75) 詩經은 書서, 易역 春秋춘추, 禮記예기와 함께 儒家유가(유학을 공부하는 무리)의 五經오경 중의 하나로서 필수적인 교과서이기도 하다. 詩經은 고대 중국의 시가집으로 孔子가 수집하여 후세에 전해도 좋을 것을 곡조는 없이 가사만 골라 뽑아 편집한 것이다. 담겨 있는 시는 風풍(민간 가요 160편) . 雅아(궁중의식에 쓰이는 악장 105편) . 頌송(周, 魯, 宋나라 제례에 사용된 것으로 조상들의 공덕을 읊은 송가)의 세 부분으로 나눌 수 있다고 한다. 孔子는 배우는 사람은 반드시 시를 익혀야 한다고 하였다.(제8편 태백8장, 제16편

蔽之 폐지 한마디 말로써 덮으면(한마디로 말하면) **曰思無邪** 왈사무사 '생각에 사악(간사)함이 없음'이라고 할 것이다.76)

3. 道之以政 도지이정

3-1. 子曰: 道之以政, 齊之以刑, 民免而無恥.
자왈 도지이정 제지이형 민면이무치

道(도): 도리, 길, 말하다, 인도하다, 이끌다(=導) [道千乘之國(도천승지국) 천승의 나라를 다스리다 《논어》학이5장] /之(지): 그 *民(민)을 가리키는 대사 /以(이): ~(으)로써 *수단, 방법을 표시하는 전치사 /政(정): 法制(법제)와 禁令(금령), 政令(정령) /齊(제): 가지런하게 하다, 다스리다 *齊(재): 재계하다(=齋(재)) *齊(자): 옷자락 /刑(형): 형벌 /免而(면이)의 而(이): ~하지만 *역접관계를 표시하는 접속사/恥(치): 부끄러워하다

子曰 자왈 孔子께서 말씀하셨다. **道之以政** 도지이정 (백성을) 이끌기를 법제와 금령으로써 하고 **齊之以刑** 제지이형 가지런히 하기를(사회 질서 유지를) 형벌로써 하면 **民免而無恥** 민면이무치 백성은 (형벌을) 면하려 고는 하겠지만 부끄러워함은 없을 것이다.

계씨13장, 제17편 양화9장 등)

76) 《논어집주》: 詩는 삼백십일 편인데(詩三百十一篇), 삼백이라고 말한 것은(言 三百者) 큰 숫자를 든 것이다(擧大數也). '思無邪'는 시경의 노송경편의 구절이다(思無邪魯頌駉篇之辭). 무릇 시경의 말이(凡詩之言) 선한 것은 사람의 선한 마음을 감동하여 분발하게 할 수 있고(善者 可以感發人之善心), 악한 것은 사람의 그릇된 뜻을 징계할 수 있으니(惡者 可以懲創人之逸志 /懲징: 징계하다 /創창: 비롯하다, 징계하다 /逸일: 안일하다, 잃다, 그르치다), 그 쓰임은 사람들로 하여금 이 그 성정의 바름을 얻게 하는 데 돌아간다(其用歸於使人得其情性之正而已 /歸귀: 돌아가다, 맞다, 적합하다). …○정자는 말하기를(程子曰), "'사무사'라는 것은 '진실함(誠)'이다(思無邪者 誠也)"라고 하였다.

3-2. 道之以德, 齊之以禮, 有恥且格.
도지이덕 제지이례 유치차격

且(차): 또 *병렬관계 또는 체증-점점 많아짐-관계를 표시하는 접속사 /格(격): 격식, 지위, 인격, 다다르다, 바로잡다, 바르게 하다, 窮究(궁구)하다, 치다, 때리다, 겨루다

道之以德(도지이덕) 이끌기를 德으로써 하고 齊之以禮(제지이례) 가지런히 하기를 禮로써 하면 有恥且格(유치차격) (백성은) 부끄러움도 알고 또 바르게 될 것이다.

4. 十有五而志于學
십유오이지우학

4-1. 子曰: 吾 十有五而志于學
자왈 오 십유오이지우학

吾(오): 나, 우리(=我(아), 余(여), 朕(짐)) /有(유): ①있다, 존재하다 ②소유하다, 많다 ③어느, 어떤 ④혹, 또, 다시, ~와 그리고 또 (=又(우)) *접속사 ⑤단음절의 명사 앞에 붙어서 어조를 고르는 역할을 하는 어기조사 /而(이): 시간이나 때를 나타내는 부사어의 접미사 *이문주(79면): ~에 *어조사 *류종목(48면): 순접관계를 표시하는 접속사 /志(지): 뜻, 뜻을 두다, 지향하다 /于(우): ~에, ~에게, ~에 있어서, ~에 대하여 *간접목적어(대상)를 표시하는 전치사 =於(어)

子曰(자왈) 孔子께서 말씀하셨다. 吾 十有五而志于學(오 십유오이지우학) 나는 열다섯 살에 배움에 뜻을 두었고,[77][78]

---

77) 《논어집주》: 옛날에는 열다섯에 태학에 들어갔다(古者 十五而入大學 *학교를 뜻할 때는 大를 '태'로 읽음). …여기서 말하는 '學'은 '대학의 도'이다(此所謂學 卽大學之道也).

78) 大學之道: ❶ 《대학》의 첫머리인 經경 1장은 "대학의 도는(大學之道, 대학교육의 목적) 밝은 덕을 밝히는 데 있으며(在明明德재명명덕), 백성을 새롭게 하는 데 지극한 선

에 머무는 데 있다(在止於至善재지어지선)"고 하였다. 이를 "대학의 3강령"이라고 한다.
① 明明德: 朱子에 따르면 밝은 덕(明德)은 모든 사람이 차별 없이 선천적으로 하늘로부터 얻어서 마음속에 간직하고 있는 것으로서 仁, 義, 禮, 智가 그것이며, 이 덕은 그 자체로 밝은 것인데, 다만 外物(마음에 접촉되는 객관적 세계의 모든 대상)에 의해 가려지고 어두워져 빛을 내지 못하고 있으므로 돌이켜 나쁜 점을 찾아내고 닦아내 원래 하늘로부터 받은 그대로의 인간의 천성을 밝혀 회복하여야 한다고 한다.
② 新民: 원전에는 '親民'으로 되어 있으나 朱子는 마땅히 新民으로 고쳐야 한다고 하였다. 朱子는 자신의 밝은 덕을 밝힌(明明德) 후에는 그 밝아진 덕을 타인에게까지 미쳐, 자신뿐만 아니라 다른 사람도 새롭게 하여야 한다고 한다.
③ 止於至善: '지극한 선에 머물다'는 것으로 생각과 행동이 항상 선을 지향하고 있어야 함을 의미한다.

❷ 八條目팔조목: '대학의 3강령'을 달성하기 위한 수양의 8가지 단계적 방법으로 修己治人수기치인의 근본원리이다. ① 格物격물(사물이나 현상 속에 내재하는 이치를 깊이 탐구), ② 致知치지(앎, 지식이 지극해 짐), ③ 誠意성의(의지, 뜻이 한결같아서 성실해 짐), ④ 正心정심(진실로 마음에 악함이 없고 선함이 있음), ⑤ 修身수신(그 몸을 닦음), ⑥ 齊家제가(집안을 가지런히 함), ⑦ 治國치국(나라를 다스림), ⑧ 平天下평천하(천하를 태평케 함)이다.

❸ 원래 대학은 중용과 함께 禮記예기에 포함되어 있던 것을 朱子가 떼어내어 대학과 중용이라 이름하고 그에도 註釋주석을 달고, 논어와 맹자에도 주석을 달아서 四書集註를 펴냈다. 朱子는 孔子의 도가 曾子를 통해 그 제자이자 孔子의 손자인 子思에게 전해졌다는 道統도통을 주장하면서 曾子를 대학의 저자로, 子思를 중용의 저자로 보았다. 그러나 대학은 秦末진말 ~ 漢初한초에 통일된 사회를 다스리기 위하여 儒家가 내놓은 통치철학서라는 견해와 孔子 이후 맹자 이전 시기에 저술되었다고 보는 견해 등이 있다.

❹ 朱子는 대학의 내용을 삼강령과 그 강령에 대한 실천조목인 팔조목으로 분류하여 대학을 경1장 전10장으로 새롭게 구성하였다. '經'은 孔子의 말을 증자가 서술한 것이며, '傳'은 증자의 말을 그의 제자들이 기록한 것이라고 하였다.

❺ 실재하는 사물에서 理를 찾으려는 朱子의 '性卽理성즉리' 주장(性理學성리학, 朱子學)에 대하여 朱子보다 약 270년 후의 明나라 王陽明왕양명(1472 ~ 1529)은 자기 자신의 마음속에서 그 이치를 찾아야 한다는 '心卽理심즉리'를 주장하고, 아는 것과 행하는 것이 일치되는 것이 곧 天下萬物과 일체를 이루는 길(知行合一 萬物一體)이라고 주장하였다. 그는 마음의 본체는 본래 선과 악이 없는 것이지만 선과 악이 나타나는 것은 뜻(意)의 작용 때문이므로 이미 나타난 선과 악을 구별하여 아는 것이 良知양지이며, 선을 행하고 악을 버려 마음의 본체로 돌아가는 것이 바로 格物격물이라고 하였다. 이

4-2. 三十而立삼십이립

立립: 서다, 똑바로 서다, 確固확고히 서다, 이루어지다, 자리, 위치

三十而立삼십이립 서른 살에 자립하였으며,

4-3. 四十而不惑사십이불혹

不불: 아니하다 /惑혹: 미혹하다, 미혹되다, 의심하다, 의혹하다, 번뇌

四十而不惑사십이불혹 마흔 살에 (事理사리에) 迷惑미혹되지 않게 되었다.[79]

4-4. 五十而知天命오십이지천명

知지: 알다 /天천: 하늘 /命명: 명령

른바 陽明學양명학이다. 중국과 일본에서는 양명학이 오히려 크게 발전하고 있으나 조선의 유학자들은 性理學에만 매몰되어 양명학에 대해서도 斯文亂賊사문난적이라 하여 배척하였다.

❻ 朱子는 대학을 15세가 넘은 왕의 아들이나 공경대부의 고위관직에 있는 사람들의 자식 또는 선비들의 嫡子적자, 그리고 일반 백성 중 뛰어난 사람들이 태학에 들어가서 배우는 가르침의 내용이라고 하였다. 그러나 정약용은 성리학에 의하여 재해석된 대학관에 반대하고 성리학적인 색채를 탈색하여 대학에 접근하고, 대학이란 궁극적인 목적이 나라를 다스리고 천하를 태평하게 하는 데 있으므로 반드시 지배층의 자제들을 위한 가르침이라고 한정 짓는다.

79) • 자신의 판단과 식견 그리고 지조에 흔들림이 없었음을 의미한다.(김용재, 91면)
• 나는 나이 마흔에 마음이 흔들리지 않았다(我四十不動心). 《맹자》〈公孫丑章句공손추장구 上〉

五十而知天命(오십이지천명) 쉰 살에 천명을 알았으며,[80]

4-5. 六十而耳順(육십이이순)

> 耳(이): 귀 /順(순): 순하다, 부드럽다, 순응하다, (도리에) 따르다, 편안하다

六十而耳順(육십이이순) 예순에는 귀가 순해졌고(모든 일을 들으면 마음에 통하여 순조로이 이해했고, 다른 의견을 잘 수용할 수 있었고),

4-6. 七而從心所欲不踰矩(칠이종심소욕불유구)

> 從(종): 따르다, 좇다 /所(소): ~하는 바, ~하는 것 *의존명사로서 뒤에 오는 서술어의 수식을 받는다 /欲(욕): 바라다, 하고자 하다 /踰(유): 넘다, *踰(요): 멀다 /矩(구): 法度(법도), 常規(상규), 規則(규칙)

七十而從心所欲(칠십이종심소욕) 일흔에는 마음이 하고자 하는 바를 따라도 **不踰矩不踰矩**(불유구불유구) 법도에 어긋나지 않았다.

5. 生事之以禮(생사지이례)

5-1. 孟懿子問孝. 子曰: 無違.(맹의자문효. 자왈: 무위.)

> 孟(맹): 맏이 /懿(의): 아름답다 /無(무): 없다, 아니하다(=不(불)) /違(위): 어기다, 위반하다

孟懿子問孝(맹의자문효) 맹의자가 孝를(어떻게 하는 것이 孝인 지를) 여쭈자[81] **子曰**(자왈)

---

80) 하늘이 자신에게 부여한 명령이 무엇인지를 알게 되어, 그 사명감을 비로소 깨닫게 되었다는 의미이다.(김용재, 91면)

孔子께서 말씀하셨다. **無違**(무위) 어김이 없어야 한다.

5-2. 樊遲御, 子告之曰: 孟孫問孝於我, 我對曰 無違.
(번지어 자고지왈 맹손문효어아 아대왈 무위)

> 樊(번): 울타리 /遲(지): 늦다, 더디다 /御(어): 수레를(말을) 몰다 /告(고): 알리다, 가르치다 /子告之(자고지)의 之(지): 그(樊遲(번지)를 가리키는 대사) /於(어): ~에, ~에게, ~에 대하여 *대상을 표시하는 전치사 /對(대): 대하여, 대하다, 마주하다, 대답하다

樊遲御(번지어) 번지가 (孔子를 모시고) 수레를 몰고 있었는데[82] **子告之曰**(자고지왈) 孔子께서 그에게 말씀하셨다. **孟孫問孝於我**(맹손문효어아) 맹손이 나에게 효를 묻기에 **我對曰 無違**(아대왈 무위) 내가 '어김이 없어야 한다'고 대답해 주었다.

5-3. 樊遲曰: 何謂也.
(번지왈 하위야)

子曰: 生事之以禮. 死葬之以禮, 祭之以禮.
(자왈 생사지이례 사장지이례 제지이례)

> 何(하): 무슨, 무엇 /謂(위): 말하다, 이르다 /也(야): 의문의 어기를 표시하는 어기조사, 앞의 何와 호응한다. /何謂也(하위야): 무엇을 말하는 것인가? *의문문에서 목적어 또는 보어인 의문대사가 동사 앞에 도치된 것 /生(생): 나다, 태어나다, (아이를)낳다, 살다, 생존하다, 성장하다, 발생하다 /事(사): 섬기다, 일삼다, 일 /以(이): ~(으)로써 *수단 또는 방법을 표시하는 전치사 /禮(례): 예, 예절, 儀式(의식), 예우하다 /死(사): 죽다, 죽이다, 다하다, 망하다 /葬(장): 葬事(장사)(지내다), 埋葬(매장)하다 /祭(제): 祭祀(제사)(지내다) /事之(사지), 葬之(장지), 祭之(제지)의 之(지): 그 *부모

---

81) 孟懿子: 노나라의 세도가인 孟孫맹손, 叔孫숙손, 季孫계손 등, 三桓삼환 중의 첫째이다.

82) 樊遲: 제나라 사람으로 孔子의 제자. 孔子보다 36세 아래였다. 성이 樊, 이름은 須수, 자가 子遲이다.

를 가리키는 대사

樊遲曰(번지왈) 번지가 여쭈었다. **何謂也**(하위야) 무엇을 말씀하신 것입니까?

子曰(자왈) 孔子가 말씀하셨다. **生事之以禮**(생사지이례) (부모님이) 살아 계셔서는 예로써 섬기고, **死葬之以禮**(사장지이례) 돌아가시면 예로써 장사 지내고 **祭之以禮**(제지이례) 예로써 제사 지내야 한다.

6. **唯其疾之憂**(유기질지우)

孟武伯(맹무백) **問孝**(문효). **子曰**(자왈): **父母唯其疾之憂**(부모유기질지우).

伯(백): 맏이, 첫, 큰아버지 /武(무): 武人(무인), 武士(무사), 무예, 굳세다 /唯(유): 오로지, 오직, 다만, 생각하다, 예(공손하게 대답하는 말) /其(기): 그 *자식을 가리키는 지시대사 /疾(질): 병, 병들다, 병을 앓다, 결점, 해치다, 빠르다 /憂(우): 걱정하다, 근심하다 /其疾之憂(기질지우): 憂其疾(우기질)로 써야 할 것을 목적어(其疾(기질))를 강조하기 위해 술어 憂(우) 앞에 도치하고 어조사 之(지)를 쓴 것 *류종목(51면), 김형찬(37면): 之(지)는 도치를 돕는 구조조사로서 唯其疾之憂(유기질지우)가 唯憂其疾(유우기질)로부터 도치된 것임을 나타낸다. *이문주(86면): 우리말의 '~를'을 뜻하는 목적격 어조사

孟武伯(맹무백) **問孝**(문효) 맹무백이 孝를 여쭈자[83] **子曰**(자왈) 孔子께서 말씀하셨다. **父母唯其疾之憂**(부모유기질지우) 부모는 오로지 그 자식이 병이 들까만을 걱정하신다.[84]

---

83) 孟武伯: 노나라의 대부인 孟懿子맹의자의 아들로서 이름은 彘체.

84) 《논어집주》: 부모의 자식 사랑하는 마음이(言父母愛子之心) 이르지 않는 곳이 없지만(無所不至) 오로지 그 자식에게 질병이 있을까를 걱정하여(惟恐其有疾病) 항상 근심하신다는 것을(常以爲憂也) 말한 것이다. …옛말에(舊說) 자식은 부모로 하여금

7. 今之孝者(금지효자)

子游問孝(자유문효), 子曰(자왈): 今之孝者(금지효자), 是謂能養(시위능양). 至於犬馬(지어견마) 皆能有養(개능유양), 不敬(불경), 何以別乎(하이별호).

> 游(유): 헤엄치다 /今之(금지): 孝(효)를 꾸며주는 관형어(오늘날의) /者(자): ~라고 하는 것, ~라고 하는 사람〈의존명사〉/是(시): 이, 이것, 여기, 무릇, 옳다, 바르다, 옳다고 인정하다, 바로잡다, ~이다, 다만(=祗(지)) /能(능): 잘하다 /養(양): 부양하다, 기르다 /至(지): 이르다, ~까지 /犬(견): 개 *狗(구): 강아지, 개 /馬(마): 말 *駒(구): 망아지, 말 /皆(개): 모두 /敬(경): 공경하다 /何(하): 무엇 /以(이): ~(으)로써 /別(별): 구별하다, 나누다 /乎(호): ~인가?

子游問孝(자유문효), 子曰(자왈) 子游가 孝를 여쭈자 孔子께서 말씀하셨다.[85) **今之孝者(금지효자)** 지금의 효라는 것은 **是謂能養(시위능양)** (물질적으로) 부양하는 것만을 말하는데, **至於犬馬(지어견마)** 개와 말에게도 **皆能有養(개능유양)** 모두 길러 줌은 있으니[86), **不敬(불경)** 공경하지 않는다면(공경하는 마음이 없다면) **何以別乎(하이별호)** 무엇으로써 구별하겠는가?

(人子能使父母) 不義에 빠질까 걱정하지 않게 하고(不以其陷於不義爲憂) 오로지 그 질병만 걱정하게 하여야(而獨以其疾爲憂) 효라고 이를 수 있다 하였는데(乃可謂孝) 역시 통한다(亦通)

* 주자는 '其'가 가리키는 대상을 '자식'으로 본 것이다. 반대로 '其'를 부모로 보면 '부모가 병에 걸릴까 걱정하는 것이 효'라는 풀이가 된다.

85) 子游(B.C. 506 ~ ?): 吳오나라 사람으로 孔子보다 45세 적은 제자. 성은 言, 이름은 偃언이며, 子游는 그의 자. 孔子의 제자 중 子夏자하와 더불어 文學에 뛰어난 공문십철의 한 사람이다.

86) 주자는 '養'의 주체를 자식(사람)으로 보아 "사람이 犬馬를 기르다"로 본다. 그러나 皆能有養의 주체를 犬馬로 보면 '犬馬도 모두 봉양하는데'로 풀이하게 된다.

8. 色難(색난)

子夏問孝(자하문효), 子曰(자왈): 色難(색난). 有事弟子服其勞(유사제자복기로), 有酒食先生饌(유주사선생찬), 曾是以爲孝乎(증시이위효호).

夏(하): 여름 /色(색): 얼굴빛, 안색, 빛깔 /難(난): 어렵다 /事(사): 일, 섬기다 /服(복): 일하다, 맡아 일하다(職(직)) /其(기): 그 *'부형'을 가리 가리키는 대사 /勞(로): 일하다, 힘들이다, 근심하다, 위로하다 /酒(주): 술 /食(사): 먹이, 밥 *食(식): 먹다, 마시다 /饌(찬): 먹다, 반찬, 음식 /曾(증): 일찍, 일찍이 /是(시): 이, 이것('有事(유사)~ 先生饌(선생찬)'을 가리키는 대사) /以(이): ~때문,~때문에. ~까닭에, ~로 인하여 *원인, 이유, 까닭을 표시하는 전치사 /是以(시이): 목적어와 전치사가 도치된 것 *류종목(53면): 강조효과를 위하여 是(시)를 意動詞 以(이)앞에 놓은 것 /爲(위): ~라고 여기다 /乎(호): ~느냐? ~는가? *의문의 어기를 표시하는 反語(반어)형 어기조사

子夏問孝(자하문효), 子曰(자왈) 子夏가 孝를 여쭈자 孔子께서 말씀하셨다. **色難(색난)** 얼굴빛을 온화하게 하는 것이 어렵다.[87] **有事弟子服其勞(유사제자복기로)** (父兄에게 힘든) 일이 있어 젊은이가 그 手苦(수고)로움을 맡아 하고, **有酒食先生饌(유주사선생찬)** 술과 밥이 있어 어른들을 먹게 하는 것, **曾是以爲孝乎(증시이위효호)** 일찍이[88] 이것만을 효라고 여겼겠느냐?[89]

---

87) 色을 부모의 안색으로 보아 '(부모의) 얼굴색을 살피는 일이 어렵다'로 풀이하기도 한다.(성균관)

88) 본문의 풀이는 曾을 '일찍이'로 풀이하는 주자에 따른 것이다. 그러나 단지 '어조를 완만하게 하는 어기조사'라는 견해(茶山), '어찌(반문을 표시하는 의문사)'의 뜻으로 보아 '어찌 이렇게 하는 것을 효도라고 여기느냐'로 풀이하는 견해(류종목, 52면), '~하면 곧(=則)'의 뜻이라 하여 '선생을 먼저 먹게 하면 곧 이것이 효가 되겠느냐'로 풀이하는 견해(馬融) 등이 있다.

9. 回也不愚
회 야 불 우

子曰: 吾與回言終日 不違, 如愚. 退而省其私, 亦足以發, 回也不愚.
자 왈 오 여 회 언 종 일 불 위 여 우 퇴 이 성 기 사 역 족 이 발 회 야 불 우

回회: 안회의 이름, 돌다 /與여: 더불어 *동반관계를 표시하는 전치사 /終종: 끝나다, 마치다 /終日: 온종일 /違위: 어긋나다, 어기다, 거스르다 /如여: 같다, 마치 ~와 같다 /愚우: 어리석다 /退퇴: 물러나다 /而이: 순접관계를 표시하는 접속사 /省성: 살피다 /其기: 그 *안회를 가리키는 대사 /私사: 개인의 일, 사생활, 사사로운 언행 /亦역: 역시, 또한 /足족: 넉넉하다, 제대로, 만족하다, 발, 뿌리 /足以족이: ~하기에 족하다, ~하기에 충분하다, 충분히 ~할 수 있다 *류종목(53면): 원래 조동사 足족과 수단 방법을 표시하는 전치사 以이가 결합된 형태로 '족히 그것으로써 ~할 수 있다'라는 뜻인데 전치사 以이 뒤에 올 목적어가 생략됨으로써 아예 조동사로 바뀐 것이다. /發발: 행하다, 나타내다, 펴다, 밝히다 /也야: 음절을 조정하고 어기를 고르는 어기조사

子曰(자왈) 孔子께서 말씀하셨다. 吾與回言終日(오여회언종일) 내가 온종일 안회와 더불어 이야기를 했지만[90] 不違(불위) (내 말을) 어기지 않아 如愚(여우) 마치 어리

---

89) 《논어집주》: 효자로서 깊은 사랑을 가지고 있는 사람은(蓋 孝子之有深愛者) 반드시 온화한 기운이 있고(必有和氣), 온화한 기운이 있는 사람은(有和氣者) 반드시 유순한 얼굴빛이 있으며(必有愉 /愉유: 기뻐하다, 온화하다), 유순한 얼굴빛이 있는 사람은(有愉色者) 반드시 부드러운 용모를 갖추고 있다(必有婉容 /婉완: 부드럽다, 완곡하다). 부모님을 섬김에(故事親之際) 오로지 얼굴빛이 어려움이 될 뿐이요(惟色爲難耳), (부형의) 수고로움을 맡아 하고 음식을 봉양하는 것은(服勞奉養) 아직 효라 하기에 충분하지 못한 것이다(未足爲孝也).

90) 顔回(B.C. 514 ~ B.C. 483): 자는 子淵자연 혹은 顔淵안연. 존칭으로 顔子라고 한다. 孔子보다 30세 연하이고 자타가 공인하는 孔子의 수제자이지만 29세 때 머리가 세었으며, 32세에 요절하였다. 孔子 69세 때이다. 안회의 사망 년도에 대해서는 다른 견해

석은 사람 같았으나, 退而省其私(퇴이성기사) 그가 물러가고 나서 그 사사로운 언행을 살펴보니 亦足以發(역족이발) 역시 족히 드러내 밝히고 있다(나의 뜻을 제대로 이해하고 실천하고 있다). 回也不愚(회야불우) 안회는 어리석지 않도다![91]

10. 視其所以(시기소이)

10-1. 子曰(자왈): 視其所以(시기소이)

視(시): (눈으로)보다 /其(기): 그, 그 사람 *일반적인 사람을 가리키는 대사 /所(소): ~(하는)바, ~(하는)일, ~(하는)것 *의존명사 /以(이): 하다〈동사〉 [如或知爾(여혹지이) 만약 혹시 너희들을 알아준다면 則何以哉(즉하이재) 어떤 일을 하겠는가?《논어》선진25장]

子曰(자왈) 孔子께서 말씀하셨다. 視其所以(시기소이) 그가 행하는 것을 보고,[92]

도 있으나 제자들이 후히 장사지냈다고 한 점 등에 미루어 보아 孔子가 노나라로 돌아온 B.C. 484 이후에 사망한 것으로 보는 것이 타당할 것으로 본다.

91) 《논어집주》: 내가 스승(延平연평 李侗이통)께 들으니(愚聞之師 曰) "안자는 기질이 깊고 순수하며(顔子深潛純粹 /深심: 깊다, 심히 /潛잠: 잠기다, 깊다), 성인의 면모를 이미 갖추었으니(其於聖人體段已具 /於: 목적어를 표시하는 전치사), 그는 부자의 말씀을 듣고(其聞夫子之言) 묵묵히 이해하여 마음에 녹아 들어가(默識心融 /融융: 화하다, 녹다), 닿는 곳마다 분명해서(觸處洞然 /觸촉: 닿다 /洞통: 밝다, 통하다 *洞동: 고을, 동네) 저절로 조리가 있었다(自有條理 /條理조리: 일을 하여 가는 도리). 그러므로 온종일 말을 해도(故 終日言) 그가 거스르지 않아서 어리석은 사람 같을 뿐이었는데(但見其不違如愚人而已), 물러간 뒤에 그의 사사로이 거처함을 살펴봄에 미치니(及退省其私), 그 일상의 동정과 말하고 침묵하는 사이에(則見其日用動靜語默之間) 모두 스승의 도를 충분히 깨우쳐서(皆足以發明夫子之道) 편안하게 그것을 말미암고 의심함이 없음을(坦然由之而無疑 /坦然탄연: 마음에 거리낄 것이 없다, 마음이 편안한 모양) 보았고, 그런 뒤에야 그가 어리석지 않음을 알았다(然後 知其不愚也)."라고 하였다.

10-2. 觀其所由
관 기 소 유

觀관: 보다, 살펴보다, 관찰하다, 감상하다, 나타내다, 모양, 용모, 생각 /由유: 지나다, 경유하다, 따르다, 까닭

觀其所由 (관 기 소 유) 그가 말미암은 바(그 행위를 하게 된 까닭)를 관찰하며,[93]

10-3. 察其所安
찰 기 소 안

察찰: 살피다, 알다, 자세하다, 조사하다, 생각하여 보다 /安안: 편안(하다), 편안하게 하다, 즐거움에 빠지다, 편안하게 여기다, 어찌, 이에(=乃내),

察其所安 (찰 기 소 안) 그가 편안히 여기는 바를 자세히 살펴본다면,[94]

10-4. 人焉廋哉, 人焉廋哉.
인 언 수 재 인 언 수 재

人인: 사람, 사람됨, 품성 /焉언: 어디 *장소를 묻는 의문대사 /廋수: 숨기다(=匿익), 숨다, 찾다, 헤아리다 /哉재: ~인가? *반문의 어기를 표시하는 어기조사, 반문의 형식을 취하여 강한 긍정의 뜻을 나타낸다.

---

92) 《논어집주》: 선을 행하는 자는 '군자'이고(爲善者 爲君子), 악을 행하는 자는 '소인'이다(爲惡者 爲小人).

93) 《논어집주》: '觀'은 '視'에 비해 상세한 것이다(觀比視爲詳矣).

94) 《논어집주》: '察'은 또 더 자세한 것이다(察則又加詳矣). …(그 행동을 하게 된 동기가) 비록 선하다 하더라도(所由雖善) 마음이 즐거워하는 바가(而心之所樂者) 善에 있지 않다면(不在於是) 또한 거짓일 뿐이니(則亦僞耳 /僞위: 거짓), 어찌 능히 오래되어도 변하지 않을 수 있겠는가(豈能久而不變哉)?

人焉廋哉(인언수재) 사람 됨됨이를 어떻게 숨길 수 있겠는가? **人焉廋哉**(인언수재) 사람 됨됨이를 어디에 숨기겠는가?[95)]

11. **溫故而知新**(온고이지신)

子曰(자왈): **溫故而知新**(온고이지신), **可以爲師矣**(가이위사의).

溫(온): 따뜻하다, 부드럽다, 온화하다, 익히다, 복습하다, 넉넉하다, 축적하다, 온도, 온천 /故(고): 연고, 사유, 까닭, 道理(도리), 先例(선례), 예, 옛것, 옛일, 죽은 사람, 그러므로, 까닭에, 일부러 /而(이): ~하여 *순접관계를 표시하는 접속사 /可以(가이): ~해도 좋다, ~할 수 있다, 괜찮다, ~할 가치가 있다 * 조동사 /爲(위): 되다, 하다 /師(사): 스승 /矣(의): 필연의 결과를 표시하는 어기조사(류종목, 56면)

子曰(자왈) 孔子께서 말씀하셨다. **溫故而知新**(온고이지신) 옛것을 익히고 새로운 것을 알면[96)] **可以爲師矣**(가이위사의) 스승이 될 수 있다.[97)]

---

95) 《논어집주》: 거듭 말함으로써 깊이 밝힌 것이다(重言以深明之).

96) '옛것을 익히고 스스로 새로워지면'으로 해석하기도 한다.

97) 茶山: "可以爲師矣"라 함은 스승의 직분이 자못 해볼 만한 것이라는 말이다. 전에 배운 것이 이미 차가워졌는데 지금 남을 가르치는 일로 인해 온고이지신을 할 수 있으니 나에게 유익한 일이 아니겠는가. 사람은 스승이 되어볼 만하다.(박헌순 1-107면)

12. 君子不器(군자불기)

子曰(자왈): 君子不器(군자불기).

> 不(불): 아니다 (=非(비))〈동사〉 /君子(군자): 학문과 수양을 통해 인격적 완성에 이른 사람. 朱子는 '德(덕)을 이룬 이의 명칭', '재주와 덕이 출중한 자의 명칭'이라고 하였다. /器(기): 그릇

子曰(자왈) 孔子께서 말씀하셨다. **君子不器(군자불기)** 군자는 (한 곳에만 쓰일 수 있는) 그릇 같은 것이 아니다.[98)]

13. 先行其言而後(선행기언이후)

子貢問君子(자공문군자), 子曰(자왈): 先行其言(선행기언), 而後從之(이후종지).

> 君子(군자): 덕을 갖춘 사람 /行(행): 행하다, 실천하다 /其(기): '군자'를 가리키는 대사 /而後(이후): 이후에(=以後(이후)) /從(종): 따르다, 좇다 /之(지): 그것(言(언)을 가리킴)

子貢問君子(자공문군자), 子曰(자왈) 子貢(端木賜(단목사))이 군자에 관해 여쭈자 孔子께서 말씀하셨다. **先行其言而後從之(선행기언이후종지)** 먼저 그가 말하고자 하는 것을 실행한 후 말이 행동을 따른다.[99)]

---

98) 《논어집주》: 器는 각각 그 용도에만 적합하여(器者 各適其用) 서로 통용될 수 없다(而不能相通). 덕을 이룬 선비는(成德之士) 그 몸이 갖추지 않은 것이 없다(體無不具). 그러므로 '用용'(쓰임)이 두루 미치지 않음이 없고(故用無不周), 특별히 한 가지 재주나 한 가지 기예(를 가진 자)가 되고 마는 것이 아니다(非特爲一才一藝而已).

99) 《논어집주》: ○범씨는 말하기를(范氏曰) "子貢의 병통은(子貢之患) 말하는 것이 어려운 것이 아니라(非言之艱 /艱간: 어렵다, 어려워하다) 실천하는 것이 어려웠기 때문에(而行之艱) 이것으로 일러준 것이다(故 告之以此)."라고 하였다.

14. 周而不比
주 이 불 비

子曰: 君子周而不比, 小人比而不周.
자 왈 군 자 주 이 불 비 소 인 비 이 부 주

周(주): 친밀하다, 두루, 널리, 둘레 /比(비): (사리사욕을 위해) 결탁하다, 편 가르다, 편당하다, 비교하다, 나란히 하다, 갖추다, 친숙하다 /小人(소인): 뜻이 좁고 자기 이익만 챙기는 사람 /而(이): ~하되 *역접관계를 표시하는 접속사

子曰(자왈) 孔子께서 말씀하셨다. **君子周而不比**(군자주이불비) 군자는 두루 사귀되 편당 짓지 않으며, **小人比而不周**(소인비이부주) 소인은 편당 짓되(편 가르고, 차별하고) 두루 사귀지 않는다.[100]

15. 不思則罔
불 사 즉 망

子曰: 學而不思則罔, 思而不學則殆.
자 왈 학 이 불 사 즉 망 사 이 불 학 즉 태

而(이): ~하되 *역접관계를 표시하는 접속사 /思(사): 생각(하다), 마음, 의지, 사상 /則(즉): ~하면 곧 *조건에 따른 결과를 표시하는 접속사 /罔(망): 체계가 없다, 미혹되다, 망령되다, 없다, 어둡다, 속이다, 그물 /殆(태): 위태하다, 위태롭게 하다, 해치다

子曰(자왈) 孔子께서 말씀하셨다. **學而不思則罔**(학이불사즉망) 배우기만 하고 생각하지(사색하지) 않으면 이치에 어둡고, **思而不學則殆**(사이불학즉태) 생각(사색)하기만 하고 배우지 않으면 위태롭다(오류나 독단에 빠질 위험이 있다).[101][102]

---

100) 《논어집주》: ○군자와 소인은(君子小人) 행하는 바가 같지 않고(所爲不同), 마치 그늘과 양지, 낮과 밤과 같아서(如陰陽晝夜), 매양 상반된다(每每相反). 그러나 구분되는 까닭을 궁구해보면(然究其所以分) 公과 私에 있어서(則在公私之際) 털끝만 한 차이가(毫釐之差耳 /毫釐호리: 매우 적은 분량 /差차: 다르다, 어긋나다) 있을 뿐이다.

16. 攻乎異端
공호이단

子曰: 攻乎異端, 斯害也已.
자왈 공호이단 사해야이

攻(공): 치다, 공격하다, 책망하다, 다스리다, 닦다, 배움, 연구함 /乎(호): ~에, ~보다 (=於(어), 于(우)) *동작의 대상을 표시하는 전치사 /異(이): 다르다, 달리하다, 기이하다, 진귀하다 /端(단): 끝, 한계, 처음, 시초, 실마리, 단서 /斯(사): ~하면 *조건에 따른 결과를 표시하는 접속사(=則(즉)) /害(해): 해치다, 손해, 災害(재해) /也已(야이): ~일 뿐이다 *단정이나 한정의 어기로 문장을 종결짓는 어기조사

子曰(자왈) 孔子께서 말씀하셨다. **攻乎異端**(공호이단) 이단(극단적으로 편향되거나 괴이한 것)을 공부하면 **斯害也已**(사해야이) 해로울 따름이다.[103)]

---

101) 《논어집주》: (배우기만 하고 생각하지 않으면) 자기 마음에서 구하지 않으므로(不求諸心) 어두워서 얻음(깨달음)이 없고(故昏而無得), (생각하기만 하고 배우지 않으면) 그 일을 익히지 않으므로(不習其事) 위태롭고 불안하다(故危而不安). ○정자가 말하기를(程子曰) "넓게 배우고, 살펴서 묻고, 신중히 생각하고, 밝게 분별하고, 독실히 행함(博學, 審問, 愼思, 明辨, 篤行 /博박: 넓다 /審심: 살피다 /愼신: 삼가다, 두려워하다 /辨변: 분별하다 /篤독: 도탑다, 진심이 깃들어 있다), 이 다섯 가지 중에(五者) 그 하나라도 빠트리면(廢其一 /廢폐: 폐하다, 버리다), 그것은 배움이 아니다(非學也)."라고 하였다.

102) • [생각하면 사리를 알게 되고(思則得之), 생각하지 않으면 사리를 알지 못한다(不思則不得之).《孟子》告子 上],

• 茶山: '學'은 옛 전적에서 징험함을 이르고 '思'는 자기의 마음에서 연구함을 이른다. '罔'은 속임을 당하는 것이고, '殆'는 위태함이다. 본말을 연구하지 않고 옛글을 가벼이 믿으면 혹 무망에 떨어지게 되고 옛 선인을 상고하지 않고 자기의 마음을 가벼이 믿으면 아는 것이 위태롭다. 둘은 어느 하나도 폐할 수 없다.(박헌순 1-113면)

103) 《논어집주》: '異端'은 성인의 도가 아니고(異端 非聖人之道) 별개의 하나의 끝이 되는 것이니(而別爲一端) 楊朱양주와 墨翟묵적 같은 것이 이것이다(如楊墨是也). 그들은 천하를 이끌어 아버지도 없고 군주도 없는 데 이르니(其率天下至於無父無君) 오로지 전공하여 정밀함에 이르고자 하면(專治而欲精之) 해가 심할 것이다(爲害甚矣).

17. 知之爲知之
지 지 위 지 지

子曰: 由, 誨女知之乎. 知之爲知之, 不知爲不知, 是知也
자 왈 유 회 여 지 지 호 지 지 위 지 지 부 지 위 부 지 시 지 야

> 誨(회): 가르치다, 회개하다 /女(여): 너(=汝(여), 爾(이), 而(이), 若(약)) *2인칭 대사, 여자, 딸 /知之(지지)의 之(지): 안다는 것의 '一般的(일반적)인 對象(대상)'을 가리키는 대사이지만 특별히 풀이하지 않는 것이 더 자연스럽다. 따라서 知之(지지)는 "알다", "아는 것" 정도로 해석한다. /乎(호): ~할까? ~인가? *의문의 어기를 표시하는 어기조사 /爲(위): ~라고 말하다, 말하다, 그렇게 이름(=曰(왈))(=謂(위)) /是(시): 이, 이것('知之爲知之(지지위지지), 不知爲不知(부지위부지)'를 가리키는 대사) /也: 판단 또

○정자는 말하기를(程子曰) "佛家불가(불교)의 말은(佛氏之言) 양주 · 묵적에 비해 더욱 이치에 가까워(比之楊墨 尤爲近理) 그 해 됨이 더욱 심하니(所以其害爲尤甚), 배우는 이들은 음란한 음악과 아름다운 女色처럼 멀리해야 할 것이다(學者當如淫聲美色以遠之). 그렇지 않으면 차츰차츰 그 속으로 빠져 들어갈 것이다(不爾則駸駸然入於其中矣)."라고 하였다.

* '異端'은 "유가의 입장에서 볼 때 자기와 다른 학설"을 뜻한다(류종목, 60면). 朱子와 程子 이래 宋대의 유학자들은 주로 佛家와 道家, 楊朱와 墨家를 가리키는 말로 사용하였다. 그러나 孔子(B.C. 551 ~ B.C. 479)가 이 말을 한 때에는 아직 양주(B.C. 440 ? ~ B.C. 360 ?)와 墨翟(B.C. 475 ? ~ B.C. 396 ?)은 세상에 드러나지도 않았고, 불교는 아직 중국에 전래되지도 않았다. 따라서 孔子가 말한 '이단'은 양주와 묵가, 불가의 가르침은 아닌 것이다.

* 유학자들은 유교의 도의나 문화, 또는 유학자를 일컬어 '斯文사문'이라고 하고, 유교 논리에 조금이라도 어긋나면 '斯文亂賊사문난적'이라 하여 심히 배척하였다. 특히 조선의 유학자들은 性理學성리학에만 전념하여 명나라 때 王陽明왕양명이 주창한 같은 유교학설인 陽明學양명학에 대해서조차 사문난적으로 치부하는 폐쇄성을 보였다.

그러나 학자들은 유학에 뿌리를 둔 묵가사상이 오히려 유학의 발전을 가져왔고, 魏晉南北朝時代위진남북조시대(A.D. 220 ~ 589)와 隋唐時代수당시대(A.D. 581 ~ 907)에 불교와 도교가 함께 크게 흥하여 유학이 사상적 주도권을 잃어가다시피 한 상황에서 불교와 도교와 치열하게 싸우고 논쟁하면서 오히려 불교와 도교의 장점을 받아들여 형이상학과 우주론을 유가 내부에 편입함으로써 유학은 한 단계 더 발전하였다고 하며, 어떤 이는 주자가 불교의 교리를 훔쳤다고까지 말한다고 한다.

는 진술의 어기를 표시하는 어기조사

子曰(자왈) 孔子께서 말씀하셨다. **由 誨女知之乎**(유 회여지지호) 유야,[104] 너에게 안다는 것이 무엇인지를 가르쳐 줄까?[105] **知之爲知之**(지지위지지) 아는 것을 안다고 하고, **不知爲不知**(부지위부지) 알지 못하는 것을 알지 못한다고 하는 것, **是知也**(시지야) 이 것이 바로 아는 것(앎)이다.[106]

18. 言寡尤(언과우)

18-1. 子張 學干祿(자장 학간록)

張(장): 베풀다, 넓히다 /干(간): 방패, 막다, 구하다(=求(구)), 요구하다 /祿(록): 녹봉

子張學干祿(자장학간록) 자장이[107] 녹봉(벼슬)을 구하는 방법을 배우려고 하자,

---

104) 仲由중유 (B.C. 542 ~ B.C. 480): 孔子의 제자로 孔子보다 9세가 적지만 제자들 중 가장 나이가 많다. 성이 仲이고 由는 이름이다. 자가 子路 또는 季路이다. 孔子는 그를 政事에 능하다고 하였다. 공문십철의 한 사람이다.

105) 본문을 "由∨誨女∨知之乎∨知之爲知之∨不知爲不知∨是知也"로 끊어 읽고, 맨 처음의 知를 '기억하다(志)'로 풀이하고, 나머지의 '知'를 '알다'로 해석하면 "유야, 너에게 가르쳐 줄 테니, 잘 기억해 두어라, 아는 것은 안다고 하고, 알지 못하는 것은 모른다고 함이 이것이 아는 것이다"로 완역할 수 있다.(김용재, 106면)

106) 《논어집주》: 이와 같으면 비록 혹 다 알지는 못하더라도(如此則雖或不能盡知) 스스로를 속이는 폐단은 없을 것이며(而無自欺之蔽 /欺기: 속이다 /蔽폐: 덮다, 가리다, 폐단, 결점), 또한 그 앎에 해가 되지 않을 것이다(亦不害其爲知矣).

107) 子張(B.C. 503 ~ ?): 성은 顓孫전손, 이름이 師사이다. 子張은 그의 자. 孔子보다 48세 아래로, 孔子의 말년의 제자. 용모가 수려하고 재주가 높고 뜻이 넓고, 사람들과 잘 사귀었으나, 구차히 어려운 일 만들기를 좋아했기 때문에 항상 중도를 넘었다.

18-2. 子曰(자왈): 多聞闕疑(다문궐의), 愼言其餘(신언기여), 則寡尤(즉과우). 多見闕殆(다견궐태), 愼行其餘(신행기여), 則寡悔(즉과회). 言寡尤(언과우), 行寡悔(행과회), 祿在其中矣(록재기중의).

> 闕(궐): 비다, 비우다, 빼다, 궁궐 /疑(의): 의심(하다) /愼(신): 신중히 하다, 삼가다 /其餘(기여)의 其(기): 그, 그것 /餘(여): 나머지 /則(즉): ~하면 곧 *가정이나 조건에 따르는 결과를 표시하는 접속사 /寡(과): 적다 /尤(우): 허물 /殆(태): 미심쩍다, 위태하다 /悔(회): 후회(하다) /在(재): ~에 있다 /矣(의): 필연의 결과를 표시하는 어기조사(류종목, 63면) /祿在其中矣(록재기중의)의 其(기): '言寡尤(언과우), 行寡悔(행과회)'를 가리키는 대사

子曰(자왈) 孔子께서 말씀하셨다. **多聞闕疑(다문궐의)** 많이 듣고 의심나는 것을 빼놓고 **愼言其餘(신언기여)** 그 나머지를 신중히 말하면 **則寡尤(즉과우)** 허물이 적을 것이고, **多見闕殆(다견궐태)** 많이 보되 위태로운 것을 빼고 **愼行其餘(신행기여)** 그 나머지를 신중히 行하면 **則寡悔(즉과히)** 후회하는 일이 적을 것이다. **言寡尤(언과우) 行寡悔(행과회)** 말에 허물이 적으며 행실에 후회가 적으면 **祿在其中矣(록재기중의)** 녹봉은 그 가운데 있다.[108]

---

108) 《논어집주》: ○정자가 말했다(程子曰). "천작을 닦으면 인작이 이르니(修天爵則人爵至) 군자가 언행을 능히 삼가는 것이(君子言行能謹) 녹봉을 얻는 길이다(得祿之道也)."

* 天爵은 스스로 仁義와 忠信과 善을 행하여 저절로 귀하게 되는 것이고, 人爵은 임금으로부터 받는 公, 卿, 大夫와 같은 벼슬을 뜻한다.

19. 擧直錯諸枉(거직조제왕)

哀公問曰(애공문왈): 何爲則民服(하위즉민복).

孔子對曰(공자대왈): 擧直錯諸枉(거직조제왕), 則民服(즉민복). 擧枉錯諸直(거왕조제직), 則民不服(즉민불복).

> 哀(애): 슬프다 /公(공): 벼슬 /何(하): 어찌, 어떻게 /爲(위): ~하다 /則(즉): ~하면 /民(민): 백성, 국민 /服(복): 衣服(의복), 대신하다, 服從(복종)하다 /對(대): 대답하다, 대하다 /擧(거): 들다, 등용하다, 천거하다 /直(직): 곧다, 정직하다 /錯(조): 놓다(=措(조)), 올려놓다, 두다, 그대로 두다, 버려두다, 섞다, 처리하다, 시행하다, 급박하다, *錯(착): 잘못하다, 어긋나다 /諸(제): 모든, 여러 *諸(저): =之於(지어)·至於(지어)·之乎(지호) /枉(왕): 굽다, 휘다, 굽히다, 잘못

哀公問曰(애공문왈) 애공이 물었다.[109] **何爲則民服(하위즉민복)** 어떻게 하면 백성들이 복종하겠습니까?

孔子對曰(공자대왈) 孔子께서 대답하셨다. **擧直錯諸枉(거직조제왕)** 곧은 사람을 들어서 쓰고(등용하고) 모든 굽은 사람을 버려두면 **則民服(즉민복)** 백성이 복종할 것이고, **擧枉錯諸直(거왕조제직)** 굽은 사람을 들어서 쓰고 모든 곧은 사람을 버려두면 **則民不服(즉민불복)** 백성이 복종하지 않을 것입니다.[110]

---

109) 魯 哀公(재위 B.C. 494 ~ B.C. 468): 애공이 즉위한 해는 孔子 나이 59세였는데, 이 당시 孔子는 周遊 중이어서 魯나라에 없었다. 孔子는 68세에 魯나라로 돌아와서 이후 73세에 사망할 때까지 계속 魯나라에서 살았으니까 이 대화는 68세에서 73세까지의 사이에 있은 것으로 추측할 수 있다. 이때 애공은 스무 살 안팎에 불과하였다.

110) 본문의 풀이는 擧直錯諸枉의 '錯'를 버려두다(捨置也)의 뜻으로(음: 조), '諸'를 '모두'(음: 제)로 보아서 '곧은 사람을 등용하고 모든 굽은 사람을 버려두다'로 풀이한 朱子를 따른 것이다. 그러나 '錯'를 '올려놓다', '두다'의 뜻으로 보고(음: 조), '諸'를 至於 혹은 之於(~에, ~에서)의 合音(합음)으로 보는 견해에서는 '저'로 읽으며, '곧은 것을 들어서 굽은 것 위에 놓으면 백성들이 잘 따를 것이고, 굽은 것을 들어서 곧은 것 위

20. 使民敬忠以勸
사 민 경 충 이 권

季康子問: 使民敬忠以勸, 如之何.
계 강 자 문 사 민 경 충 이 권 여 지 하

子曰: 臨之以莊則敬, 孝慈則忠, 擧善而教不能則勸.
자 왈 임 지 이 장 즉 경 효 자 즉 충 거 선 이 교 불 능 즉 권

> 伯(백). 仲(중). 叔(숙). 季(계): 형제들의 차례 /康(강): 편안하다 /使(사): 사역동사〈使+(대상ⓐ) +ⓑ용언〉(ⓐ로 하여금, ⓐ가) ⓑ하게 하다 *ⓐ가 생략되기도 함 /敬(경): 공경(하다) /忠(충): 진실함(誠(성)), 자신의 몸과 마음을 다함(盡己盡心(진기진심)), 충성하다 /忠以勸(충이권)의 以(이): ~하면서, ~하고 *병렬관계, 순접관계를 표시하는 접속사, 而(이)와 쓰임이 같다. /勸(권): 부지런하다, 힘써 하도록 권하다 /如ⓐ何(여ⓐ하): ⓐ를 어떻게 하는가?〈관용구〉/如(여): 처리하다, 대처하다, 대하다〈동사〉 /如之何(여지하)의 之(지): '使民敬忠以勸(사민경충이권)'을 가리키는 대사 /臨(임): 임하다, 대하다 /臨之(임지)의 之(지): '民'을 가리키는 인칭대사 /莊(장): 장엄(하다), 엄정하다, 정중하다 /以莊(이장)의 以(이): ~(으)로써 *수단.방법을 표시하는 전치사 /慈(자): 사랑, 자비 /擧(거): 들다, 빼어 올리다, 들추어내다 /則(즉): 조건에 따른 결과를 표시하는 접속사

季康子問 계강자가 물었다.111) **使民敬忠以勸** 백성들이 공경하
계 강 자 문 사 민 경 충 이 권

에 놓으면 백성들이 따르지 않을 것입니다'로 풀이하게 된다. 제12편 안연22장에도 유사한 내용이 있다.

111) 季康子: 노나라 大夫로서 季孫氏이다. 康은 시호. 계강자는 노나라 실권자였던 季桓子계환자의 아들이다. 계환자가 실권을 쥐고 있던 시기인 定公정공 때 孔子가 등용되기도 했었다. 그 후 노나라 召公소공이 계환자에게 밀려 齊나라로 도망하고 노나라가 혼란하자 孔子도 제나라로 갔다. 그 후 계환자는 아들인 계강자에게 권력을 물려주면서 孔子를 등용하라는 유언을 남겼고, 노나라의 실권자가 된 계강자는 孔子를 등용하지 못하고 孔子의 제자인 염구를 등용하고, 후일 염구의 천거로 孔子가 68세 되던 해에 孔子를 노나라로 초청하여 孔子는 14년의 주유를 마치고 노나라로 돌아왔다. 계강자는 실세 권력자이기는 하나 정통성이 취약한 편이었고, 또한 백성들에게 賦役부역도 많이 부담시켜 도적과 난민으로 전락하는 백성들도 있었다. 이에 계강자는 사회기강과 질서를 바로잡기 위한 방편을 孔子에게 묻곤 한 것으로 보인다. 제

고 충성스럽고 부지런하게 하려면 如之何(여지하) 어찌하면 되겠습니까?

子曰(자왈) 孔子께서 말씀하셨다. 臨之以莊則敬(임지이장즉경) (백성을) 대하기를 엄정하게 하면 공경하게 되고, 孝慈則忠(효자즉충) (계강자 스스로) 부모에게 효도하고 아랫사람을 사랑하면 (백성들이) 충성스러워지고, 擧善而敎不能則勸(거선이교불능즉권) 선한 사람을 등용하고 못 하는 사람을 가르치면 부지런하게 될 것입니다.

21. 奚不爲政(해불위정)

21-1. 或謂孔子曰: 子奚不爲政.(혹위공자왈 자해불위정)

或(혹): 어떤 사람, 혹자 *막연한 사람을 가리키는 지시대사 /爲(위): 하다 /奚(해): ① 〈의문대사〉어디, 무엇 ② 〈의문부사〉어찌, 어찌하여 ③〈의문형용사〉어느, 무슨

或謂孔子曰(혹위공자왈) 어떤 사람이 孔子에게 물었다. 子奚不爲政(자해불위정) 선생님께서는 어찌하여 政事(정사)를 하지 않으십니까?

21-2. 子曰: 書云, '孝乎, 惟孝. 友于兄弟, 施於有政.' 是亦爲政. 奚其爲爲政.(자왈 서운 효호 유효 우우형제 시어유정 시역위정 해기위위정)

書(서): 책, 글씨, 여기서는 《書經(서경)》을 말함 /云: 말하다, 이르다, 일컫다 /乎(호): ~도다 *감탄의 어기를 표시하는 어기조사 /惟(유): 생각하다, 오로지, 오직 /友(우): 벗, 友愛(우애) 있다, 벗(하다) /于(우) ~에(=於(어)) /施(시): 실시하다, 시행하다, 베풀다 /於(어): ~에 *동작의 대상

6편 옹야6장, 제12편 안연17장, 18장, 19장에도 孔子와 계강자의 문답이 보인다.

을 표시하는 전치사 /有(유): 단음절의 명사 앞에 붙어서 어조를 고르는 역할을 하는 접두사(류종목, 67면) /是(시): 이, 이것 /亦(역): 또한 /爲政(위정)의 爲(위): 하다 /奚(해): 어디, 무엇 *의문대사 /奚其(해기)의 其(기): 음절을 조정하고 어세를 강하게 하는 어기조사(류종목, 67면) /爲爲政(위위정): 앞의 爲(위)는 '~이다'의 뜻(연계동사), 뒤의 爲政(위정)은 '정사를 함'의 뜻

子曰(자왈) 孔子께서 말씀하셨다. **書云(서운)** 書經에 말하기를 '**孝乎(효호)** 孝(효)誠(성)스럽도다! **惟孝(유효)** 오직 孝道(효도)하고 **友于兄弟(우우형제)** 형제에게 友愛(우애)하여 **施於有政(시어유정)** 政事에 베풀어지게 하라'고 하였으니, **是亦爲政(시역위정)** 이 또한 정사를 하는 것이거늘, **奚其爲爲政(해기위위정)** 어찌 지위에 나아가 직무를 담당하는 것만을 정사를 한다고 하겠는가?

22. 人而無信(인이무신)

子曰(자왈): 人而無信(인이무신), 不知其可也(부지기가야). 大車無輗(대거무예), 小車無軏(소거무월), 其何以行之哉(기하이행지재).

人而無信(인이무신): 사람이 신의가 없다면 *而(이)는 가정이나 조건을 표시하는 접속사(류종목, 68면) /不知其可也(부지기가야)의 其(기): '人而無信(인이무신)'한 사람을 가리키는 대사 /也(야): 진술 또는 판단의 어기를 표시하는 어기조사 /其何以行之哉(기하이행지재)의 其(기): 장차, 바야흐로〈부사〉/可(가): 옳다, 적합하다, 허락하다, ~할 수 있다 /輗(예): 끌채(멍애를 매는 부분)의 끝 /軏(월): 끌채 끝(멍에를 매는 끝부분) /何以(하이): 어떻게, 왜, 무엇으로써 *의문부사 /行(행): 가다, 행하다, 움직이다, 사용하다 /哉(재): ~인가 ? ~는가? *의문의 어기를 표시하는 반어형 어기조사, 앞의 何以(하이)와 호응하여 '무엇으로써 ~하겠는가'의 의미가 됨 /之(지): 大車, 小車를 가리키는 대사

子曰(자왈) 孔子가 말씀하셨다. **人而無信(인이무신)** 사람이 신의가 없다면 **不(부)**

知其可也(지기가야) 그 사람의 가함을(사람 구실을 할 수 있을지) 알지 못하겠다. **大車**(대거) **無輗**(무예) 큰 수레에 멍에를 메는 끌채의 끝 쐐기가 없고 **小車無軏**(소거무월) 작은 수레에 수레의 끌채 맨 끝의 가로 댄 나무를 고정하는 쐐기가 없다면 **其何以**(기하이) **行之哉**(행지재) 무엇으로써 수레를 움직이게 할 것인가?112)113)

23. 百世可知(백세가지)

23-1. 子張問(자장문): 十世可知也(십세가지야).

> 世(세): 세상, 세대 *서양에서는 100년을 1世紀(세기)로 삼지만 동양문화권에서는 30년을 1世(세)로 본다. *唐(당)나라 이후에는 太宗(태종)의 이름이 '李世民(이세민)'이어서 避諱(피휘)하여 '世(세)'자 대신 '代(대)'를 쓴다. / 可知(가지): 알 수 있다 /也(야): ~인가? *의문의 어기를 표시하는 어기조사

子張問(자장문) **十世可知也**(십세가지야) 자장이 10세 뒤의 왕조도 (미리) 알 수 있습니까? 라고 여쭈었다.

---

112) 《논어집주》: '大車'는 평지에서 짐을 싣는 수레를 이른다(大車 謂平地任載之車 / 任임: 짐, 맡기다 /載재: 싣다). '輗'는 멍에 끝에 가로로 댄 나무이니(輗 轅端橫木 /轅원: 멍에 /端단: 끝 /橫횡: 가로, 옆으로) 멍에에 묶어서 소에게 멍에하는 것이다(縛軛以駕牛者 / 縛박: 묶다 /軛액: 멍애,수레나 쟁기를 끌기 위하여 마소의 목에 얹는 구부러진 막대, 멍에를 메우다 / 駕가: 멍에). '小車'는 田車와 兵車, 乘車를 이른다(小車 謂田車兵車乘車). '軏'은 멍에 끝에 위로 굽은 것이니 가로로 댄 멍에에 걸어서 말에 멍에하는 것이다(軏 轅端上曲鉤衡以駕馬者). 수레에 이 두 가지가 없으면 길을 갈 수 없으니(車無此二者 則不可以行) 사람이 만약 신의가 없으면(人而無信) 또한 이와 같은 것이다(亦猶是也).

113) 茶山: 수레와 소는 본래 두 가지 물건이므로 그 몸이 각각 따로이어서 서로 붙어 있지 않다. 輗와 軏로 단단히 묶어 연결시킨 뒤라야 수레와 소가 일체가 되어 소가 가면 수레도 간다. 나와 남이 본래 두 사람이니 信으로 단단히 맺지 않으면 또한 행할 수 없다.(박헌순 1-128면)

23-2. 子曰: 殷因於夏禮, 所損益可知也. 周因於殷禮, 所損益可知也.
자왈 은인어하례 소손익가지야 주인어은례 소손익가지야

其或繼周者, 雖百世可知也.
기혹계주자 수백세가지야

殷(은), 夏(하), 周(주): 나라 이름 /因(인): 따르다, 이어받다, 인하다, 의지하다 /於(어): ~에서 *처소, 장소, 기점, 출발, 발단, 근원, 동작의 귀착지를 표시하는 전치사 /所(소): ~(하는)바, ~(하는)일, ~(하는)것 *반드시 「所(소) + 用言類(용언류)(동사, 동사구)」의 형태로 體言(체언)(명사구)化(화)한다. /損(손): 덜다, 빼다, 손실 /益(익): 더하다, 이익 /其(기): 만약, 만일 *가정이나 조건을 표시하는 접속사 /繼(계): 잇다, 이어나가다, 계속하다 /繼周者(계주자)의 者(자): *가정이나 조건의 어기를 표시하는 어기조사 /雖(수): 비록 *양보관계를 표시하는 접속사

子曰(자왈) 孔子께서 말씀하셨다. 殷因於夏禮(은인어하례) 은나라가 하나라의 예를 따랐으므로 所損益可知也(소손익가지야) 그 덜고 더한 것을 알 수 있다. 周因於殷禮(주인어은례) 수나라가 은나라의 예를 따랐으므로 所損益可知也(소손익가지야) 그 덜고 더한 것은 알 수 있으니, 其或繼周者(기혹계주자) 만약 혹자가 주나라를 잇는다면 雖百世可知也(수백세가지야) 비록 100세 뒤라 하더라도 알 수 있을 것이다.114)

---

114) 《논어집주》: 마씨는 말하기를(馬氏曰 /名 融융) "이어받은 것은(所因) 삼강과 오상을 이르고(謂三綱五常), 덜어내고 더한 것은(所損益) 文質(禮의 바탕과 꾸밈)과 三統(曆法역법)을 이른다(謂文質三統)."고 하였다.

내가 생각하건대(愚按) 삼강은(三綱) 임금이 신하의 벼리가 되고(謂君爲臣綱), 부모가 자식의 벼리가 되고(父爲子綱), 남편이 아내의 벼리가 됨을 이른다(夫爲妻綱). 오상은(五常) 仁義禮智信을 이른다(謂仁義禮智信). …三綱과 五常은 禮의 근본이므로(三綱五常 禮之大體) 삼대(夏.殷.周)가 서로 계승하여(三代相繼) 모두 그대로 따르고(皆因之) 변경하지 못했으며(而不能變), 그 덜고 더한 것은(其所損益) 문장과 제도상의(不過 文章制度) 약간 지나침과 미치지 못함의 사이에(小過不及之間) 불과했으니, 이미 그렇게 된 자취를(而其已然之迹 /已然이연: 이미 그러하다, 이미 그렇게 된) 지금 다 볼

24. 見義不爲
견 의 불 위

24-1. 子曰: 非其鬼而祭之, 諂也.
자 왈 비 기 귀 이 제 지 첨 야

非(비): ①〈연계동사: 명사.명사구를 부정〉 ~이 아니다(=不爲(불위), 不是(부시)) ②〈뒤에 술어(동사.형용사)가 오면 보조사(부정)로 쓰인다〉 ③ 거짓, 허물, 邪惡(사악) /其(기): '자기'를 가리키는 1인칭 대사 /鬼(귀): 귀신(조상신), 죽은 사람의 혼백 /其鬼(기귀): 자기가 마땅히 제사 지내야 할 귀신 /祭(제): 제사 지내다 /之(지): 그('자기'가 제사 지내지 말아야 할 귀신) /諂(첨): 아첨(하다) /而(이): ~하여도, ~인데도, ~함에도 *역접관계를 표시하는 접속사

子曰(자왈) 孔子께서 말씀하셨다. **非其鬼而祭之**(비기귀이제지) 그(자기 조상의) 귀신이 아닌 데도 제사하는 것은 **諂也**(첨야) 아첨이다.115)

수 있다(今皆可見). 그렇다면 지금으로부터 이후로도(則自今以往) 혹 주나라에 이어서 왕이 된다면(或有繼周而王者) 비록 100왕조 뒤의 먼 것이라도(雖百世之遠) 이어받는 것과 변혁하는 바는(所因所革) 또한 이에 불과할 뿐이니(亦不過此), 어찌 다만 10왕조뿐이겠는가(豈但十世而已乎)? 성인께서 미래를 미리 아는 방법이(聖人所以知來者) 대개 이와 같았으니(蓋如此), 후세의 참위(도참설)나 술수의 학문과는 같지 않은 것이다(非若 後世讖緯術數之學也).

* 三綱은 漢 武帝(재위 B.C. 150 ~ B.C.141) 때의 董仲舒동중서가 극히 정치적인 색채를 띤 黃老學派황노학파를 누르고 왕권을 강화하기 위한 이론으로 체계화한 것이다. 그 특징은 상하가 철저히 절대적이고 일방적인 윤리의 성격을 가진다. 우리나라의 경우도 유교가 도입되고 국가의 통치이념으로 자리 잡으면서 삼강의 윤리가 통치체제를 지탱하는 기틀이 되었다.('綱'은 '벼리'로 그물코를 꿴 굵은 줄. 일이나 글의 뼈대가 되는 줄거리)

* 五倫(五常)은 맹자 이전부터 변함없는 고정불변의 가치로 인식되어 온 仁, 義, 禮, 知의 4가지 덕에 信의 덕목을 추가하여 역시 董仲舒가 정리한 것으로 父子有親, 君臣有義, 夫婦有別, 長幼有序, 朋友有信을 말한다. 삼강과 마찬가지로 상하관계적 질서의 확립을 통해 신분질서를 유지하고자 하는 지배층의 통치이념으로 기능했다.

115) • 예를 들어 노나라가 정나라를 대신해서 泰山태산에 제사를 지내준 것이라든지,

24-2. 見義不爲, 無勇也.
견의불위 무용야

見: 보다, 보이다, 만나다, 당하다, 알다, 깨닫다, 見解 *見: 나타나다, 뵙다 /義: 옳다, 의롭다, 착하다, 正義, 올바른 도리 /爲: 하다, 행하다 /勇: 용맹, 용기

(見 견, 見解 견해, 見 현, 義 의, 正義 정의, 爲 위, 勇 용)

見義不爲(견의불위) 의로운 일을 보고도 하지 않는 것은 無勇也(무용야) 용기가 없는 것이다.

정나라가 노나라를 대신해서 周公에게 제사를 지내 준 것 등을 말한다.(김원중, 61면)

• 茶山: 「곡례」에(曲禮曰) 그 제사할 대상이 아닌데도 제사하는 것을 '음사'라고 한다(非其所祭而祭之 名曰淫祀). 음사는 복을 주지 않는다(淫祀無福) 하였다.(박헌순 1-136면)

제3편 八佾
팔일

凡二十六章. 通前篇末二章 皆論禮樂之事.
범이십육장 통전편말이장 개론예악지사

모두 26장이다. 전편 끝의 두 장과 통틀어 모두 禮와 樂의 일을 논하였다.
《논어집주》

1. 八日舞於庭
팔 일 무 어 정

孔子謂季氏: 八佾舞於庭, 是可忍也, 孰不可忍也.
공 자 위 계 씨　팔 일 무 어 정　시 가 인 야　숙 불 가 인 야

謂(위): 이르다, 일컫다, 논평하다 *〈사람ⓐ+謂(위)+사람ⓑ〉의 문장구조에서는 ⓐ가 ⓑ를 간접적으로 비평하거나 평가하는 강력한 발언의 경우라 할 수 있다(김용재, 115면) /季(계): 끝, 막내, 말년, 계절 *과거에는 큰아들부터 막내아들까지 순서대로 伯(백), 仲(중), 叔(숙), 季(계)를 넣어 이름을 지었다 /佾(일): 춤추는 줄 /舞(무): 춤추다, 날아다니다, 고무하다 /於(어): ~에, ~에서, ~에게서, ~로 (= 于(우), 乎(호)) *처소, 장소, 기점, 출발, 발단, 근원, 시발점, 동작의 귀착지를 표시하는 전치사 /庭(정): 뜰, 마당 /是(시): 이, 이것('八佾舞於庭(팔일무어정)'을 가리키는 대사) /不可(불가): ~할 수 없다, ~해서는 안 된다, 불가하다 /孰(숙): ①〈의문대사〉 무엇, 어느, 누가 ② 익다, 무르익다, ③ 익히다, 정통하다, 익숙하다 ④ 與其(여기)(또는 與(여))ⓐ~ 孰若(숙약)(若如(약여), 豈若(기약), 孰如(숙여), 不若(불약), 不如(불여))~ⓑ: 'ⓐ하는 것 보다 ⓑ하는 것이 낫다'라는 뜻의 관용어 /忍(인): 참다, 인내하다, 차마 못하다, 용서하다, 용납하다, 차마 할 수 없는 일을 하도록 용인하다 /是可忍也(시가인야)의 也(야): 음절을 조정하고 어기를 고르는 어기조사 /孰不可忍也(숙불가인야)의 也(야): 의문의 어기를 표시하는 어기조사

孔子謂季氏(공자위계씨) 孔子께서 季(季孫(계손))氏에 대해 말씀하셨다.[116] **八佾舞於**(팔일무어)

---

116) 魯나라(B.C. 1055 ~ B.C. 249)는 山東省 曲阜에 도읍한 周나라의 제후국이다. 주나라 왕조를 창건한 武王의 동생 周公 旦단을 시조로 한다. 주의 무왕이 殷왕조를 정복한 뒤, 친족과 공신을 각지에 分封할 때 주공 단은 곡부에 분봉되었다. 그러나 주공은 곡부에 부임하지 않고 무왕과 그다음의 成王을 보필하였고, 노나라는 주공의 장남인 伯禽백금을 보내 통치하게 하였다. 노나라는 34대 800여 년 계속되었다.

춘추시대 前期에 魯 桓公환공(재위 B.C. 711 ~ B.C. 694)이 齊 襄公양공에게 살해된 후 아들 중 同이 莊公장공으로 즉위하였으나 桓公의 庶子서자들 중에서 孟孫 · 叔孫 · 季孫의 '三家'(三桓氏삼환씨)가 성립하여 정권을 장악하였다. 그중에서 계손씨는 역대로 집정을 독점하다시피 하여 다른 여러 귀족을 압도하고 군주의 폐위까지 자행하였다.

庭(정) (周나라 天子의)(주 천자) '팔일무'를 (大夫인 季氏 집) 뜰에서 추니, 是可忍也(시가인야) 이것을 차마 할 수 있다면 孰不可忍也(숙불가인야) 무슨 일인들 차마 하지 못하겠는가.117)

2. 以雍徹(이옹철)

三家者以雍徹, 子曰: '相維辟公, 天子穆穆,' 奚取於三家之堂.
(삼가자이옹철 자왈 상유벽공 천자목목 해취어삼가지당)

B.C. 6세기 후반의 召公소공은 삼환씨를 누르려다 실패하여 齊나라로 망명했다가 죽었고, 춘추시대 말기의 哀公애공도 삼환에게 패하여 망명하였다. 孔子도 이때 삼환의 세력을 꺾고 군주의 권력을 회복하기 위해 힘썼으나 실패하였다. 전국시대로 접어들어 齊 · 晉 · 楚 등에게 압도되고, 겨우 주나라의 전통적 문화와 제도를 보존하고 전해주는 것으로 그치다가 34대 頃公경공 때인 B.C. 249년에 楚나라에 의해 멸망되었다.

* 흔히 조선시대를 봉건시대라고 말하기도 하지만 이는 전혀 틀린 말이다. 봉건제라 함은 임금이 나라의 땅을 제후들에게 나누어 주어(封하여) 다스리게 하고 그 지위를 세습하게 하며, 임금은 제후들을 지배하는 제도로서 세계사적으로는 중국 주나라와 중세 유럽과 일본의 막부시대 등이 봉건제이었다. 조선은 근대적 중앙집권제 국가이었다.

117) 《논어집주》: '佾'은 춤추는 줄이니(佾 舞列也), 천자는 8줄(天子八), 제후는 6줄(諸侯六), 대부는 4줄(大夫四), 사는 2줄이며(士二), 줄마다 인원수는 줄의 수와 같다(每佾人數如其佾數). 혹자는 줄마다 8인이라고 하니(或曰每佾八人) 누가 옳은지 자세하지 않다(未詳孰是).

* 조선시대 역대 왕과 왕비의 신위를 모신 사당(宗廟종묘, 서울시 종로구 소재)에서 제사(종묘제례)를 지낼 때 무용과 노래와 악기를 사용하여 연주하는 음악을 '종묘제례악' 혹은 '종묘악'이라고 하는데, 이때 무용은 팔일무를 쓴다. 종묘제례악과 종묘제례는 우리문화의 정수로 그 독창성과 우수성을 세계적으로 인정 받아 2001년 유네스코 인류구전 및 무형유산 걸작으로 선정되었고, 2008년 유네스코 인류무형유산 대표목록으로 등재되었다.

家(가): 집, 집안, 문벌 *여기서는 三桓(삼환)을 지칭한다. /以(이): ~을 가지고서, ~(으)로써 *수단, 방법을 표시하는 전치사 /雍(옹): 너그럽다 /徹(철): 거두다, 치우다(=撤(철)) /相(상): 돕다, 도움, 서로, 제사를 도와주는 사람 /維(유): ~이다, 유지하다, 오직, 생각하다, 유지하다, 매다, 벼리, 발어사, 어기조사 /辟(벽): 임금 /辟公(벽공): 제후, 제후국의 군주 /穆(목): 深遠(심원)하다, 엄숙하다, 화목하다 /奚(해): 어찌, 어찌하여 *의문부사 /堂(당): 사당, 집, 사랑채, 대청

三家者以雍徹(삼가자이옹철) 삼가에서118) (제사를 마치고 《詩經》의) '옹'시를 써서 제사상을 거두자 **子曰**(자왈) 孔子께서 말씀하셨다. "**相維辟公**(상유벽공) (제사를) 돕는 사람은 오직 제후들이요 **天子穆穆**(천자목목) 천자의 모습은 심원하시네"라고 했는데, **奚取於三家之堂**(해취어삼가지당) 어찌하여 三家의 사당에서 취하는가?119)

---

118) '三家者'의 해석을 두고 류종목(77면)은 者는 "복수의 수량사 뒤에 붙는 구조조사"라 하고, 박헌순(1-143면)은 "者를 붙인 것은 미워하고 도외시하는 뜻"이라며 본문을 "삼가란 것들이"라고 풀었다.

119) 《논어집주》: 천자의 종묘 제사에나(天子宗廟之祭) '옹'시를 노래하면서 제사상을 거두는 것인데(則歌雍以徹), 당시 삼가에서 참람되게 이를 사용하였다(是時三家僭而用之). …'穆穆'은 '심원하다(깊고 멀다)'는 뜻이니(穆穆 深遠之意) 천자의 모습이다(天子之容也). 이는 '옹'시의 말인데(此雍詩之辭) 孔子께서 이것을 인용하여(孔子引之言) 삼가의 사당에는(三家之堂) 이러한 일이 있을 수 없거늘(非有此事) 또한 어찌 이런 뜻을 취하여(亦何取於此義) 노래하는가(而歌之乎)라고 말한 것이다. 이는 무지하고 망령되이 함부로 행동하여(譏 其無知妄作以) 주제넘게 훔친 죄를 취함을(取僭竊之罪) 기롱(비판)한 것이다. ○程子는 말하기를(程子曰) "周公(성은 姬, 이름은 旦으로 周나라 武王의 이복동생으로 武王을 도와 주나라를 세우는 데 큰 공이 있었다)의 공이 진실로 크지만(周公之功固大矣), 모두 신하의 직분 상 마땅히 해야 할 바이었으니(皆臣子之分所當爲), (제후국인) 노나라만이 어찌 홀로 천자의 예악을 쓸 수 있겠는가(魯安得獨用天子禮樂哉 /安안: 어찌). (무왕의 아들로 무왕을 이어 왕위를 계승한) 성왕이 (천자의 예악을 주공에게) 하사한 것과(成王之賜) (주공의 아들인) 백금이 그것을 받은 것은(伯禽之受) 모두 잘

3. 人而不仁(인이불인)

子曰(왈): 人而不仁(인이불인), 如禮何(여례하). 人而不仁(인이불인), 如樂何(여악하).

人而(인이)의 而(이): 가정이나 조건을 표시하는 접속사 /如ⓐ何(여하): 〈관용어〉 ⓐ를 무엇 하겠는가? ⓐ를 어찌하겠는가? /禮(례): 예의, 예절 /樂(악): 음악 *樂(락): 즐거워하다 *樂(요): 좋아하다

子曰(자왈) 孔子께서 말씀하셨다. **人而不仁(인이불인)** 사람이 仁하지 못하다면 **如禮何(여례하)** 禮를 어찌할 것이며, **人而不仁(인이불인)** 사람이 仁하지 못하다면, **如樂何(여악하)** 음악은 어찌할 것인가?

4. 禮與其奢也寧儉(예여기사야녕검)

4-1. 林放問禮之本(임방문례지본)

林(임): 수풀 /放(방): 놓다, 놓아주다 /〈명사+관형격 어조사 之(지)〉: ~의 *'禮之(예지)'가 뒤의 '本(본)'을 꾸며주는 관형어 /本(본): 근본, 뿌리, 기초, 기원, 바탕, 기본

林放問禮之本(임방문례지본) 林放이 禮의 根本(근본)에 대해 여쭈었다.[120]

못이다(皆非也). 그 인습의 폐단이(其因襲之弊) 마침내 계씨로 하여금 참람되이 팔일무를 추게 하고(遂使季氏僭八佾), 삼가로 하여금 '옹'시를 노래하면서 제사상을 거두게 하였다(三家僭雍徹). 그러므로 중니가 이것을 비판(기롱)한 것이다(故仲尼譏之)."라고 하였다.

120) 《논어집주》: 임방은 노나라 사람이다(林放 魯人). 그는 세상의 예를 행하는 자들이(見 世之爲禮者) 번거로운 형식을 오로지 일삼는 것을(專事繁文 /事사: 일, 일삼다, 섬기다 /繁번: 번성하다, 번거롭다) 보고, 그 근본이 여기에 있지 않을 것이라고 의심하였으

4-2. 子曰: 大哉 問.

哉: 영탄, ~로구나. ~도다 [賢哉 回也 훌륭하도다, 안회는!《논어》옹야9장], [快哉 통쾌하도다!]

子曰 孔子께서 말씀하셨다. 大哉 問 질문이 훌륭하구나![121]

4-3. 禮與其奢也 寧儉. 喪與其易也 寧戚.

與其: ~에 비하여, ~하기보다는 *선택관계를 표시하는 접속사로서 其가 생략되기도 하고, 보통 뒤에 寧, 寧其, 無寧, 毋寧, 不如, 不若 등이 함께 쓰인다. /寧: 차라리, 오히려, 편안하다, 問安하다 /與其ⓐ 寧ⓑ: ⓐ하기보다는 차라리 ⓑ하는 것이 낫다(차라리 ⓑ~하다)〈慣用的인 표현〉/奢: 사치하다, 낭비하다, 분에 넘치다 /也: 음절을 조절하고 어기를 고르는 어기조사 /儉: 검소하다 /喪: 죽다, 장례 /易: (절차와 형식을 잘) 다스리다, 돌보다, 쉽다, 편안하다, 가벼이 보다, 간략하게 하다, 평탄하다, *易: 바꾸다 /戚: 슬퍼하다, 분개하다, 친척(성이 같은 친족이 아닌 겨레붙이)

禮與其奢也 寧儉 禮는 사치스럽기보다는 차라리 儉素한 것이 낫고, 喪與其易也 寧戚 喪事는 (형식적으로) 잘 다스리기(치르기)보다는 차라리 슬퍼

므로(而疑其本之不在是也) 이것을 물은 것이다(故 以爲問).

* 임방은 노나라 사람으로 추정되며 혹자는 孔子의 제자라고도 하는데, 孔子의 제자 77명의 명부에는 없는 것이 분명하며, 아마 계씨를 위해 예를 집행하는 자일 것이라는 추측만 할 뿐이다.(김원중, 65면)

121) 《논어집주》: 孔子는 지금 사람들이(孔子以時方 /時方: 지금) 예의 말단만 추구하는데(逐末 /逐축: 추구하다, 뒤쫓다 /末말: 끝, 말단, 지엽) 임방 만이 홀로 예의 근본에 뜻을 두었기 때문에(而放放獨有志於本 /獨독: 홀로) 그 물음이 훌륭하다고 한 것이다(故 大其問).

하는 것이 낫다.[122]

5. 夷狄之有君(이적지유군)

子曰(자왈): 夷狄之有君(이적지유군) 不如諸夏之亡也(불여제하지무야).

> 夷(이): 오랑캐, 동쪽 오랑캐[123] /狄(적): 오랑캐, 북방 오랑캐 /之(지): 주격 어조사, 앞의 명사(명사구)가 주어임을 나타낸다. 우리말의 ~은(는), ~이, ~가에 해당 *류종목: 주어와 술어 사이에 쓰여 主述構造[* 행위의 주체(주어)와 행위·동작·상태(서술어)의 결합된 구조]로 하여금 독립성을 잃고 명사구 또는 명사절이 되게 하는 구조조사 /ⓐ不如(불여)ⓑ: ⓐ는 ⓑ보다 못하다, ⓐ보다 ⓑ가 낫다, *여기서는 'ⓐ가(는) ⓑ와 같지 않다'의 뜻 /諸(제): 여러, 모든 *諸(저): 之於(지어)·至於(지어)·之乎(지호)를 代用(대용) /夏(하): 하나라, 중원을 가리키는 말 /諸夏(제하): 중국을 가리킨다. /亡(무): 없다, (=無(무)) *亡(망): 망하다, 멸망하다, 도망하다, 죽다

子曰(자왈) 孔子께서 말씀하셨다. **夷狄之有君(이적지유군)** 오랑캐에도 임금이 있

---

122) 《논어집주》: 禮는 중도에 맞는 것을 귀하게 여기는데(禮貴得中), 사치스럽고 절차와 형식만 잘 갖추기만 하면 꾸밈에 지나친 것이고(奢易則過於文), 검소하고 슬퍼만 함도 (중도에) 미치지 못하고(儉戚則不及) 질박하니(而質), 이 두 가지는 모두 예에 맞지 않는다(二者皆未合禮). 그러나 모든 사물의 이치는(然 凡物之理) 반드시 먼저 바탕이 있고 난 후에(必先有質) 꾸밈이 있는 것이니(而後有文), 바탕이 곧 예의 근본인 것이다(則質乃禮之本也). … 양씨는 말하기를(楊氏曰) "예는 먹고 마시는 데서 비롯되었다(禮始諸飮食). 그러므로 웅덩이를 파서 술통으로 삼고 떠서 마시다가(故汙尊而杯飮 /汙우: 구덩이 /尊준: 술그릇) (후대에) 簠簋보궤(기장과 피를 담는 제기)와 籩豆변두(과실과 국 따위를 담는 제기)와 罍爵뇌작(술독과 잔)의 꾸밈을 만든 것은(爲之簠簋籩豆罍爵之飾) 文飾(겉을 꾸밈)을 하기 위한 것이었으니(所以文之也), 그렇다면 그 근본은 검소함일 따름이다(則其本儉而已). '喪'은 감정을 그대로 나타내어 곧바로 행할 수는 없기 때문에(喪不可以徑情而直行 /徑경: 곧바로, 지름길), 상복 입기와 곡과 발 구르기의 수를 만든 것은(爲之衰麻哭踊之數 /衰최: 상옷 /踊용: 뛰다) 그 감정을 절제하기 위한 것이니(所以節之也), 그 근본은 슬퍼함일 뿐이다(則其本戚而已)."라고 하였다.

으니 不如諸夏之亡也 중국에 (임금다운) 임금이 없는 것과 같지 않다.[124)]
불여제하지무야

6. 旅於泰山
여어태산

季氏旅於泰山, 子謂冉由曰: 女弗能救與.
계씨여어태산 자위염유왈 여불능구여

對曰: 不能.
대왈 불능

子曰: 嗚乎. 曾謂泰山不如林放乎.
자왈 오호 증위태산불여임방호

> 旅(여): 나그네, 旅行(여행)하다, 군대, 제사의 이름, (山神(산신)에게) 제사 지내다 /於(어): ~에, ~에서 /泰(태): 크다, 심하다, 편안하다 /山(산): 산, 산신, 무덤, 절 /女(여): 너〈2인칭 대사〉=汝(여), 而(이), 若(약), 爾(이) /弗(불): ~하지 않다, 못하다 *부정부사로서 목적어가 생략된 타동사나 전치사, 부사어의 꾸밈을 받지 않는 형용사 술어 앞에 쓰여 '不'보다 더 강한 부정의 어기를 표시한다. '不'은 뒤에 자음 'ㄷ'이나 'ㅈ'이 오면 '부'로 발음하지만, 弗은 항상

---

123) 夷자는 본래 중국 변방에 거주하던 '이민족'을 뜻하던 글자였다. 그러나 후일 漢대 이후 중국인들은 자신들의 중국을 中華중화라 하고, 둘레의 다른 민족들을 멸시하여 '오랑캐'로 부르면서 남쪽은 南蠻남만, 서쪽은 西戎서융, 북쪽은 北狄북적이라고 부르고, 夷를 동쪽 변방의 오랑캐(東夷동이)의 뜻으로 썼다.

124) 《논어집주》: 정자는 말하기를(程子曰) "오랑캐의 나라에도 또한 임금이나 족장이 있으니(夷狄且有君長), 중국의 제후국들이 참람하고 어지러워(不如諸夏之僭亂), 도리어 위아래의 구분이 없는 것(천자와 제후, 제후와 대부의 위아래가 마비된 상태)(反無上下之分也)과는 같지 않다."고 하였다.

* 주자와 정자는 중원이 비록 문화적으로 앞서 있지만, 군주다운 군주가 없고, 군주가 있어도 군주로서의 도리를 다하지 못하고, 군주로서의 권위를 잃고 있어서 정치적으로는 군주가 있어 통일되어있는 오랑캐만도 못하다고 풀이한 것이다. 이와 반대로 미개한 오랑캐의 나라에 임금이 있는 것이 중원의 여러 나라에 임금이 없음만 못하다고 해석하기도 한다. 이는 비록 중원이 임금이 있어도 없는 것처럼 무질서하게 되었다고는 하지만 그래도 예와 악을 갖춘 오랜 문화적 우월성이 있다는 中華思想중화사상의 표현이다.

'불'로 읽는다. /能(능): ~할 수 있다 /救(구): 구제하다, 바로잡다, 막다 /與(여): ~인가? *의문의 어기를 표시하는 어기조사 /嗚乎(오호): 오호! 아아! *슬퍼하거나 탄식할 때 내는 감탄사 /曾(증): 일찍이 /謂(위): 이르다, ~라 하다 /ⓐ不如(불여)ⓑ: ⓐ가 ⓑ만 못하다 /不如林放乎(불여임방호)의 乎(호): ~인가?

季氏旅於泰山(계씨여어태산) 계씨가 태산에[125] (천자만 지낼 수 있는) 산신제(旅祭(여제))를 지내려 하자 **子謂冉由曰**(자위염유왈) 孔子께서 염유에게 말씀하셨다.[126] **女弗能救與**(여불능구여) 네가 (계씨의 죄를) 구제할 수(바로잡을 수) 없느냐?

對曰 不能(대왈 불능) (염유가) 대답하였다. 할 수 없습니다.

子曰(자왈) 孔子께서 말씀하셨다. **嗚乎 曾謂泰山不如林放乎**(명호 증위태산불여임방호) 아아! 일찍이 태산(태산의 신)이 (예의 근본을 물은) 임방만도 못하다고 하더냐?[127]

---

125) 泰山: 중국 山東省산동성의 옛날 노나라 경내에 있는 유명한 산으로 중국 五嶽오악의 하나. 고대 중국에서는 天道천도를 믿었고, 태산에 神이 있다고 믿었기 때문에 태산에 올라 하늘에 제사를 지내고 빌었는데, 이 제사는 周나라 天子만이 지낼 수 있었다.

126) 冉有(B.C. 522 ~ B.C. 489): 노나라 사람으로서 성이 冉이고, 이름이 求이다. 冉有는 그의 자이고, 子有, 冉由라고도 하였다. 孔子의 제자로 孔子보다는 29세가 적고, 같은 孔子의 제자인 子路와는 상반되는 성격으로 여겨진다. 그는 話術화술에도 능했고, 유능한 행정가요, 장군이기도 하였다. '孔門十哲' 중의 한 사람으로 孔子는 그를 자로와 함께 政事에 능하다고 하였다. 출신은 한미하였으며 冉伯牛(冉耕염경), 仲弓중궁(冉雍염옹)과는 가족관계이다. 청년시절에 그는 노나라의 권신 季氏의 가신으로 있으면서 孔子를 스승으로 받들다가 나중에는 孔子를 따라 열국을 주유하였는데, 노 애공 5년 가을에 노나라의 집정자였던 계환자가 죽고 계강자가 집정하자 陳나라에서 노나라로 돌아와 계씨의 총리를 담당하게 되었다. 애공 11년에는 계씨의 장수로써 제나라 대군을 대파하는 공을 세웠다. 그 후 염구는 계강자에게 孔子를 초빙할 것을 말하여 孔子가 B.C. 484에 14년에 걸친 천하주유를 끝내고 노나라로 귀국할 수 있었다.

7. 君子無所爭

子曰: 君子無所爭, 必也射乎. 揖讓而升, 下而飮, 其爭也君子.

所: ~(하는) 것, ~하는 일 *반드시 수식어가 필요한 불완전명사로서 「所+用言類(동사, 동사구)」의 형태로 體言(명사구)化 한다. /爭: 다투다 /必: 반드시, 필히 /也: 음절을 조정하고 어기를 고르는 어기조사 /射: 활쏘기 /乎: ~일 것이다 *단정적인 추측의 어기를 표시하는 어기조사 /揖: 읍하다(두 손을 맞잡아 얼굴 앞으로 들어 올리고 허리를 앞으로 恭遜히 구부렸다가 몸을 펴면서 손을 내리는 인사법) /讓: 사양하다 /而: ~하고 *순접관계를 표시하는 접속사 /升: 오르다 /下: 아래, 내려오다 /飮: 마시게 하다, *飮: 마시다 /其: 그(君子를 가리키는 대사) /其爭也君子의 君子: 형용사로 '군자답다'의 뜻 *君子無所爭의 君子는 명사

子曰 孔子께서 말씀하셨다. 君子無所爭 군자는 (승부를) 다투는 일이 없으나 必也射乎 있다면 활쏘기일 것이다. 揖讓而升 읍하여 겸양의 뜻을 표한 후 堂에 올라갔다가 下而飮 (활쏘기를 마친 후 당에서) 내려와서는 술(벌주)을 마시게 하니, 其爭也君子 그 경쟁은 군자답다.

---

127) 《논어집주》: (제후국의 대부인) 계씨가 (태산에) 제사 지내는 것은 참람한 것이다(季氏祭之 僭也). 염유는 …당시 계씨 가신이었다(冉 …時爲季氏宰). …神은 禮가 아닌 것을 歆饗흠향(神明이 제물을 받음)하지 않을 것임을 말하여(言 神不享非禮) 계씨가 그것이 아무 이익이 없다는 것을 알아서(欲 季氏知其無益而) 스스로 멈추게 하고(自止), 또 林放을 나아가게 함으로써 冉有를 勉勵면려한(고무하여 힘쓰게 함)(又進林放以厲冉有也 / 厲려: 힘쓰다) 것이다.

8. 繪事後素(회사후소)

8-1. 子夏問曰(자하문왈): 巧笑倩兮(교소천혜), 美目盼兮(미목반혜), 素以爲絢兮(소이위현혜), 何謂也(하위야).

巧(교): 예쁘다, 기교 /笑(소): 웃음 /倩(천): 예쁘다, 웃는 입 모양이 예쁨 /兮(혜): ~이여, 구나 *감탄의 어기를 표시하는 어기조사로 주로 운문에 사용한다. /盼(반): 예쁜 눈, 눈이 예쁘다 /素(소): 본디, 바탕, 평소, 흰 비단, 희다, 흰색을 칠하다, 質朴(질박)하다(꾸민 데가 없이 수수하다) /以(이): ~로써〈전치사〉, ~하고, ~하고나서 *순접관계를 표시하는 접속사(= 而(이)) /絢(현): 색칠해서 꾸미다 /爲絢(위현): 아름다운 문채를 만들다 /何(하): 무엇 /也(야): 의문 종결어기조사 *앞의 何(하)와 호응하여 의문문을 만든다.

子夏問曰(자하문왈) 子夏(卜商(복상))가 여쭈었다. "巧笑倩兮(교소천혜) 귀여운 웃음이 예쁘구나! 美目盼兮(미목반혜) 아름다운 눈이 예쁘구나! 素以爲絢兮(소이위현혜) 흰 바탕으로써 문채를 만들었네!"라고 한 것은 何謂也(하위야) 무엇을 말한 것입니까?128)

8-2. 子曰(자왈): 繪事後素(회사후소).

繪(회): 그림, 그리다, 채색하다 /事(사): 일 /後(후): 뒤, 후, 뒤지다, 늦다, 뒤로 미루다 /素(소): 흰 비단, 희다, 흰색을 칠하다, 질박하다(꾸민 데가 없이 수수하다), 바탕, 성질, 평소, 처음 /後素(후소): 後於素(후어소)의 생략형(류종목, 85면)

---

128) 《논어집주》…사람이 이러한 예쁜 입언저리와 눈동자의 아름다운 바탕이 있고(言人有此倩盼之美質), 또 화려한 채색(화장)의 꾸밈을 더하는 것은(而又加以華采之飾) 마치 (그림을 그릴 때) 흰 바탕이 있고서(如有素地) 채색을 더함과 같음을(而加采色也) 말한 것이다. 자하는 그 반대로 흰 바탕으로써 꾸밈을 한다고 의문을 가졌기 때문에(子夏疑其反謂以素爲飾) 이를 물은 것이다(故問之).

子曰(자왈) 孔子께서 말씀하셨다. 繪事後素(회사후소) 그림 그리는 일은 흰 바탕을 마련한 후에 하는 일이다.129)

8-3. 曰: 禮後乎.(왈 예후호)

子曰: 起予者 商也. 始可與言詩已矣.(자왈 기여자 상야 시가여언시이의)

乎(호): ~인가? *의문 어기조사 /起(기): 일어나다, (일을) 시작하다, 발생하다, 일으키다 /予(여): 나(=吾(오), 我(아)), (손으로) 주다 /者(자): ~라는 것, ~하는(~한) 사람, ~이라는 사람 *〈依存名詞(의존명사)(不完全名詞(불완전명사))〉 *所(소)도 의존명사로서 '~하는 바'로 풀이되는데 者(자)와 달리 所(소)는 위에 오는 서술어의 수식을 받는다. /也(야): 판단 또는 진술의 어기를 표시하는 어기조사 /始(시): 비로소, 먼저, 일찍부터, 처음, 시작하다 /可(가): ~할 만하다, ~할 수 있다 /與(여): 더불어, ~와 함께 *뒤에 商(상)을 가리키는 인칭대사가 생략된 형태 /已矣(이의): 已(이)와 矣(의)는 각각 한정, 강조의 어기를 표시하는 어기조사

曰 禮後乎(왈 예후호) (자하가) 말하였다. 禮(예)가 (忠과 信보다) 나중입니까?

子曰(자왈) 孔子께서 말씀하셨다. 起予者商也(기여자상야) 나를 일깨워 주는 사람은 商이로구나! 始可與言詩已矣(시가여언시이의) 비로소 더불어 詩를 이야기할 수 있게 되었구나!130)

---

129) 《논어집주》: 《周禮》〈고공기〉에 이르기를(考工記曰) '그림 그리는 일은 바탕을 마련하는 일 뒤에 한다'라고 하였으니(繪畫之事後素功), 먼저 흰 천을 바탕으로 삼은 뒤에(謂先以粉地爲質 /粉분: 희다, 가루 /地지: 땅, 바탕 /粉地: 흰 바탕, 흰 천) 다섯 가지 색을 베풂을 말한 것이다(而後施五采). 마치 사람이 아름다운 바탕이 있는 뒤라야(猶人有美質) 그 꾸밈을 더할 수 있는 것과 같다(然後可加文飾).

130) • 《논어집주》: 예는 반드시 충(진실)과 신(미더움)으로 바탕을 삼으니(禮必以忠信爲質) 그림을 그릴 때 반드시 흰 바탕을 칠함을 먼저로 삼는 것과 같다(猶繪事必以粉

9. 夏禮吾能言之(하례오능언지)

子曰(자왈): 夏禮(하례), 吾能言之(오능언지), 杞不足徵也(기부족징야). 殷禮(은례), 吾能言之(오능언지), 宋不足徵也(송부족징야). 文獻不足故也(문헌부족고야). 足則吾能徵之矣(족즉오능징지의).

> 夏(하), 杞(기), 宋(송), 殷(은)(商(상)): 고대 중국의 나라 이름 /能(능): ~할 수 있다 /言之(언지), 徵之(징지)의 之(지): 각각 夏禮(하례), 殷禮(은례)를 가리키는 대사 /足(족): 넉넉하다, 만족하다, 족하다 /徵(징): 증명하다, 징험하다, 징수하다, 징조 /文(문): 글, 書冊(서책) /獻(헌): 드리다, 어질다, 바치는 물건, 어진이 /文獻(문헌): 연구하는데 참고가 되는 자료와 그 내용을 이해할 수 있는 사람 /則(즉): ~하면 곧 *조건에 따른 결과를 표시하는 접속사 /故(고): 까닭, 이유 /矣(의): 단정적 어기를 표시하는 어기조사 *류종목(87면)은 필연의 결과를 표시하는 어기조사라고 한다.

子曰(자왈) 孔子께서 말씀하셨다. **夏禮(하례) 吾能言之(오능언지)** 夏나라의 禮를 내가 말할 수는 있지만 **杞不足徵也(기부족징야)** (하나라의 후손인) 杞나라에서 충분히 증명할 수는 없다. **殷禮(은례) 吾能言之(오능언지)** 殷나라의 禮를 내가 말할 수는 있지만, **宋不足徵也(송부족징야)** (은나라의 후손인) 宋나라에서 충분히 증명할 수는 없다.

素爲先 /粉분: 색칠하다). … 사씨는 말하기를(謝氏曰) "자공은 학문을 논함으로 인하여 시를 알았고(子貢因論學而知詩) (→학이15장), 자하는 시를 논함으로 인하여 학문을 알았다(子夏因論詩而知學). 그러므로 모두 더불어 시를 말할 만한 것이다(故皆可與言詩)."라고 하였다. ○양씨는 말하기를(楊氏曰) "단맛은 양념을 받아들이고(甘受和 /和화: 양념하다), 흰색은 채색을 받아들인다(白受采 /采채: 채색하다, 선택하다). 진실하고 믿음이 있는 사람이라야(忠信之人) 가히 예를 배울 수 있다(可以學禮). 그러한 바탕이 없다면(苟無其質) 예는 헛되고 행해지지 않는다(禮不虛行). 이것이 그림은 그리는 일은 흰 비단을 마련하는 것보다 뒤에 한다는 말이다(此繪事後素之說也)."라고 하였다.

• 류종목(86면): 바탕에 仁이 마련된 뒤라야 진정한 禮를 행할 수 있다는 뜻으로 팔일3장의 "사람이 어질지 않다면 예를 해서 무엇하며, 사람이 어질지 않다면 음악을 해서 무엇하랴?"라는 말과 같은 맥락이다.

文獻不足故也(문헌부족고야) 문헌이 부족하기 때문이다. 足則吾能徵之矣(족즉오능징지의) (문헌만) 충분하면 내가 증명할 수 있을 것이다.131)

10. 禘自既灌而往者(체자기관이왕자)

子曰: 禘, 自既灌而往者, 吾不欲觀之矣.
(자왈 체 자기관이왕자 오불욕관지의)

禘(체): 천자의 종묘 제사의 이름 /自(자): ~로부터 *전치사 /既(기): 이미, 벌써, 마치다, 끝나다, 끝내다〈동사〉 /灌(관): 물을 대다, *여기서는 술을 땅에 뿌려 신을 강림하게 하는 제사의 절차인 '灌酒(관주)'를 뜻한다. /往(왕): 뒤, 이후, 가다, 과거 /而往(이왕): =以後(이후) /自既灌而往者(자기관이왕자)의 者(자) ; ~라는 것, ~하는(한) 사람, ~이라는 사람 /欲(욕): 하고자 하다, 장차 ~하려고 하다 /觀(관): 보다, 나타내다 /觀之(관지)의 之(지): '自既灌而往者(자기관이왕자)'를 가리키는 대사 /矣(의): 단정적인 어기를 표시하는 어기조사(류종목, 89면)

子曰(자왈) 孔子께서 말씀하셨다. 禘自既灌而往者(체자기관이왕자) 체 제사는 관주가 끝난 이후의 것은 吾不欲觀之矣(오불욕관지의) 나는 보고 싶지 않다.132)

---

131) 주나라 무왕은 은나라를 멸망시킨 후 자기 집안사람들과 공신들을 제후로 봉하면서 堯, 舜, 禹, 湯 등, 先王들의 후손도 封하여 제후로 삼아 각기 그 조상들 제사를 모시게 하였는데, 杞나라는 夏나라의 후손을, 宋나라는 殷나라의 후손을 봉한 나라이다.

132) 《논어집주》: 조백순이 말하기를(趙伯循曰) "禘는 왕(周나라 天子를 뜻함, 제후국의 임금은 公)의 큰 제사이다(禘 王者之大祭也). 왕이 시조의 사당을 세우고(王者既立始祖之廟) 또 그 시조를 낳은 임금을 추존하여(又推始祖所自出之帝 /推추: 밀다, 받들다) 시조의 사당에서 제사 지내고(祀之於始祖之廟) 시조로 配享배향하였다(而以始祖配之也). (주나라의) 성왕은 (숙부인) 주공(이름 姬旦)이 큰 공로가 있다 하여(成王 以周公有大勳勞) 노나라에게 중한 제사를 하사했기 때문에(賜魯重祭), (노나라의 시조인) 주공의 사당에서 체제사를 지낼 수 있었고(故 得禘於周公之廟), 문왕을 제왕을 태어나게 한 임금

11. 禘之說
체지설

或問禘之說, 子曰: 不知也. 知其說者之於天下也, 其如示諸斯乎. 指其掌.
혹문체지설 자왈 부지야 지기설자지어천하야 기여시저사호 지기장

或(혹): 혹, 혹은, 어떤 사람 /說(설): 이치, 말하다 /禘之說(체지설): <명사인 禘+之(체지)>는 說(설)을 수식해 주는 관형어(~의)〉 /不知也(부지야)의 也(야): 진술 또는 판단의 어기를 표시하는 어기조사 /知其說者之(지기설자지)의 其(기): 禘(체)를 가리키는 대사 /知其說者(지기설자)의 者(자): ~라는 것, ~하는 것, ~하는(한) 사람, ~이라는 사람 *者(자)는 그 앞에 오는 '知其說(지기설)'의 수식을 받아 전체를 명사구로 만들어 준다. '知其說者(지기설자)'가 명사절이 되었고, 그 동사가 於(어)이다. /知其說者之(지기설자지)의 之(지): 주격 어조사, 앞의 명사(명사구)가 주어임을 나타낸다. 우리말의 ~은(는), ~이, ~가에 해당 *류종목(89면)은 주어와 술어 사이에 쓰여 主述構造(주술구조)로 하여금 독립성을 잃고 명사구 또는 명사절이 되게 하는 구조조사라고 하였다. /於(어): 〈동사〉 ① 처하다, 존재하다 ② 따르다, 기대다, 의지하다. ③ 가다 /於天下也(어천하야)의 也(야): 음절을 조정하고 어기를 고르는 어기조사(류종목, 90면) /其如示諸斯乎(기여시저사호)에서의 '其(기)': 아마 *추측을 표시하는 부사 [孝弟也者(효제야자) 부모에게 효도하고 웃어른을 공경한다는 것은 其爲仁之本與(기위인지본여) 仁을 행하는 근본일 것이다.《논어》학이2장] /如(여): ~와 같다, ~와 같이 /示(시): 보다(=視(시)), 보이다, 알리다, 가르치다 /諸(저): 여기에서(=之於(지어)의 合音(합음)) /斯(사): 이, 이것, *其掌(기장)을 가리키는 대사 /乎(호): ~일 것이다 *앞의 其(기)와 호응하여 감탄과 추측의 어기를 내포하는 어기조사 /指(지): 가리키다 /掌(장): 손바닥 /指其掌(지기장)의 其(기): 자기(孔子 자신을 가

으로 여겨(以文王爲所出之帝) 주공을 그에 배향하였으나(而周公配之), 이는 예가 아니다(然非禮矣)."라고 하였다. …노나라의 체제사는 예가 아니었기 때문에(蓋魯祭非禮) 孔子께서 본래 보고자 하지 않았고(孔子本不欲觀), 이때에 이르러서는 예를 잃은 가운데(至此而失禮之中) 또 예를 잃었으므로(又失禮焉) 이렇게 탄식한 것이다(故發此歎也).

리킴)

或問禘之說(혹문체지설) 어떤 이가 체제사의 이치를 여쭈자 子曰(자왈) 孔子께서 말씀하시기를 不知也(부지야) 모릅니다. 知其說者之於天下也(지기설자지어천하야) 그 이치를 아는 사람은 천하에 처함이(천하에서 살아감이) 其如示諸斯乎(기여시저사호) 아마도 마치 여기에서 이것을(斯(사)=其掌(기장)) 보는 것과 같을 것입니다. (라고 하시고는) 指其掌(지기장) 자기 손바닥을 가리키셨다.[133]

12. 吾不與祭(오불여제)

12-1. 祭如在, 祭神如神在.
(제여재 제신여신재)

祭(제): 제사, 제사 지내다 / 如(여): 같다, ~와 같다 / 在(재) :있다, 존재하다 / 神(신): 신

祭如在(제여재) 조상께 제사 지낼 때는 조상이 그 자리에 계신 듯이 하며, 祭神如神在(제신여신재) 신에게 제사 지낼 때는 신이 그곳에 계신 듯이 하였다.[134]

12-2. 子曰: 吾不與祭, 如不祭.
(자왈 오불여제 여불제)

與(여): 참여하다〈동사〉

---

133) '不知也'라고 한 것은 체 제사에 담긴 뜻은 孔子와 같은 성인도 잘 모를 정도로 심오하다는 뜻일 수도 있고, 노나라가 체 제사의 법도를 어겼기 때문에 孔子가 일부러 대답을 회피한 것일 수도 있으나, 朱子는 후자로 풀이한다.

134) 《논어집주》: 정자가 말했다(程子曰). "'祭'는 선조에게 제사 지내는 것이고(祭 祭先祖也), '祭神'은 선조 외의 신에게 제사 지내는 것이다(祭神 祭外神也)."

子曰 자왈 孔子께서 말씀하셨다. 吾不與祭 오불여제 내가 제사에 참여하지 않았다면 如不祭 여불제 제사 지내지 않은 것과 같다.[135)136)]

135) 《논어집주》: 자신이 제사를 지내야 할 때에(言 己當祭之時) …다른 사람으로 하여금 이를 대행하게 하면(而使他人攝之 /攝섭: 대행하다) 그 조상이 계신 듯이 모시는 정성을 다할 수 없으므로(則不得致其如在之誠) 비록 제사를 지냈으나(故雖已祭) 이 마음이 모자라고 허전하여(而此心缺然 /缺然결연: 모자라고 서운함) 제사를 지내지 않은 것과 같다고(如未嘗祭也) 말한 것이다.
○범씨는 말하기를(范氏曰) "군자가 제사 지낼 때에(君子之祭) 7일 동안 조심하고(七日戒 /戒계: 경계하다, 조심하고 주의하다) 3일 동안을 재계하여(三日齊 /齊재: 재계하다, 몸과 마음을 깨끗이 하다 *제: 가지런하다) 기필코 제사하는 대상을 보는 것은 정성이 지극한 것이다(必見所祭者誠之至也). 이 때문에(是故) 郊祭교제를 지내면 天神(하늘의 신령)이 이르고(郊則天神格 /格격: 이르다, 바로잡다), 묘(사당)에서 제사 지내면 사람의 혼백이 歆饗흠향(신명이 제물을 받음)하니(廟則人鬼享 /鬼귀: 귀신 /享형: 흠향하다) 모두 자신으로 말미암아 이루는 것이다(皆由己以致之也). 그 정성이 있으면 그 신이 있고(有其誠則有其神), 그 정성이 없으면 그 신이 없는 것이니(無其誠則無其神), 삼가지 않을 수 있겠는가(可不謹乎)?"라고 하였다.

136) 朱子(1130~1200)는 가정에서 지켜야 할 예의범절을 ①通禮통례, ②冠禮관례, ③婚禮혼례, ④喪禮상례, ⑤葬禮장례, ⑥祭禮제례 등으로 정리하여 《家禮》를 편찬하였다. 그 중 祭禮에 齋戒재계는 時祭시제(음력 10월에 5代 이상의 조상무덤이나 家廟가묘에 지내는 제사)에는 사흘 전에, 忌日기일(돌아가신 날)과 墓祭묘제에는 하루 전에 한다고 하였는데, 율곡 李珥이이는 禮에서는 儀節의절 보다는 정성스러운 마음이 중요하다고 보아 時祭에는 散齋산재(집 밖에서 근신함)를 4일, 致齋치재(집 안에서 근신함)를 3일 하고, 忌祭기제에는 散齋를 2일, 致齋를 1일 하며, 參禮참례(예식에 참여함)에는 齋宿재숙(祭官이 齋所에서 밤을 지냄)을 1일 한다고 하여 《家禮》보다 늘렸다.
* 재계는 어떻게 하는가 : 散齋에는 남의 喪家상가에 弔問조문하지 않고 問病문병하지 않으며 육식하지 않고 술은 마시더라도 취하지 않도록 하고, 모든 흉하고 더러운 일에 참여하지 않는다. 致齋에는 음악을 듣거나 나들이를 하지 않고 진심으로 제사 받을 부모와 조상만을 생각하며, 거처하시던 것을 회상하며 지낸다. 이렇게 하고서야 제사를 드릴 때에 부모나 조상의 형용이 보이는 듯하고 음성이 들리는 듯하며 조상이 그 자리에 계신 듯한 것(祭如在)이라고 하였다.
* 제사는 몇 대까지 지내나 : 주자 《家禮》는 4代祖까지 제사 지낸다(四代奉祀) 하

13. 與其媚於奧
여기미어오

13-1. 王孫賈問曰: 與其媚於奧, 寧媚於竈, 何謂也.
왕손가문왈 여기미어오 영미어조 하위야

賈(가): 가격, 값어치, 명성 *賈(고): 장사 /與其(여기)㉠ 寧(영)㉡: ㉠하기보다는 차라리㉡ *與(여)는 선택관계를 표시하는 접속사 /奧(오)[137]: 아랫목, 깊다, 구석 /媚(미): 아첨하다, 아름답다 /竈(조): 부엌, 부뚜막, 부엌의 신(竈王神(조왕신), 음식의 일을 맡아본다 함) /何(하): 무엇(의문사) /謂(위): 이르다 /也(야): 의문의 어기를 표시하는 어기조사로서 何(하)와 호응하여 의문문을 만듦 *歟(여)·乎(호)와 같게 씀.

王孫賈問曰(왕손가문왈) 왕손가가 물었다. 與其媚於奧(여기미어오) 방의 아랫목 신에게

였으나 조선의 《경국대전》은 최대 3대봉사(三代奉祀)를 넘지 않도록 했는데, 6품 이상 문무관은 3代, 7품 이하 9품은 2代, 일반 서민은 부모만 제사 지낸다고 규정하였다.

* 제사는 언제부터 지냈을까? 삼국시대를 거쳐 고려 말까지는 불교가 성했으니 제사 문화는 유교를 국시로 정한 조선이 건국된 후에 시작된 것으로 보아야 할 것이다. 조선왕조실록에 의하면 태조 때 왕명으로 公卿공경으로부터 士사에 이르기까지 모두 家廟가묘를 세워서 先代선대를 제사하게 하고, 庶人서인(일반 백성)은 그 正寢정침(거처하는 방)에서 제사 지내게 하였다는 기록이 있고, 세종 때에도 가묘 세우기를 강제한 뜻의 기록이 있으나, 그 이후의 왕조실록에는 그 기록이 없는 것으로 미루어 세종 때 제사문화가 확립된 것으로 보인다.

* 우리나라 최초의 族譜족보는 1476년(조선 성종 7년)에 편찬된 안동권씨의 成化譜성화보로, 친손과 외손을 동등하게 기록한 특징이 있다고 한다.

* 현실적 여건에 따른 예의 준행 : 《家禮》에는 忌日에는 그에 해당하는 神位신위만 진설한다고 하였으나 조선시대의 時俗은 考妣고비(돌아가신 부모) 두 분의 신위를 함께 진설하여 예를 거행했다. 그러나 퇴계도 김성일과의 문답에서 자신의 집안에서도 두 분의 신위를 함께 진설하지만 자기가 죽은 뒤에는 이런 풍습을 따르지 말도록 했다고 함으로써 자신이 처한 현실적 여건과 제약에 따른 예의 준행을 말하였다.

137) 옛날 중국에서는 서남쪽 구석에 아궁이를 두고 이를 奧라 하였기 때문에 깊숙한 곳, 깊숙한 구석진 곳, 집에서 가장 윗사람이 자리하는 가장 깊숙한 곳을 뜻하게 되

아첨하느니 寧媚於竈(영미어조) 차라리 부뚜막 신에게 아첨하라 하는 말은 何謂(하위) 也(야) 무엇을 이르는 것입니까?138)

13-2. 子曰(자왈): 不然(불연). 獲罪於天(획죄어천), 無所禱也(무소도야).

然(연): 그러하다, 틀림이 없다, 분명하다, 듯하다, 허락하다 /獲(획): 얻다, 획득하다 /罪(죄):

었다고 한다.

138) 《논어집주》: 王孫賈는 위나라 (靈公 때의) 대부이다(王孫賈 衛大夫). …'竈'는 오사(다섯 가지 제사 터) 중의 하나이니(竈者 五祀之一). …무릇 5사에 제사 지낼 때는(凡祭五祀) 모두 먼저 (제사 지낼 곳에) 神主를 설치하고(皆先設主) 그곳에서 제사를 지낸 뒤에(而祭於其所然後) 시동을 맞아다가 '奧'에서 제사를 지낸다(迎尸而祭於奧). …그러므로 당시의 시속의 말에(故時俗之語) '奧'는 늘 높임을 받지만(因以奧有常尊 /尊존: 높이다) 제사의 주인이 아니고(而非祭之主), '竈'가 비록 낮고 천하지만(竈雖卑賤) 때를 만나 권세를 부리므로(而當時用事 /用事: 권력을 장악하다), 임금과 맺는 것이(喩 自結於君 /結결: 맺다, 엮다 /喩유: 비유하다) (오히려) 권신에게 아부하는 것만 못하다(不如阿附權臣也)고 비유한 것이다. 왕손가는 위나라 권신이었기 때문에(賈 衛之權臣) 이 말로써 孔子를 풍자한 것이다(故以此諷孔子).

＊ 朱子는 '奧'는 衛나라 靈公 또는 그의 寵姬총희인 南子를, '竈'는 왕손가 자신을 비유하여, 孔子에게 "그대가 영공(또는 남자)에게 아첨하느니 나를 가까이하는 것이 어떤가?"라고 넌지시 물은 것으로 본 것이다. 이에 대해 왕손가가 자신의 처지를 孔子에게 상의한 것으로, '奧'는 위나라 영공이며, '竈'는 南子와 彌子瑕미자하로서, 지위는 낮지만 권력을 가진 자로 보아, "내가 임금인 영공을 섬기느니 차라리 남자나 미자하 같은 실세를 섬기는 것이 낫다고 여기는데 어떻습니까?"라고 물은 것으로 보기도 한다.

＊ 五祀오사: 집의 다섯 神에 제사하는 것으로, 제사 터를 뜻하기도 한다. ① 孟春맹춘(음력 정월, 초봄)에는 작은 戶호(문)에, ② 孟夏맹하(음력 4월, 초여름)에는 부엌에, ③ 季夏계하(음력 6월, 늦은 여름)에는 中霤중류(방 안의 들보가 있는 위쪽)에, ④ 孟秋맹추(음력 7월, 초가을)에는 큰 門에, ⑤ 孟冬맹동(음력 10월, 초겨울)에는 行행(길) 또는 井정(우물)에 제사하였다.

죄, 허물 /於(어): ~에,~에게 *간접목적어(대상)를 표시하는 전치사 [子禽(자금) 問於子貢(문어자공) 자금이 자공에게 물었다.《논어》학이10장] /所(소): 곳, 장소 /禱(도): 빌다, 기도하다 /無所禱(무소도)也(야)의 也(야): 일반적인 문장의 끝에 쓰여서 '~이다'(~아니다)라는 판단 또는 비교적 단호한 진술의 어기를 표시하는 어기조사

子曰(자왈) 孔子께서 말씀하셨다. **不然**(불연) 그렇지 않습니다. **獲罪於天**(획죄어천) 하늘에 죄를 얻으면 **無所禱也**(무소도야) 빌 곳이 없습니다.139)

14. 周監於二代(주감어이대)

子曰(자왈) : **周監於二代**(주감어이대), **郁郁乎文哉**(욱욱호문재). **吾從周**(오종주).

監(감): 살피다, 거울삼다, 비추어 보다, 감찰 /於(어): ~을, ~를 *동작의 대상-목적어-을 표시하는 전치사 /二代(이대): 周(주)나라 이전의 夏(하)나라와 殷(은)(商(상))나라를 지칭함 /郁(욱): 빛나다 /文(문): 채색, 문장, 문물제도 /哉(재): ~구나! *감탄의 어기를 표시하는 어기조사 /從(종): 따르다

子曰(자왈) 孔子께서 말씀하셨다. **周監於二代**(주감어이대) 주나라는 2대(夏나라와 殷나라)를 거울삼았으니 **郁郁乎文哉**(욱욱호문재) 찬란하도다 문물제도여! **吾從周**(오종주) 나는 주나라(주나라의 문물제도)를 따르겠다.140)

---

139)《논어집주》: 이치를 거스르면 하늘에 죄를 얻게 되니(逆理則獲罪於天矣) 어찌 奧와 竈에게 아첨하는 죄를 짓고(豈媚於奧竈) 빌어서 면할 수 있겠는가(所能禱而免乎)? 다만 마땅히 이치를 따라야 하니(言 但當順理) 단지 부엌 신에게 아첨해서도 안 될 뿐만 아니라(非特不當媚竈) 또한 아랫목 신에게도 아첨하지 않아야 함을(亦不可媚於奧也) 말한 것이다.

15. 入大廟每事問
입 태 묘 매 사 문

子入大廟, 每事問.
자 입 태 묘 매 사 문

或曰: 孰謂鄹人之子知禮乎. 入大廟, 每事問.
혹 왈 숙 위 추 인 지 자 지 례 호 입 태 묘 매 사 문

子聞之曰: 是禮也.
자 문 지 왈 시 례 야

大(태): 크다 (=太(태)) /廟(묘): 사당 /入(입): 들다, 들이다, 수입 /每(매): 늘, 매양, 마다, 비록 /孰(숙): 누구 /孰謂~乎(숙위호): 누가 ~하다고 하였는가? /是(시): 이, 이것('入大廟 每事問(입태묘 매사문)'을 가리키는 대사) /也(야): 판단 또는 진술의 어기를 표시하는 어기조사

子入大廟(자입태묘) 孔子께서 태묘(魯나라의 시조인 周公의 사당)에 들어갔을 때 **每事問**(매사문) 매사를 물으시니 **或曰**(혹왈) 혹자가 말하기를 **孰謂鄹人之子知禮**(숙위추인지자지례)

---

140) 《논어집주》: (주나라는) 2대의 예를 본받아서(言 其視二代之禮) 빼고 더하였음을(而損益之) 말한 것이다. '郁郁'은 문채가 크게 번성한 모습이다(郁郁 文盛貌). ○윤씨는 말하기를(尹氏曰), "3대의 예가(三代之禮) 주나라에 이르러 크게 갖추어졌으니(至周大備), 夫子께서 그 文(문채, 문화)을 찬미하고(夫子美其文) 따르겠다고 한 것이다(而從之)"라고 하였다.

* 여기서 말한 周나라는 西周시대를 지칭한 것이다. B.C. 1046 경 武王이 殷은나라 紂王주왕을 타도하고 현재의 중국 산시성 시안(西安, 長安이라고도 함)을 도읍으로 하여 주 왕조를 세운 후 B.C. 771 犬戎견융의 침입으로 幽王유왕이 피살될 때까지를 西周시대라 하고, 그다음 해인 B.C. 770 幽王의 아들 平王평왕이 도읍을 洛邑낙읍(허난성의 뤄양일대)로 옮겨 주왕실을 재건한 때로부터 B.C. 221 秦진에 의해 멸망할 때까지를 東周시대라고 하는데, 이 시대는 춘추전국시대로 더 알려져 있다. 춘추전국시대는 다시 명목으로나마 주왕실의 권위가 인정되고, 서주 이래의 질서(周禮)가 다소나마 시행되던 춘추시대(B.C. 770 ~ B.C. 475)와 주 왕실이 권위를 완전히 잃고 그 질서가 붕괴된 전국시대(B.C. 475 ~ B.C. 221)로 나눈다. 孔子가 살은 시기(B.C. 551 ~ B.C. 479)는 춘추시대 말~전국시대 초에 해당한다.

* 孔子는 西周가 몰락하면서 국가질서도 무너졌다고 보고 시종일관 周나라의 禮法을 復元할 것을 주장하였다.

乎(호) 누가 추 땅 사람의 아들을 일러 예를 안다고 하는가? 入大廟(입태묘) 每事問(매사문) 태묘에 들어가 매사를 묻는구나! 라고 하였다.

子聞之曰(자문지왈) 孔子께서 이 말을 듣고 말씀하셨다. 是禮也(시례야) 이것이 바로 예이다.141)

16. 射不主皮(사불주피)

子曰(자왈): 射不主皮(사불주피), 爲力不同科(위력부동과), 古之道也(고지도야).

射(사): 활을 쏘다 /主(주): 위주로 하다, 주인 /皮(피): 가죽, *여기서는 貫皮(관피)(과녁 꿰뚫기)의 뜻 /爲(위): ~때문이다. ~에 기인하다 /科(과): 등급, 과정 /古(고): 옛, 옛날

子曰(자왈) 孔子께서 말씀하셨다. 射不主皮(사불주피) 활쏘기에 과녁 뚫기를 위주로 하지 않은 것은 爲力不同科(위력부동과) 힘이 동등하지 않기 때문이니 古之道也(고지도야) 옛날의 (활 쏘는) 도였다.142)

---

141) 《논어집주》: '鄹'는 노나라 읍의 이름으로(鄹 魯邑名), 孔子의 아버지 숙량흘이(孔子父叔梁紇) 일찍이 이 읍의 대부였었다(嘗爲其邑大夫). 孔子는 젊어서부터(孔子自少) 禮를 아는 것으로 소문났으므로(以知禮聞) 어떤 이가 이를 인하여 기롱한 것이었다(故或人因此而譏之). 孔子가 "이것이 바로 예이다"라고 말한 것은(孔子言是禮者) 공경하고 삼감을 지극히 하는 것이(敬謹之至) 바로 예가 되는 바이기 때문이다(乃所以爲禮也).

142) 《논어집주》: 옛날에는 활쏘기로 (사람의) 덕을 살펴보았기 때문에(古者 射以觀德 * '射'는 禮, 樂, 御, 書, 數와 함께 군자가 갖추어야 할 六藝 중의 하나) 다만 가운데를 맞히는 것만을 주로 하고(但主於中), 과녁을 뚫는 것을 주로 하지 않았다(而不主於貫革 /貫관: 꿰다, 뚫다, 통과하다). 사람의 힘에는 강약이 있어서 같지 않기 때문일 것이다(蓋以人之力有强弱不同等也). …주나라가 쇠퇴하고 예가 없어지자(周衰禮廢) 열국들이 무력으

17. 告朔之餼羊
곡 삭 지 희 양

17-1. 子貢欲去告朔之餼羊.
자 공 욕 거 곡 삭 지 희 양

欲(욕): 하고자 하다 /去(거): 없애다, 버리다 /告(곡): 뵙고 청하다, 아뢰다 *告(고): 고하다, 알리다 /朔(삭): 초하루, 달력 *매월 보름이 '望(망)'이며, 달이 완전히 가리어 어두워지는 그믐이 '晦(회)'이다. /之(지): 관형격 어조사 *告朔之(곡삭지)가 餼羊(희양)을 수식하는 관형어 /餼(희): (살아 있는) 희생

子貢欲去告朔之餼羊(자공욕거곡삭지희양) 子貢(端木賜 단목사)이 곡삭의 예에 쓰는 희생양을 없애려고 했다.[143]

17-2. 子曰: 賜也, 爾愛其羊. 我愛其禮.
자왈 사야 이애기양 아애기례

也(야): 음절을 조정하고 어기를 고르는 어기조사 *이문주: '~야'의 뜻을 갖는 호격 어

로 다투어(列國兵爭 /爭쟁: 다투다) 다시 활쏘기에서 과녁을 뚫는 것을 숭상하였으므로(復尚貫革 /尚상: 숭상하다), 孔子가 이를 개탄한 것이다(故孔子歎之).

143)• 《논어집주》: '告朔'의 예는(告朔之禮) 옛날에(古者) 천자가 항상 季冬계동(음력 섣달-한 해의 맨 끝 달-의 다른 이름, 늦겨울)에(天子常以季冬) 다음 해 열두 달의 초하루가 표기된 달력을 제후들에게 반포하면(頒來歲十二月之朔于諸侯 /頒반: 나누어 주다) 제후들이 받아서(諸侯受) (자기네) 사당에 보관하고(而藏之祖廟), 매월 초하룻날이 되면 特羊특양(한 마리의 희생양)으로써 사당에 고하고(月朔則以特羊告廟) 청하여 이를 시행한 것이다(請而行之). '餼'는 제사에 쓰는 산 짐승이다(餼 生牲也). 노나라는 문공 때부터(魯自文公 재위 B.C. 626 ~ B.C. 609) 곡삭의 예가 보이지 않았는데(始不視朔), 유사(담당자)는 이 양을 바쳐오고 있었으므로(而有司猶供此羊 /猶유: 오히려, 그대로 /供공: 바치다) 자공이 이를 없애려 한 것이다(故子貢欲去之).

• 김형찬(52면): 당시에 달력이란 단순히 날짜를 알려 주는 것이 아니라 자연의 질서에 따라 인간의 삶을 조정해 나가도록 하는 것이었으므로, 달력의 제정과 반포는 현실 사회에 대한 절대적인 지배력을 의미하는 것이었다.

조사 /爾(이): 너 * 2인칭 대사(=汝(여), 女(여), 而(이), 若(약)) /愛(애): 사랑하다, 아끼다 /其(기): 그, 그것('告朔')

子曰(자왈) 孔子께서 말씀하셨다. **賜也 爾愛其羊**(사야 이애기양) 사야, 너는 그 양을 아까워하지만 **我愛其禮**(아애기례) 나는 그 예를 아까워한다.144)

18. 人以爲諂也(인이위첨야)

子曰: 事君盡禮, 人以爲諂也.(자왈 사군진례 인이위첨야)

事(사): 일, 일삼다, 섬기다 /盡(진): 다하다 /以爲(이위): ~한다고 여기다 *以(이)ⓐ爲(위)ⓑ: ⓐ를 ⓑ로 여기다(ⓐ에 해당하는 '事君盡禮(사군진례)'를 가리키는 대사 之(지)가 생략됨) /諂(첨): 아첨하다 /也(야): ~구나! ~냐! ~이여! ~하다니! *영탄의 어기를 표시하는 어기조사〉[斯人也 而有其疾也(사인야 이유기질야) 이런 사람이 이런 병에 걸리다니!《논어》옹야8장]

子曰(자왈) 孔子께서 말씀하셨다. **事君盡禮**(사군진례) 임금 섬김에 예를 다하는 것을 **人以爲諂也**(인이위첨야) 사람들은 아첨한다고 하는구나!

19. 君使臣以禮(군사신이례)

---

144)《논어집주》: 자공은 아마 그 실질이 없는 데도 헛되이 소비함을 아까워한 것일 것이다(子貢蓋惜其無實而妄費 /惜석: 아끼다, 소중히 여기다, 애석하다). 그러나 '예'는 비록 없어졌더라도(然禮雖廢) 양을 바치는 일이라도 보존되면(羊存) 그 사실을 기억할 수 있어서(猶得以識之) 다시 되살릴 수 있지만(而可復焉), 만약 그 양을 바치는 것마저 아울러 없애버린다면(若倂去其羊 /倂병: 아우르다, 합하다) 이 예는 마침내 없어질 것이니(則此禮遂亡矣 /遂수: 마침내) 孔子가 애석해한 까닭이다(孔子所以惜之).

定公問: 君使臣, 臣事君, 如之何.
정공문 군사신 신사군 여지하

孔子對曰: 君使臣以禮, 臣事君以忠.
공자대왈 군사신이례 신사군이충

使(사): 부리다, 하게 하다 /事(사): 일, 일삼다, 섬기다 /如(여): 처리하다, 처치하다 /如之何(여지하)의 之(지): '君使臣, 臣事君(군사신, 신사군)'을 가리키는 대사 /如之何(여지하): '어떻게 해야 합니까?'라는 뜻의 관용어 /以(이): ~로써 /忠(충): 충성, 진실됨, 자신이 몸과 마음을 다함(盡己之謂忠(진기지위충) =誠(성))

定公問(정공문) 정공이 물었다. **君使臣**(군사신) 군주가 신하를 부리며 **臣事君**(신사군) 신하가 군주를 섬기는 데는 **如之何**(여지하) 어떻게 해야 합니까?

孔子對曰(공자대왈) 孔子께서 대답하셨다. **君使臣以禮**(군사신이례) 군주는 禮로써 신하를 부리고, **臣事君以忠**(신사군이충) 신하는 忠(자신의 몸과 마음을 다하는 정성 =誠)으로써 군주를 섬겨야 합니다.[145]

20. 樂而不淫
낙이불음

子曰: 「關雎」樂而不淫, 哀而不傷.
자왈 관저 낙이불음 애이불상

關(관): 관계하다, 관문, 닫다, 난관 /雎(저): 물수리 /樂(낙): 즐겁다, 즐기다 *樂(악): 음악 /而(이): ~하면서도 *역접관계를 표시하는 접속사 /淫(음): 음란하다, 간사하다, 도리에 어긋나다

---

145) 《논어집주》: 정공은 노나라 임금(재위 B.C. 509 ~ B.C. 495)으로 이름은 송이다(定公魯君 名宋). …○여씨는 말하기를(呂氏曰) "신하를 부림에 불충함을 걱정할 것이 아니라(使臣不患其不忠) (자신의) 禮가 지극하지 못함을 걱정해야 하며(患禮之不至), 신하가 임금을 섬김에 있어 (임금이) 禮가 없음을 걱정할 것이 아니라(事君不患其無禮), (자신의) 불충을 걱정해야 한다(患忠之不足)."고 하였고, 윤씨는 말하기를(尹氏曰) "임금과 신하는 의로써 맺어졌으므로(君臣以義合者也), 임금이 신하를 부림에 禮로써 하면(故君使臣以禮) 신하는 임금을 충으로써 섬겨야 한다(則臣事君以忠)."고 하였다.

/哀(애): 슬프다, 슬퍼하다 /傷(상): 해치다, 상처, 이지러지다

子曰(자왈) 孔子께서 말씀하셨다. **「關雎」樂而不淫**(관저 낙이불음) 《詩經》의 〈관저〉 편은 즐거우면서도 음란하지 않고, **哀而不傷**(애이불상) 슬프면서도 (몸을) 손상하지 않는다.

21. 哀公問社於宰我(애공문사어재아)

21-1. 哀公問社於宰我(애공문사어재아), 宰我對曰(재아대왈): 夏后氏以松(하후씨이송), 殷人以柏(은인이백), 周人以栗(주인이율), 曰使民戰栗(왈사민전율).

哀(애): 슬프다 /社(사): 토지의 신, 단체 /於(어): ~에게 *대상을 표시하는 전치사 /宰(재): 재상 / 夏(하), 殷(은), 周(주): 나라 이름 /后(후): 임금, 왕비 /以(이): 사용하다, 쓰다 /松(송): 소나무 /柏(백): 잣나무 /栗(율): 밤나무, 두려워하다, 벌벌 떨다 /使(사): ~로 하여금 ~하게 하다 /曰使民戰栗(왈사민전율)의 曰(왈): ~이다 *동사 /戰栗(전율): 전율하다, 몹시 무섭거나 두려워 몸이 벌벌 떨리다. 栗(율)과 慄(율)의 발음이 같다는 사실에 착안하여 재아가 임의로 이렇게 해석한 것이다. * 戰慄(전율): 몹시 두렵거나 큰 감동을 느끼거나 하여 몸이 벌벌 떨리는 것

哀公(애공) **問社於宰我**(문사어재아) 애공이[146] 宰我(재아)에게[147] '社'에 대하여 묻

---

146) 魯 哀公(재위 B.C. 494 ~ B.C. 467): 定公의 아들로 三桓氏를 제거하려다 실패하고 왕위에서 쫓겨났다.

147) 宰我 (B.C. 522년 ~ B.C. 458): 춘추시대 말기 노나라 사람으로, 성은 宰이고 이름이 予여이며, 자가 宰我 또는 子我이다. 孔子보다는 29세가 어렸고, 孔子는 그를 子貢자공과 함께 언어에 뛰어났다고 하였다. 그러나 孔子는 그의 뛰어난 능력을 인정하면서도 행동이 말에 미치지 못함을 늘 경계했던 것 같다. 재여는 낮잠을 자다가 孔子한테 혼나기도 하고(공야장9장), 삼년상이 너무 길다고 말 했다가 꾸중을 듣기도 했

자148) **宰我對曰**(재아대왈) 재아가 대답하기를 **夏后氏以松**(하후씨이송) 하왕조는 소나무를 썼고149), **殷人以栢**(은인이백) 은나라는 잣나무를 사용하였으며, **周人以栗**(주인이율) 주나라는 밤나무를 사용하였는데, **曰使民戰栗**(왈사민전율) (밤나무를 사용한 이유는) 백성들이 전율케 하고자 함입니다 라고 하였다.

21-2. 子聞之, 曰: 成事不說, 遂事不諫, 旣往不咎.
(자문지 왈 성사불설 수사불간 기왕불구)

> 之(지): 그 *재아의 말을 가리키는 대사 /成(성): 이루어지다 /事(사): 일, 일삼다, 섬기다 /說(설): 말하다, 설명하다, 이야기하다 /遂(수): 끝나다, 마치다, 이루다 /諫(간): 간하다, 바르게 말해주다 /旣(기): 이미 /往(왕): 가다 /旣往(기왕): 이미 지나간 일 /咎(구): 나무라다, 탓하다, 허물

子聞之 曰(자문지 왈) 孔子께서 그 말을 들으시고 말씀하셨다. **成事不說**(성사불설) 이루어진 일이라 말하지 않으며, **遂事不諫**(수사불간) 끝난 일이라 간언하지 않으며, **旣往不咎**(기왕불구) 이미 지나간 일이라서 탓하지 않겠다.150)

다(양화21장).

148) 社稷사직: 그 王朝가 받드는 토지 신을 '社'라 하고, 그 왕조가 받드는 곡식 신을 '稷'이라 하며, 둘을 합쳐 '사직'이라 부르는데, 왕조 또는 나라 자체를 '사직'이라고도 한다. 백성은 땅과 곡식이 없으면 살 수 없으므로 사직은 풍년과 흉년 및 국가의 운명을 결정한다고 믿어 나라를 창건한 자는 먼저 그 왕조의 '사'와 '직'을 정하고, 왕가의 선조를 받드는 '宗廟'와 더불어 '社稷壇사직단'을 지어서 백성을 위하여 사직에 복을 비는 제사를 지냈다. 이때 나무로 된 '神主'를 사용했는데, 이것을 '社主'라고 한다.

149) 夏后氏, 殷人, 周人: 하후씨는 하나라 왕조를 가리킨다. 은나라와 주나라에 대해서는 殷人, 周人이라고 하는데 비해 하나라 왕조는 따로 국호를 세워 부르지 않고 다만 侯伯후백 때의 호를 그대로 사용하였다.

150) 《논어집주》: ○윤씨는 말하기를(尹氏曰) "옛날에(古者) 각각 (그 나라의 토질에) 마땅

22. 管仲之器小哉
관중지기소재

22-1. 子曰: 管仲之器, 小哉.
자왈 관중지기 소재

管관: 피리, 가늘고 긴 대 /仲중: 둘째, 가운데 / <명사인 管仲 + 之>: ~의 *관형어 / 器기: 그릇, 度量도량(너그러운 마음과 깊은 생각), 局量국량(사람을 포용하는 도량과 일을 처리하는 능력이나 재주) /小소: (크기가) 작다 *少소: (수량이) 적다 /哉재: ~구나! ~도다! *감탄 어기조사

子曰자왈 孔子께서 말씀하셨다. 管仲之器小哉관중지기소재 관중의[151] 그릇(局국

한 나무로써 그 社의 이름을 정한 것이지(各以所宜木名其社) 나무에서 뜻(의미)을 취한 것은 아니었는데도(非取義於木也) 재아가 이것을 알지 못하면서 망령되이 대답한 것이다(宰我不知而妄對). 그러므로 부자가 그를 꾸짖은 것이다(故夫子責之)."라고 하였다.

151) 管仲(? ~ B.C. 645): 管이 성이고, 이름은 夷吾이오이며, 仲은 그의 자이다. 孔子보다 약 200년 전 사람으로, 齊나라 桓公환공을 도와 내정을 개혁하고 국력을 증강시킴으로써 桓公을 '春秋五霸춘추오패'의 첫 번째 霸者패자로 성장시킨 정치가로 諸葛亮제갈량(자 孔明)과 함께 중국의 2대 명재상으로 불린다.

제나라 僖公희공(재위 B.C. 731 ~ B.C. 698)에게는 세자 諸兒저아 외에 아들이 공자 糾규, 공자 小白소백 등이 있었고, 諸兒가 희공의 뒤를 이은 襄公양공(재위 B.C. 698 ~ B.C. 686)이다. 그러나 襄公은 방탕하고 포악하여 마침내 반란으로 목숨을 잃었고(B.C. 686), 사촌인 公孫無知가 새 군주가 되자 동생인 糾와 小白은 각각 모친의 나라인 魯나라와 莒거나라로 피신했다. 이때 糾를 수행한 인물이 管仲과 召忽소홀이고, 小白을 수행한 이가 鮑叔牙포숙아이었다.

그런데 새 군주인 公孫無知가 한 달 만에 襄公의 추종세력에게 시해되자 망명 중이던 糾와 小白 중 먼저 제나라에 입국하는 사람이 군주가 될 상황이었다. 노나라에서는 호위군을 딸려 糾를 제나라로 보내는 한편, 별도로 管仲에게 군사를 주어 莒에서 돌아오는 小白을 막게 하였다. 管仲은 小白이 올 길목에 매복해 있다가 활을 쏘아 小白을 명중시켰다. 그러나 小白은 화살을 허리띠에 맞아 죽지 않고 살아서 먼저 입국하여 군주가 되었다. 이 사람이 춘추시대 최초의 패자인 桓公이다. 한편 小

量량)이 작았도다![152]

白이 자기가 쏜 화살에 맞아 쓰러지는 것을 본 管仲은 糾에게 小白을 죽였다고 보고했다. 이에 경쟁 상대가 사라진 것으로 믿은 糾는 방심하여 귀국을 서두르지 않고 뒤늦게 들어오려다 먼저 들어가 군주가 된 桓公의 공격을 받고 노나라로 도망쳤다. 桓公(小白)은 노나라에 요구하여 糾를 죽이게 하고 자신에게 활을 쏘아 죽이려 했던 管仲도 죽이려 했다. 그러나 鮑叔牙는 管仲의 출중한 능력을 알고 있었기에 桓公에게 "제나라만을 통치하고자 한다면 管仲을 죽여도 좋으나 天下의 패자가 되고자 한다면 반드시 管仲을 중용해야 한다"고 역설하여 관중을 재상으로 삼게 하였다.

당시 糾를 보좌했던 또 한 사람인 召忽은 糾가 살해당하자 스스로 목숨을 끊은 것에 반해 管仲이 목숨을 보전하여 桓公에 의해 재상으로 중용되자 사람들은 그를 비난했다. 이에 管仲은 "나는 작은 절개를 지키지 못한 것을 부끄러워하기보다는 天下에 공명을 떨치지 못한 것을 부끄러워한다."라고 말했다고 한다.

재상이 된 管仲은 제나라의 정사를 관장하며 개혁을 단행했다. 管仲은 사회제도와 군사제도를 결합하여 군사력을 길렀고, 백성들이 굶주리게 되면 자연스럽게 禮義廉恥예의염치와 거리가 멀어지게 된다 하여 백성의 삶을 돌보았고, 통치의 기본을 '하면 반드시 죽음을 당할 길과 하면 반드시 이익을 얻는 길을 명백히 알려 줌'에 있다고 하였다. 특히 管仲은 제나라가 바다에 인접해 있는 지리적 이점을 살려 상공업을 발전시키고 교역을 장려해 국가 재정을 늘렸다. 더불어 식량의 자유 매매, 사유경제정책 등을 실행했고, 빈민을 구제하고, 공정하게 세금을 징수하는 등 민생을 안정시키기 위해 노력했다. 이런 다양한 개혁 정책을 통해 桓公의 시대에 제나라는 급격히 성장하면서 춘추 5패의 첫 번째 패자가 되었다. 이런 管仲에 대해 孔子는 그의 공적을 높게 평가하면서도(《논어》제14편 헌문10장, 17장, 18장), 여기서는 그의 도량을 별로 대단치 않게 여긴 것이다.

152) 《논어집주》: 그릇이 작다 함은(器小) 그가 성현의 '대학의 도'를 알지 못하였기 때문에(言 其不知聖賢大學之道) 국량(사람을 포용하는 도량)이 좁고 얕으며(故局量褊淺 /褊편: 좁다 /淺천: 깊이가 얕다) 규모가 낮고 좁아서(規模卑狹 /卑비: 낮다 /狹협: 좁다) 능히 자기 몸을 바르게 하고 덕을 닦아서(不能 正身脩德) 군주를 王道에 이르게 할 수(以致主於王道) 없었다고 말한 것이다.

* 王道왕도와 霸道패도: 儒家에서 말하는 王道는 仁과 德을 바탕으로 한 정치(왕도정치)를 뜻한다. 이에 대해 패도(패도정치)는 仁義를 저버리고 武力무력과 權謀術數권모술수로 나라를 다스리는 일을 뜻한다.

22-2. 或曰: 管仲儉乎.
혹왈 관중검호

曰: 管氏有三歸, 官事不攝, 焉得儉.
왈 관씨유삼귀 관사불섭 언득검

儉(검): 검소하다 /乎(호): ~느냐? ~는가? ~겠지? ~이 아닌가? ~한데 그렇지 아니한가? *반어형 의문 종결어기조사 /歸(귀): 돌아가다 /官(관): 벼슬자리, 관청, 직무 /攝(섭): 겸하다, 겸직하다 /焉(언): 어찌, 어찌하여, 어떻게 ~인가? ~는가? ~하겠는가? *의문부사(反問(반문)의 어기를 갖는다.) *安(안)(어찌), 乎(호)(어찌)와 쓰임이 같음. /得(득): 얻다, 만족하다, ~할 수 있다, ~할 만하다 *뒤에 서술어(동사, 형용사)가 오면 그 서술어를 보조하여 가능을 표시하는 보조사(조동사)이다.

或曰(혹왈) 어떤 사람이 물었다. 管仲儉乎(관중검호) 관중은 검소하였습니까?

曰(왈) (孔子께서) 말씀하셨다. 管氏有三歸(관씨유삼귀) 管씨는 三歸(삼귀)를 두었으며[153], 官事不攝(관사불섭) (보통은 한 관원이 여려가지 일을 겸직하게 했는데 관중은 가신이 적지 않아서) 관직의 일을 겸직시키지 않았으니 焉得儉(언득검) 어찌 검소했나고 할 수 있겠는가?

22-3. 然則管仲知禮乎.
연즉관중지례호

曰: 邦君樹塞門, 管氏亦樹塞門. 邦君爲兩君之好有反坫, 管氏亦有反坫. 管氏而知禮, 孰不知禮.
왈 방군수색문 관씨역수색문 방군위양군지호유반점 관씨역유반점 관씨이지례 숙부지례

然(연): 그러하다, 분명하다 /則(즉): ~하면 * 가정이나 조건에 따른 결과를 표시하는 접속

153) '三歸'가 무엇인지에 관해서는 여러 가지 견해가 있지만 김형찬(54면)은 "어쨌든 돌아가 쉴 곳이 세 군데나 있었을 만큼 사치스러웠다는 의미로 이해하면 된다"고 하였다.

사. 이 則(즉)은 두 가지 또는 여러 가지 사실의 대비관계를 표시하는 경우가 많다 곧, 만일 ~이라면, ~하면, ~로 말하자면, ~한 즉, ~는, ~에 이르러서는 /然則(연즉): 그런즉, 그렇다면, 그러면 /乎(호): ~인가 *반어형 의문 종결어기조사 /樹(수): 나무, 병풍, 담장, (담을) 세우다 /塞(색): 막다 /塞門(색문): 집 안이 들여다보이지 않게 하도록 대문 앞에 막아 세우는 가림 벽 /爲(위): 위하여 /兩(양): 둘 /之(지): ~의 *관형격 어조사 /反(반): 되돌리다, 돌이키다 /坫(점): 술잔 놓는 대 /反坫(반점): 제후들이 회동할 때 다 마신 술잔을 엎어 놓기 위하여 흙으로 만든 盞臺(잔대) /管氏而知禮(관씨이지례)의 而(이): 만약, 만일 *가정이나 조건을 표시하는 접속사 /孰(숙): 누가, 누구 /不(부): 못하다

然則管仲知禮乎(연즉관중지례호) 그렇다면 관중은 예를 알았습니까?

曰(왈) (孔子께서) 말씀하셨다. **邦君樹塞門**(방군수색문) 나라의 임금이라야 塞門을 세우는데 **管氏亦樹塞門**(관씨역수색문) 管씨 또한 塞門을 세웠으며, **邦君爲兩君之好有反坫**(방군위양군지호유반점) 임금이라야 두 나라의 임금의 우호를 위한 反坫을 두거늘 **管氏亦有反坫**(관씨역유반점) 管씨 또한 反坫을 두었으니, **管氏而知禮**(관씨이지례) 管씨가 禮를 안다면 **孰不知禮**(숙부지례) 누가 禮를 모른다고 하겠는가?

23. 子語魯大師樂(자어노태사악)

子語魯大師樂, 曰: 樂其可知也. 始作, 翕如也. 從之, 純如也, 皦如也, 繹如也, 以成.(자어노태사악 왈 악기가지야 시작 흡여야 종지 순여야 교여야 역여야 이성)

樂(악): 음악 /語(어): ~〈간접목적어〉에게 ~〈직접목적어〉을 이야기 하다 /大(太)師(태태사): 음악을 관장하는 관직 이름, 주로 장님이었다. /其(기): 음절을 조정하고 어세를 강하게 하는

어기조사(류종목, 103면) /可(가): ~할 수 있다 /可知也(가지야), 翕如也(흡여야)의 也(야): 판단 또는 진술의 어기를 표시하는 어기조사 /始(시): 막, 처음, 비롯하다 /作(작): 일어나다, 일으키다 /始作(시작): 막 시작하다 /翕(흡): 合(합)하다, 많은 것이 한꺼번에 일어나다 /如(여): 형용사 접미사 [孔子於鄕黨(공자어향당) 孔子께서 마을에 계실 때는 恂恂如也(순순여야) 신실한 모습이었다.《논어》제10편 향당1장] /從(종): 풀어놓다, 따르다 /之(지): 그것 *'始作'을 가리키는 대사 /純(순): 순수하다, 섞임이 없다 /從之(종지): 그것을 뒤따르다, 그 뒤를 잇다 /皦(교): 분명하다, 또렷하다 /繹(역): 풀어내다, 찾다, 궁구하다 /以(이): ~(으)로써 *수단, 방법을 표시하는 전치사 /成(성): 이루다 /以成(이성): 그리하여 완성되다. 以(이)는 순접관계를 표시하는 접속사(=而(이))

子語魯大師樂曰(자어노태사악왈) 孔子께서 노나라 태사에게 음악을 말씀하셨다. **樂其可知也**(악기가지야) 음악은 알 수 있습니다. **始作翕如也**(시작흡여야) 시작할 때는 여러 가지 소리가 합하여 소리 내고, **從之純如也**(종지순여야) 이어서 (악기 한 가지씩의) 소리가 순수하고 **皦如也**(교여야) 분명하게 울리고, **繹如也**(역여야) 이 상태가 연면하게 지속되다가 **以成**(이성) 끝납니다.

24. 天將以夫子爲木鐸(천장이부자위목탁)

儀封人請見曰: 君子之至於斯也, 吾未嘗不得見也.
(의봉인청현왈: 군자지지어사야, 오미상불득현야.)

從者見之, 出, 曰: 二三子 何患於喪乎. 天下之無道也久矣. 天將以夫子爲木鐸.
(종자현지, 출, 왈: 이삼자 하환어상호. 천하지무도야구의. 천장이부자위목탁.)

儀(의): 예의 풍속, 여기서는 邑(읍) 이름 /封(봉): 봉하다 /封人(봉인): 국경을 관리하는 관리 /君子(군자): 여기서는 '영향력이 있는 저명인사'를 뜻함 /君子之至於斯(군자지지어사), 天下之無道也久矣(천하지무도야구의)의

之(지): 〈주격 어조사〉 *류종목(105면): 주어와 술어 사이에 쓰여 主述構造(주술구조)로 하여금 獨立性(독립성)을 잃고 名詞句(명사구) 또는 節(절)이 되게 하는 구조조사 /至(지): 이르다 /至於斯也(지어사야)의 於(어): ~에 *처소, 장소: 출발, 근원, 시발점, 동작의 귀착지를 표시하는 전치사 /斯(사): 여기, 이곳 *사물을 가리키는 대사 /至於斯也(지어사야)의 也(야): 음절을 조정하고 어기를 고르는 어기조사 /未(미): 없다(= 無(무)) /未嘗(미상): 일찍이 ~한 적이 없다 /未嘗不(미상불): 일찍이 ~하지 않은 적이 없다(언제나 ~했다) *이중부정 /得(득): ~할 수 있다. ~할 만하다 * 뒤에 서술어(동사, 형용사)가 오면 그 서술어를 보조하여 可能(가능)을 표시하는 보조사(조동사) /見(현): 뵙다, 알현시키다, *見(견): 보다 /未嘗不得見也(미상불득현야)의 也(야): 판단 또는 진술의 어기를 표시하는 어기조사 /從(종): 따르다 /從者(종자): 심부름꾼, 하인 /從者見之(종자현지)의 之(지): 儀封人을 가리키는 대사 /二三子(이삼자): 그대들 /何~乎(하 호): 어찌 ~한가? /患(환): 걱정(근심)하다 /何患於喪乎(하환어상호)의 於(어): ~을, ~를 *동작의 대상-목적어-을 표시하는 전치사 /喪(상): 잃다 /久(구): 오래다, 변하지 아니하다 /矣(의): 단정적인 어기를 표시하는 어기조사 /將(장): 장차, 장차~하려고 하다, 머지않아(이때는 굳이 '장차'라고 풀이하지 않는 것이 자연스럽다) /以(이)ⓐ爲(위)ⓑ: ⓐ을 ⓑ로 삼다, ~로 여기다 /鐸(탁): 방울 /木鐸(목탁): 세상을 일깨워 줄 유용한 인물을 비유하는 말

儀封人請見曰(의봉인청현왈) 儀고을의 封人(봉인)이 (孔子) 뵙기를 청하여 말하기를 **君子之至於斯也(군자지지어사야)** 군자가 여기에 오면 **吾未嘗不得見也(오미상불득현야)** 내가 일찍이 뵙지 않은 적이 없었다라고 하자 **從者見之(종자현지)** (孔子를) 隨行(수행)하는 사람이 그를 뵙게 하였더니, **出曰(출왈)** 나와서 (제자들에게) 말하였다. **二三子(이삼자) 何患於喪乎(하환어상호)** 그대들은 어찌 (스승이 벼슬을) 잃음을 걱정하는가? **天下之無道也久矣(천하지무도야구의)** 천하에 道가 없음이 오래라 **天將以夫子爲木鐸(천장이부자위목탁)** 하늘이 夫子를 목탁으로 삼을 것이오.154)

25. 子謂韶(자위소)

子謂韶(자위소): 盡美矣(진미의). 又盡善矣(우진선의).

謂武(위무): 盡美矣(진미의). 未盡善也(미진선야).

> 謂(위): 평하여 말하다 /韶(소): 순임금의 음악 /盡(진): 다하다 /又(우): 또 /未(미): ~은 아니다 /善(선): 착하다, 잘하다, 좋다 /矣(의), 也(야): 감탄의 어기를 표시하는 어기조사

子謂韶(자위소) 孔子께서 (舜(순)임금의) 韶음악을 평하여 말씀하셨다. **盡美矣(진미의)** 극진히 아름답고, **又盡善矣(우진선의)** 또 극진히 좋도다! 라고 하시고, **武(무) 盡美矣(진미의)** 武王(무왕)의 음악은 극진히 아름답지만 **未盡善也(미진선야)** 극진하게 좋지는 못하다!

26. 居上不寬(거상불관)

子曰(자왈): 居上不寬(거상불관), 爲禮不敬(위례불경), 臨喪不哀(임상불애), 吾何以觀之哉(오하이관지재).

> 居(거): 있다, 살다 /寬(관): 너그럽다 /爲(위): 하다, 행하다, 실천하다 /爲禮(위례): 예를 행하다 /敬(경): 공경(하다) /臨(임): 임하다 /喪(상): 장례 /哀(애): 슬프다 /何(하): 어찌, 무엇〈의문사〉 /以(이): ~(으)로써 /何以(하이): 무엇으로써. *의문문에서 목적어가 전치사 앞에 도치된 형태 /觀(관): 살펴보다 /觀之(관지)의 之(지): 앞에서 말한 바와 같은 사람을 가리키는 대사 /哉(재): ~인가? *

---

154) 《논어집주》: '儀封人'은. …대개 어질면서 낮은 벼슬자리에 은둔하는 자일 것이다(蓋賢而隱於下位者也). …목탁은 …政敎(정치와 교육)를 베풀 때 흔들어 여러 사람을 일깨우는 것이다(木鐸. …施政敎時所振以警衆者也 /振진: 떨다, 진동하다). (나라의) 어지러움이 극에 달하여 마땅히 다스려야 함에(言 亂極當治) 하늘이 반드시 장차 부자로 하여금(天必將使夫子) 벼슬을 얻어 (백성들에게) 가르침을 베풀게 할 것이니(得位設敎), 벼슬자리를 잃음이 오래가지 아니할 것(不久失位也)이라고 말한 것이다.

반문의 어기를 표시하는 어기조사

子曰(자왈) 孔子께서 말씀하셨다. **居上不寬**(거상불관) 윗자리에 있으면서 너그럽지 못하고, **爲禮不敬**(위례불경) 예를 행함에 공경스럽지 못하며, **臨喪不哀**(임상불애) 상을 당하여 슬퍼하지 않는다면 **吾何以觀之哉**(오하이관지재) 내가 무엇으로써 (그의 사람됨을) 살펴보겠는가?[155)]

---

155) • 《논어집주》: 남의 윗자리에 있을 때에는(居上) 사람을 사랑함에 주를 두어야 하므로(主於愛人) 너그러움으로써 근본으로 삼고(故以寬爲本), 예를 행함에는 공경으로써 근본을 삼고(爲禮 以敬爲本), 초상에 임해서는 슬픔으로써 근본으로 삼아야 한다(臨喪 以哀爲本). 이미 그 근본이 없다면(旣無其本) 무엇을 가지고(則以何者) 그 행하는 바의 잘잘못을 살피겠는가(而觀其所行之得失哉)?
• '吾何以觀之哉'는 그러한 인간은 더 이상 보잘 것조차 없음을 강조한 표현이다. (김용재, 134면)

제4편 里仁
리 인

凡二十六章.
범 이 십 육 장

모두 26장이다.《논어집주》

※ 1장~7장은 '仁'을 주로 다루고 있으며, 8장과 9장은 '道', 10장~14장과 16장, 17장은 '君子'와 '賢者', 그 사이에 15장(一以貫之)이 끼어들어 있는 상태이다. 그리고 18장~21장은 '孝'에 관한 내용이 주를 이루고 있고, 22장 이후부터는 일상에서 지켜야 할 언행과 검소한 삶에 대한 일반적인 덕목들을 다루고 있다.(김용재, 137면)

※ 《논어집주》: ○호씨는 말하였다(胡氏曰). "'吾道一貫'(15장)부터 24장에 이르기까지의 10장은(自吾道一貫至此十章) 증자의 문인들이 기록한 것인 듯하다(疑皆曾子門人所記也)."

1. 里仁爲美(리인위미)

子曰(자왈): 里仁爲美(리인위미), 擇不處仁(택불처인), 焉得知(언득지).

> 里(이): 마을 /仁(인): 仁厚(인후)한 풍속, 인정이 두터운 풍속 *儒家(유가)의 주요 개념인 '仁(인)' → 학이2장 / 爲(위): ~이다, 되다 /美(미): 아름답다 /擇(택): 가리다, 고르다 /處(처): 곳, 살다, 머물다 /焉(언): 어찌 /得(득): 얻다, 만족하다, 깨닫다, 이득, ~할 수 있다 *조동사 /知(지): 알다, 알리다, 알게 하다, 지식, 지혜롭다(=智(지))

子曰(자왈) 孔子께서 말씀하셨다. **里仁爲美(이인위미)** 마을에 仁厚(인후)한 풍속이 있는 것이 아름다우니 **擇不處仁(택불처인)** 가려서 仁厚한 마을에 거처하지 않는다면 **焉得知(언득지)** 어찌 지혜롭다고 하겠는가?

2. 仁者安仁(인자안인)

子曰(자왈): 不仁者不可以久處約(불인자불가이구처약), 不可以長處樂(불가이장처락). 仁者安仁(인자안인), 知者利仁(지자리인).

> 者(자): ~한 사람 /(不)可以(불가이): ~할 수 있다(없다)〈조동사〉 /久(구): 오래 /處(처): 곳, 처소, 지위, 신분, 살다, 처하다, 머무르다, 은거하다, 누리다, 향유하다, 처리하다, 대처하다 / 約(약): 곤궁하다, 검약 /長(장): 길이, 오래, 길다 /樂(락): 즐겁다 *樂(악): 음악 *樂(요): 좋아하다 / 安(안): 편안하다〈형용사〉, 편안하게 여기다〈동사〉, 어찌〈부사〉 /知(지): 지혜, 지혜롭다(智(지)), 알다 /利(리): 이롭다, 이익, 이롭게 여기다, 편리하다, 날카롭다, 이기다

子曰(자왈) 孔子께서 말씀하셨다. **不仁者(불인자)** 仁하지 못한 사람은 **不可以久處約(불가이구처약)** 오래도록 곤궁함에 처하지 못하며(곤궁함을 오래 견딜 수 없고),

不可以長處樂(불가이장처락) 즐거움에도 오랫동안 처할 수 없다. 仁者安仁(인자안인) 仁한 사람은 仁을 편안히 여기고 知者利仁(지자리인) 지혜로운 사람은 仁을 이롭게 여긴다.[156)]

3. 惟仁者(유인자)

子曰(자왈): 惟仁者能好人(유인자능호인), 能惡人(능오인).

惟(유): 생각하다, 마땅하다, 들어맞다, 오직, 오로지, 홀로, 생각건대, 예(대답) /者(자): ~한 사람 /能(능): ~할 수 있다, 능히 할 수 있다, 재능이 있다, 능력, 재능, 인재 /惡(오): 미워하다, 헐뜯다, 기피하다, 두려워하다, 어디, 어찌, 어떻게, 어느 *惡(악): 나쁘다, 악하다, 더럽다

子曰(자왈) 孔子께서 말씀하셨다. 惟仁者(유인자) 오직 仁한 사람만이 能好人(능호인) 能惡人(능오인) 사람을 좋아할 수 있고 사람을 미워할 수 있다.[157)]

---

156) 《논어집주》: 仁하지 못한 사람은(不仁之人) …오랫동안 곤궁하면 반드시 (하는 행동이나 생각이 분수에) 넘치고(久約必濫), 오랫동안 즐기면 반드시 도리에 어긋나게 된다(久樂必淫 /淫음: 음란하다, 도리에 어긋나다). 오직 仁한 사람만이(惟仁者) 그 仁에 처하는 것을 편안히 여겨서(則安其仁) 어디를 가든 그러하지 않음이 없다(而無適不然 /適적: 가다, 맞다). 지혜로운 사람은 仁에 처하는 것을 이롭게 여겨(知者則利於仁) 지키는 바를 바꾸지 않으니(而不易所守), (仁者와 知者는) 비록 깊고 얕음은 같지 않으나(蓋雖深淺之不同) 모두 外物(마음에 접촉되는 객관적 세계의 모든 대상)이 능히 빼앗을 수 있는 바가 아니다(외부의 유혹이나 환경에 따라 빼앗기게 되지 않는다)(然皆非外物所能奪矣).

157) 《논어집주》: 개인적인 욕심(이기심, 편견: 私心)이 없는 뒤에야(蓋無私心然後) 사람을 좋아하고 미워함이 이치에 맞으니(好惡當於理), 정자가 말하는 바(程子所謂) '그 공정함을 얻었다'는 것이 바로 이것이다(得其公正是也).

4. 苟志於仁矣(구지어인의)

子曰(자왈): 苟志於仁矣(구지어인의), 無惡也(무악야).

> 苟(구): 진실로, 다만, 단지, 겨우, 간신히, 만약, 구차히, 진실로 ~면 *가정이나 조건을 표시하는 접속사 /志(지): 뜻, 뜻을 두다, 지향하다 /於(어): ~에 *동작의 대상을 표시하는 전치사 /矣(의): 음절을 조정하고 어기를 고르는 어기조사 /無(무): 없다, 아니다(≒非(비)), 아니하다(≒不(불)), 말다, 금지하다(≒毋(무)), 업신여기다 /也(야): 판단 또는 진술의 어기를 표시하는 어기조사

子曰(자왈) 孔子께서 말씀하셨다. 苟志於仁矣(구지어인의) 진실로 仁에 뜻을 두었다면 無惡也(무악야) 악한 짓을 하지 않는다.[158]

5. 富與貴(부여귀)

5-1. 子曰(자왈): 富與貴(부여귀), 是人之所欲也(시인지소욕야), 不以其道得之(불이기도득지), 不處也(불처야). 貧與賤(빈여천), 是人之所惡也(시인지소오야), 不以其道得之(불이기도득지), 不去也(불거야).

> 富(부): 부유하다 /與(여): ~와(과) *동반관계를 표시하는 접속사 /貴(귀): 귀하다 /是人之所欲也(시인지소욕야)의 是(시): 이, 이것('富與貴'를 가리키는 대사) /是人之(시인지)의 之(지): 주격 어조사, 앞의 명사(명사구)가 주어임을 나타낸다. 우리말의 ~은(는), ~이, ~가에 해당 *류종목: 주어와 술어 사이에 쓰여 主述構造(주술구조)로 하여금 독립성을 잃고 명사구 또는 명사절이 되게

---

158) 《논어집주》: ○양씨는 말하기를(楊氏曰) "진실로 仁에 뜻을 두더라도(苟志於仁) 반드시 지나친 거동(잘못)이 없는 것은 아니지만(未必無過擧也 /過: 지나다, 지나가다, 지나치다, 분수에 넘치다, 허물, 예전 /擧거: 들다, 일으키다, 행하다, 거동, 행하다), 악을 행하는 일이라면 없을 것이다(然而爲惡則無矣)."라고 하였다.

하는 구조조사 /所[소]: ~하는 것, ~하는 바 *불완전명사(의존명사) *류종목(117면): 주어와 술어 사이에 쓰여 주술구조를 명사구로 만들어 주는 특수대사, 所 앞에 주술구조를 명사구로 만들어 주는 구조조사 之를 함께 쓰는 경우가 많다. /欲[욕]: 원하다, 하고자 하다 /所欲也[소욕야], 不去也[불거야]의 也[야]: 판단 또는 진술의 어기를 표시하는 어기조사 /以[이]: ~(으)로써 *수단 . 방법 . 원인을 표시하는 전치사 /其道[기도]: 그 올바른 방법, 올바른 길 /得[득]: 얻다 /得之[득지]의 之[지]: 앞의 富與貴, 貧與賤을 가리키는 대사 /處[처]: 처하다, 곳 /貧[빈]: 가난(하다) /賤[천]: 미천하다 /惡[오]: 싫어하다 *惡[악]: 악(하다) /去[거]: 버리다, 떠나다

子曰[자왈] 孔子께서 말씀하셨다. **富與貴 是人之所欲也**[부여귀 시인지소욕야] 부유함과 귀함은 사람들이 원하는 것이지만 **不以其道得之 不處也**[불이기도득지 불처야] 올바른 방법으로 얻은 것이 아니라면 처하지 않으며, **貧與賤 是人之所惡也**[빈여천 시인지소오야] 가난함과 천함은 사람들이 싫어하는 것이지만 **不以其道得之 不去也**[불이기도득지 불거야] 올바른 방법으로 얻은 것이 아니더라도 떠나지 않는다.

5-2. 君子去仁, 惡乎成名.[군자거인 오호성명]

去[거]: 떠나다, 가다, 잃다, 배반하다 /惡[오]: 어디, 어찌, 어떻게, 어느, 싫어하다 *惡[악]: 악하다, 추하다, 불길하다 /乎[호]: ~에서 *동작 발생의 장소를 표시하는 전치사(=於[어], 于[우]) /惡乎[오호]: 乎惡[호오]의 도치 /成[성]: 이루다 /名[명]: 이름, 명성

君子去仁[군자거인] 군자가 仁에서 떠난다면 **惡乎成名**[오호성명] 어찌(어디에서) 군자로서의 이름을 이룰 수 있겠는가?159)160)

---

159) 《논어집주》: 군자가, 군자가 되는 까닭은(言 君子所以爲君子) 그 仁 때문이니(以其仁也), 만약 부귀를 탐하고(若貪富貴) 빈천을 싫어한다면(而厭貧賤) 이것은 스스로 그 인을 떠나서(則 是自離其仁) 군자로서의 실질이 없는 것이니(而無君子之實矣),

5-3. 君子無終食之間違仁(군자무종식지간위인), 造次(조차) 必於是(필어시), 顚沛(전패) 必於是(필어시).

> 無(무): 없다, ~하지 말라 /終(종): 마치다, (사람이) 죽다, 끝, 항상, 결국, 비록 /食(식): 식사 /之(지): ~하는 *관형격 어조사 /間(간): 사이 /終食之間(종식지간): 식사하는 짧은 시간이라는 뜻으로, 얼마 되지 않는 동안 /違(위): 떠나다, 어기다 /造(조): 만들다 /次(차): 차례 /造次(조차): 아주 급한 때 /必(필): 반드시, 필히, 期必(기필)하다 /於(어): 처하다, 존재하다〈동사〉 /是(시): 이, 이것(仁을 가리키는 지시대사) /顚(전): 엎드려지다, 뒤집히다, 넘어지다 /沛(패): (비가) 쏟아지다, 넘어지다, 쓰러지다 /顚沛(전패): 엎어지고 자빠지다 /造次顚沛(조차전패): 다급한 상황

君子(군자) 군자는 **無終食之間違仁**(무종식지간위인) 밥을 먹는 동안에도 仁을 떠남(어긋남)이 없어야 하니, **造次 必於是**(조차 필어시) 급하고 구차한 때에도 반드시 이같이 해야 하며, **顚沛 必於是**(전패 필어시) 엎어지고 넘어지는 다급한 상황에도 반드시 이같이 해야 한다.

6. 我未見好仁者(아미견호인자)

6-1. 子曰(자왈): 我未見好仁者(아미견호인자), 惡不仁者(오불인자). 好仁者(호인자), 無以尙之(무이상지). 惡不仁者(오불인자), 其爲仁矣(기위인의), 不使不仁者加乎其身(불사불인자가호기신).

어디에서 그 이름을 이룰 수 있는가(何所成其名乎)라고 말한 것이다.

160) 茶山: 仁은 사람과 사람이 그 도리를 다함이다(仁者 人與人之盡其道也). 아들은 어버이를 섬긴 뒤에 효도라는 이름이 있고(子事親然後有孝之名), 젊은이는 어른을 섬긴 뒤에 공경이라는 이름이 있고(少事長然後有弟之名), 신하는 임금을 섬긴 뒤에 충성이라는 이름이 있고(臣事君然後有忠之名), 목민관은 백성을 기른 뒤에 자애라는 이름이 있는 것이다(牧養民然後有慈之名). 仁을 떠나면 무엇으로 이름을 이루겠는가(去仁 何以成名).(박헌순, 1-223면)

未(미) : 아직 ~하지 못하다, 아니다, 못 하다 /好仁者(호인자)와 惡不仁者(오불인자)의 者(자): ~하는 사람 / 無以(무이): ~할 수가 없다, ~할 도리가 없다, ~할 것이 없다 *류종목(119면): 以(이)는 원래 길 . 도리, 방법이라는 뜻의 명사인데 보통 앞에 無(무) . 毋(무) . 蔑(멸) 따위를 동반하여 조동사적으로 쓰인다. /尙(상): 능가하다, 더하다, 숭상하다 /無以尙之(무이상지)의 之(지): '好仁(호인)'을 가리키는 대사 /其爲仁矣(기위인의): 그(앞의 惡不仁者(오불인자)를 가리키는 대사) 인을 실천함에 있어 *爲(위)는 행하다, 실천하다의 뜻〈동사〉 /矣(의): 음절을 조정하고 어기를 고르는 어기조사 /不使(불사): ~으로 하여금 ~하지 못하게 하다 /不仁者乎其身(불인자호기신)의 者(자): ~한 것 *의존명사 /加(가): 더하다 /乎(호): ~에, ~에게, 동작의 대상을 표시하는 전치사 /其身(기신)의 其(기): 惡不仁者(오불인자) 자신을 가리키는 대사

子曰(자왈) 孔子께서 말씀하셨다. **我未見(아미견) 好仁者(호인자) 惡不仁者(오불인자)** 나는 아직 仁함을 좋아하는 사람과 仁하지 못함을 미워하는 사람을 보지 못했다.[161)]

好仁者(호인자) 無以尙之(무이상지) 仁을 좋아하는 사람은 거기에 더할 것이 없으려니와 **惡(오) 不仁者(불인자)** 仁하지 못함을 미워하는 사람도 **其爲仁矣(기위인의)** 그 仁을 실천함에 **不使不仁者加乎其身(불사불인자가호기신)** 仁하지 못한 것이 자기 몸에 가해지지 않게 한다.[162)]

---

161) '아직 ~하지 않았다(못했다)'라는 뜻으로 쓰이는 '未'는 앞으로의 가능성을 완전히 배제할 수는 없지만 '적어도 내가 알기로는 ~하다'라는 완곡한 표현이다. 섣부른 단정을 하지 않으려 했던 孔子의 성품이 드러나는 말투이다.(김형찬, 59면)

162) 《논어집주》: 대개 仁을 좋아하는 사람은(蓋好仁者) 仁이 좋아할 만한 것임을 참으로 알기 때문에(眞知仁之可好) 천하의 모든 사물도 거기에 더 할 것이 없는 것이며(故 天下之物 無以加之), 仁하지 못함을 미워하는 사람도(惡不仁者) 不仁함이 가히 미워할 만한 것임을 참으로 알기 때문에(眞知不仁之可惡), 그 인을 실천함에 반드시 不仁함을 능히 끊고 버려서(故 其所以爲仁者 必能絶去不仁之事) 조금도 자기 몸에 미치지 않게 한다(而不使少有及於其身). 이것은 모두 成德(이루어진 덕)의 일이므로(此皆成德之事) 그러한 사람을 보기 어려운 것이다(故難得而見之也).

6-2. 有能一日用其力於仁矣乎. 我未見力不足者.
유능일일용기력어인의호 아미견역부족자

> 能(능): ~할 수 있다, 능히 ~하다 /一日(일일): 하루라도 /其力(기력)의 其(기): 일반적인 사람을 가리키는 인칭대사 /於(어): ~에 /矣(의): 동작이 이미 완료되었거나 상황이 이미 끝났음을 표시하는 어기조사, (문두의) 有가 이미 지나간 과거의 사실임을 표시한다. /乎(호): 의문의 어기를 표시하는 어기조사 /矣乎(의호): ~했는가, ~인가? (류종목, 120면)

有能一日用其力於仁矣乎(유능일일용기력어인의호) 하루라도 자기 힘을 仁에 쓸 수 있는 사람이 있는가? 我未見力不足者(아미견역부족자) 나는 아직 능력이 부족한 자는 보지 못했다.[163)]

6-3. 蓋有之矣, 我未之見也.
개유지의 아미지견야

> 蓋(개): 아마, 대상(=盖(개)) /矣(의): 지징 내지 단정적 어기를 표시하는 어기조사 *류종목: 동작이 이미 완료되었거나 상황이 이미 끝났음을 표시하는 어기조사 /我未之見也(아미지견야): 목적어인 대사 之(지)가 뒤의 동사 '見(견)'과 도치됨 (未見之(미견지) →未之見(미지견)) /蓋有之矣(개유지의), 未之見(미지견)의 之(지): '力不足者(역부족자)'를 가리키는 대사 /也(야): 판단 또는 진술의 어기를 표시하는 어기조사

蓋有之矣(개유지의) 아마도 그런 사람이 있을 테지만 我未之見也(아미지견야) 나

---

163) 《논어집주》: 仁을 좋아하고 不仁을 미워하는 사람을(言 好仁惡不仁者) 비록 볼 수는 없지만(雖不可見) 그러나 혹 어떤 사람이 있어(然或有人) 과연 일단 분발하여 仁에 힘쓴다면(果能一旦奮然用力於仁) 나 또한 그 힘이 부족함이 있는 자를 아직 보지 못하였다(則我又未見其力有不足者)라고 말씀한 것이다. 대개 仁을 행하는 것은 자기에게 달려있어서(蓋爲仁在己) 하고자 하면 바로 되는 것이니(欲之則是), 뜻이 이르는 곳에는(而志之所至) 기운도 반드시 거기에 이르게 마련이다(氣必至焉). 그러므로 비록 仁이 능하기는 어려우나(故仁雖難能) 그에 이르기도 또한 쉬운 것이다(而至之亦易也).

는 아직 그런 사람을 보지 못했다.164)

7. 觀過斯知仁矣(관과사지인의)

子曰(자왈) : 人之過也(인지과야), 各於其黨(각어기당). 觀過(관과), 斯知仁矣(사지인의).

之(지): 관형격 어조사 /過(과): 허물 /也(야): 음절을 조정하고 어기를 고르는 어기조사 *이문주: '~은'의 뜻 /於(어): *동사 ① 처하다, 존재하다 [知其說者之於天下也(지기설자지어천하야) 그 이치를 아는 사람은 천하에 처함이 其如示諸斯乎(기여시저사호) 아마도 마치 여기에서 이것을 보는 것과 같을 것입니다.《논어》팔일11장] ② 따르다, 기대다, 의지하다 ③ 가다 /其(기): 그 /黨(당): 무리 /觀(관): 보다, 보이게 하다 /斯(사): ~하면 이에, ~하면 곧, 이렇게 되면 곧 *조건에 따른 결과를 표시하는 접속사(=則(즉)), 이, 이것(사물을 가리키는 대사) /矣(의): 단정적 어기를 표시하는 어기조사 *류종목(121면): 상황의 변화나 새로운 상황의 출현을 표시하는 어기조사로서 '~하게 되다'의 뜻

子曰(자왈) 孔子께서 말씀하셨다. 人之過也(인지과야) 사람의 허물은 各於其黨(각어기당) 각기 그 부류에 따르니 觀過斯知仁矣(관과사지인의) (그 사람의) 허물을 보면 곧 그가 仁한 사람인지 아닌지를 알 수 있다.165)166)

---

164) 《논어집주》: 이 장은(此章 言) 仁의 성덕은(仁之成德) 비록 그러한 사람을 만나기 어려우나(雖難其人) 배우는 자가 진실로 자기의 힘을 실제로 쓴다면(然學者苟能實用其力) 또한 이르지 못할 리가 없는 것인데도(則亦無不可至之理) 다만 '힘을 써도 이르지 못하는 자를(但用力而不至者) 지금까지 그러한 사람을 또한 보지 못하였다(今亦未見其人焉)'라고 말씀하였으니, 이것이 孔子께서 반복하여 탄식한 까닭이다(此夫子所以反覆而歎息之也).

165) 《논어집주》: 정자는 말하기를(程子曰) "군자는 항상 후한 데서 잘못되고(君子常失於厚) 소인은 항상 박한 데서 잘못되며(小人常失於薄), 군자는 사랑에 지나치고(君子過於愛) 소인은 모짊에 지나치다(小人過於忍 /忍인: 참다, 잔인하다, 동정심이 없다, 모질

8. 朝聞道(조문도)

子曰(자왈): 朝聞道(조문도), 夕死可矣(석사가의).

朝(조): 아침〈명사〉. *류종목: 여기서는 '아침에'라는 부사어로 쓰였다. /聞(문): 알다, 깨치다, 듣다 /道(도): 도리, 길 /夕(석): 저녁, 밤 /可(가): 좋다, 괜찮다, 옳다 /矣(의): 단정적 어기를 표시하는 어기조사

子曰(자왈) 孔子께서 말씀하셨다. 朝聞道(조문도) 아침에 도를 깨달으면 夕死可矣(석사가의) 저녁에 죽어도 괜찮겠다(恨(한)이 없겠다).[167]

9. 恥惡衣惡食者(치악의악사자)

子曰(자왈): 士志於道而恥惡衣惡食者(사지어도이치악의악시자), 未足與議也(미족여의야).

다)"고 하였고, 윤씨는 말하기를(尹氏曰), "이러한 점에서 사람을 살펴보면(於此觀之) 仁한지 不仁한지를 알 수 있다(則人之仁不仁可知矣)."고 하였다.

166) 茶山: 지혜로운 자가 허물을 짓는 것은 늘 지혜로 인한 것이고(智者作過 恒以智), 용맹한 자가 허물을 짓는 것은 늘 용맹으로 인한 것이다(勇者作過 恒以勇). 이것이 '각어기당'이다(是各於其黨也). 仁의 허물도 그러하다(仁之過亦然). 허물을 보면 仁을 알 수 있다(觀過斯知仁矣). … 義를 좋아하는 자는 義로써 하다가 허물을 짓고(好義者以義而作過), 禮를 좋아하는 자는 禮로써 하다가 허물을 짓고(好禮者以義禮而作過), 信을 좋아하는 자는 信으로써 하다가 허물을 짓는다(好信義者以信而作過). 그 허물 짓는 것을 관찰하면(觀其所過) 그가 지키는 바를 알 수 있다(知其所守). 허물을 보고 仁을 안다는 것도(觀過知仁) 또한 이러한 방법이다(亦此法也).(박헌순, 1-230면)

167) 《논어집주》: '도'라는 것은 사물의 당연한 이치(진리)이니(道者 事物當然之理) 진실로 그것을 들어서 깨우칠 수 있다면(苟得聞之) 살아 있을 때는 이치에 순응하고 죽어서도 편안하여(則生順死安) 다시 여한(餘恨)이 없을 것이다(無復遺恨矣). 朝와 夕은 그 시간의 가까움을 심하게 말한 것이다(朝夕 所以甚言其時之近).

士: 선비 /志: 뜻 /於: ~에, 에게 /恥: 부끄러워하다 /惡: 나쁜, 나쁘다 /衣: 옷, 의복 /食: 음식 *食: 먹다, 먹을거리 /者: 가정이나 조건의 어기를 표시하는 어기조사 *'~하는 사람'으로 풀어도 된다. /未: 일반적으로 '아직까지 ~하지 못하다'라는 뜻으로 쓰이지만, 不과 같은 용법으로 쓰이기도 한다. /未足: ~할 것이 없다, ~할 가치가 없다, ~할 상대가 못된다 /與: 더불어, 함께 *전치사, 그 다음에 '士志於道 ~惡食者'를 가리키는 대사 之가 생략되었다 /議: 의논(하다)

子曰 孔子께서 말씀하셨다. **士志於道** 선비[168]가 道에 뜻을 두고도 **而恥惡衣惡食者** 나쁜 옷과 나쁜 음식을 부끄러워한다면 **未足與議也** 더불어 (道를) 논할 수 없다.[169][170]

---

168) 士: 중국 춘추시대(B.C. 770 ~ B.C. 476) 이전에는 최하급 귀족계층을 士라고 하였으나 춘추시대에는 대부분 卿경과 大夫의 家臣가신으로서 食邑식읍이나 俸祿봉녹으로 생활했다. 춘추시대 중엽 이후에는 서민으로 신분이 하락했고, 농·상·공과 함께 '평민' 또는 '백성'과 비슷한 계층을 형성했다. 孔子와 맹자는 자신의 제자들을 士로 불러서 언제든지 등용될 수 있는 준비를 갖춘 자라는 의미로 썼다. 춘추시대 말부터는 상류지식인을 통칭하는 개념으로 점차 변했으며, 秦漢진한시대 이래 士는 관료를 지칭했다.

조선시대에는 4품 이상을 '大夫'라 하고, 5품 이하를 '선비(士)'로 구분하였다. 현재는 '선비'는 학식과 인품을 갖춘 사람에 대한 호칭으로, 유교이념을 구현하는 인격체 또는 신분계층을 가리키는 유교용어로 쓰인다(한국민족문화대백과사전).

* 韓國民族文化大百科事典(Encyclopedia of Korean Culture): 1991년 한국정신문화연구원에서 韓民族한민족의 문화유산과 업적을 체계적으로 정리, 집대성하여 편찬한 백과사전

169) 《논어집주》: 마음으로는 도를 구하면서도(心欲求道) 입과 몸의 봉양이 다른 사람과 같지 않은 것을(而以口體之奉不若人) 부끄러워한다면(爲恥), 그 앎과 취향의 비루함이(其識趣之卑陋 /識식: 지식 /趣취: 뜻, 취향 /卑비: 낮다 /陋루: 더럽다) 심한 것이다(甚矣). 어찌 더불어 도를 논할 수 있겠는가(何足與議於道哉)? ○정자가 말했다(程子曰) "도에 뜻을 두되(志於道而) 마음이 외물(물질적인 욕구)에 부림을 당한다면(心役乎外) 어찌

10. 無適也(무적야)

子曰(자왈): 君子之於天下也(군자지어천하야), 無適也(무적야), 無莫也(무막야), 義之與比(의지여비).

君子(군자): 德(덕)을 갖춘 사람 /君子之(군자지)의 之(지): 주격 어조사, 앞의 명사(명사구)가 주어임을 나타낸다. 우리 말의 ~은(는), ~이(가)에 해당 *류종목(124면): 주어와 술어 사이에 쓰여 주술구조로 하여금 독립성을 잃고 명사구 또는 절이 되게 하는 구조조사 /天下(천하): 세상 모든 일 /於(어): ~에서, ~에 있어 *전치사 /適(적): 오로지 주장하다, 한 가지에 몰두하여 이것이 아니면 안 된다고 고집하다, 맞다, 가다 /天下也(천하야)의 也(야): 음절을 조정하고 어기를 고르는 어기조사(류종목, 124면) /莫(막): 없다, ~하지 말라, 해서는 안 된다 /與(여): ~와, 더불어 *전치사 /比(비): 친밀하다, 따르다 /義之與比(의지여비): (=與比義(여비의)) 목적어인 義를 강조하기 위해 동사인 比 앞에 도치하면서 목적어와 술어 사이에 구조조사 之를 삽입한 것

子曰(자왈) 孔子께서 말씀하셨다. **君子之於天下也(군자지어천하야)** 군자는 천하의 일에 대하여 **無適也(무적야)** 오로지 주장함도 없고(꼭 그래야 한다는 것도 없고) **無莫也(무막야)** 절대로 안 된다는 것도 없다. **義之與比(의지여비)** 義로움과 함께하고 義로움을 따를 뿐이다.

11. 君子懷德(군자회덕)

子曰(자왈): 君子懷德(군자회덕), 小人懷土(소인회토). 君子懷刑(군자회형), 小人懷惠(소인회혜).

족히 더불어 (도를) 의논할 수 있겠는가(何足與議也)?"

170) 《논어》 제9 자한26장: 孔子께서 말씀하셨다. 해진 헌 솜옷을 입고 여우나 담비 가죽옷을 입은 자와 더불어 서 있으면서도 부끄러워하지 않는 자는 아마도 由(子路)일 것이다. (남을) 해치지 않고 탐내지 않으니, 어찌 훌륭하다고 하지 않겠는가?

> 懷(회): 가슴속에 품다, 생각(하다), 그리워하다 /土(토): 처하다, 살다, 자리 잡고 살다, 땅 /刑(형): 법, 형벌 /惠(혜): 은혜

子曰(자왈) 孔子께서 말씀하셨다. **君子懷德**(군자회덕) 군자는 德을 생각하고 **小人懷土**(소인회토) 소인은 거처하는 곳을 생각하며, **君子懷刑**(군자회형) 군자는 法(법)(형벌)을 생각하고, **小人懷惠**(소인회혜) 소인은 혜택받기를 생각한다.171)

12. 放於利而行(방어리이행)

子曰: 放於利而行, 多怨.(자왈 방어리이행 다원)

> 放(방): 의지함, 좇음, 의거하다, 따르다, 좇다, 놓다, 전개하다, 방임하다 /於(어): ~에 *동작의 귀착지를 표시하는 전치사 /而(이): ~하여서 *순접관계를 표시하는 접속사 /行(행): 행하다 /怨(원): 원망(하다)

子曰(자왈) 孔子께서 말씀하셨다. **放於利而行**(방어리이행) 이익을 좇아서 행동하면 **多怨**(다원) 원망을 많이 산다.172)

---

171) 이기석/한백우(10면): 군자와 소인은 생각하는 것도 다르다. 군자는 자신의 수양과 덕을 생각하지만, 소인은 의식주를 생각하기에도 바쁘다. 그리고 군자는 仁. 義. 禮를 생각하면서 나라의 법도를 지키려고 애쓰나 소인은 남에게 은혜받을 것만 바라고 있다. 바로 그와 같이 것이 군자와 소인의 다른 점이라고 孔子는 말했던 것이다.

172) 《논어집주》: ○정자가 말하기를(程子曰) "자기에게 이롭게 하고자 하면(欲利於己) 반드시 남을 해치게 된다(必害於人). 그러므로 원망을 많이 받게 되는 것이다(故多怨)"라고 하였다.

13. 能以禮讓爲國乎
능이례양위국호

子曰: 能以禮讓爲國乎, 何有. 不能以禮讓爲國, 如禮何.
자왈 능이례양위국호 하유 불능이례양위국 여례하

> 能(능): ~할 수 있다, 능하다, 능력, 재능, 인재 *여기서는 '爲(위)'를 도와 가능형을 만들어 주는 조동사 /以(이): ~(으)로써 /讓(양): 사양하다, 양보하다, 겸손해하다, 넘겨_주다 /爲(위): 하다, 다스리다(=治(치)) /乎(호): ~는가? 느냐? /何(하): 무슨, 어찌 /何有(하유): 무엇이 있는가? 무슨 어려움이 있는가? *何難之有(하난지유)의 준말형태로서 '어렵지 않다'는 말

子曰(자왈) 孔子께서 말씀하셨다. **能以禮讓爲國乎**(능이례양위국호) 예와와 겸양으로써 나라를 다스릴 수 있는가? **何有**(하유) (그렇다면) 무슨 어려움이 있겠는가? **不能以禮讓爲國**(불능이례양위국) 예와 겸양으로써 나라를 다스릴 수 없다면 **如禮何**(여례하) 예를 어찌 하겠는가?[173)]

14. 不患無位
불환무위

子曰: 不患無位, 患所以立. 不患莫己知, 求爲可知也.
자왈 불환무위 환소이립 불환막기지 구위가지야

> 不(불): ~하지 말라(금지의 뜻) /患(환): 근심(하다) /位(위): 지위 /所以(소이): ~하는 방법 /立(립): 서다, 지위에서다 /莫(막): 없다, *류종목(127면) '아무도 ~하지 않다'라는 뜻의 無稱 지시대

---

173) 《논어집주》: '양'은 예의 실질이다(讓者 禮之實也). '何有'는 어려움이 없다는 말이다(何有 言不難也). 禮의 실질로써 나라를 다스린다면(言 有禮之實以爲國) 거기에 무슨 어려움이 있겠는가(則何難之有)?를 말한 것이다. 그러하지 않으면(不然) 禮文(예와 법도, 혹은 문물제도)이 비록 갖추어져 있다 하더라도(則其禮文雖具) 또한 어찌할 수 없는 것이니(亦且無如之何矣) 하물며 나라를 다스림에 있어서이겠는가(而況於爲國乎)?

> 사. 영어의 'nobady, none, nothing' 따위와 같이 대사적 기능과 부정부사적 기능을 겸하고 있다. /己知(기지): 자기를 알아주다 *부정문에서 목적어가 동사 앞에 도치된 것 /求(구): 구하다, 빌다, 請(청)하다, (욕심을)부리다, 책망하다, 묻다, 힘쓰다 /爲(위): 되다, 하다 /可(가): ~할 만하다, ~할 수 있다 /求爲可知(구위가지): 알아줄 만하게 되기를 추구하다. /也(야): 진술과 판단의 어기를 표시하는 어기조사

子曰(자왈) 孔子께서 말씀하셨다. **不患無位**(불환무위) 지위가 없는 것을 걱정하지 말고 **患所以立**(환소이립) 그 지위에 설 것을(설 수 있는 - 입신할 수 있는 - 능력, 을) 걱정하며, **不患莫己知**(불환막기지) 자기를 알아주지 않는 것을 걱정하지 말고 **求爲可知也**(구위가지야) 알아줄 만하게 되기를 추구해야 한다.[174][175]

15. 吾道一以貫之(오도일이관지)

15-1. 子曰(자왈): 參乎(삼호), 吾道一以貫之(오도일이관지).

曾子曰(증자왈): 唯(유).

> 參(삼): 증자의 이름 /乎(호): ~아, ~야 *呼格(호격)어조사 /以(이): ~로써 /一以(일이): 강조 효과를 위하여 목적어를 전치사 앞에 놓은 것 /貫(관): 꿰뚫다 /之(지): 일반적인 사실, 사물, 사람을 가리

---

174) 《논어집주》: '所以立'은 그 지위에 설 수 있는 것(서는 방법, 능력)을 말한다(所以立 謂所以立乎其位者). '可知'는 (남이) 알아줄 만한 실질(능력)을 말한다(可知 謂可以見知之實). ○정자가 말했다(程子曰). "군자는 자기에게 있는 것을 구할 따름이다(君子 求其在己者而已矣)."

175) 《논어》 학이1장(人不知而不慍 不亦君子乎), 헌문32장(子曰 不患人之不己知 患其不能也), 위령공18장(子曰 君子病無能焉 不病人之不己知也)에도 유사한 경문이 보인다.

키는 인칭대사(류종목, 129면) /唯(유): 예 (공손하게 대답하는 말, 남의 부름에 응답하는 감탄사 =惟(유)), 오직, 비록 ~하더라도

子曰(자왈) 孔子께서 말씀하셨다. **參乎, 吾道一以貫之**(삼호 오도일이관지) 삼아! 나의 도는 하나로써 (한 가지 理致(이치)로써) 꿰뚫고 있다.

曾子曰 唯(증자왈 유) 증자가 대답하였다. 예(알겠습니다).[176]

15-2. **子出, 門人問曰: 何謂也.**(자출 문인문왈 하위야)

曾子曰: 夫子之道 忠恕而已矣.(증자왈 부자지도 충서이이의)

門人(문인): 이름난 학자의 제자, 스승의 문하에 있는 사람, 여기서는 孔子(공자) 門下(문하)의 제자들 /何謂也(하위야): 무엇이라고 말하는가? *목적어인 의문대사 何(하)를 동사 앞에 도치한 것이고, 也(야)는 의문의 어기를 표시하는 어기조사로서 앞의 何(하)와 호응한다. /夫子之道(부자지도): '夫子之(부자지)'는 '道(도)'를 수식하는 관형어 /忠(충): 진실, 충성(하다), 정성(스럽다) /恕(서): 용서(하다), 헤아리다, 어질다, 인자하다 /已(이): ~뿐, 그만두다 /而已矣(이이의): ~일 따름이다, ~일 뿐이다(다른 것이 있을 수 없다) *단정 또는 한정과 종결의 어기를 표시하는 어기조사 셋을 連用하여 더욱 단호한 어기를 나타냈다.

子出(자출) 孔子께서 나가시자 **門人問曰**(문인문왈) 門人들이 (증자에게) 물었다. **何謂也**(하위야) 무엇을 말씀하신 것입니까?

曾子曰(증자왈) 증자가 대답했다. **夫子之道忠恕而已矣**(부자지도충서이이의) 스승님의 道는 忠과 恕일 따름입니다.[177][178]

---

176) 《논어집주》: '參乎'라고 한 것은(參乎者) 증자의 이름을 부르고 그에게 말씀한 것이다(呼曾子之名而告之). '貫'은 통함이다(貫 通也). '唯'는 대답을 빨리하여 의심이 없는 것이다(唯者 應之速而無疑者也).

16. 君子喩於義
군 자 유 어 의

子曰: 君子喩於義, 小人喩於利.
자 왈 군 자 유 어 의 소 인 유 어 리

喩(유): 밝다, 밝히 알다, 깨닫다 /於(어): ~에 *동작의 대상을 표시하는 전치사 /義(의): 옳음, 정의 /利(리): 이익

子曰(자왈) 孔子께서 말씀하셨다. **君子喩於義**(군자유어의) 군자는 의(도리, 하늘의 이치에 맞는 것)에 밝고, **小人喩於利**(소인유어리) 소인은 이익에 밝다.179)

---

177) 《논어집주》: 자기 자신(몸과 마음)을 다하는 것을 일러 '忠'이라 하고(盡己之謂忠) 자기의 마음이나 처지를 미루는 것(미루어 상대를 이해하고 헤아려 주는 것)을 일러 '恕'라고 한다(推己之謂恕 /推추: 헤아리다). …○정자는 말하였다(程子曰). … 忠과 恕는 하나로 관통하는 것이니(忠恕一以貫之), 忠은 天道이고(忠者天道), 恕는 人道이다(恕者人道). 忠은 망령됨이 없음이고(忠者無妄), 恕는 忠을 행하는 방법이다(恕者所以行乎忠也). 忠이 體요(忠者體), 恕는 用이니(恕者用), 大本(사물의 큰 근본)과 達道(달도: 천하의 공통된 도)이다(大本 達道也).

178)• 이 경문에는 주자의 성리학 사상이 물씬 용해되어 있다. 경문에는 孔子와 증자 그리고 문인들이 출현하고 있지만, 정작 孔子의 말씀보다 孔子의 사상을 증자가 유추하여 답한 '忠恕'가 훗날 성리학을 태동시키는 시발점이 되었다. 《사기》…에 의하면 孔子와 증삼은 46세의 나이 차이를 보인다. 孔子가 향년 73세의 일기로 생을 마감했다는 점을 감안한다면, 이 경문이 70세 이전의 상황이었다 하더라도 증자의 나이는 고작 24세에 불과하다. 이렇게 어린 증자가 孔子의 '一以貫之'의 道를 한마디로 전수할 수 있었을 지에 대해서는 자고이래 많은 諸儒제유들의 懷疑회의가 있었다. 이 경문에 '증자'라 하여 격상시킨 것만 보아도, 이 문장은 증자 學團학단의 후예들에 의하여 재편집되었을 가능성까지 제기되고 있다.(김용재, 154면)
• 제11 선진17장에 "參也 魯"(증삼은 노둔하다)라고 하였다. 다만 이 장에는 '子曰'의 두 글자가 없으니 누구의 말인지는 알 수 없다.

179) 《논어집주》: 양씨는 말하기를(楊氏曰) "군자가 생명을 버려서 의로움을 취하는 것은(君子有舍生而取義者), 이익으로써 말한다면(以利言之) 사람이 바라는 바가 생명보다 더한 것이 없고(則人之所欲無甚於生) 죽음보다 더 싫어함이 없는데(所惡無甚於

17. 見賢思齊焉
견현사제언

子曰: 見賢思齊焉, 見不賢而內自省也.
자왈 견현사제언 견불현이내자성야

> 賢(현): 어질다 /齊(제): 같다, 가지런히 하다, 다스리다, 일제히 *齊(재): 재계하다, 삼가다 /焉(언): 於是(어시), 於之(어지)의 뜻 *於(어)는 비교대상을 표시하는 전치사, 是(시)는 賢(현)을 가리키는 대사 /見不賢而(견불현이)의 而(이): ~하면 곧 *조건에 따른 결과를 표시하는 접속사(=則(즉))〉 /內(내): 안, 속 /自(자): 자신을 가리키는 1인칭대사로서 동사인 省(성)의 목적어 *일반적으로 '自(자)'는 動詞(동사) 앞에, '己(기)'는 동사의 앞뒤에 쓰인다 *류종목(131면): 1인칭대사로서 목적어로 쓰일 경우 동사 앞에 놓인다 /省(성): 반성하다, 살피다 /也(야): 단정적 어기를 표시하는 어기조사

子曰(자왈) 孔子께서 말씀하셨다. **見賢思齊焉**(견현사제언) 어진 이를 보면 그와 같기를 생각하며, **見不賢而內自省也**(견불현이내자성야) 어질지 못한 이를 보면 속으로 자신을 돌아보아야 한다.

18. 事父母幾諫
사부모기간

子曰: 事父母幾諫, 見志不從, 又敬不違, 勞而不怨.
자왈 사부모기간 견지부종 우경불위 노이불원

> 事(사): 섬기다, 일삼다, 일 /幾(기): 은미하다, 조용히, 몇, 얼마, 거의, 가깝다 /諫(간): 간하다, 웃어른이나 임금에게 옳지 못하거나 잘못된 일을 고치도록 말하다 /見(견): 보다,

---

死), 누가 기꺼이 생명을 버리고 의로움을 취하겠는가(孰肯舍生而取義哉 /肯(긍): 기꺼이, 감히, 즐기다 /舍(사): 버리다)? 그가 잘 아는 것이 "의"일 뿐이요(其所喩者義而已) 이익이 이익 됨을 모르기 때문이다(不知利之爲利故也). 소인은 그 반대이다(小人反是)."라고 하였다.

보이다, 나타내다, 나타내 보이다, 만나다, 당하다 *見(현): 나타나다, 드러나다, 보이다 *謁見(알현): 뵙다, 아뢰다 /志(지): 뜻, 마음, 본심 /從(종): 따르다, 좇다 /又(우): 또, 다시, 더욱 /敬(경): 공경하다 /違(위): 어기다 /勞(노): 일하다, 힘들이다, 애쓰다, 지치다, 고달프다 /而(이): ~하더라도 *역접관계를 표시하는 접속사 /怨(원): 원망하다

子曰(자왈) 孔子께서 말씀하셨다. **事父母**(사부모) **幾諫**(기간) 부모를 섬기되 (잘못이 있더라도) 은미하게(부드럽고 완곡하게) 간하며, **見志不從**(견지불종) (부모가 간하는 데) 따르지 않을 뜻을 보더라도 **又敬**(우경) 더욱 공경하고 **不違**(불위) (부모의 뜻을) 어기지 않으며, **勞而不怨**(노이불원) 수고스러워도 원망하지 않아야 한다.180)

19. 父母在不遠遊(부모재불원유)

子曰: 父母在, 不遠遊, 遊必有方.
(자왈 부모재 불원유 유필유방)

在(재): 있다, 살아 있다 /遠(원): 멀다 /遊(유): 놀다, 여행가다 /必(필): 반드시, 필히 /方(방): 방향, 장소

子曰(자왈) 孔子께서 말씀하셨다. **父母在**(부모재) 부모가 살아 계시면 **不遠遊**(불원유) 멀리 가서 놀지 않으며, **遊必有方**(유필유방) 놀 때에는 반드시 있는 곳을 부모에

180) 《논어집주》: '勞而不怨'은 (부모가) 고장과 마을에 죄를 얻게 하기 보다는(所謂與其得罪於鄕黨州閭 /閭려: 마을) 차라리 깊이 간해야 하고(寧孰諫), 부모가 노하고 기뻐하지 않아(父母怒不悅) 때려 피가 흐르더라도(而撻之流血 /撻달: 때리다) 감히 미워하고 원망하지 않을 것이며(不敢疾怨), 더욱 공경하고 더욱 효도해야 한다는(起敬起孝也) 것이다.

게 알려야 한다.[181]

20. 三年無改於父之道
삼 년 무 개 어 부 지 도

子曰: 三年無改於父之道, 可謂孝矣.
자 왈 삼 년 무 개 어 부 지 도 가 위 효 의

子曰(자왈) 孔子께서 말씀하셨다. 三年無改於父之道(삼년무개어부지도) 삼 년 동안 아버지의 道를 고치지 않아야 可謂孝矣(가위효의) 가히 효라고 할 수 있다.[182]

21. 父母之年
부 모 지 년

子曰: 父母之年不可不知也. 一則以喜, 一則以懼.
자 왈 부 모 지 년 불 가 부 지 야 일 즉 이 희 일 즉 이 구

之(지): 〈명사 + 冠形格(관형격) 어조사〉 ~의 /年(년): 년, 나이, 해 /不可不(불가부): ~하지 않으면 안된다

---

181) 《논어집주》: 먼 데 가서 놀면(遠遊) 부모와 멀리 떨어지고 여러 날이 걸려서(則去親遠而爲日久) 昏定晨省혼정신성(아침저녁으로 보살펴 드림)을 비우게 되고(定省曠정성광 /曠광: 비다, 비우다) 목소리로 문안 인사 하는 것이 드물게 되니(而音問疎), 오직 자신이 어버이를 그리워하여 마음을 놓지 못할 뿐만 아니라(不惟己之思親不置 /不置불치: 내버려두지 않음), 또한 부모가 나를 생각하여 잊지 못할까 두려워하는 것이다(亦恐親之念我不忘也). '遊必有方'은 만일 동쪽으로 간다고 말씀드렸으면(遊必有方 如己告云之東) 감히 바꾸어 다시 서쪽으로 가지 않는 것과 같은 것이니(則不敢更適西), 부모가 반드시 자기의 소재를 알고 계셔서 근심함이 없고(欲 親必知己之所在而無憂), 자기를 부르면 반드시 도착하여 실수가 없고자(召己 則必至而無失也) 한 것이다.

182) • 제1 학이 11장 : [父在觀其志 父沒觀其行, 三年無改於父之道 可謂孝矣.]
• 제19 자장18장 : [증자가 말하기를(曾子曰), 내가 夫子께 듣기를(吾聞諸夫子) "孟莊子의 孝道는(孟莊子之孝也), 그 밖의 것은(다른 것은) 능히 (따라) 할 수 있으나(其他可能也), 그가 그 아버지의 신하와 정치(정책)를 바꾸지 않은 것(其不改父之臣與父之政), 이것은 잘하기 어렵다(是難能也)"고 하였다.]

〈이중부정〉 /知(지): 기억하다, 알다, 알리다 /一則(일즉): 하나는, 한편으로는 /則(즉): 一, 二, 三등의 수사와 함께 여러 가지 사항을 열거할 때 쓰는 접속사 /以喜(이희)와 以懼(이구)의 以(이): 원인, 이유, 까닭을 표시하는 전치사, 喜(희)와 懼(구)가 목적어이다 /喜(희): 기쁨 /懼(구): 두려움

子曰(자왈) 孔子께서 말씀하셨다. **父母之年不可不知也**(부모지년불가부지야) 부모의 나이는 알고(기억하고) 있지 않으면 안 된다. **一則以喜**(일즉이희) 한편으로는 (부모님이 장수하심을 알게 되어서) 기쁘고, **一則以懼**(일즉이구) 한편으로는 (부모님이 늙어 가심을 알게 되어서) 두렵다.[183)]

22. 言之不出(언지불출)

子曰: 古者言之不出, 恥躬之不逮也.
(자왈 고자언지불출 치궁지불체야)

183) 孝誠효성을 다함을 이르는 말에는 다음과 같은 것이 있다.

- 遊必有方유필유방: 놀 때는 반드시 일정한 방향과 장소가 있어야 한다.
- 昏定晨省혼정신성: 밤에 자기 전에 부모의 침소에 가서 잠자리를 살피고 밤 동안 안녕하시기를 여쭘. 옛날에 자식이 부모를 모시는 일상적인 예절이다.
- 朝夕定省조석정성: 밤에는 부모의 잠자리를 보아 드리고 이른 아침에는 부모의 밤새 안부를 묻는다.
- 溫凊定省온청정성: 추운 겨울에는 따뜻하게, 더운 여름에는 서늘하게 해드린다.
- 反哺之孝반포지효: 까마귀가 어미 까마귀를 먹여 살리는 효성을 뜻하며, 부모에게 입은 은혜를 갚아드리는 자식의 효성을 말한다.
- 樹欲靜而風不止수욕정이풍부지 子欲養而親不待자욕양이친부대: 나무는 고요하고자 하지만 바람이 그치질 않고, 자식이 잘 부양하고자 하지만 부모는 기다려 주지 않는다.
- 風樹之歎풍수지탄: 바람에 흔들리는 나무를 보고 탄식함. 부모를 봉양하려고 해도 이미 때가 늦었음을 안타까워하다.
- 愛日之誠애일지성: 부모를 섬길 수 있는 날 수가 적음을 안타까워하여 하루라도 더 정성껏 봉양하려고 노력하는 정성을 이른다.

古: 옛 /者: ~에 *시간을 표시하는 말 뒤에 붙는 접미사(류종목, 134면) *今者 지금, 금시, 지금에 있어서 *近者 · 頃者 근래 *乃者 이전에 *昔者 옛날, 옛날에 *古者 옛날, 옛날에 /言之不出의 之: '不出言'의 목적어 言을 강조하기 위하여 동사 不出의 앞에 도치시키면서 목적어와 동사 사이에 사용한 구조조사(류종목 135면) /出: 내다, 나오다 /恥 : 부끄럽다, 부끄럽게 여기다 /躬 : 몸소 행하다 *躬行: 일을 몸소 함 /不逮의 不: 못하다 /逮: 미치다 /躬之不逮: 궁행이 미치지 못함 *之는 주격어조사(류종목: 주어와 술어 사이에 쓰여 주술구조로 하여금 독립성을 잃고 명사구 또는 절이 되게 하는 구조조사(류종목 135면) /也: 일반적인 문장의 끝에 쓰여서 '~이다'(~아니다)라는 판단 또는 비교적 단호한 진술의 어기를 표시하는 어기조사

子曰 孔子께서 말씀하셨다. **古者言之不出** 옛날에 말을 (함부로) 입 밖으로 내지 않은 것은 **恥躬之不逮也** 窮行(몸소 행함)이 미치지 못함을 부끄러워한 것이다.[184]

23. 以約失之者

子曰: 以約失之者 鮮矣.

以: ~(으)로써 /約: 행동을 절제하고 제약하다, 단속하다, 묶다, 약속하다, 검소하게

---

184) 《논어집주》: '古者'라고 말함으로써(言古者以) 지금은 그렇지 않다는 것을 나타낸 것이다(見今之不然). …○범씨는 말하기를(范氏曰) "군자는 말을 함에(君子之於言也) 부득이한 뒤에 내는 것이니(不得已而後出之), 말함이 어려운 것이 아니고(非言之難) 그것을 실천함이 어렵기 때문이다(而行之難也). 사람들은 실천하지 않기 때문에(人惟其不行也) 가볍게 말하는 것이다(是以輕言之). 말이 그 행하는 바와 같고(言之如其所行) 실천이 그 말하는 바와 같다면(行之如其所言) 그 입에서 (말을) 내기가(則出諸其口) 반드시 쉽지 않을 것이다(必不易矣)."라고 하였다.

하다 /失실: 잘못하다, 손실(을 보다) /之지: 일반적인 사실이나 사물, 사람을 가리키는 대사(류종목, 136면) /者자: ~하는 자(사람) /鮮선: 적다, 드물다 /矣의: 단정적 어기를 표시하는 어기조사 *류종목(136면): 필연의 결과를 표시하는 종결 어기조사

子曰(자왈) 孔子께서 말씀하셨다. **以約失之者 鮮矣**(이약실지자 선의) (말과 행동을) 단속함으로써 잘못을 저지르는 이는 드물다.[185)][186)]

24. 欲訥於言(욕눌어언)

子曰: 君子欲訥於言而敏於行.
(자왈 군자욕눌어언이민어행)

欲욕: 하고자 하다 /訥눌: 말 더듬다 /於어: ~에 /而이: ~하고 *순접관계를 표시하는 접속사 /敏민: 재빠르다, 힘쓰다 /行행: 실행, 행동

子曰(자왈) 孔子께서 말씀하셨다. **君子欲訥於言**(군자욕눌어언) 군자는 말은 더디게(어눌하게) 하고 **而敏於行**(이민어행) 실천은 민첩하게 하고자 한다.[187)]

---

185) • 《논어집주》: 사씨는 말하기를(謝氏曰) 스스로 방자하여 오만하지 않음을 '約'이라 이른다(不侈然以自放之謂約 /侈치: 사치하다, 오만하다, 잘난 체하다 /放방: 놓다, 버리다, 멋대로 하다)고 하였다.
 • 茶山: 두려운 마음으로 몸을 단속하여(竦然束躬 /竦송: 공경하다, 두려워하다) 감히 방자하지 않음을 約이라 한다(不敢放肆之謂約 /肆사: 방자하다)(박헌순, 1-254면)

186) 《논어집주》: ○호씨는 말하기를(胡氏曰) "'吾道一貫'(15장)부터 이 (24)장에 이르기까지의 10장은(自吾道一貫至此十章) 증자의 문인들이 기록한 것인 듯하다(疑皆曾子門人所記也)"고 하였다.

187) 孔子는 제자들에게 학문을 하는 목적은 선현들의 지식만 전수받기 위해서가 아니며, 이론 못지않게 실천이 중요하다고 강조했다. 즉 배움의 길은 이론과 행동이 병행될 때 좋은 성과를 기대할 수 있다는 말이다.(김원중, 90면)

25. 德不孤
덕 불 고

子曰: 德不孤, 必有隣.
자 왈 덕 불 고 필 유 린

德: 덕, 덕성, 덕이 있는 사람 /孤 :외롭다 /必: 반드시, 필히 /隣: 이웃, 이웃한 사람, 이웃하다, 인접한, 도움, 보필(하다)

(德 덕, 孤 고, 必 필, 隣 린)

子曰(자왈) 孔子께서 말씀하셨다. **德不孤**(덕불고) 덕은(덕이 있는 사람은) 외롭지 않다. **必有隣**(필유린) 반드시 (도와주는, 보필해 주는) 이웃이 있다.

26. 事君數
사 군 삭

子游曰: 事君數, 斯辱矣. 朋友數, 斯疎矣.
자 유 왈 사 군 삭 사 욕 의 붕 우 삭 사 소 의

游: 헤엄치다 /事: 섬기다 /數: 자주, 잦다 *數: 세다 /斯: 이렇게 되면 곧 *조건에 따른 결과를 표시하는 접속사(=則) /辱: 수치, 욕, 욕되다 /矣: 단정적 어기를 표시하는 어기조사 /疎: 멀다, 멀어지다, 친하지 않다(=疏)

(游 유, 事 사, 數 삭, 數 수, 斯 사, 則 즉, 辱 욕, 矣 의, 疎 소, 疏 소)

子游曰(자유왈) 자유(言偃(언언), 言游(언유))가 말했다. **事君數斯辱矣**(사군삭사욕의) 임금을 섬김에 (간언이) 잦으면 욕을 당하고, **朋友數斯疎矣**(붕우삭사소의) 벗에게 (충고가) 잦으면 멀어진다.

188)189)190)

---

188) 류종목(137면)은 무엇이 잦은지는 나타나 있지 않지만 문맥으로 보아 임금을 위하여 하는 간언함과 친구를 위하여 하는 충고함일 가능성이 크다고 하고, '朋友數' 앞에 '사귀다'에 해당하는 동사가 생략되어 있다고 하였다. '君數' 앞에는 '섬기다'라는 뜻의 事가 있는 것을 근거로 한 주장으로 보인다.

189) 《논어집주》: 호씨는 말하기를(胡氏曰) "임금을 섬김에 간한 것이 행해지지 않으면(事君諫不行) 마땅히 떠날 것이요(則當去), 벗을 인도함에 善이 받아들여지지 않으면(導友善不納) 마땅히 그쳐야 한다(則當止). 성가시게 하고 업신여김에 이르면(至於煩

瀆 /煩번: 번거롭다, 성가시다 /瀆독: 업신여기다, 깔보다 /煩瀆: 개운하지 못하고 번거로움) 말한 사람이 가볍게 되고(則言者輕) 듣는 사람은 싫어한다(聽者厭矣). 이 때문에(是以) 영화를 구하다가 도리어 욕됨을 당하고(求榮而反辱), 친하기를 구하려다 도리어 소원해진다(求親而反疏也)"고 하였다. 범씨는 말하기를(范氏曰) "임금과 신하, 벗과 벗은(君臣朋友) 모두 義로써 맺어진 사이이기 때문에(皆以義合) 그 일이 같은 것이다(故其事同也)"라고 하였다.

190) 아래는 《논어》중 이 장의 내용과 상통한다.

・ 제4 리인18장 [孔子께서 말씀하셨다. 부모님을 섬기되 (부모님의 잘못이 있을 경우) 조용하고 부드럽고 완곡하게 간한다.]

・ 제12 안연23장 [자공이 벗에 대해 묻자 孔子께서 말씀하셨다. 진실된 마음으로 일러주어 잘 인도하되 안되면 그만두어서 스스로 욕됨이 없어야 한다.]

제5편 公冶長
공야장

此篇 皆論古今人物 賢否得失, 蓋格物窮理之一端也. 凡二十七章.
차편 개론고금인물 현부득실 개격물궁리지일단야 범이십칠장

胡氏以爲 疑多子貢之徒所記云.
호씨이위 의다자공지도소기운

이 편은 모두 고금의 인물에 대해 어진지 아닌지와 깨달았는지 아닌지를 평론하였으니 대개 格物격물(사물의 이치를 파고듦)과 窮理궁리(사리를 깊이 연구함)의 한 단서이다. 모두 27장이다. 胡씨는 자공의 문도들이 기록한 것이 많은 듯 하다고 하였다.《논어집주》

1. 子謂公冶長
자 위 공 야 장

1-1. 子謂公冶長: 可妻也. 雖在縲絏之中, 非其罪也.
자 위 공 야 장 가 처 야 수 재 류 설 지 중 비 기 죄 야

以其子妻之.
이 기 자 처 지

> 謂(위): 평하다, 이르다 /公(공): 벼슬 /冶(야): 대장간, 풀무 /長(장): 어른 /可(가): ~할 만하다, ~할 수 있다 /妻(처): 〈동사〉 (딸을)~에게 시집보내다, 사위로 삼다, 〈명사〉아내 /雖(수): 비록 ~일지라도 *가정부사: 놓인 위치에 가서 풀이 한다. [雖曰未學(수왈미학) 비록 아직 배우지 않았다고 하더라도 吾必謂之學矣(오필위지학의) 나는 반드시 그를 배운 사람이라고 하겠다.《논어》 학이7장] /在(재): 있다, 존재하다, 곳, 장소, ~에, 處所(처소) /縲(류): 포승(범인을 묶는 밧줄) /絏(설): 묶다 /縲絏(류설): 구속된 상태를 뜻한다 /縲絏之中(류설지중)의 之(지): ~한 *〈동사구+관형격 어조사 之〉는 '中(중)'을 꾸며주는 관형어 /中(중): 가운데, 안, 속 /非(비): 아니다 /其罪也(기죄야)의 其(기): 그(공야장을 가리키는 대사) /也(야): 판단 또는 진술의 어기를 표시하는 어기조사 /以其子妻之(이기자처지)의 以(이): ~을 가지고, ~로써 *수단이나 방법을 표시하는 전치사 /以其子妻之(이기자처지)의 其(기): 자기(孔子 자신을 가리키는 대사), 子(자): 아들, 자식. 之(지): 그(공야장을 가리키는 대사)

子謂公冶長(자위공야장) 孔子께서 공야장을[191] 평하시기를 可妻也(가처야) 딸을 시집보낼 만하다(사위 삼을 만하다). 雖在縲絏之中(수재류설지중) 비록 포승에 묶여 감옥에 갇혀 있으나[192] 非其罪也(비기죄야) 그의 죄가 아니었다고 하시고, 以其子妻之(이기자처지) 자기

---

191) 公冶長: 孔子의 제자로 노나라(일설에는 제나라) 사람으로 성이 公冶, 이름은 長이며, 자는 子長이다. 이름의 '冶'자로 미루어 公家에서 대장질을 하던 匠人장인으로 보인다. 그 사람됨은 알 수 없으나 孔子는 그를 스스로 절대 나쁜 짓을 할 사람이 아니라고 평하고, 사위로 삼을 정도로 아꼈던 제자로 보인다.

192) 《논어집주》: '류'는 검정색 밧줄이다(縲 黑索也). '설'은 '묶다'이다(絏 攣也). 옛날에(古者) 옥중에서 검은색 밧줄로 죄인을 묶었다(獄中以黑色拘攣罪人).

의 딸을 그에게 시집보내셨다.

1-2. 子謂南容: 邦有道, 不廢. 邦無道, 免於刑戮.
자위남용 방유도 불폐 방무도 면어형륙

以其兄之子妻之.
이기형지자처지

容[용]: 얼굴, 모양, 몸가짐, 용납하다, 손쉽다 /廢[폐]: 버리다 /免[면]: 면하다 /於[어]: ~을 /刑[형]: 형벌 /戮[륙]: 죽이다, 형벌 /刑戮[형륙]: 형벌에 처하다 /以其兄之子[이기형지자]의 以[이]: ~을, ~으로써 *전치사 /其[기]: 자기를 가리키는 대사 /兄之子[형지자]: 형(異腹兄[이복형] 孟皮[맹피]를 말함)의 자식 *兄之[형지]는 子[자]를 꾸며주는 관형어 /妻之[처지]의 之[지]: 그(남용을 가리키는 대사)

子謂南容 孔子께서 남용을 평하시기를 邦有道不廢 나라에 도가 있다면 버려지지 않을 것이요 邦無道 나라에 도가 없어도 免於刑戮 죽임을 당하는 형벌은 면할 것이라고 하시고 以其兄之子妻之 자기 형(孟皮[맹피])의 딸을 그에게 시집보내셨다.[193]

2. 子謂子賤
자위자천

子謂子賤 君子哉若人. 魯無君子者, 斯焉取斯.
자위자천 군자재약인 노무군자자 사언취사

賤[천]: 천하다, 낮다 /君子[군자] : 군자, 군자답다 /哉[재]: ~(하)리오 *감탄의 어기를 표시하는 어기조사 /若[약]: 이, 이런 *지시대사 /魯無君子者[노무군자자]의 者[자]: 가정이나 조건의 어기를 표

193) 《논어집주》: '불폐'(버려지지 아니함)는 반드시 쓰여짐(등용됨)을 말한 것이다(不廢 言必見用也). 남용이 말과 행동을 삼갔으므로(以其謹於言行) 잘 다스려지는 조정에서는 등용되고(故 能見用於治朝), 어지러운 난세에서는 화를 면할 수 있었다(免禍於亂世也). (남용에 관한) 일이 또한 제11 선진5장에도 보인다(事又見第十一篇).

시하는 어기조사 /斯(사): 이, 이것, 이런, 이러한 *사물을 가리키는 지시대사 /斯焉取(사언취) 斯(사): 앞의 斯(사)는 子賤(자천)을 가리키고(이 사람), 뒤의 斯(사)는 '군자다움'을 가리키는 지시대사 /焉(언): 어디, 어디에, 어찌, 어떻게 /取(취): 가지다, 취하다, 받다, 골라 뽑다, 이기다

子謂子賤(자위자천) 孔子께서 子賤에[194] 대해 평하셨다. **君子哉若人**(군자재약인) 군자답도다, 이 사람은! **魯無君子者**(노무군자자) 노나라에 군자가 없었다면 **斯焉取斯**(사언취사) 이 사람이 어디에서 그 군자다움을 취했겠는가?[195]

3. **女器也**(여기야)

子貢問曰: 賜也何如.(자공문왈 사야하여)

子曰: 女器也.(자왈 여기야)

曰: 何器也.(왈 하기야)

曰: 瑚璉也.(왈 호련야)

---

194) 子賤(B.C. 521 혹은 502 ~ ?): 노나라 사람으로 孔子의 제자로서 孔子보다 30세 혹은 49세 적었다. 宓복이 성이고, 不齊부제는 이름이며, 子賤은 그의 자이다.

195) 《논어집주》: 자천은 아마도 어진 이를 높이고 훌륭한 벗을 취하여 덕을 이룬 사람인 듯하다(子賤蓋能尊賢取友以成其德者). 그러므로 夫子께서 이미 그의 어짊을 감탄하고(故夫子既歎其賢), 또 만약 노나라에 군자가 없었다면(而又言若魯無君子) 이 사람이 어디에서 취하여 이러한 덕을 이루었겠는가? 라고 말함으로써(則此人何所取以成此德乎), 노나라에 군자가 많음을 나타낸 것이다(因以見魯之多賢也). ○소씨(蘇氏曰 /이름 軾식)는 말했다. "사람의 선을 칭찬할 적에(稱人之善) 반드시 그 父兄(부모와 형제)과 師友(스승과 벗)를 근본으로 말하는 것은(必本其父兄師友) 두터움이 지극한 것이다(厚之至也)."

賜也의 也: 음절을 조정하고 어기를 고르는 어기조사 /何: 어찌, 어느, 어디 /如: ~와 같다 /何如: 의문문에서 목적어가 동사 앞에 도치된 것 /女: 너 *2인칭 대사(= 汝, 若, 而, 爾, 乃) /器: 그릇 * '器'란 쓰임이 있는 완성된 재질이다(器者 有用之成材) 《논어집주》 /女器也, 瑚璉也의 也: 판단 또는 진술의 어기를 표시하는 어기조사 /何器也의 也: 의문의 어기를 표시하는 어기조사 /瑚: 제기 이름 /璉: 제기 이름

子貢問曰 자공이 여쭈었다. **賜也何如** 저는 어떻습니까?

子曰 孔子께서 말씀하셨다. **女器也** 너는 그릇이다.

曰 자공이 여쭈었다. **何器也** 어떤 그릇입니까?

曰 孔子께서 말씀하셨다. **瑚璉也** 호련이다.196)

---

196) 《논어집주》: 夏나라에서는 '瑚호'라 하고, 商(殷)나라에서는 '璉련'이라 하고, 周나라에서는 '簠簋보궤'라 하는데(夏曰瑚 商曰璉 周曰簠簋), 모두 종묘(역대 제왕의 위패를 모셔둔 묘)에서 黍稷서직(찰기장과 메기장)을 담는 그릇이며(皆宗廟盛黍稷之器 /盛성: 그릇에 담다, 성하다), 玉으로 장식하였으니(而飾以玉) 그릇 중에서도 귀중하며 화려하고 아름다운 것이다(器之貴重而華美者也). 子貢은 孔子가 子賤을 군자라고 허여하는 것을 보았으므로(子貢見孔子以君子許子賤 → 2장), 자신을 가지고 질문하자(故以己爲問) 孔子께서 이 말로 답했으니(而孔子告之以此), 그렇다면 자공이 비록 '不器의 경지'(군자의 경지)에는 이르지 못하였으나(然則子貢雖未至於不器) 또한 그릇 중에서도 귀한 것이리라(其亦器之貴者歟).

* 제2 위정12장에 孔子는 "군자는 그릇이 아니다"라고 하였다. 그런데 자공에게 너는 '器'라고 하였으니, 결국 孔子는 자공은 군자의 자질은 없다고 한 것이다. 그러면서도 같은 '器'라도 자공을 '호련'이라고 함으로써 훌륭한 자질을 칭찬하였다. 장사꾼의 아들로 태어난 자공은 理財이재에 밝아 무역과 장사로 큰돈을 벌었고, 孔子學團공자학단에게 재정적인 도움을 많이 주었으며, 외교에 능하고 언어에 뛰어났었다. 孔子 死後에는 홀로 전대미문의 6년喪을 치렀고, 그 후 노나라를 떠나 위나라로 가서 재상을 지냈다.

4. 仁而不佞
인 이 불 녕

4-1. 或曰: 雍也仁而不佞.
혹 왈 옹 야 인 이 불 녕

雍也의 也: 음절을 조정하고 어기를 고르는 어기조사 /雍: 화락하다 /仁而不佞의 옹 야 야 옹 인 이 불 녕 而: ~이지만 *역접관계를 표시하는 접속사 /佞: 말 잘하다, 말재주가 좋다, 口辯이 이 녕 구 변 뛰어남, 아첨하다

或曰 어떤 이가 말하기를 **雍也 仁而不佞** '옹'(冉雍, 仲弓)은[197] 仁
혹 왈 옹 야 인 이 불 녕 염 옹 중 궁

하지만 말재주가 없다고 하였다.[198]

4-2. 子曰: 焉用佞. 禦人以口給, 屢憎於人. 不知其仁, 焉用佞.
자 왈 언 용 녕 어 인 이 구 급 루 증 어 인 부 지 기 인 언 용 녕

焉: 어찌, 어떻게, 어디, 어디에 /焉用: 의문문에서 목적어와 동사가 도치된 것 / 언 언 용 禦: 막다, 防禦하다, 대처하다, 맞서다 /給: 말을 잘하다, 넉넉하다, 더하다, 보태 어 방 어 급 다, 공급하다 /口給: 막힘없는 말솜씨, 口辯 /屢憎於人의 於: 피동문에서 동작의 구 급 구 변 루 증 어 인 어 주체를 표시하는 전치사 [予也有三年之愛於其父母乎 재여도 부모에게 삼 년의 사 여 야 유 삼 년 지 애 어 기 부 모 호

---

197) 冉雍염옹(B.C 522년 ~ ?): 노나라 사람. 성이 冉, 이름이 雍이며, 자는 仲弓중궁이다. 孔子보다 29세 아래였다. 冉求(冉有, 子有), 冉伯牛염백우와는 가족관계이다. 孔子의 제자 중 顔淵안연, 閔子騫민자건, 冉伯牛와 함께 德行에 뛰어났던 '孔門十哲'공문십철 중의 한 사람. 출신은 미천한 신분이었지만 인덕이 높았으나 口辯구변이 없었다고 한다. 제5 공야장5장, 제6 옹야 4장에서도 거론되며, 여기서는 옹을 군왕 감이라고 칭찬하고 있다.

198) 《논어집주》: 중궁은 사람됨이 중후하고 소탈 과묵하였는데(仲弓爲人重厚簡黙), 당시 사람들은 말 잘하는 것을 훌륭하게 여겼으므로(而時人以佞爲賢) 그가 덕이 뛰어남을 찬미하면서도(故美其優於德) 말재주가 짧은 것을 흠이라고 여긴 것이다(而病其短於才也 /病병: 질병, 흠, 결점).

> 랑을 받았는가?《논어》양화21장] /以口給(이구급)의 以(이): 수단, 방법을 표시하는 전치사 /屢(루): 여러, 자주, 여러 번 되풀이하여, 수효가 많은, 언제나 /憎(증): 미워하다

子曰(자왈) 孔子께서 말씀하셨다. **焉用佞**(언용녕) 말재주를 어디에 쓰겠는가? **禦人以口給**(어인이구급) 구변으로써 남을 대하면 **屢憎於人**(루증어인) 자주 남에게 미움을 받게 된다, **不知其仁**(부지기인) 그가 仁한지는 모르겠으나 **焉用佞**(언용녕) 말재주는 어디에 쓰겠는가?199)

5. **未能信**(미능신)

子使漆雕開仕, 對曰: 吾斯之未能信.(자사칠조개사, 대왈: 오사지미능신.)

子說.(자열.)

> 使(사): 부리다, 시키다, ~로 하여금 ~하게 하다 *사역동사(사역보조사) *〈使(사)+대상ⓐ +ⓑ용언〉 ⓐ로 하여금 ⓑ하게 하다. *ⓐ가 생략되기도 한다. /漆(칠): 옻칠 /雕(조): 새기다 /開(개): 열다 /仕(사): 벼슬(하다) /對曰(대왈): (아랫사람이 윗사람에게) 대답하다 /斯(사): 이, 이것 〈仕進之道(사진지도)-벼슬에 나아가는 도-를 가리키는 지시대사〉 /之(지): 목적어 斯(사)를 동사 信(신) 앞에 도치시키면서 목적어와 동사 사이에 쓴 구조조사(=吾未能信斯(오미능신사)) /未能(미능): ~할 수

---

199) 《논어집주》: 말재주 있는 사람이 남과 응답하는 것은(佞人所以應答人者) 단지 입으로 말하여 변명을 취할 뿐이요(但以口取辨), 정성의 실질이 없어서(而無情實) 헛되이 남들이 미워함만 많을 뿐이니(徒多爲人所憎惡爾 /徒도: 무리, 헛되이, 걸어 다니다), 내가 비록 중궁의 仁함은 알지 못하겠으나(我雖未知仲弓之仁) 그의 말재주 없음은(然其不佞) 도리어 훌륭함이 되고(乃所以爲賢 /乃내: 도리어), 흠이 되는 것이 아니라고(不足以爲病也) 말한 것이다. '말재주를 어디에 쓰겠는가'라고 재차 말한 것은(再言焉用佞) 깊이 깨우치게 하기 위한 것이다(所以深曉之).

없다 /信(신): 믿다, 자신하다 /說(열): 기뻐하다, 기쁘다(=悅(열))

子使漆雕開仕(자사칠조개사) 孔子께서 漆雕開로[200] 하여금 벼슬을 하게 하시자[201] 對曰(대왈) 그가 대답하기를 吾斯之未能信(오사지미능신) 저는 아직 벼슬에 나아가는 도를 자신할 수 없다고 하였다. 子說(자열) 孔子께서 기뻐하셨다.[202]

6. 好勇過我(호용과아)

子曰: 道不行, 乘桴浮于海, 從我者其由與.
(자왈 도불행 승부부우해 종아자기유여)

子路聞之喜. 子曰: 由也 好勇過我, 無所取材.
(자로문지희 자왈 유야 호용과아 무소취재)

---

200) 漆雕開: 孔子의 제자로 노나라 사람이라는 설과 蔡채나라 사람이라는 설이 있다. 漆雕가 성이고, 이름은 啓계 혹은 開, 자는 子若 혹은 子開로 알려져 있다. 孔子보다 11세 아래였다. 《논어》중에는 여기에 한 번 나타날 뿐이다. 《韓非子》는 칠조개는 孔子 사후 전개된 유림 일곱 개의 학파 가운데 하나로 우뚝 서서 맹자학파와 맞먹은 일파를 형성하였고, "칠조개의 의로움은 어떠한 상대에게도 안색을 비굴하게 바꾸지 않으며. …스스로의 행동이 곧다고 생각되면 제후에게도 큰소리를 친다, 세상의 천자들이 이들을 청렴하다고 생각하고 예우해주었다."고 하였다.(김용재, 176면)

201) 孔子가 中都의 邑宰로 등용되고 다시 司空을 거쳐 大司寇가 되었는데, 아마도 이때 제자인 칠조개에게 벼슬하게 한 듯하다.

202) 《논어집주》: 斯는 '이러한 이치'를 가리켜 말한 것이다(斯 指此理而言). 信은 그것이 이와 같음을 진정으로 알아서(信謂眞知其如此) 털끝만 한 의심도 없음을 이른다(而無毫髮之疑也). 칠조개가 스스로 말하기를(開自言) "아직 이와 같지 못하여(이치를 진정으로 알고 털끝만 한 의심도 없는 경지에 이르지 못하여)(未能如此) 남을 다스릴 수 없습니다(未可以治人)"라고 하였으므로 부자께서 그의 돈독한 뜻을 기뻐한 것이다(故夫子說其篤志).

> 道: 孔子가 펼치고자 하는 정치적 理想을 뜻한다. /行: 실행하다 /乘: 타다 /桴: 뗏목 /浮: (물 등에) 뜨다 /于: ~에(=於) /從: 따르다 /其: '아마'라는 뜻의 부사 /與: 감탄의 어기를 표시하는 어기조사 /其 ~與: 아마 ~일 것이다, ~이겠지 /聞之의 之: 앞의 孔子의 말씀을 가리키는 대사 /過: ① 허물, 잘못 ② 초월하다, 넘다 ③ 지나다(세월) ④ 통과하다, 지나가다, 들르다 ⑤ 낫다 /材: 재목, 재료, 성질, 자질, 바탕, 道理, 길 /裁: 마름질하다, (옷, 글을)짓다, 결정하다, 식별하다, 분별하다

子曰 孔子께서 말씀하셨다. **道不行** 도가 행해지지 않으니 **乘桴浮于海** 뗏목을 타고 바다를 떠돌아야겠다. **從我者** (그때) 나를 따를 사람은 **其由與** 아마도 由(仲由, 子路, 季路)일 것이다.

子路聞之喜 子路가 이 말씀을 듣고 기뻐하자, **子曰** 孔子께서 말씀하셨다. **由也 好勇過我** 由는 용맹을 좋아함은 나보다 나으나 **無所取材** (사리를 잘) 재량하는 바가 없구나![203][204]

---

203) 본문의 해석은 材를 裁(재량하다)의 뜻으로 풀이한 《논어집주》(주자)의 풀이를 따른 것이다. 茶山도 '일의 이치가 합당한지 아닌지를 요량함'으로 해석한다. 이에 대해 '取材'를 '뗏목에 쓸 재목을 구하다'로 해석하거나(류종목), '재주는 취할 것이 없구나'(김원중, 최영갑)로 해석하기도 한다.

204) • 《논어집주》: 정자는 말하기를(程子曰) "바다를 떠돌겠다는 탄식은(浮海之歎) 천하에 현군이 없음을 서글퍼한 것이고(傷天下之無賢君也), 子路가 의리에 용감하였으므로(子路勇於義) 그가 능히 자신을 따라올 것이라고 한 것이니(故謂其能從己), 이는 모두 가정하여 한 말씀일 뿐이다(皆假設之言耳). 그런데 子路는 이것을 실제라고 생각하여(子路以爲實然) 부자께서 자기를 허여해 줌을 기뻐하였으니(而喜夫子之與己), 부자께서는 그의 용맹스러움을 찬미하면서도(故夫子美其勇) 그가 사리를 헤아려 의에 맞게 하지 못함을 기롱한 것이다(而譏其不能裁度事理以適於義也)."라고 하였다.
• 茶山: 孔子는 子路가 기뻐한 것을 알고 이에 유독 子路만을 허여한 뜻을 분명히

7. 子路，求，赤也仁乎
자로 구 적야인호

7-1. 孟武伯問: 子路仁乎?
맹무백문 자로인호

子曰: 不知也.
자왈 부지야

孟맹: 맏이, 처음 /武무: 굳세다, 군인, 병법, 무기 /伯백: 우두머리, 맏이, 첫, 큰아버지 /乎호: ~느냐? ~는가? ~인가? *의문의 어기를 표시하는 어기조사 /也야: 판단 또는 진술의 어기를 표시하는 어기조사

孟武伯問(맹무백문) 맹무백이 여쭈었다. 子路仁乎(자로인호) 자로는 仁합니까?

말씀하시기를 뗏목은 작은 물은 건널 수 있지만 큰 바다는 건널 수 없다. 무릇 일의 이치를 요량할 줄 아는 자는 필시 나를 따르지 않을 것이지만, 子路만은 용맹이 나보다 낫고 또 일할 때는 곧장 앞으로만 나갈 뿐이요 이것저것 헤아리지 않으므로 다만 子路가 내 길을 따를 것이라고 한 것이다. … 先儒들의 글에서는 子路를 어리석어 일을 잘 모르는 사람으로 만들어, 보는 이로 하여금 우롱하고 비웃기를 狂夫광부를 대하듯이 하게 하였으니, 이는 큰 잘못이다. 孔子께서 子路를 허여하시기를 '천승의 나라에 그 賦부(세금)를 담당하게 할 수 있다' 하였으니(공야장7장) …(그 직책은) 戶曹判書호조판서 겸 선혜청 제조에 해당한다. 그 사무를 처리하는 것이 필시 미세한 추호까지도 들어가 따질 만큼 정밀한 것이다. …孔子의 뜻은 '한 조각 뗏목을 타고 만 리의 바다를 건넌다면 이는 위험해서 틀림없이 목숨을 잃을 수도 있는 곳인데, 그렇지만 정말이지 道를 행해야 하기 때문에 내가 장차 홀로 떠난다면 子路는 필시 나를 따를 것이다'라는 것이다. 하나는 子路가 道를 행하는 데에 진심으로 열의가 있음을 허여한 것이고, 하나는 子路가 목숨을 버리고 스승을 따를 것임을 아신 것이다. 한 성인과 현인이 의기가 같아 마음이 통한 것이 천년이 지난 지금도 사람을 감격하게 하는데 子路가 어찌 기뻐하지 않을 수 있었겠는가. 기뻐한 것은 자기를 알아줌을 기뻐한 것이다. …子路의 마음은 道를 행하는데 급하고 또 孔子에 대해서는 아무리 어려운 상황일지라도 맹세코 그냥 보고만 있지는 않는다. 孔子의 한마디 말씀은 子路의 한 조각 속마음을 집어내서 사람들에게 환히 보여 주신 것이다. 이것이 子路가 (孔子께서) 자기를 알아준 것에 대해 감격하여 기쁨을 스스로도 이기지 못한 까닭이다. 子路가 기뻐한 것을 어찌 기롱할 수 있겠는가?(박헌순, 1-276면)

子曰(자왈) 孔子께서 대답하셨다. **不知也**(부지야) 모르겠습니다.

7-2. 又問, 子曰: 由也, 千乘之國 可使治其賦也. 不知其仁也.
(우문 자왈 유야 천승지국 가사치기부야 부지기인야)

> 由也(유야)의 也(야): 음절을 조정하고 어기를 고르는 어기조사로서 '~은(는)'으로 풀이하면 됨 /乘(승): 수레, 네 마리의 말이 끄는 戰車(전차), 전차를 세는 量詞(양사) *제1 학이5장 참조 /使(사): ~로 하여금 ~하게 하다. *使 뒤에 由를 가리키는 대사가 생략된 형태 /賦(부): 고대의 軍政(군정), 賦役(부역), 貢物(공물), 租稅(조세)를 모두 아우르는 말 /可使治其賦也(가사치기부야)와 不知其仁也(부지기인야)의 也(야): 일반적인 문장의 끝에 쓰여서 '~이다'(~아니다)라는 판단 또는 비교적 단호한 진술의 어기를 표시하는 어기조사

又問(우문) (맹무백이) 또 여쭈자, **子曰**(자왈) 孔子께서 말씀하셨다.

由也(유야) **千乘之國**(천승지국) 由는천승의 나라(諸侯國(제후국))에서 **可使治其賦也**(가사치기부야) 그 나라 賦를 다스리게 할 만하지만 **不知其仁也**(부지기인야) 그가 仁한지는 모르겠습니다.

7-3. 求也何如. 子曰: 求也, 千室之邑, 百乘之家, 可使爲之宰也. 不知其仁也.
(구야하여 자왈 구야 천실지읍 백승지가 가사위지재야 부지기인야)

> 何如(하여): 어떠한가? *관용구 /室(실): 집, 건물, 방, 거처 /千室(천실): 상당히 큰 읍을 나타냄 /邑(읍): 고을 /家(가): 집, 건물, 집 안, 지아비 *여기서는 百乘之家, 즉 卿大夫(경대부)를 뜻함 /宰(재): 읍재, 재상, 우두머리 /爲之宰(위지재): 그 家宰(가신의 우두머리)가 되다, 之(지)는 千室之邑(천실지읍)과 百乘之家(백승지가)를 가리키는 대사(=其(기)).

求也何如(구야하여) 求(冉求(염구), 冉有(염유), 子有(자유))는 어떠합니까?

子曰(자왈) 孔子께서 말씀하셨다. **求也**(구야) **千室之邑**(천실지읍) **百乘之家**(백승지가) 求(구)는 천실

의 읍(千戶(천호)의 큰 邑(읍))과 백승(卿大夫(경대부))의 집안에 **可使爲之宰也**(가사위지재야) 재상(家臣(가신))으로 삼을 만하지만 **不知其仁也**(부지기인야) 그가 仁한지는 모르겠습니다.[205)]

7-4. 赤也何如.(적야하여)

子曰: 赤也, 束帶立於朝, 可使與賓客言也, 不知其仁也.
(자왈 적야 속대립어조 가사여빈객언야 부지기인야)

何如(하여): 의문문에서 목적어가 동사 앞에 도치된 형태(=何如(하여)) /赤(적): 붉다, 적색, 公西(공서)赤(적)의 이름 /束(속): 묶다, 동여매다, 결박하다, 띠를 매다 /帶(대): 띠, 띠를 두르다, 차다, 허리에 차다 /於(어): ~에, ~에서 *시발점을 표시하는 전치사 /朝(조): 아침, 처음, 하루, 알현하다, 조정, 왕조 /與(여): 더불어 /賓(빈): 손님, 손으로 대우하다 /客(객): 손님, 찾아온 사람, 나그네 /賓客(빈객): 주로 제후 사이의 외교관계를 뜻함 /言(언): 말, 말하다, 의견, 글, 언론

赤也何如(적야하여) 赤은 어떠합니까?[206)]

---

205) 孔子는 제6 옹야 6장에서도 염구가 재주가 많으니 정사에 종사함에 무슨 어려움이 있겠느냐고 칭찬하였지만, 제11 선진 11장에서는 이른바 큰 신하라는 것은 도로써 임금을 섬기고, 그것이 안 되면 그만두지만, 지금 자로와 더불어 염구는 단지 머릿수나 채우는 신하라고 할 수 있다고 혹평하고, 선진 16장에는 季氏가 부유함이 주공보다 더한데도 염구는 그를 위해 세금을 많이 거두어들여 거기다 더 보태주었으니 자기 제자가 아니라면서 다른 제자들에게 북을 울리고 그를 공격해도 좋다고까지 하였다. 그가 노나라의 실세였던 季氏家의 家臣으로 등용된 후에는 孔子의 가르침보다는 계씨의 정책을 추진하여 孔子가 반대하는 중과세 정책을 실행하여 孔子의 미움을 받은 것이다. 자로가 衛나라에서 승산이 없음에도 충성하다가 목숨을 잃었지만, 염구는 오랫동안 권력을 누렸다.

206) 公西赤(B.C. 509 또는 519 ~ ?): 孔子의 제자로 孔子와 42세(혹은 52세) 차이가 났다. 公西는 성이고, 이름이 赤이다. 자가 子華자화이다. 흔히 公西華라 불렸다. 그의 집안은 살찐 말을 타고 좋은 옷을 입을 수 있을 정도로 부유하였으며, 종묘 의식과

子曰(자왈) 孔子께서 말씀하셨다. 赤也 束帶立於朝(적야 속대립어조) 적은 예복에 띠를 두르고 조정에 서서 可使與賓客言也(가사여빈객언야) 가히 외국의 빈객들과 더불어 대담(회담)하는 임무를 맡길 만하지만 不知其仁也(부지기인야) 그가 仁한지는 모르겠습니다.207)

8. 聞一以知十(문일이지십)

8-1. 子謂子貢曰: 女與回也孰愈.(자위자공왈 여여회야숙유)

貢(공): 바치다 /女(여): 여자, 딸, 처녀, 너(=汝, 爾, 若 * 2인칭 대사) /與(여): ~와 *접속사 /也(야): 음절을 조정하고 어기를 고르는 어기조사 /孰(숙): 누구, 어느, 무엇 *주어진 범위 내에서 선택하게 하는 의문문에 쓰이는 의문대사 /愈(유): (남보다) 낫다, 뛰어나다, 고치다, 유쾌하다, (병이) 낫다

子謂子貢曰(자위자공왈) 孔子께서 자공(端木 賜)(단목 사)에게 말씀하셨다. 女與回也孰愈(여여회야숙유) 너와 顔回(안회)는 누가 나으냐?

8-2. 對曰: 賜也 何敢望回. 回也聞一以知十, 賜也聞一以知二.(대왈 사야 하감망회 회야문일이지십 사야문일이지이)

對曰(대왈): (아랫사람이 윗사람에게) 대답하다 /何(하) 어찌, 어떤, 어느 /敢(감): 감히, 감히 ~하다,

외국 손님을 모시는 예의범절에 밝았다.

207) 孔子의 제자에 대한 평은 대체로 엄격하다. 仁에 대해서라면 더욱 그렇다. 오로지 안회에 대해서만 거의 仁에 가깝다고 했을 뿐이다. 이 장에서는 자로와 염구, 공서적의 '그릇됨'의 크기를 말하고 있다. 천실지읍과 백승지가는 '대부'에 해당하는 규모이며 천승지국은 제후에 해당하는 규모이다. 염구보다 자로에 대한 평가가 훨씬 큼을 알 수 있다.

용맹스럽다 /望(망): 바라다, 기대하다, 우러러보다, 견주다, 마주 대하다 /聞(문): 듣다, 알다, 깨우치다 /聞一以知十(문일이지십): 以聞一知十(이문일지십)이 도치된 형태 /以(이): ~함으로써, ~하여

對曰(대왈) (자공이) 대답하였다. **賜也**(사야) **何敢望回**(하감망회) 제가 어찌 감히 顔回를 바라볼 수 있겠습니까? **回也聞一以知十**(회야문일이지십) 안회는 하나를 들음으로써 열을 알지만, **賜也聞一以知二**(사야문일이지이) 저는 하나를 들으면 둘을 알 뿐입니다.

8-3. 子曰(자왈): 弗如也(불여야). 吾與女弗如也(오여여불여야).

弗(불): 아니하다(=不(불)), ~하지 않다, 아니하다(=不(불)), 못하다 *부정부사로서 '不'보다 더 강한 부정의 어기를 표시한다. /如(여): ~와 같다 /ⓐ弗如(불여)ⓑ: ⓐ는 ⓑ만 못하다(=不如(불여)) /與(여): 허락하다, 그렇다고 인정하다〈동사〉, ~와〈접속사〉/女(너): 너(2인칭 대사), 여자 /也(야): 판단 또는 진술의 어기를 표시하는 어기조사

子曰(자왈) 孔子께서 말씀하셨다. **弗如也**(불여야) (네가 안회만) 같지 못하다. **吾與女弗如也**(오여여불여야) 나도 네가 (안회만) 못한 것을 인정한다.[208][209]

---

208) 《논어집주》: ○호씨는 말하기를(胡氏曰) "자공이 남을 비교하자(子貢方人 → 제14 헌문31장) 부자께서 이미 '나는 그러할 겨를이 없다'고 말하고(夫子旣語以不暇), 또 '너와 안회는 누가 나으냐?' 라고 물었다(又問其與回孰愈). 이는 자공이 스스로를 어떻게 알고 있는가를 살펴본 것이다(以觀其自知之如何). 하나를 듣고 열을 아는 것은(聞一知十) 上知의 자질이요(上知之資), 태어나면서 아는 자질에 버금간다(生知之亞也). 하나를 들으면 둘을 아는 것은(聞一知二) 中人(보통사람) 이상의 자질로서(中人以上之資), 배워서 아는 자질이다(學而知之之才也). 자공은 평소에(子貢平日) 자기를 안회와 비교하여(以己方回) 미칠 수 없음을 알았기에(見其不可企及 /企기: 도모하다 /企及기급: 바라서 이룸), 이렇게 비유한 것이다(故喩之如此). 부자는 자공이 스스로를 앎이 분명하고(夫子以其自知之明) 또 스스로를 굽힘도 어렵게 여기지 않았으므로(而又不

9. 朽木不可雕也
후목불가조야

9-1. 宰予晝寢, 子曰: 朽木不可雕也, 糞土之墻不可杇也, 於予與何誅.
재여주침 자왈 후목불가조야 분토지장불가오야 어여여하주

> 予(여): 나(吾(오), 我(아)), 주다, 손으로 건네다, *여기서는 宰我(재아)의 이름 /晝(주): 낮 /寢(침): 잠자다, 눕다, 누워서 쉬다 /朽(후): 썩다, 부패하다, 쇠하다 /不可(불가): ~할 수 없다 /雕(조): 새기다, 조각하다(=彫(조)) /糞(분): 거름, 똥 /墻(장): 담, 경계 /糞土之墻(분토지장)의 之(지): 관형격 어조사 /杇(오): 흙손질 (=圬(오)) /於(어): ~에게, ~에 대하여 /予與何誅(여여하주)의 與(여): 음절을 조정하고 어기를 고르는 어기조사(류종목, 152면) /誅(주): 벌주다, 꾸짖다, 베다 /何(하): 어느, 어찌, 무엇

宰予晝寢(재여주침) 宰予(宰我(재아), 子我(자아))가 낮잠을 자자210) **子曰**(자왈) 孔子께서 말씀

難於自屈), 그의 말을 옳다 하고(故旣然之), 또 거듭 이를 허여한 것이다(又重許之). 이 때문에 종국에는 (스승께) '성'과 '천도'에 대하여 들을 수 있었을 것이고(此其所以終聞性與天道), 다만 하나를 들으면 둘을 알 뿐만이 아니었던 것이다(不特聞一知二而已也)."라고 하였다.

209) 본문의 풀이는 주자에 따른 것이다. 이에 대해 與를 접속사 '~와'로 해석하여 '나와 너는 (안회만) 못하다'로 해석하는 견해도 있다(茶山, 류종목 등). 이 견해는 교육자로서 孔子 자신을 제자보다 스스로 낮추면서도 제자 안회를 진정으로 사랑하고 존경하는 참된 교육자상을 보여 주는 것으로 해석한 것이라고 할 수 있다.(김용재, 186면)

210) 宰我(B.C. 522년 ~ B.C. 458): 성이 宰, 이름이 予. 자는 子我, 宰我이며, 춘추시대 말기의 노나라 사람으로 孔門十哲의 한 사람이다. 孔子는 재아를 중궁과 함께 언어에 뛰어났다고 하였다. 그러나 孔子의 제자들 가운데서도 가장 실리주의적인 인물로서 예를 가볍게 여겼기 때문에 禮를 중시했던 孔子로부터 자주 꾸지람을 들은 것으로 보인다. 대표적인 것이 본문과 같이 낮잠을 잤다가 심한 꾸지람을 들은 것과 "仁한 이는 비록 (누군가가) 그에게 말해주기를 우물에 사람이 있다고 한다면 그는 그를 (구하기 위하여) 따라 들어갑니까?"라고 물어서 孔子의 가르침인 仁을 따르다가 피해를 볼 것을 걱정하기도 하고(제6 옹야24장), 三年喪을 두고 그 기간이 너무 길으니 一年喪으로 하면 족하다고 말하여 孔子와 논쟁을 벌이는데, 孔子는 재아가 나간 뒤

하셨다. 朽木不可雕也(후목불가조야) 썩은 나무는 조각할 수 없고, 糞土之墻不可杇也(분토지장불가오야) 썩은 흙으로 쌓은 담장은 흙손질할 수가 없다. 於予與何誅(어여여하주) 宰予에게 무엇을 꾸짖겠는가?

9-2. 子曰(자왈): 始吾於人也(시오어인야), 聽其言而信其行(청기언이신기행), 今吾於人也(금오어인야), 聽其言而觀其行(청기언이관기행). 於予與改是(어여여개시).

> 始(시): 처음, 비로소, 시작 /始(今)吾於人也(시(금)오어인야)의 於(어): ~에 대하여 *동작의 대상을 표시하는 전치사 /也(야): 음절을 조정하고 어기를 고르는 어기조사 /而(이): ~하고 *순접관계를 표시하는 접속사 /與(여): 호흡조절의 역할을 하는 어기조사 /改(개): 고치다, 바뀌다 /是(시): 이렇게 /於予與改是(어여여개시)의 於(어): ~로 인하여, ~에 의하여 *원인.근거를 표시하는 전치사 (류종목, 152면)

子曰(자왈) 孔子께서 말씀하셨다. 始吾於人也(시오어인야) 처음에는 내가 다른 사람에 대하여 聽其言而信其行(청기언이신기행) 그 말을 들으면 그 행실을 믿었으나, 今吾於人也(금오어인야) 지금은 내가 사람에 대하여 聽其言而觀其行(청기언이관기행) 그 말을 들으면 그 행실을 살펴본다. 於予與改是(어여여개시) 宰予 때문에 이렇게 고쳤다.

10. 焉得剛(언득강)

子曰(자왈) : 吾未見剛者(오미견강자).

다른 제자들에게 "재아는 仁하지 못하다"고 비난하였다(제17 양화21장).《논어》에는 이렇게 그를 비난하는 것만 있을 뿐이다.

或對曰 : 申棖.
혹 대 왈 신 정

子曰 : 棖也慾, 焉得剛.
자 왈 정 야 욕 언 득 강

未(미): 아직 ~못하다 /剛(강): 강직하다, 굳세다, 굳다, 강철 /者(자): ~한 사람 /或(혹): 혹, 어떤(불특정) 사람 /申(신): 펴다 /棖(정): 문설주 /棖也(정야)의 也(야): 음절을 조정하고 어기를 고르는 어기조사 /慾(욕): 욕심(스럽다)(=欲(욕)), 욕정, 탐욕 *欲(욕): 하고자 하다, 바라다 /焉(언): 어찌, 어찌~하겠는가? 이에, 이, 여기 /得(득): ~할 수 있다 *조동사

子曰(자왈) 孔子께서 말씀하셨다. 吾未見剛者(오미견강자) 나는 아직 강직한 사람을 보지 못했다.

或對曰 申棖(혹대왈 신정) 어떤 사람이 대답하였다. 신정이 있습니다.

子曰(자왈) 孔子께서 말씀하셨다. 棖也慾(정야욕) 棖은 탐욕스러운데 焉得剛(언득강) 어찌 강직할 수 있겠는가?[211)]

11. 不欲人之加諸我
불 욕 인 지 가 저 아

子貢曰: 我不欲人之加諸我也, 吾亦欲無加諸人.
자 공 왈 아 불 욕 인 지 가 저 아 야 오 역 욕 무 가 저 인

子曰: 賜也, 非爾所及也.
자 왈 사 야 비 이 소 급 야

---

211) 《논어집주》: '剛'이란 굳세고 강하여 굴하지 않는다는 뜻이니(剛 堅彊不屈之意), 가장 사람으로서 하기 어려운 일이다(最人所難能者). 그러므로 孔子께서 그러한 사람을 아직 보지 못한 것을 탄식한 것이다(故夫子歎其未見). 신정은 제자의 이름이다(申棖 弟子姓名). '욕'은 탐욕을 좋아하는 마음이 많은 것이다(慾 多嗜慾也). 탐욕을 좋아하는 마음이 많으면(多嗜慾) 강함이 될 수 없다(則不得爲剛矣). ○정자가 말했다(程子曰). "사람이 욕심이 있으면 강직함이 없고(人有慾則無剛) 강직하면 욕심에 굽히지 않는다(剛則不屈於欲)."

欲: 바라다, 하고자 하다 /之: 주격 어조사, 앞의 명사(명사구)가 주어임을 나타낸다. 우리말의 ~은(는), ~이, ~가에 해당 *류종목(154면): 주어와 술어 사이에 쓰여 주술구조로 하여금 독립성을 잃고 명사구 또는 명사절이 되게 하는 구조조사 /加: 가하다, 더하다 /諸: 이것(그것)을 -에 (=之於의 合音, 之는 일반적인 사물을 가리키는 대사로서 '거기' 혹은 '여기'로, 於는 '~에서'로 풀이한다.) *諸: 모든, 여러 /人之加諸我: 다른 사람이 나에게 가함(=人之加之於我) /人之加諸我也, 賜也의 也: 음절을 조정하고 어기를 고르는 어기조사 /無: 아니하다(=不) /非: 아니다 /爾: 너(2인칭 대사) =女, 汝, 若, 而 /及: 미치다 /非爾所及也의 也: 판단 또는 진술의 어기를 표시하는 어기조사 /所: ~(하는) 바, ~(하는)일, ~(하는) 것 * 불완전 명사(의존명사), 반드시 「所+用言類(동사, 동사구)」의 형태로 體言(명사구)化한다.

子貢曰 자공(端木 賜)이 말하기를 **我不欲人之加諸我也** 저는 다른 사람이 나에게 가하는 것을 원치 않는 것은 **吾亦欲無加諸人** 저 또한 그 것을 다른 사람에게 가하지 않게 되고자 합니다.

子曰 孔子께서 말씀하셨다. **賜也 非爾所及也** 賜야! 이는 네가 미칠 수 있는 바가 아니다.212)

---

212) 《논어집주》: ○정자는 말하기를(程子曰) "내가 남이 나에게 가하기를 원치 않는 것을(我不慾人之加諸我) 나 역시 남에게 가하는 일이 없고자 함은 '仁'이요(吾亦欲無加諸人 仁也), 나에게 베풀어지기를 원하지 않은 것을(施諸己而不願) 또한 남에게 베풀지 않음이(亦勿施於人 恕也) '恕서'이다. '恕'라면 자공도 혹 이에 힘쓰면 할 수 있지만(恕則子貢或能勉之) '仁'은 (仁한 사람의 일로서 억지로 힘쓴다고 되는 일이 아니니) 자공이 미칠 바가 아닌 것이다(仁則非所及矣)."라고 하였다. 내가 생각하건대(愚謂), ('無加諸人의') '無'는 자연히 그렇게 되는 것이요(無者自然而然), (勿施於人의) '勿'은 금지하는 말이니(勿者禁止之謂), 이것이 仁과 恕가 구별되는 까닭이다(此所以爲仁恕之別).

* 정자의 말은 "남이 나에게 가하기를 원치 않는 것을 나 또한 억지로 하려고 하

12. 性與天道
성 여 천 도

子貢曰: 夫子之文章, 可得而聞也. 夫子之言性與天道, 不可得而
자 공 왈 부 자 지 문 장 가 득 이 문 야 부 자 지 언 성 여 천 도 불 가 득 이

聞也.
문 야

> 夫子之文章의 之 : ~의 /文: 글, 꾸미다 /章: 글 /文章: 여기서는 禮.樂과 文物制
> 부 자 지 문 장 지 문 장 문 장 예 악 문 물 제
> 度 등을 말한다. /得而: ~할 수 있다 (=得以) *가능을 표시하는 조동사 /可得而: ~
> 도 득 이 득 이 가 득 이
> 할 수 있다(=可得, 可, 得, 能) /也: 판단 또는 진술의 어기를 표시하는 어기조사 /
> 가 득 가 득 능 야
> 性: 성품, 본성 /與: ~와(과) *접속사
> 성 여

子貢曰 자공이 말했다. 夫子之文章 夫子의 문장은 可得
자 공 왈 부 자 지 문 장 가 득

而聞也 들어 볼 수 있었지만, 夫子之言性與天道 夫子께서 본성과
이 문 야 부 자 지 언 성 여 천 도

하늘의 도를 말씀하신 것은 不可得而聞也 들어 볼 수가 없었다.[213)]
불 가 득 이 문 야

지 않더라도 저절로 다른 사람에게 가하지 않는 인격의 소유자가 됨"은 仁의 일이어서 자공이 미칠 바가 아니라는 것이다.

213) • 《논어집주》: '性'이란 사람이 부여받은 하늘의 이치이고(性者 人所受之天理), '天道'란 천리와 자연의 본체이므로(天道者 天理自然之本體) 그 실질은 하나의 이치이다(其實一理也). 夫子의 文章은(言夫子之文章) 날마다 밖으로 드러나서(日見乎外), 진실로 배우는 자들이 함께 듣는 바이나(固學者所共聞), 성과 도에 이르러서는(至於性與天道) 부자께서 이것을 드물게 말하여서(則夫子罕言之), 배우는 자들이 들을 수 없었다고(而學者有不得聞者) 말한 것이다. 아마 성인의 문하에서 가르침이 등급을 뛰어넘지 않기 때문에(蓋聖門教不躐等 /躐렵: 넘다) 자공이 이때에 이르러서야(子貢至是) 비로소 그것(性과 天道)을 얻어 듣고(始得聞之) 그 훌륭함에 감탄한 것이리라(而歎其美也).

• 《중용》 (장구1장) : 하늘이 만물에 부여한 것을 본성이라고 하고(天命之謂性), 부여받은 본성에 따르는 것을 도라고 하며(率性之謂道), 도를 닦는 것을 교라고 한다(修道之謂教).

• 茶山: 문장은 詩書禮樂에 대한 이야기를 이른다(文章 謂詩書藝樂之說). …지혜가

13. 有聞未之能行
유 문 미 지 능 행

子路有聞，未之能行，唯恐有聞.
자 로 유 문 　 미 지 능 행 　 유 공 유 문

聞(문): 듣다, 가르침을 받다, 알다, 견문, 식견, (스승으로부터) 들은 가르침, 교훈 *聞(문)은 有(유)의 목적어 /未(미): 아직 ~못하다 /之(지): 앞의 聞(문)의 내용을 가리키는 대사 /能(능): ~할 수 있다, 잘하다 /行(행): 행하다, 실천하다 /未之能行(미지능행): 未能行之(미능행지)의 도치 *부정문에서 목적어가 동사 앞에 도치됨 /唯(유): 오직 /恐(공): 두려워하다, 두렵다 /唯恐有聞(유공유문)의 有(유): 있다, 가지다, 또(=又(우)), 어떤

子路有聞(자로유문) 자로가 가르침을 듣고 **未之能行**(미지능행) 아직 그것을 실천하지 못했으면 **唯恐有聞**(유공유문) 오직 (가르침을) 더 들을까 두려워하였다.[214]

14. 敏而好學
민 이 호 학

子貢問曰: 孔文子何以謂之文也.
자 공 문 왈 　 공 문 자 하 이 위 지 문 야

정미함을 분별할 수 있은 뒤라야(知可以辨精微) 성을 말하고 천도를 말하는 데 함께 할 수 있다(然後可與言性言天). 그러므로 들은 자가 적다(故得聞者少).(박헌순 1-292면)

• '얻어 들어볼 수 없었다'는 의미는 성과 천도의 내용이 대단히 심오하여 스승인 孔子조차도 이에 대해 논하거나 설명한 일이 적었다는 것이다. 예를 들어 논어에서 "性"에 대해 언급하고 있는 곳은 이곳 외에 "사람의 본성은 서로 비슷하지만, 습성은 서로 차이가 크다(子曰 性相近也 習相遠也)"(제17 양화2장)라고 한 말 정도이다. (김원중, 102면)

214) 《논어집주》: 앞서 들은 것을(前所聞者) 이미 미처 실천하지 못하였기 때문에(旣未及行) 다시 들음이 있게 되면(故恐復有所聞) 그것을 실천함에 충분하지 못할까를(而行之不給也 /給급: 미치다, 주다, 넉넉하다) 두려워한 것이다.

子曰: 敏而好學, 不恥下問, 是以謂之文也.
자 왈 민 이 호 학 불 치 하 문 시 이 위 지 문 야

> 何以: 무엇으로, 어떻게, 왜 *의문문에서 목적어인 대사가 전치사 以 앞에 도치된 형태 /何以 ~也: 어찌하여(무엇으로써) ~입니까? *也는 앞의 何以와 호응하여 의문문을 만드는 의문의 어기를 표시하는 어기조사 /謂之文: 그(공문자)를 '문'이라고 이르다(부르다), 之는 孔文子를 가리키는 대사 /敏: 빠르다, 민첩하다, 총명하다, 힘쓰다 /而: ~하며〈순접관계를 표시하는 접속사〉, ~하면서도〈역접관계를 표시하는 접속사〉 /下: 아래, 아랫사람, 뒤 /恥: 부끄러워하다 /是以: 이 때문에, 이로써, 그래서, 그러므로 (=以是) *以는 원인을 표시하는 전치사

子貢問曰 子貢(端木賜)이 여쭈었다. **孔文子何以謂之文也** 공문자(衛나라 대부, 이름은 圉)는 어찌하여 (시호를) '文'이라고 한 것입니까?

子曰 孔子께서 말씀하셨다. **敏而好學** 明敏하면서도 배우기를 좋아하고, **不恥下問** 아랫사람에게 묻기를 부끄러워하지 않으니, **是以謂之文也** 이 때문에 '文'이라고 한 것이다.215)216)

---

215) 《논어집주》: 무릇 성품이 명민(明敏)한 사람은(凡人性敏者) 배우기를 좋아하지 않는 이가 많고(多不好學), 지위가 높은 사람은(位高者) 아랫사람에게 묻기를 부끄러워하는 이가 많다(多恥下問). 그러므로 시호를 내리는 법에(故謚法) 배우기를 부지런히 하고 묻기를 좋아하는 것을 '文'이라 한 경우가 있으니(有以勤學好問爲文者) 이 역시 사람들이 어려워하는 것이다(蓋亦人所難也). '孔圉공어'가 文이라는 시호를 얻은 것은(孔圉得謚爲文) 이 때문일 따름이다(以此而已).

○소씨는 말하기를(蘇氏曰) "공문자가 태숙질로 하여금(孔文子使太叔疾) 그 처를 내쫓게 하고(出其妻) (자신의 딸 孔姞공길을) 그에게 시집보냈다(而妻之). 태숙질이 첫 부인의 여동생과 정을 통하자(疾通於初妻之娣), 공문자가 노하여(文子怒), 장차 태숙질을 치려 하면서(將攻之) 중니에게 (상의하고자) 방문하니(訪於仲尼) 중니는 대답하지 않고(仲尼不對) 수레에 멍에를 매개하고 떠나버렸다(命駕而行). 태숙질이 송나라로

15. 君子之道四
군자지도사

子謂子產, 有君子之道四焉. 其行己也恭, 其事上也敬, 其養民也惠, 其使民也義.
자위자산 유군자지도사언 기행기야공 기사상야경 기양민야혜 기사민야의

謂(위): 평하여 말하다, 이르다, 일컫다 /產(산): 낳다, 태어나다 /有(유): 있다, 가지고 있다, *有(유) 앞에 주어로서 '子產(자산)' 또는 그에 해당하는 대사가 생략되었다 /君子之(군자지)의 之(지): 관형격 어조사 /焉(언): ~인 것이다. ~임에 틀림없다. *판단 또는 진술의 어기를 표시하는 어기조사, 矣(의)와 쓰임이 같음 /其(기): 그(子產(자산)을 가리키는 대사) /行己(행기): 처신, 세상살이나 대인 관계에 대해서 가지는 몸가짐이나 행동 /也(야): 음절을 조정하여 어기를 고

달아나자(疾奔宋), 공문자는 태숙질의 동생인 遺유로 하여금 (자신의 딸) 공길에게 장가들게 하였다(文子使疾弟遺室孔姞 /室실: 집, 방, 장가들다, 시집보내다). 그(공문자)가 사람됨이 이와 같았는데도(其爲人如此) 시호를 文이라 하니(而諡曰文) 이에 자공이 의아하여 물은 것이다(此子貢之所以疑而問也). 孔子께서 그의 선한 점을 버리지 아니 하고(孔子不沒其善 /沒몰: 물에 빠지다, 다하다, 죽다, 빼앗다) 이와 같으면(言能如此) 또한 '文'이라고 시호할 수 있다고(亦足以爲文矣) 말했으니, '경천위지'(온 천하를 짜임새 있게 잘 계획하여 다스림)의 '文'은 아닌 것이다(非經天緯地之文也)."라고 하였다.

216) 諡號시호: 죽은 자의 생전의 언행과 행적에 따라 임금이 내려주는 칭호이다. 시호에 사용하는 글자의 수도 정해져 있었는데, 그 수는 때에 따라 달랐다. 《周禮》의 諡法시법에는 28자였다. 조선에서 시호에 쓸 수 있는 글자는 모두 301자이었다. 그러나 실제로 자주 사용된 글자는 文문, 貞정, 靖정, 孝효, 忠충, 莊장, 武무, 敬경, 和화, 純순 등 120자 정도였다고 한다. 이러한 글자들은 저마다 모두 고유한 뜻이 있고, 또 한 글자의 뜻도 여러 가지로 풀이되어 諡法에 나오는 의미는 수천 가지라 할 수 있다. '文'에도 ①온 천하를 경륜해 다스리다[經天緯地경천위지], ②배우기를 부지런히 하고 묻기를 좋아하다[學勤好問학근호문], ③도덕을 널리 들어 아는 바가 많다[道德博聞도덕박문], ④충신으로 남을 사랑한다[忠信愛人충신애인], ⑤널리 듣고 많이 안다[博聞多見박문다견], ⑥공경하고 곧으며 자혜롭다[敬直慈惠경직자혜], ⑦명민하고 학문을 좋아한다[敏而好學민이호학] 등의 등급이 있었다고 한다. 본문에서 孔子는 孔文子를 [敏而好學]의 文일 뿐이라고 한 것이다.

르는 어기조사 /恭공: 공손하다, 겸손하다 /事사: 섬기다, 일 /敬경: 공경하다 /養양: 기르다, 부양하다, 봉양하다 /惠혜: 은혜 /使사: 부리다 /義의: 의롭다

子謂子産자위자산 孔子께서 子産을 두고 평하여 말씀하셨다.[217] **有君子之道四焉**유군자지도사언 군자의 도 네 가지를 지니고 있었으니, **其行己也恭**기행기야공 그의 몸가짐이 겸손하였고, **其事上也敬**기사상야경 그는 윗사람을 섬김이 공경스러웠으며, **其養民也惠**기양민야혜 그는 백성을 기름이 은혜로웠고, **其使民也義**기사민야의 그는 백성을 부림이 의로웠다.[218][219]

---

217) 子産 公孫僑공손교 (? ~ B.C. 522): 춘추시대 鄭정나라의 大夫(재상)로서 簡公간공, 定公정공, 獻公헌공을 도와 鄭나라를 부강하게 만들었다. 춘추시대 중기부터 강한 제후국인 북방의 晉진나라와 남방의 楚초나라가 패권을 다투자 중원 한가운데의 鄭나라를 비롯한 작은 제후국들은 晉과 楚의 가운데에 끼어 두 제후국의 침략을 받으면서 어디에 붙어야 유리할지를 결정해야 했다. 晉·楚가 군대를 내면 마음대로 어느 한쪽에 항복도 못하고 갈팡질팡하였다. 특히 정나라는 B.C. 600 ~ B.C. 550 사이에 춘추시기 패권을 다투는 모든 큰 전쟁의 발단이 되었고, 그런 전쟁에 동원되었다. 전쟁만이 아니었다. 큰 나라들에 바치는 公的공적, 私的사적 貢物공물도 나라를 휘청거리게 하였다. 이러한 때에 子産은 거대 氏族이라도 私的으로 人力을 동원하지 못하게 하고, 衣服의복으로 上下區分을 명확히 하여 씨족세력이 아니라 관직으로 상하관계를 재편하고, 田地의 구분을 명확히 하여 분쟁의 소지를 없애고, 井田정전에서 농사짓는 사람을 '伍오'로 편성하여 농민들을 국가가 바로 군사로 동원할 수 있는 체제를 만드는 등으로 나라를 안으로 부강하게 만들었다. 그는 춘추시대 최초로 成文法성문법을 만들어 법을 토대로 하여 합리주의적인 통치를 실현함으로써 法家로서의 면모를 보였다. 자산은 또 유능한 외교가로서 晉·楚에 대해서 事大를 하면서도 그의 박식과 웅변으로써 두 나라의 세력 균형을 이용하여 晉·楚 두 나라에 대한 공납의 부담을 줄이는 등, 정나라의 이익을 지켜 내며 평화를 누렸다. 孔子보다 대략 30세 정도 많은 것으로 추정되며, 子産이 죽었을 때 孔子가 이를 전해 듣고 눈물을 흘렸다고 한다. 제14 헌문 10장에도 子産을 '은혜로운 사람'이라고 칭송한 것이 보인다.

218) 君子四道: 恭. 敬. 惠. 義의 네 가지 덕목. 義는 宜의로 보기도 한다.

16. 久而敬之 구이경지

子曰: 晏平仲善與人交, 久而敬之.
자왈 안평중선여인교 구이경지

晏(안): 편안하다, 하늘이 맑다 /善(선): '잘'이라는 뜻의 부사, 잘하다, 착하다, 좋다, 훌륭하다 /與(여): ~와 /交(교): 사귀다 /久(구): 오래다, 변하지 아니하다 /而(이) : 역접관계를 표시하는 접속사 /之(지) : 사귀는 사람을 뜻하는 인칭대사 *문장의 끝에 놓인 之(지)는 대사이다.

子曰(자왈) 孔子께서 말씀하셨다. 晏平仲(안평중) 안평중(晏嬰 안영)은220) 善與人交(선여인교)

---

219) 茶山: 겸손한 마음으로 받듦을 恭이라 한다(小心供奉曰恭). 상대에 대해서 경계하고 조심함을 敬이라 한다(所嚮警謹曰敬). 자애롭고 순하고 베풀기를 좋아함을 惠라 한다(慈順好施曰惠). 재제를 합당하게 함을 義라고 한다(裁制得宜曰義). 이 네 가지를 잘하는 자는 덕을 온전히 갖춘 사람이다(能此四者 全德之人也).(박헌순 1-298면)

220) 晏平仲, 晏嬰안영 (? ~ B.C. 500): 孔子와 같은 시대 사람으로 齊제나라의 대부. 성이 晏이고, 이름은 嬰이며, 平은 시호이고, 仲은 行列항열이다. 그의 언행을 기록한 《晏子春秋》가 있다. 그는 管仲관중 이후 제나라가 배출한 걸출한 재상의 한 사람으로 무려 57년 동안 靈公령공, 莊公장공, 景公경공 등 3代의 군주를 섬겼다. 안영의 키는 '여섯 자(尺)가 되지 않는다'라고 사서에 기록되어 있다. 주나라의 한 자의 길이가 22.5cm이므로, 여섯 자는 135cm로 안영은 140cm도 채 되지 않는 단신이었던 것이다. 그러나 작은 체구였지만 재상으로서 나라 안에서 절대적인 신망을 얻어서 군주조차도 그를 조심스럽게 대하였다고 하며, 항상 근검절약하면서 소박한 생활을 고집하여 식탁에 고기반찬이 오르는 경우는 아주 드물었다고 한다. 그의 정치적 입장은 仁義로 나라를 다스리고 평화로 외교한다는 것으로 요약된다. 그는 백성들을 자기 몸처럼 아꼈고, 박학다식했으며 논쟁에도 능숙했다. 아부를 모르는 강직한 성품으로 늘 군주의 면전에서 어진 정치를 펴고 형벌을 줄이며 세금을 가볍게 하라고 바른 소리를 했다고 한다.

景公이 孔子를 등용하려 했을 때 그는 儒者들은 거만하면서 제멋대로여서 아랫사람으로 삼을 수 없으며, 재산이 파탄 나도록 후하게 장례를 치르니 민간의 풍속으로 삼을 수가 없고, 遊說유세하며 구걸이나 하는 자들로서 나라를 위할 수도 없고, 주나 사람들과 더불어 사귀기를 잘한다. **久而敬之**(구이경지) (안평중은) 오래되어도 그(사귄 사람)를 恭敬(공경)한다.

17. **何如其知也**(하여기지야)

子曰: 臧文仲居蔡, 山節藻梲, 何如其知也.
(자왈 장문중거채 산절조절 하여기지야)

居(거): 보관하다, 살다 /蔡(채): 거북, 점치는데 쓰는 큰 거북 껍질 /山節藻梲(산절조절): 기둥머리(枓拱(두공))에 산을 새기고 동자기둥에는 마름을 새기다 /何如(하여): 어떻게, 어떠한가 *의문문에서 목적어와 동사가 도치된 것(=如何(여하)) /其(기) : 臧文仲(장문중)을 가리키는 대사 /知(지): 지혜롭다(=智(지)) /也(야): 의문의 어기를 표시하는 어기조사, 何(하)와 호응하여 의문문을 만들고 있다.

子曰(자왈) 孔子께서 말씀하셨다. **臧文仲 居蔡**(장문중 거채) 장문중이 (점치는 데 쓰는) 거북 껍질을 보관하되 **山節藻梲**(산절조절) 기둥머리(枓拱(두공))에 산을 새기고 동자기둥에는 마름을 새겼으니, **何如其知也**(하여기지야) 어찌 그가 지혜롭다고 하겠는가?[221]

라가 이미 쇠하고 禮樂이 이지러졌는데 이제 孔子가 하는 대로 尊卑존비의 예를 번거롭게 하고 節度절도를 자세히 뒤쫓아 가려면 몇 대를 하여도 능히 그 배움을 다하지 못하니, 그를 등용하여서 제나라의 풍속을 바꾼다는 것은 백성을 우선하는 바가 아니라고 하여 반대하여 결국은 孔子를 등용하지 못하게 하였다. 현실주의적 정치가인 안영은 孔子의 이상주의적 사상은 현실 정치에 쓸 수 없다고 본 것이다.

221) '臧文仲'은 노나라 권력자인 대부 '臧孫氏장손씨'로 이름은 '辰진'이다. 그는 거북을 집에 두고 점을 쳤고, 망아지만큼 큰 爰居원거라는 바닷새에게 나라에서 제사를 지내자고 건의하는 등 점술과 제사를 중시했는데, 당시 노나라 사람들은 이런 그를 지혜롭다고 했다고 한다. 그러나 孔子는 그가 백성과 의로움에 힘쓰지 아니하고 귀신에게 아첨함이 이와 같으니 어찌 지혜로움이 될 수 있겠느냐고 한 것이다.

18. 焉得仁
언 득 인

18-1. 子張問曰: 令尹子文, 三仕爲令尹 無喜色, 三已之 無慍色. 舊令尹之政 必以告新令尹, 何如.
자 장 문 왈 영 윤 자 문 삼 사 위 영 윤 무 희 색 삼 이 지 무 온 색 구 영 윤 지 정 필 이 고 신 영 윤 하 여

子曰: 忠矣.
자 왈 충 의

曰: 仁矣乎.
왈 인 의 호

曰: 未知. 焉得仁.
왈 미 지 언 득 인

> 令(영): 영, 우두머리, 좋다 /尹(윤): 다스리다, 벼슬아치 /令尹(영윤): 초나라의 벼슬 이름 /仕(사): 벼슬하다 /爲(위): ~이 되다 /已(이): 그만두다, 그치다 /三已之(삼이지)의 之(지): 영윤 벼슬을 가리키는 대사 /慍(온): 성내다 /舊(구): 예, 오래다(久(구)) /必以告新令尹(필이곡신영윤)의 以(이): 동작의 대상을 표시하는 전치사 *以(이) 다음에 목적어로서 '舊令尹之政(구영윤지정)'을 지칭하는 인칭대사가 생략되어 있다.(류종목, 162면) /新: 새롭다 /何如(하여): 어떤가 (=如何(여하))〈관용구〉/矣(의): 단정적인 어기를 표시하는 어기조사 /矣乎(의호): ~했는가? ~인가? *반어형 어기조사 /未(미): 아니다(=不), 못하다 /未知(미지): 알지 못하다 /得(득): ~할 수 있다 *조동사 /焉(언): 어찌, 어찌~하겠는가? 이에, 이

子張問曰(자장문왈) 자장(顓孫師(전손사))이 여쭈었다. 令尹子文(영윤자문) 영윤 자문이[222)]

---

222) 子文: 楚나라의 대부. 성은 鬪투, 이름은 穀누, 자는 於菟오도 또는 子文이다. 초나라의 귀족 鬪伯比투백비의 아들로 어릴 때 들판에 버려졌는데 호랑이가 젖을 먹여 길렀다고 한다. 成王때 초나라는 대왕국을 건설했는데, 자문은 成王때 영윤을 세 번이나 하면서 若敖氏약오씨를 초나라 최대의 가문으로 만들었다. 그의 동생 성득신(子玉)은 형을 이어 영윤이 되었으나 晉진나라 文公과의 城濮大戰성복대전(B.C. 632)에서 패하자 스스로 책임을 묻겠다며 자결하였고(晉 文公은 이 싸움에서 승리하여 齊 桓公을 이은 춘추시대 두 번째 霸者패자가 되었음), 그의 조카 투초가 莊王장왕(재위 B.C. 613 ~ B.C. 591)에게 반란을 일으켰다가 패하면서 멸문되고 말았지만 이를 계기로 내정을 안정시킨 莊王은

三仕爲令尹(삼사위영윤) 세 번이나 벼슬하여 영윤이 되었는데 無喜色(무희색) 기뻐하는 안색이 없었고, 三已之(삼이지) 세 번 그것을 그만두면서도 無慍色(무온색) 성내는(서운해하는) 기색이 없었으며, 舊令尹之政(구영윤지정) (자기가 맡아 오던) 옛 영윤의 정사를 必(필)以告新令尹(이고신영윤) 반드시 새로운 영윤에게 일러 주었는데, 何如(하여) 어떻습니까?

子曰(자왈) 孔子께서 말씀하셨다. 忠矣(충의) 충성스럽다.

曰(왈) (자장이 다시) 여쭈었다. 仁矣乎(인의호) 仁한가요?

曰(왈) (孔子께서) 말씀하셨다. 未知(미지) 잘 모르겠다마는 焉得仁(언득인) 어찌 仁하다고 할 수 있겠느냐?223)

18-2. 崔子弑齊君(최자시제군), 陳文子有馬十乘(진문자유마십승), 棄而違之(기이위지) 至於他邦(지어타방) 則曰(즉왈) 猶吾大(유오대)

부국강병을 이루고, 晉나라 景公경공과의 전투에서 승리하면서 중원의 패권을 장악하여 세 번째 霸者가 되었다.

* 春秋五霸춘추오패는 齊桓公(재위 B.C. 685 ~ B.C. 643), 晉文公(재위 B.C. 636 ~ B.C. 628), 楚莊王(재위 B.C. 613 ~ B.C. 591), 吳王 闔廬오왕 합려(재위 B.C. 514 ~ B.C. 496), 越王 句踐월왕 구천(재위 B.C. 496 ~ B.C. 464)이라고 하는데, 闔廬 대신에 秦穆公진목공(재위 B.C. 659 ~ B.C. 621)을 꼽기도 한다.

223) 《논어집주》: 그 사람됨이(其爲人也) 기쁨과 성냄을 드러내지 않고(喜怒不形 /形형: 모양, 형상, 얼굴, 형세, 나타내다, 드러나다) 남과 자기 사이에 간격이 없어서(物我無間) 나라가 있음만 알고(知有其國) 자기 몸이 있음을 알지 못하여(而不知有其身), 그 충성됨이 컸다(其忠盛矣). 이 때문에 자장이 그를 仁한 이가 아닌가 하고 생각한 것이다(故子張疑其仁). 그러나 그가 세 번 벼슬을 하고, 세 번 그만두고(然其所以三仕三已), 새로 영윤이 된 사람에게 일러준(而告新令尹者) 그 까닭이 모두 天理에서 나와서(未知 其皆出於天理) 사람으로서의 욕심의 사사로움이 없는 것이었는지는(而無人欲之私也) 알 수가 없다. 이 때문에(是以) 부자께서는 다만 그의 충성됨만을 허여하고(夫子但許其忠), 仁함은 허여하지 않은 것이다(而未許其仁也).

夫崔子也. 違之. 之一邦 則又曰 猶吾大夫崔子也, 違之. 何如.
부최자야 위지 지일방 즉우왈 유오대부최자야 위지 하여

子曰: 淸矣.
자왈 청의

曰: 仁矣乎.
왈 인의호

曰: 未知, 焉得仁.
왈 미지 언득인

> 弑(시): (윗사람을) 죽이다 /齊君(제군) : 齊(제)나라 莊公(장공)을 가리킨다. /乘(승): 말 4마리를 한 벌로 한 단위, 수레 /棄(기): 버리다 *다음에 馬十乘(마십승)을 가리키는 대사가 생략되었다. /違(위): 떠나다, 어기다 /棄而違之(기이위지)의 而(이) : 순접관계를 표시하는 접속사 /棄而違之(기이위지)의 之(지): 그(齊(제)나라를 가리키는 대사) /至(지): 이르다, 도착하다 /於(어): ~에 *동작의 귀착지를 표시하는 전치사 /邦(방): 나라(제후국) /則曰(즉왈)의 則(즉): 하자마자 곧, 바로 (= 卽(즉)) /猶(유): 같다 /之一(지일)邦(방)의 之(지): 가다, 이르다〈동사〉 /又(우): 또 /淸(청): 맑다, 청백하다, 깨끗하다 /得(득): ~할 수 있다, 얻다

崔子弑齊君(최자시제군) 최자가 제나라 임금을 시해하자[224] 陳文子有馬十乘(진문자유마십승) 陳文子는 말 10승(40필)을 소유하였는데도 棄而違之(기이위지) 버리고 그곳을 떠나 至於他邦(지어타방) 다른 나라에 갔으나 則曰(즉왈) 곧 말하기를 猶吾大夫崔子也(유오대부최자야) 우리나라 대부 최자와 같다 하고 違之(위지) 그 나라를 떠났으며, 之一邦 則(지일방 즉) 又曰(우왈) 또 한 나라에 가서 곧 또 말하기를 猶吾大夫崔子也(유오대부최자야) 우리나라 대부 최자와 같다 하고 違之(위지) 그 나라를 떠났는데, 何如(하여) 어떻습니까?

子曰(자왈) 孔子께서 말씀하셨다. 淸矣(청의) 청백(깨끗)하다.

曰 仁矣乎(왈 인의호) (다시 자장이) 여쭈었다. 仁한가요?

---

224) 제나라 대부인 崔子최자(이름은 崔杼최저)가 莊公장공(이름은 光)이 자기 아내 姜氏강씨와 간통한데 격분하여 장공을 시해한 것을 말한다.

曰(왈) 孔子께서 말씀하셨다. 未知(미지) 잘 모르겠다마는 焉得仁(언득인) 어찌 仁하다고 할 수 있겠느냐?[225)]

19. 三思而後行(삼사이후행)

季文子三思而後行, 子聞之, 曰: 再斯可矣.
(계문자삼사이후행 자문지 왈 재사가의)

季(계): 막내, 끝 /文(문): 글, 여기서는 계문자의 시호 /而後(이후): 이후에(=以後(이후)) /子聞之(자문지)의 之(지): 그(季文子(계문자) 三思而後行(삼사이후행)을 가리키는 지시대사) /再(재): 둘, 거듭 /斯(사): ~이면, 이렇게 되면 곧. 則(즉)과 같은 假定(가정), 條件(조건)의 접속사(~하면, ~한즉) /可(가): 좋다, 괜찮다 /矣(의): 단정적 어기를 표시하는 어기조사

季文子(계문자) 계문자는[226)] 三思而後行(삼사이후행) (매사에) 세 번 생각한 뒤에 행한다고 하니, 子聞之(자문지) 曰(왈) 孔子께서 그 말을 들으시고 말씀하셨다. 再斯可(재사가) 矣(의) 두 번이면 좋을 것이다.[227)]

---

225) 《논어집주》: 진문자 또한 제나라 대부로서 이름은 수무이다(陳文子 亦齊大夫 名須無). …文子는 자기 몸을 깨끗이 하고 어지러운 나라를 떠났으니(文子潔身去亂 /潔결: 깨끗하다), 가히 청백하다고 이를 만하다(可謂淸矣). 그러나(然 未知) 그의 마음이 과연 의리의 당연함을 보고(其心果見義理之當然) 능히 초탈하여 얽매이는 바가 없었는지(而能脫然無所累乎 /累누: 묶다, 여러, 자주), 그렇지 않고 이해의 사사로움 때문에 부득이하여(抑不得已於利害之私) 오히려 원망과 후회를 면하지 못한 것인지를(而猶未免於怨悔也 /怨원: 원망하다 /悔회: 후회하다) 알 수 없었으므로, 부자께서는 다만 그의 청백함만을 인정하고(故夫子特許其淸) 그의 仁함은 인정하지 않은 것이다(而不許其仁).

226) 季文子: 노나라 대부로서 성은 姬희, 이름이 行父항보이다. '文'은 그의 시호이다. 계문자는 학식과 재주를 겸한 사람으로 생각이 깊고 용의주도한 성격의 소유자였으며, 노나라의 정권을 장악한 三桓삼환 중에서도 세력이 가장 큰 가문이었지만, 횡포도 심하지 않았고, 죽은 후에 보니 재산이라고는 없어 청렴의 표본으로 알려졌다.

20. 其愚不可及也(기우불가급야)

子曰(자왈): 甯武子(영무자), 邦有道則知(방유도즉지), 邦無道則愚(방무도즉우), 其知可及也(기지가급야), 其愚不可及也(기우불가급야).

> 甯(영): (=寧(녕)) 편안하다, 차라리, 소원 /武(무): 군인 /邦(방): 나라, 제후의 봉토 /邦有道(방유도): 나라가 잘 다스려짐 /邦無道(방무도): 나라가 어지러움 /則(즉): ~하면 곧 *가정이나 조건에 따르는 결과를 표시하는 접속사, 조건에 따른 결과를 표시함(=卽(즉)) /知(지): 지혜롭다, 알다 /愚(우): 어리석다, 우직하다, 고지식하다 /其(기): 甯武子(영무자)를 가리키는 대사 /及(급): 미치다, 미치게 하다, 이르다(어떤 장소나 시간에 닿다), 도달하다, 끼치다, 및 /也(야) : 진술 또는 판단의 어기를 표시하는 종결어기조사

子曰(자왈) 孔子께서 말씀하셨다. **甯武子(영무자)** 영무자는 **邦有道則知(방유도즉지)** 나라에 도가 있을 때는 지혜로웠고, **邦無道則愚(방무도즉우)** 나라에 도가 없을 때(혼란할 시기에)는 어리석었으니, **其知可及也(기지가급야)** 그 지혜로움은 미칠 수 있으나, **其愚不可及也(기우불가급야)** 그 어리석음은 따라갈 수 없다.[228]

---

227) • 孔子가 왜 세 번이나 생각하고 행동한 계문자에 대해 두 번이면 족하다고 논평했느냐 하는 점은 매우 중요하다. 사실 孔子는 계문자가 이해관계에 너무 밝았기 때문에 그 계산의 정도가 줄어들어야 한다고 보았다. 세상 물정에 깊이 빠져들어 사욕을 채우기 위한 생각은 적을수록 좋다는 것이다.(김원중, 106면)
• 사려 깊은 것은 좋지만 그것도 지나치면 좋지 않다는 뜻이다.(류종목, 165면)
• 茶山: 세 번 생각한다는 것은 충분히 생각한다는 말이다. … 만일 계문자가 참으로 한 번 생각하고 두 번 생각하였다면 어찌 악인을 편들어 원한을 갚는 데에 이르렀겠는가. 세 번 생각하는 일은 쉬운 일이 아니며, 두 번만 생각했다면 괜찮았을 것이다(그러나 계손행보는 두 번도 생각하지 못했다).(박헌순 1-309면)

228) 《논어집주》: 《춘추전》을 살펴보면(按春秋傳) 영무자가 위나라에서 벼슬한 때는(武子仕衛) 문공(재위 B.C. 659 ~ B.C. 635)과 성공(재위 B.C. 634 ~ B.C. 600) 때에 해당한다(當文

21. 斐然成章

子在陳, 曰: 歸與. 歸與. 吾黨之小子狂簡, 斐然成章, 不知所以裁之.

> 歸: 돌아가다 /與: ~해야 하지 않겠느냐? *감탄의 어기를 띠는 반어적 의문어기조사 [夫子 聖者與 孔子는 성자이신가?《논어》자한6장] *류종목은 '감탄의 어기를 표시하는 어기조사'라 하고 '돌아가리라', '돌아가야겠구나!'로 풀었다.(166, 167면) /黨: 무리, 고향, 鄕里, 마을, 마을의 단위(周나라 때는 500家를 하나의 黨으로 하였음) /之: ~의 *관형격 어조사(吾黨之가 小子의 앞에 놓여 小子를 수식하는 관형어) /小子: 아이, 젊은이, 제자 /狂: 미치다, 뜻이 크다, 뜻은 큰데 행동은 소홀하다 /簡: 간략하다, 대범하다, 대범하여 세부적인 일에 치밀하지 못하다, 편지 /彩: 문채 나다, 무늬가 찬란하다 /然 : 상태를 나타내는 형용사 接尾辭 /斐: 아름답다, 아름다운 광채 나는 모양 /章: 문장, 모범, 조목, 밝다, 드러나다, 무늬, 문채 /所以: 방법, 까닭〈명사〉 /裁: 마름질하다, 옷을 짓다, 헤아리다 /所以裁之의 之: 그것(제자들의 훌륭한 자질과 이룬 아름다운 문장을 가리키는 지시대사) *류종목: 일반적인 사물.사람을 가리키는 대사

公成公之時). 문공은 (나라를 다스림에) 도가 있었고(文公有道), 영무자는 볼 만한 일이 없었으니(而武子無事可見) 이것이 (누구나) 그 지혜를 따라갈 수 있다는 것이다(此其知之可及也). 성공은 (나라를 다스림에) 도가 없어서(成公無道) 나라를 잃게 됨에 이르자(至於失國) 영무자는 그 사이에서 주선하되(而武子周旋其間) 마음을 다하고 힘을 다하여(盡心竭力) 어렵고 험함을 피하지 않았다(不避艱險 /艱간: 어렵다 /險험: 험하다, 고생스럽다). 무릇 그가 처한 바는(凡其所處) 모든 지혜롭고 재주 있는 사람들이 깊이 회피하여(皆智巧之士所深避) 즐겨 하지 않은 일이었는데(而不肯爲者 /肯긍: 즐기다, 수긍하다), 끝내 그 자신을 보전하고(而能卒保其身 /卒졸: 마치다, 마침내, 드디어) 그 임금을 구제하였으니(以濟其君 /濟제: 돕다, 구제하다), 이와 같은 그의 우직함은 가히 따라갈 수 있는 일이 아닌 것이다(此其愚之不可及也).

子在陳 曰(자재진 왈) 孔子께서 진나라에 계실 때 말씀하셨다. **歸與 歸與**(귀여 귀여) 돌아가야 하지 않겠느냐? 돌아가야겠지? **吾黨之小子狂簡**(오당지소자광간) 내 고향의 젊은 이들이 뜻은 크나 일에는 거칠고 간략하고, **斐然成章**(비연성장) (겉모양은) 아름답게 문장을 이루었으나 **不知所以裁之**(부지소이재지) 그것을 마름질할 줄(어떻게 다듬어야 할지를) 모르는구나![229]

22. 不念舊惡(불염구악)

子曰: 伯夷 . 叔齊不念舊惡. 怨是用希.
(자왈 백이 숙제불염구악 원시용희)

夷(이): 오랑캐 /伯.仲.叔.季(백중숙계): 형제의 서열순서 /齊(제): 가지런히 하다. /念(염): 생각하다, 기억하다 /舊(구): 지난 날, 옛 /惡(악): 잘못, 악하다 /怨(원): 원망하다 /是(시): 이 *지시대사 /是用(시용): 이 때문에, *류종목: '이로써'라는 뜻의 접속사, 用(용)은 원인이나 수단.방법을 표시하는 전치사, 是用(시용)은 用是(용시)와 같은 것으로 목적어 是(시)가 전치사 用(용)의 앞에 놓인 형태이지만 관용어화하여 접속사로 바뀐 것이다(=是以(시이)) [何用不臧(하용부장) 어찌 훌륭하지 않은가?

---

229) 《논어집주》: 이는 孔子가 사방을 두루 돌아다녔으나(此孔子周流四方) 도가 행해지지 않자(道不行) (노나라로) 돌아갈 것을 생각하며 탄식한 것이다(而思歸之歎也). … 부자의 처음 마음은(夫子初心) 그의 도를 천하에 행해 보려고 한 것이었지만(欲行其道於天下) 이때에 이르러서는 그가 끝내 등용되지 못할 것을 알았다(至是 而知其終不用也). 이에(於是) 비로소 후학들을 성취시킴으로써(始欲成就後學) 후세에 (자기의) 도를 전하고자 한 것이다(以傳道於來世). 또 中道를 실행하는 선비를 만나지 못하자(又不得中行之士) 그다음 등급의 선비를 생각하고(而思其次), 狂士는 뜻이 높고 원대하여(以爲狂士志意高遠) 오히려 혹시 더불어 도에 나아갈 수 있을 것으로 여긴 것이다(猶或可與進於道也). 다만 그들이 中道를 벗어나고 바름(正道)을 잃어(但恐其過中失正) 혹시 이단에 빠지지 않을까(而或陷於異端耳) 두려울 뿐이었다. 이 때문에 돌아가 그들을 마름질해 주고자(바로잡아 주고자) 한 것이다(故欲歸而裁之也).

《논어》자한26장] /希(희): 드물다(=稀(희))

子曰(자왈) 孔子께서 말씀하셨다. 伯夷(백이).叔齊(숙제) 백이.숙제는[230] 不念舊惡(불염구악) 지난날의 (남의) 잘못을 염두에 두지 않았다. 怨是用希(원시용희) 원망하는 사람이 이 때문에 드물었다.

23. 微生高直(미생고직)

子曰(자왈): 孰謂微生高直(숙위미생고직). 或乞醯焉(혹걸혜언), 乞諸其隣而與之(걸저기린이여지).

孰(숙): 누구, 누가 ~하는가? /微(미): 작다, 적다, 숨다 /乞(걸): 빌리다, 구하다, 소원 /醯(혜): 초, 식초 /焉(언): 그에게 ('於是(어시)' 혹은 '於之(어지)'와 같은 뜻이며, 是(시).나 之(지)는 微生高(미생고)를 가리키는 대사) /諸(저): 그것을 ~에서(之於(지어)의 뜻, 之(지)는 醯(혜)를 가리키는 지시 대사) /乞諸其(걸저기)의 其(기): 그('미생고'를 가리키는 대사) /隣(린): 이웃 /而(이): ~하고서 *순접관계를 표시하는 접속사 /與(여): 주다 /之(지): 그(或(혹)을 가리키는 대사)

---

230) 伯夷, 叔齊: 고대 孤竹國고죽국의 세 王子 중의 첫째와 셋째인데, 임금인 아버지는 숙제로 하여금 뒤를 잇게 하고자 하였다. 왕인 아버지가 죽은 후 숙제는 왕위를 형에게 양보했지만 백이가 아버지의 뜻을 따라야 한다며 왕위에 오르기를 거절하여 결국 백이와 숙제는 함께 도망하였고, 고죽국 사람들은 할 수 없이 둘째 아들을 왕으로 세웠다. 백이와 숙제는 西伯 姬昌(후일 주나라 문왕으로 추존됨)이 노인을 잘 돌본다 하여 주나라로 갔지만 서백이 죽은 후 그의 아들 武王이 殷나라의 紂王주왕을 치려 하자 제후국인 주나라가 종주국인 주나라를 침은 '以臣伐君이신벌군'(신하가 임금을 정벌함)으로 不忠불충이라며 출정하는 무왕의 말고삐를 붙잡고 말렸으나 뜻을 이루지 못하자 불의를 저지른 주나라의 곡식을 먹지 않겠다고 하고는 首陽山수양산에 들어가 고사리를 뜯어 먹으며 연명하다가 굶어 죽었다고 한다. 이들은 중국 역사상 가장 의롭고 청렴결백한 현인의 상징이 되고 있다.

子曰(자왈) 孔子께서 말씀하셨다. **孰謂微生高直**(숙위미생고직) 누가 미생고를 정직하다고 말하는가? **或乞醯焉**(혹걸혜언) 어떤 사람이 그에게 식초를 얻으려 하자 **乞諸其隣**(걸저기린) 그의 이웃집에서 빌어다가 **而與之**(이여지) 주었다.[231)]

24. 巧言令色足恭(교언영색주공)

子曰: 巧言.令色.足恭, 左丘明恥之, 丘亦恥之. 匿怨而友其人, 左丘明恥之, 丘亦恥之.
(자왈 교언영색주공 좌구명치지 구역치지 닉원이우기인 좌구명치지 구역치지)

巧(교): 좋게 하다, 교묘하다 /令(영): 좋다 /色(색): 얼굴빛 /恭(공): 공손하다 /足(주): 지나치다 *足(족):

---

231) 《논어집주》: '미생'이 성이고, '고'는 이름이며, 노나라 사람이다(微生姓 高名 魯人). 평소에 정직하다는 명성이 있었다(素有直名者 /素소: 바탕, 평소, 희다). …누군가가 자기 집에 와서 물건을 얻으려 했을 때에(人來乞時) 자기 집에 없으므로(其家無有) 그것을 이웃집에서 빌어다 준 것이다(故乞諸鄰家以與之). 夫子가 이것을 말한 것은(夫子言此) 그가 뜻을 굽혀 外物(마음에 접촉되는 객관적 세계의 모든 대상, 여기서는 명예, 돈, 권력, 편안함 등)에 따랐으며(譏 其曲意徇物 /徇순: 좇다, 주견 없이 따르다), 아름다운 이름을 탈취하기 위하여 남에게 은혜를 팔은 것은(掠美市恩 /掠략: 탈취하다 /市시: 팔다, 값, 장사하다) 정직함이 될 수 없다고(不得爲直也) 비판한 것이다.

○범씨는 말하기를(范氏曰) "옳은 것은 옳다고 말하고(是曰是), 그른 것은 그르다고 말하고(非曰非), 있는 것은 있다고 이르고(有謂有), 없는 것은 없다고 말하는 것이(無謂無) 곧은 것이다(曰直). 성인께서 …작은 일로써 미생고를 단정하였으니(以微事斷之) 사람들이 (작은 일도) 삼가지 않으면 안 됨을 가르친 것이다(所以教人不可不謹也)."라고 하였다.

* 微生之信: 미생고가 한 여자와 다리 밑에서 만나기로 약속했는데, 비가 와서 하천물이 급속히 불어났다. 이런 급박한 사정에도 불구하고 고지식한 미생고는 약속을 지키기 위해 다리 밑을 떠나지 못하다가 다리 기둥을 안고 죽었다고 한다. 미생의 고사는 약속의 중요성으로 널리 인용되고 있기도 하지만 한편으로는 융통성 없는 고지식함을 비유하기도 한다.

발, 뿌리, 근본 /足恭(주공): 朱子는 足(주)를 過(과)(지나치다, 초월하다, 넘다)로 보아 지나치게 자신을 낮추는 것이라고 하였다. /明(명): 밝다 /恥(치): 부끄럽다, 부끄러워하다 /匿(닉): 숨기다 /怨(원): 원망 /而(이): ~하고 /友(우): 벗하다, 친구로 삼다, 벗 /之(지): 그것(앞에 나온 巧言(교언) 令色(영색) 足恭(족공) 또는 匿怨而友其人(닉원이우기인))

子曰(자왈) 孔子께서 말씀하셨다. **巧言**(교언) 말을 듣기 좋게 잘하고 **令色**(영색) 얼굴빛(표정)을 보기 좋게 꾸미고, **足恭**(주공) 지나치게 공손함을 **左丘明恥之**(좌구명치지) 좌구명이 부끄러워했는데, **丘亦恥之**(구역치지) 나(丘(구)) 또한 그런 것을 부끄러워한다. **匿怨而友其人**(닉원이우기인) (마음속의) 원망을 숨기고 그 사람과 벗하는 것(친한 체하는 것)을 **左丘明恥之**(좌구명치지) 좌구명이 부끄러워했는데 **丘亦恥之**(구역치지) 나 또한 부끄러워한다.232)

25. 老者安之(노자안지)

25-1. 顔淵(안연). 季路侍(계로시), 子曰(자왈): 盍各言爾志(합각언이지).

侍(시): 모시다 /盍(합): 〈의문·반어부사〉어찌하여 ~하지 않는가 (=何不(하불)의 두 音(음)이 합하여 축약된 것) *蓋(개): 덮다, 대략, 大蓋(대개), 아마도 /爾(이): 너(2인칭 대사 =汝(여), 女(여), 若(약), 而(이)) /志(지): 뜻

---

232) 《논어집주》: 사씨는 말하기를(謝氏曰) "두 가지를 부끄러워함은(二者之可恥) 벽을 뚫고 넘어가는(도둑질하는) 것보다 심함이 있음이다(有甚於穿窬也 /穿천: 뚫다 /窬유: 넘다). …부자가 스스로 '나 또한 부끄러워한다'고 말한 것은(夫子自言丘亦恥之) 대개 '절비노팽'(은나라 현인인 노팽의 겸손함에 은근히 비유하다 : 제7 述而 1장 참조)의 뜻이며(蓋竊比老彭之意) 또한 배우는 자를 깊이 경계하여(又以深戒學者) 이를 살피게 하고(使察乎此) 곧음으로써 마음을 세우게 한 것이다(而立心以直也)."라고 하였다.

顏淵(안연), 季路(계로)侍(시) 안연(顏回(안회), 顏子(안자))과 계로(仲由(중유), 子路(자로))가 (孔子를) 모시고 있을 때 **子曰(자왈)** 孔子께서 말씀하셨다. **盍各言爾志(합각언이지)** 어찌하여 각기 너희들의 뜻을 말하지 않는가?(각자의 생각을 말해 보아라.)

25-2. 子路曰(자로왈): 願車馬衣輕裘(원거마의경구), 與朋友共(여붕우공), 敝之而無憾(폐지이무감).

> 衣(의): 옷, 옷을 입다 /輕(경): 가볍다 /裘(구): 갖옷(짐승의 털가죽으로 안을 댄 옷) /與(여): ~와(과), 더불어 /共(공): 함께, 함께하다 /敝(폐): 해지다. 망가지다 /之(지): 그(車馬輕裘(거마경구)를 가리킴) /而(이): ~하더라도 *역접관계를 표시하는 접속사 /無(무): 없다, ~하지 아니하다 /憾(감): 서운해하다, 유감(스럽다)

子路曰(자로왈) 자로가 말씀드렸다. **願(원)** 원하건대 **車馬衣輕裘(거마의경구)** 수레와 말과 가벼운 갖옷을 **與朋友共(여붕우공)** 벗과 함께 쓰다가 **敝之而無憾(폐지이무감)** 그것이 망가지더라도 유감(서운해함)이 없고자 합니다.

25-3. 顏淵曰(안연왈): 願無伐善(원무벌선), 無施勞(무시로).

> 無(무): ~하지 아니하다(부정), 없다 /伐(벌): 자랑하다, 치다, 베다 /善(선): 잘하다, 착하다, 유능하다 /施(시): 베풀다, 드러내다, 과장하다, 크게 뽐내다 /勞(로): 공로, 수고

顏淵曰(안연왈) 안연이 말씀드렸다. **願(원)** 원하기는 **無伐善(무벌선)** 제 능력 있음을 자랑하지 않으며 **無施勞(무시로)** 제 공로를 과장하지 않고자 합니다.

25-4. 子路曰: 願聞子之志.
자로왈 원문자지지

子曰: 老者安之, 朋友信之, 少者懷之.
자왈 노자안지 붕우신지 소자회지

志: 뜻 /安: 편안하게 하다, 편안하다 /老者安之, 朋友信之, 少者懷之의 之: 각각 노인, 벗, 젊은이를 지칭하는 인칭대사. 강조효과를 위하여 老者, 朋友, 少者를 앞으로 내세우고 그 자리에 다시 인칭대사를 쓴 것(류종목 171면) /少者: 젊은이 /懷: 품다, 생각하다, 둘러싸다, 따르다, 따르게 하다(사역동사), 위로하다, 보내다

子路曰 자로가 여쭈었다. 願聞子之志 원하건대 스승님의 뜻을 듣고자 합니다.

子曰 孔子께서 말씀하셨다. 老者安之 노인들을 편안하게 해 드리고, 朋友信之 벗에게는 믿음을 주고, 少者懷之 젊은이들은 품어 주겠다(보살피겠다).[233]

26. 能見其過
능견기과

子曰: 已矣乎. 吾未見能見其過而內自訟者也.
자왈 이의호 오미견능견기과이내자송자야

已: 끝나다〈동사〉, 이미 /矣: 단정적 어기를 표시하는 어기조사 *류종목:(173면) : 동작이 이미 완료되었음을 표시하는 어기조사 /乎: 감탄의 어기를 표시하는 어기조사 /未: 아직 ~하지 못하다 /其: 그(자기 자신을 가리킴) /過: 잘못 /而: ~하고 *순접관계를 표시하는 접속사 /內: (마음)속, 안 /自: 자신을 가리키는 1인칭대사 *일

233) 《논어집주》: 일설에(一說) '安之'는 나를 편안하게 여기게 하는 것이고(安之 安我也), '信之'는 나를 믿게 하는 것이고(信之 信我也), '懷之'는 나를 생각하게 하는 것이라고 하니(懷之 懷我也), 역시 통한다(亦通).

반적으로 '自(자)'는 動詞(동사) 앞에, '己(기)'는 동사의 앞뒤에 쓰인다. *류종목(173면): 일인칭대사로서 부사적 성격이 강하기 때문에 목적어로 쓰일 경우 동사 앞에 놓인다. /訟(송): 꾸짖다, 책망하다 /者(자): ~한 사람

子曰(자왈) 孔子께서 말씀하셨다. 已矣乎(이의호) 끝났구나! 吾未見能見其過(오미견능견기과) 나는 아직 자기 허물을 보고 而內自訟者也(이내자송자야) 속으로 스스로를 꾸짖을 수 있는 자를 보지 못했다.[234)]

27. 丘之好學也(구지호학야)

子曰: 十室之邑, 必有忠信如丘者焉, 不如丘之好學也.
(자왈 십실지읍 필유충신여구자언 불여구지호학야)

室(실): 집, 방, 건물 /十室之邑(십실지읍)의 之(지): ~의 *관형격 어조사 /邑(읍): 마을, 고을 /忠(충): 진실하다, 성실하다, 충성 /信(신): 신의, 신의가 있다 /如(여): ~와 같다 /丘(구): 孔子의 이름, 스스로 '구'라고 이름을 사용한 것은 겸손의 禮(례)이다, 언덕 /者(자): ~한 사람 /焉(언): 그곳에(=於之(어지), 於是(어시) *之(지), 是(시)는 十室之邑(십실지읍)을 가리키는 지시대사) /不如(불여): ~와 같지 않다, ~보다 못하다 /丘之好學(구지호학)의 之(지): 주격 어조사

子曰(자왈) 孔子께서 말씀하셨다. 十室之邑(십실지읍) 열 집 정도의 작은 마을에

234) 《논어집주》: '已矣乎'라는 것은(已矣乎者) 끝내 보지 못할까 두려워하여(恐其終不得見) 탄식한 것이다(而歎之也). …사람이 허물이 있으되(人有過) 능히 스스로 아는 자가 드물고(而能自知者 鮮矣), 잘못을 알고(知過) 능히 마음속으로 스스로 꾸짖는 자는(而能內自訟者) 더욱 드물다(爲尤鮮). 능히 마음속으로 스스로를 꾸짖을 수 있다면(能內自訟) 그 뉘우침과 깨달음이 깊고 간절하여(則其悔悟深切 /悔회: 뉘우치다 /悟오: 깨닫다 /悔悟: 잘못을 뉘우쳐 깨달음) 능히 허물을 고칠 것이다(而能改必矣).

도 必有忠信如丘者焉(필유충신여구자언) 틀림없이 나와 같이 진실하고 신의가 있는 사람이 있겠지만, 不如丘之好學也(불여구지호학야) 내가 배우기를 좋아하는 것만 같지는 못할 것이다.[235]

235) 孔子는 지금도, 그리고 영원히 배우기를 게을리하지 않는 학자로서의 모습을 견지하겠다는 강렬한 의지를 보여 주고 있다. 인간은 충직함과 신의만으로도 부족하며, 영원히 배우려는 자세를 보일 때만이 인간 본연의 모습을 되찾을 수 있다는 정의를 내린 셈이다.(김용재, 200면)

제6편 雍也(옹야)

凡二十八章. 篇內第十四章以前 大意與前篇同.
범이십팔장 편내제십사장이전 대의여전편동

모두 28장이다. 이 편의 14장 이전은 큰 뜻이 전편(공야장)과 같다.《논어집주》

1. 可使南面(가사남면)

1-1. 子曰(자왈): 雍也可使南面(옹야가사남면).

> 雍(옹): 화락하다, 온화하다, 仲弓(중궁)의 이름 /也(야): 음절을 조정하고 어기를 고르는 어기조사 [其爲人也孝弟(기위인야효제) 사람됨이 효성스럽고 공경스러우면서 而好犯上者(이호범상자) 윗사람 해치기를 좋아하는 사람은 鮮矣(선의) 드물다.《논어》학이2장] *이문주(319면): 주어를 분명히 하고 호흡조절의 어기조사로서 '~는'의 뜻 /可使(가사): ~하게 할 만하다 *다음에 雍(옹)을 가리키는 인칭대사가 생략되었다. /面(면): 향하다 /南面(남면): 남쪽으로 향하다, 남쪽을 향해 앉는 자리. *臣下(신하)는 北面(북면)하고 君王(군왕)은 남면한다.

子曰(자왈) 孔子께서 말씀하셨다. **雍也 可使南面(옹야 가사남면)** 冉雍(仲弓)(염옹(중궁))은 南面할 만하다(다스리는 제후의 지위에 있을 만하다).[236]

1-2. 仲弓問子桑伯子(중궁문자상백자), 子曰(자왈): 可也(가야), 簡(간).

> 桑(상): 뽕나무 /伯(백) . 仲(중) . 叔(숙) . 季(계): 형제들의 차례 /可也(가야): ~할 만하다, 그런대로 괜찮다 /簡(간): 간략하다, 번거롭고 까다롭지 않음, 대범하다, 소탈하다, *'까탈스럽지 않고 너그럽다'는 肯定的(긍정적)인 의미뿐만 아니라 '세부적인 일에 치밀하지 못하다', '신중하지 않다'는 否定的(부정적)인 의미도 내포하고 있다(류종목, 178면), 편지

仲弓問子桑伯子(중궁문자상백자) 중궁이 자상백자를 여쭈자[237] **子曰(자왈)** 孔子께서

---

236)《논어집주》: '南面'이라는 것은(南面者) 임금이 정사를 듣는 자리이다(人君聽治之位 /聽청: 듣다, 다스리다 /治치: 다스리다, 정치, 정사 /位위: 자리, 지위). 중궁은 마음이 너그럽고 넓으며 대범하고 중후하여(言 仲弓寬洪簡重 /寬관: 너그럽다, 도량이 크다 /洪홍: 넓다, 크다 /簡간: 대범하다), 임금(제후)의 국량(局量: 남의 잘못을 이해하고 감싸주며 일을 능히 처리하는 힘)이 있다고(有人君之度也 /人君인군: 제후를 뜻한다 /度도: 법도, 국량) 한 말이다.

말씀하셨다. **可也(가야), 簡(간)** 괜찮다, 대범(소탈, 간략)하다.[238]

1-3. 仲弓曰(중궁왈): 居敬而行簡(거경이행간) 以臨其民(이임기민), 不亦可乎(불역가호). 居簡而行簡(거간이행간), 無乃大簡乎(무내태간호).

> 居(거): 평상시, 일상생활, 살다 /敬(경): 공경하다, 몸가짐이나 언행을 삼가다 /居敬(거경): 공경함에 처하다, 몸과 마음가짐에서 공경하는 태도를 유지하다 /臨(임): 임하다 /以臨其民(이임기민): 以(이)다음에 그 앞의 '居敬而行簡(거경이행간)'을 가리키는 대사 之(지)가 생략되었다. /乎(호): ~인가? /乃(내): 바로~이다, 이에, 곧, 도리어, 비로소, 뜻밖에 /無乃(무내)의 無(무): 不(불)과 같다 /無乃(무내): 문장 끝에 의문의 어기를 표시하는 어기조사(乎(호) 등)를 동반하여 '바로 ~이 아닌가?', '~하지 않은가'라는 뜻의 反問型(반문형) 疑問文(의문문)을 이루어 强(강)한 肯定(긍정)을 나타낸다. (=毋乃(무내), 毋迺(무내))(류종목, 179면) /大(태): '태'로 읽으며 '太'(너무, 지나치게: 부사)의 뜻이다.

仲弓曰(중궁왈) 중궁이 말하였다. **居敬(거경) 而行簡(이행간)** 평소 공경스러운 자세로 살면서 대범함(간략함, 소탈함)을 행하여 **以臨其民(이임기민)** 백성들에게 임한다면 **不亦可乎(불역가호)** 또한 괜찮지 않겠습니까? **居簡(거간) 而行簡(이행간)** (그러나) 평소 몸가짐이 대범(간략함, 소탈함에 처)하면서 대범함(간략함)을 행한다면 **無乃大簡乎(무내태간호)** 지나치게 대범한(간략한) 것이 아니겠습니까?

---

237) 주자는 '자상백자'를 노나라 사람이라고 하였으나 누구인지 분명치 않다.

238) 《논어집주》: '可'라는 것은 겨우 괜찮으나(可者僅可 /僅근: 겨우) 미진함이 있다는 말이다(而有所未盡之辭). '簡'은 번거롭지 않음을 이른다(簡者 不煩之謂 /煩번: 번거롭다).

1-4. 子曰: 雍之言然.
자 왈 옹 지 언 연

然: 그러하다, 옳다, 분명하다, 허락(同意)하다, 그리하여, 그렇다면, 그러면, 그러고 연 동 의

子曰 孔子께서 말씀하셨다. 雍之言然 옹의 말이 옳다.
자 왈 옹 지 언 연

2. 不貳過
불 이 과

哀公問: 弟子孰爲好學.
애 공 문 제 자 숙 위 호 학

孔子對曰: 有顔回者好學, 不遷怒, 不貳過, 不幸短命死矣. 今也則亡, 未聞好學者也.
공 자 대 왈 유 안 회 자 호 학 불 천 노 불 이 과 불 행 단 명 사 의 금 야 즉 무 미 문 호 학 자 야

弟子(제자): 제자 /孰(숙): 누구〈의문대사〉 /爲(위): '~이다'라는 뜻의 연계동사 *류종목(180, 33면)은 "일반적으로 그 뒤에 명사나 대사가 오지만 형용사나 명사로 전용된 형용사가 오는 경우도 있는데, 이 경우에는 뒤에 오는 형용사와 결합하여 '~하다' 또는 '~한 셈이다', '한 것이다'라는 뜻의 술어를 이룬다. 이 경우 대개 '가장~하다'라는 어감을 내포한다. 형용사는 '爲'의 보어가 된다"고 하였다. /有顔回者(유안회자)의 者(자): ~하는 사람, ~라는 사람 /遷(천): 옮기다 /怒(노): 성내다, 노여워하다 /過(과): 잘못, 허물 /貳(이): 둘(2), 다시 하다 /幸(행): 행복하다, 행운 /短(단): 짧다 /矣(의): 단정적 어기를 표시하는 어기조사 *류종목(180면): 동작이 이미 완료되었음을 표시하는 어기조사 /亡(무): 없다 *亡(망): 망하다, 죽다 /今也則亡(금야즉무)의 也(야): 음절을 조정하고 어기를 고르는 어기조사 /則(즉): ~로 말하자면, ~로 말할 것 같으면 /也(야): 판단 또는 비교적 단호한 진술의 어기를 표시하는 어기조사

哀公問 (노나라) 애공이 물었다[239]. 弟子孰爲好學 제자 중 누가
애 공 문 제 자 숙 위 호 학

239) 魯哀公 11년(B.C. 484)에 孔子가 14년에 걸친 주유를 마치고 68세의 나이로 노나

배우기를 좋아합니까?

孔子對曰(공자대왈) 孔子께서 대답하셨다. 有顏回者好學(유안회자호학) 안회라는 사람이 있어 배우기를 좋아했습니다. 不遷怒(불천노) 노여움을 (다른 사람에게) 옮기지 아니하며, 不貳過(불이과) 잘못을 두 번 되풀이하지 않았는데, 不幸短命死矣(불행단명사의) 불행히도 명이 짧아 죽었습니다. 今也則亡(금야즉무) 지금은 (그러한 자가) 없습니다. 未聞好學者也(미문호학자야) (그 뒤로는) 배우기를 좋아하는 이를 아직 듣지 못하였습니다.240)

3. 不繼富(불계부)

3-1. **子華使於齊, 冉子爲其母請粟.**(자화시어제, 염자위기모청속)

子曰: 與之釜.(자왈 여지부)

請益, 曰: 與之庾.(청익 왈 여지유)

冉子與之粟五秉.(염자여지속오병)

라로 돌아왔으니, 이 대화는 그 후의 것이다. 애공은 孔子 사후인 B.C. 468년에 삼환씨를 제압하려다 반란을 일으킨 삼환씨에 굴복당해 월나라로 추방되어 B.C. 467년에 그 땅에서 죽었다.

240) 《논어집주》: '遷'은 '옮김'이요(遷 移也). '貳'는 '다시(거듭) 함'이니(貳 復也), 甲에게 화난 것을 乙에게 옮기지 않고(怒於甲者不移於乙), 전에 잘못한 것을 뒤에 다시(되풀이) 하지 않는 것이다(過於前者不復於後). 안자의 극기(사욕을 극복)하는 공부가(顏子克己之功) 이와 같음에 이르렀으니(至於如此), 참으로 배움을 좋아했다고 이를 만하다(可謂眞好學矣). '短命(명이 짧음)'이라는 것은(短命者) 안자가 32세에 죽은 것을 말한다(顏子三十二而卒也). 이미 지금은 없다고 말하고(旣云今也則亡), 또 배움을 좋아한다는 자를 아직 듣지 못했다고 말한 것은(又言未聞好學者) (그의 죽음을) 깊이 애석해 하고(蓋深惜之) 또 참으로 배움을 좋아하는 자를 얻기 어려움을 나타낸 것이다(又以見眞好學者之難得也).

* 같은 내용이 제11 선진6장(季康子와의 문답)에도 보인다.

> 華(화): 꽃, 꽃이 피다, 빛나다 /使(시): 심부름가다, (사신으로)보내다, (사신으로)가다 *使(사): 심부름하다, 시키다, 따르다, 사신, 가령 /於(어): ~에 /冉(염): 나아가다 /爲其母(위기모)의 其(기): 그(자화를 가리키는 인칭대사 /粟(속): 곡식 /與(여): 주다 /與之釜(여지부), 冉子與之粟五秉(염자여지속오병): 之(지)는 '그(자화의 어머니)에게' 간접목적어, 釜(부)와 粟五秉(속오병)은 직접목적어 /益(익): 더하다 /釜(부): 솥, 6말 4되 /庾(유): 16말 /秉(병): 16섬, 잡다, 마음으로 지키다, 볏단

子華使於齊(자화시어제) 자화(公西赤(공서적), 公西華(공서화))가 제나라에 심부름을 가자 **冉子爲其母請粟**(염자위기모청속) 염자(冉求(염구), 冉有(염유), 子有(자유))가 자화의 어머니를 위하여 곡식을 요청하였다.

子曰 與之釜(자왈 여지부) 孔子께서 말씀하셨다. 釜를 주어라.

請益 曰 與之庾(청익 왈 여지유) 더 주기를 요청하자, (孔子께서) 말씀하셨다. 庾를 주어라.

冉子與之粟五秉(염자여지속오병) 염자가 곡식 5秉을 그 어머니에게 주었다.

3-2. **子曰: 赤之適齊也, 乘肥馬, 衣輕裘. 吾聞之也, 君子周急不繼富.**(자왈 적지적제야 승비마 의경구 오문지야 군자주급불계부)

> 適(적): 가다 /赤之適齊也(적지적제야)의 之(지): 주격 어조사 *류종목(182면): 주어와 술어 사이에 쓰여 주술구조로 하여금 독립성을 잃고 명사구 또는 명사절이 되게 하는 구조조사 /乘(승): 타다 /肥(비): 살찌다 /衣(의): 입다, 옷 /輕(경): 가볍다 /裘(구): 갖옷(짐승의 털가죽으로 안을 댄 옷) /吾聞之(오문지)의 之(지): 이, 이것(뒤에 오는 '君子周急不繼富(군자주급불계부)'를 가리키는 대사) /也(야): 음절을 조정하고 어기를 고르는 어기조사 /周(주): 도와주다, 구휼하다(=賙(주)), 두루 /急(급): 곤궁하고 다급하다 /繼(계): 보태다, 계속(하다), 잇다 /富(부): 부유하다

子曰(자왈) 孔子께서 말씀하셨다. **赤之適齊也**(적지적제야) 赤이 齊나라에 갈 때에 **乘肥馬 衣輕裘**(승비마 의경구) 살찐 말을 타고 가벼운 갖옷을 입었다. **吾聞之也**(오문지야) 내가

들으니(내가 알기로는) **君子周急不繼富** 군자는 곤궁한 이를 도와주고 부유한
군 자 주 급 불 계 부
이에게 보태 주지 않는다고 하였다.

3-3. 原思爲之宰, 與之粟九百, 辭.
원 사 위 지 재 여 지 속 구 백 사

爲(위): 되다, 하다 /爲之宰(위지재)의 之(지): 그(孔子를 가리키는 인칭대사) /宰(재): 가신, 재상, 벼슬아치, 다스리다, 주관하다 /與之粟九百(여지속구백)의 之(지): 그(原思를 가리키는 인칭대사) /與(여): 주다 /辭(사): 사양하다, 물러나다, 사퇴하다, 파견하다, 말씀, 핑계, 구실

原思爲之宰(원사위지재) (孔子께서) 原思를241) 가신으로 삼았는데242) **與之粟九百**(여지속구백) 그에게 곡식 900(단위는 알 수 없음)을 주었더니 **辭**(사) 사양하였다.

---

241) 原思, 原憲(B.C. 515 ~?): 춘추시대 송나라 사람. 孔子의 제자로 孔門七十二賢공문칠십이현 중의 한 사람. 孔子보다 36세 아래였다. 이름이 憲, 자는 子思. 孔子가 죽은 후 그는 草野초야의 평민으로 돌아가 半반 隱俠은협으로 살았다. 그는 몹시 가난하여 작은 골목 안에 살았고, 방도 매우 비좁았다. 초가집에 쑥갓을 엮어 문으로 삼았고, 깨진 독으로 창을 만들었다. 지붕에서는 비가 새고 바닥은 습기가 찰 정도였다. 하지만 곤궁함을 부끄럽게 여기지 않았고, 온종일 집 안에 단정하게 앉아 琴금을 켜면서 노래를 부르고 즐거워하며 安貧樂道안빈낙도의 생활을 추구했다. 衛나라의 재상으로 있던 子貢자공이 화려한 행차로 방문했을 때 그는 해진 衣冠의관을 단정하게 차려입고 그를 맞았다. 자공이 곤궁하게 사는 것을 걱정하자 "재산이 없는 것을 가난이라 하고, 도를 배우고서도 실천하지 않는 것을 병이라 하네. 나는 병은 없고, 단지 가난할 뿐이네"라고 말하여 자공을 부끄럽게 만들었다고 한다.

* 隱俠은협: 의롭고 씩씩한 기개가 있는 사람으로서 남을 돕되 자랑하지 않는 사람, 사마천은 《사기》〈遊俠列傳유협열전〉에 朱家주가, 劇猛극맹, 郭解곽해, 豫讓예양, 攝政섭정 등을 기록했다.

242) 《논어집주》: 孔子가 노나라의 사구이었을 때에(孔子爲魯司寇時) 원사를 가신으로 삼았다(以思爲宰). '속'은 가신의 봉록이다(粟 宰之祿也). 구백은 (釜, 庾, 秉 등의) 양을 말하지 않아(九百 不言其量) 헤아릴 수 없다(不可考).

3-4. 子曰: 毋. 以與爾鄰里鄕黨乎.
자 왈 무 이 여 이 린 리 향 당 호

> 毋(무): 그러지 말라 *금지를 나타내는 부사, 뒤에 동사 '辭(사)'가 생략되었다 /以(이) : 동작의 대상을 표시하는 전치사 *以(이)뒤에 '粟九百(속구백)' 또는 대사 之가 생략되었다. /與(여): 주다 *爾隣里鄕黨(이린리향당)이 與(여)의 간접목적어 /爾(이): 너(=汝(여), =女(여), =而(이), =若(약)) /鄰(린): 이웃 /里(리): 마을 /鄕黨(향당): 자기가 태어났거나 사는 시골의 마을, 또는 그 마을 사람들 /乎(호): ~하라 *명령의 어기를 표시하는 어기조사

子曰(자왈) 孔子께서 말씀하셨다. 毋(무) 사양하지 말라! 以與爾隣里鄕黨乎(이여이린리향당호) 네 이웃이나 고을 사람에게 나누어 주어라![243]

4. 山川其舍諸
산 천 기 사 저

子謂仲弓曰: 犁牛之子騂且角, 雖欲勿用, 山川其舍諸.
자 위 중 궁 왈 리 우 지 자 성 차 각 수 욕 물 용 산 천 기 사 저

> 犁(리): 밭을 갈다, 검다, 얼룩얼룩하다 /犁牛(리우): 얼룩소 *제사에 사용되는 犧牲(희생)은 털빛이 순일해야 하므로 얼룩소는 희생으로 쓰지 못하고 밭을 가는 데나 썼다. /犁牛之子(리우지자)의 之(지): 관형격 어조사 /騂(성): 붉은 말, 붉은 소, (얼굴을)붉히다, (흙빛이)붉다 *周(주)나라 때는 붉은색을 고귀한 색으로 쳤기 때문에 제사 때 붉은색 가축을 희생으로 썼다. /且(차): 또, ~하기도 하고 *점점 커지거나 많아지는 관계를 표시하는 접속사 /角(각): 뿔,

---

243) 《논어집주》: '毋'는 금지사이다(毋 禁止辭). 5가구가 '린'이고(五家爲鄰), 25가구가 '리'이며(二十五家爲里), 12,500가구가 '향'이 되고(萬二千五百家爲鄕). 500가구는 '당'이 된다(五百家爲黨). 떳떳한 녹봉은 당연히 사양할 필요가 없으니(言常祿不當辭) (그 녹봉이) 넉넉함이 있으면(有餘) 스스로 미루어서(自可推之) 가난한 사람을 도와주라고(以周貧乏) 말한 것이다. 아마도 이웃과 마을 또는 향당에는(蓋鄰里鄕黨) 서로 어려움을 돕는 의리가 있었을 것이다(有相周之義).

짐승의 뿔, 구석, 모퉁이, 角度(각도), 뿔로 만든 피리, 겨루다, 경쟁하다, 다투다 *본문에서는 희생으로 쓸 수 있을 만큼 충분하게 자랐음을 뜻한다. /騂且角(성차각): 붉은 색깔에 뿔이 제대로 난 것으로 犧牲用(희생용)으로 쓰기에 표준이 되는 소를 말한다. /雖(수): 비록, 비록 ~하더라도 *가정 부사 /欲(욕): 하고자 하다 /勿(물): 아니다(부정 =不(불)), 말다, 없다, ~하지 말라 /山川(산천): 제사를 받는 존재인 산천의 神(신)을 가리킨다. /舍(사): 집, 관청, 버리다(=捨(사)). 내버려두다 /其舍諸(기사저)의 其(기): 어찌(=豈(기)) 〈의문사〉 *막연한 추측을 나타내는 부사로 보기도 한다. /諸(저): 그것을 ~인가? ('之乎(지호)'와 같은 뜻, 之(지)는 犁牛之子(리우지자)를 가리키는 지시대사이고, 乎(호)는 의문의 어기를 표시하는 반어형 어기조사) /其舍諸(기사저): 어찌 그를 버려두겠는가?

子謂仲弓曰(자위중궁왈) 孔子께서 중궁(冉雍(염옹))을 평하여 말씀하셨다. **犁牛之子**(리우지자) 얼룩소의 새끼라도 **騂且角**(성차각) 털이 붉고 또 뿔이 제대로 났다면 **雖欲勿用**(수욕물용) 비록 (사람이 제물로) 쓰지 않으려 해도 **山川其舍諸**(산천기사저) 산천이(산천의 신이) 어찌 그것을 버려두겠느냐?[244]

---

244) 《논어집주》: 사람이 비록 쓰지 않더라도(言 人雖不用) 신이 반드시 버리지 않을 것임을(神必不舍也) 말한 것이다. 중궁은 그 아버지가 미천하고 행실이 악하였으므로(仲弓父賤而行惡) 부자께서 이로써 비유한 것이다(故夫子以此譬之). 아버지의 악함이(言 父之惡) 그 자식의 선함을 폐할 수 없으니(不能廢其子之善 /廢폐: 폐하다, 못 쓰게 되다, 버리다) 중궁과 같은 어진 인물은(如仲弓之賢) 저절로 마땅히 세상에 쓰일 것임을(自當見用於世也) 말한 것이다.

○범씨는 말하기를(范氏曰), "'고수'를 아버지로 한 순임금이 있었고(以瞽叟爲父而有舜) 곤을 아버지로 한 우임금이 있었으니(以鯀爲父而有禹) 옛날 성현이(古之聖賢) 세류(출신신분)에 얽매이지 않음이 오래되었다(不係於世類尙矣 /係계: 매다, 묶다 /尙상: 오래되다, 오히려, 더욱이). 자식이 능히 아버지의 허물을 고쳐(子能改父之過) 악을 변화시켜 아름답게 만든다면(變惡以爲美) 효라고 이를 만하다(則可謂孝矣)."고 하였다.

* 瞽叟고수: 순임금의 아버지. 盲人맹인으로서 선악을 구분하지 못하는 어리석은 사람이었다. 순의 어머니가 죽자 고수는 다시 아내를 취해 象상을 낳았는데, 고수는 후처

5. 三月不違仁
삼 월 불 위 인

子曰: 回也, 其心三月不違仁, 其餘則日月至焉而已矣.
자 왈 회 야 기 심 삼 월 불 위 인 기 여 즉 일 월 지 언 이 이 의

> 也[야]: 음절을 조정하고 어기를 고르는 어기조사 /其[기]: 그(안회를 가리킴) /違[위]: 떠나다, 어긋나다 /餘[여]: 나머지, 여유 /則[즉]: ~로 말하자면, ~로 말할 것 같으면 *「其餘則日月至焉而已矣」를 띄어 쓰기를 할 때는 '其餘∨則日月至焉而已矣'로 쓰되 읽을 때는 '其餘則∨日月至焉而已矣'로 읽는다, 而가 접속사로 쓰인 때도 마찬가지이다. /至[지]: 이르다 /焉[언]: 이에(於是[어시]의 뜻, 是[시]는 仁[인]을 가리키는 대사) /而已矣[이이의]: 판단과 단정의 어기를 표시하는 어기조사 3개를 연이어 써서 '~일 뿐이다'라는 뜻을 강조하고 있다.

子曰[자왈] 孔子께서 말씀하셨다. **回也**[회야] 顏回(顏淵[안연])는 **其心**[기심] **三月不違仁**[삼월불위인] 그 마음이 석 달을 두고도(오랫동안) 仁을 떠남이 없지만, **其餘**[기여] 그 나머지 사람들은 **則日月至焉而已矣**[즉일월지언이이의] (기껏해야) 하루에 한 번 또는 한 달에 한 번 仁에 이를 뿐이다.[245)]

6. 可使從政也與
가 사 종 정 야 여

季康子問: 仲由可使從政也與.
계 강 자 문 중 유 가 사 종 정 야 여

가 낳은 아들을 사랑하여 늘 순을 죽이려고 해서 순은 피해 도망 다녀야 했지만, 아버지와 繼母계모를 잘 모셨고, 독실하고 삼가면서 흐트러지지 않았다고 한다.

245) 《논어집주》: ○정자는 말하기를(程子曰) "'석 달'은 …그것이 오래임을 말한 것이다(三. …言其久也). 이러한 경지를 넘으면 성인이다(過此則聖人矣). '불위인'(仁을 떠나지 않는다 함)은(不違仁) 단지 털끝만 한 사사로운 욕구도 없는 것이니(只是無纖毫私欲 /纖섬: 가늘다 /毫호: 가는 털), 조금이라도 사욕이 있다면(少有私欲) 곧 이는 仁하지 않은 것이다(便是不仁)."라고 하였다.

子曰: 由也果, 於從政乎, 何有.
자왈 유야과 어종정호 하유

曰: 賜也 可使從政也與.
왈 사야 가사종정야여

曰: 賜也達, 於從政乎, 何有.
왈 사야달 어종정호 하유

曰: 求也 可使從政也與.
왈 구야 가사종정야여

曰: 求也藝, 於從政乎, 何有.
왈 구야예 어종정호 하유

> 伯(백), 仲(중), 叔(숙), 季(계): 형제들의 차례 /康(강): 편안하다 /可(가): ~할 만하다, ~할 수 있다 /使(사): 하게 하다〈사역동사〉*使(사) 다음에 각각 목적어인 '仲由(중유)', '賜(사)', '求(구)'를 지칭하는 인칭대사(之(지))가 생략되었다. /也與(야여): ~인가? *의문의 어기를 표시하는 어기조사 /從(종): 종사하다 /從政(종정): 大夫(대부)로서 정사에 종사함 *임금이 정사에 종사함은 '爲政(위정)' /由也果(유야과), 賜也達(사야달), 求也藝(구야예) 의 也(야): 음절을 조정하고 어기를 고르는 어기조사 /果(과): 과감하다 /達(달): 통달하다 /藝(예): 재주, 재능이 많다 /於(어): ~에, ~에 있어서 /乎(호): 음절을 조정하고 어기를 고르는 (호흡조절의 역할을 하는) 어기조사 /何有(하유): 무슨 어려움이 있는가? (아무 어려움도 없다는 뜻) =何難之有(하난지유) *의문문에서 동사와 목적어가 倒置(도치)된 것.

季康子問(계강자문) 계강자가 물었다.[246] **仲由可使從政也與**(중유가사종정야여) 仲由(子路(자로), 季路(계로))는 政事(정사)에 종사하게 할 만합니까?

子曰(자왈) 孔子께서 말씀하셨다. **由也果**(유야과) 由는 決斷力(결단력)(果斷性(과단성))이 있으니 **於從政乎**(어종정호) 政事에 종사함에 **何有**(하유) 무슨 어려움이 있겠습니까?

曰(왈) (계강자가) 물었다. **賜也可使從政也與**(사야가사종정야여) 賜(端木賜(단목사), 子貢(자공))는 政事에 종사하게 할 만합니까?

---

246) 季康子: 魯나라 哀公 때의 실권자로서 哀公 3년(B.C. 492) 염구를 가재로 삼았고, 哀公 11년(B.C. 484)에 孔子(68세)를 폐백으로써 초빙하여 魯나라로 귀국하게 하였다.

曰(왈) (孔子께서) 말씀하셨다. 賜也達(사야달) 賜는 사리에 통달하였으니 於從政乎(어종정호) 何有(하유) 政事에 종사함에 무슨 어려움이 있겠습니까?

曰(왈) (계강자가) 물었다. 求也(구야) 可使從政也與(가사종정야여) 求(冉求(염구), 冉有(염유), 子有(자유))는 政事에 종사하게 할 만합니까?

曰(왈) (孔子께서) 말씀하셨다. 求也藝(구야예) 求는 재능이 많으니 於從政乎(어종정호) 何有(하유) 政事에 종사함에 무슨 어려움이 있겠습니까?[247]

7. 如有復我者(여유부아자)

季氏使閔子騫爲費宰(계씨사민자건위비재), 閔子騫曰(민자건왈): 善爲我辭焉(선위아사언). 如有復我者(여유부아자), 則吾(즉오)必在汶上矣(필재문상의).

> 使(사): ~으로 하여금 ~하게 하다 /閔(민): 가엽게 여기다, 위문하다 /騫(건): 그르치다, 이지러지다 /費宰(비재): 비읍의 수장 /爲費宰(위비재)의 爲(위): ~로 삼다 /費(비): 쓰다, 여기서는 季孫氏(계손씨)의 封地(봉지) 내의 땅이름 /宰(재): 재상, 읍재 /善(선): 잘, 제발, 부디 /爲我(위아)의 爲(위): 위하여 /辭(사): 말하다, 말씀, 사양하다 /焉(언): 진술의 어기를 표시하는 어기조사 *之(지)와 같다(류종목, 190면) /如(여): 만일 *가정이나 조건을 표시하는 접속사 /復(부): 다시, 되풀이하다 *復:

---

247) 《논어집주》: ○정자는 말하기를(程子曰) "계강자는 세 사람의 능력이(季康子問 三子之才) 정사에 종사하게 할 만한지(可以從政乎) 물었는데, 부자께서는 제각각 사람마다 가진 유능한 점으로써 대답한 것이니(夫子答以各有所長), 비단 이 세 사람뿐만이 아니라(非惟三子) 모든 사람은 제각각 유능한 점을 갖고 있으므로(人各有所長), 그 장점을 취할 수 있다면(能取其長), 모두 등용할 수 있는 것이다(皆可用也)."라고 하였다.

회복하다, 돌아가다(오다), (은혜나 원한을)갚다, 겹치다 /者(자): ~하는 사람 /則(즉): ~하면 곧 *가정이나 조건에 따르는 결과를 표시하는 접속사, 조건에 따른 결과를 표시함(=卽(즉)) /汶(문): 내(川(천)) 이름 /上(상): 가, 곁, 위, 일반적으로 강의 북쪽을 가리킨다. /矣(의): 단정적 어기를 표시하는 어기조사

季氏使閔子騫爲費宰(계씨사민자건위비재) 계씨가 민자건을 비의 읍재로 삼으려 하자, 閔子騫曰(민자건왈) 민자건이 (자기를 부르러 온 사람에게) 말했다. 善爲我辭焉(선위아사언) 부디 나를 위하여 사양의 뜻을 전해 주시오. 如有復我者(여유부아자) 만일 나를 다시 부르러 오는 사람이 있으면 則吾必在汶上矣(즉오필재문상의) 나는 반드시 汶水(문수)의 북쪽에 있을 것이오.248)249)

8. 命矣夫(명의부)

伯牛有疾(백우유질), 子問之(자문지), 自牖執其手(자유집기수), 曰(왈): 亡之(무지), 命矣夫(명의부). 斯人也而有斯疾也(사인야이유사질야). 斯人也而有斯疾也(사인야이유사질야).

---

248) 汶上은 汶水문수의 북쪽을 말한다. 당시 汶水의 북쪽은 제나라 땅이었다. 따라서 '汶上'이라 함은 찾아올 수 없는 먼 곳(노나라를 떠나 제나라로) 으로 피해 가 있겠다고 말한 것이다.

249) 閔子騫(B.C. 511 ~ ?): 孔子의 제자로 성은 閔이며, 이름은 損손이고, 자가 子騫자건(이름과 자에 쓰인 글자가 損과 騫인 것으로 미루어 보면 발을 절었던 것으로 보임)이다. 孔子보다 15세 아래로 덕행에 뛰어났던 孔門十哲 중의 한 사람이다. 어려서 생모를 여의고 계모 밑에서 자랐는데 계모가 한겨울에 자기가 낳은 아들에게는 솜을 넣은 옷을 입히면서 損에게는 갈대꽃을 넣은 옷(蘆花衣노화의)을 입혔다. 이 사실을 뒤늦게 알게 된 아버지가 계모를 내쫓으려 하자 損은 그 아버지에게 계모 밑에서는 한 아들만 떨면 되지만 계모를 내쫓으면 계모가 낳은 아들마저 蘆花衣를 입어 떨게 될 것이라며 말려서 부모를 감동시켰다고 한다.

疾(질): 병, 병들다 /問(문): 묻다, 문병하다 /子問之(자문지)의 之(지): 그(伯牛(백우)를 가리킴) /自(자): ~로부터(시발점을 표시하는 전치사), 스스로, 저절로 /牖(유): 들창, 들어서 여는 창, 창문, 남쪽 창문 /執(집): 잡다 /執其手(집기수)의 其(기): 그(伯牛(백우)를 가리킴) /亡(무): 없다(無) *亡(망): 망하다, 죽다, 잃다 /亡之(무지): 이럴 리가 없다, 之(지)는 伯牛(백우)의 병세를 가리킨다. /命(명): 명, 천명, 운명, 목숨 /矣夫(의부): ~인가보다 *矣(의), 夫(부)는 각각 감탄의 어기를 표시하는 어기조사 /斯(사): 이, 이런 /斯人也(사인야), 斯疾也(사질야)의 也(야): 감탄의 어기를 표시하는 어기조사 /而(이): 도리어 *역접관계를 표시하는 접속사

伯牛有疾(백우유질) 伯牛(冉耕(염경))가 병이 들었다.250) **子問之(자문지)** 孔子께서 그를 문병하러 가서 **自牖執其手 曰(자유집기수 왈)** 창문에서 그의 손을 잡고 말씀하셨다. **亡之(무지)** 이럴 리가 없는데,251) **命矣夫(명의부)** 天命(천명)인가 보다! **斯人也而有斯疾也(사인야이유사질야)** 이 사람이 이런 병에 걸리다니! **斯人也而有斯疾也(사인야이유사질야)** 이 사람이 이런 병에 걸리다니!252)

9. 一簞食一瓢飮(일단사일표음)

子曰(자왈): 賢哉回也(현재회야). 一簞食(일단사), 一瓢飮(일표음), 在陋巷(재누항), 人不堪其憂(인불감기우), 回也不(회야불)

---

250) 伯牛(B.C. 544 ~ ?): 孔子의 제자로 성이 冉이고 이름이 耕(경)이다. 伯牛는 그의 자이다. 孔子보다 8세 연하였다. 德行이 훌륭했던 孔門十哲의 한 사람으로 仲雍(冉雍), 冉有(冉求)와는 가족관계이다. 사람됨이 단정하고 정의로웠다고 한다.

251) '亡之'를 '망지'로 읽고, '이 사람을 잃다니'로 해석하는 견해(류종목, 191면)

252) 《논어집주》: '有疾'을 선유들은 문둥병이라고 여겼다(有疾 先儒以爲癩也 /癩(나): 나병). …'命'은 천명을 이른다(命 謂天命). 이 사람이 이러한 병에 걸려서는 안 되는데(言 此人不應有此疾 /應(응): 응하다, 응당 ~하여야 한다) 지금 도리어 이러한 병이 있으니(而今乃有之 /乃(내): 이에, 더구나, 도리어) 이것이 곧 하늘이 내린 운명인가보다(是乃天之所命也) 라고 말한 것이다.

改其樂, 賢哉, 回也.

> 賢: 어질다 /哉: ~구나 *감탄의 어기를 표시하는 어기조사 /賢哉回也: 감탄 효과를 위하여 賢哉와 回也를 도치시킨 것, 也는 감탄 어기조사 /簞: 대바구니, 초라함을 뜻함 /食: 밥, 먹이 *食: 먹다 /瓢: 표주박 /飮: 마실 것, 마시다 /在: 살다, 있다 /陋: 좁다, 미천하다 /巷: 거리, 골목 /堪: 견디다, 참아내다 /憂: 괴로움, 걱정, 근심 /回也不改의 也: 음절을 조정하고 어기를 고르는 어기조사 /其憂, 其樂: 其('그', '그러한')를 반복적으로 쓴 것은 근심과 즐거움을 반복시켜 줌으로써 안회의 경지를 극찬하고자 하는 의도이다.(김용재, 208면) /樂: 즐거움, 즐겁다 *樂: 음악 *樂: 좋아하다

子曰 孔子께서 말씀하셨다. **賢哉回也** 어질구나 안회여! **一簞食 一瓢飮** 한 대바구니의 밥과 한 바가지의 마실 것으로 **在陋巷** 누추한 골목길에 사는 것을253) **人不堪其憂** 다른 사람들은 그 괴로움을 견디지 못하는데 **回也不改其樂** 안회는 그가 즐거워하는 바를 바꾸지 아니하니 **賢哉回也** 어질구나, 안회여!254)

---

253) 陋巷누항: 누추하고 좁은 마을을 뜻한다. 孔子의 고장 曲阜곡부(qūfù)에는 孔廟공묘와 孔府공부, 孔林공림이 있고, 그 근처에 안회의 사당인 顔廟안묘, 안회의 嫡孫적손들이 기거하는 종가인 顔府안부가 있는데, 顔府가 있는 동네의 지명이 또한 陋巷이라고 한다.

254) 《논어집주》: 안자의 가난함이 이와 같았으나(顔子之貧如此) 처하기를 태연히 하여(而處之泰然) 그 즐거움을 해치지 않았으므로(不以害其樂) 부자께서 거듭 '어질구나, 안회여!'라고 말하여(故夫子再言賢哉回也) 이를 깊이 찬미한 것이다(以深歎美之). ○정자는 말하기를(程子曰) "안자가 즐긴 것은(顔子之樂) 한 대바구니의 밥과 표주박의 마실 것과 누추한 골목길을 즐긴 것이 아니고(非樂簞瓢陋巷也), 가난 때문에 그의 마음이 얽매여(不以貧窶累其心 /窶구: 가난 /累누: 묶다, 얽매다) 자기의 즐거워는 바를

10. 今女畫
금 녀 획

冉求曰: 非不說子之道, 力不足也.
염 구 왈 비 불 열 자 지 도 력 부 족 야

子曰: 力不足者, 中道而廢, 今女畫.
자 왈 력 부 족 자 중 도 이 폐 금 녀 획

> 非(비): 아니다 /非不(비불): ~하지 않는 것은 아니다 *이중부정 /說(열): 기뻐하다, 좋아하다, 기쁘다(=悅(열)) *說(설): 말씀 /不足(부족): 부족 /也(야): 판단 또는 진술의 어기를 표시하는 어기조사 /者(자): ~한 사람 /中(중): 가운데, 사이 /中道(중도): 오가는 길의 중간 /而(이): *시간을 표시하는 말 뒤에 붙는 접미사 /廢(폐): 폐하다 /女(녀)(女(여)): 너(汝(여)와 같은 뜻으로 쓰임) /畫(획): 금(선)을 긋다, 구획하다(=劃(획)) *畫(화): 그림, 그리다(=畵(화))

冉求曰(염구왈) 염구(子有(자유), 冉有(염유), 冉子(염자))가 말하였다. 非不說子之道(비불열자지도) 선생님의 도를 기뻐하지 않는 것은 아니지만 力不足也(력부족야) 힘이 부족합니다.

子曰(자왈) 孔子께서 말씀하셨다. 力不足者(력부족자) 힘이 부족한 자는 中道而廢(중도이폐) (할 수 있는 데까지 해 보다가) 중도에 그만두는 것인데 今女畫(금여획) 지금 너

바꾸지(而改其所樂也) 아니한 것이다. 이 까닭에 부자께서 그 어짊을 칭찬한 것이다(故夫子稱其賢)."라고 하였다. …또 말하기를(又曰) "예전에 주무숙에게 배울 때(昔受學於周茂叔) 매번 중니와 안자가 즐거워한 것을 찾게 했는데(每令尋仲尼顏子樂處 /令령: 법령, ~하게 하다 /尋심: 찾다, 탐구하다), 즐거워한 일은 무엇이었을까(所樂何事)?"라고 하였다. 내가 생각하건대(愚按) 정자의 말씀은(程子之言) 이끌기만 하고 (답을) 밝혀주지는 않음으로써(引而不發) 배우는 자들이 깊이 생각하여 스스로 깨우치게 하고자 한 것이니(蓋欲學者深思而自得之), 지금 또한 (나도) 감히 망령되이 말을 할 수가 없다(今亦不敢妄爲之說). 배우는 자들이 다만 마땅히 '박문약례'의 가르침에 종사함으로써(學者但當從事於博文約禮之誨) 그만두고자 하여도 그만둘 수 없게 되어 그 재능을 다한다면(以至於欲罷不能而竭其才) 그로써 거의 깨닫게 됨이 있을 것이다(則庶乎有以得之矣).

* [欲罷不能而竭其才]에 관해서는 제9자한 9장 참조

는 (해 보지도 않고 미리 스스로) 금을(한계를) 그은 것이다.255)

11. 爲君子儒

위군자유

子謂子夏曰: 女爲君子儒, 無爲小人儒.

자위자하왈 여위군자유 무위소인유

> 謂(위): 이르다 /夏(하): 여름 /女(여): 너(汝(여), 2인칭) /爲(위): 되다 /君子(군자): 인덕을 갖춘 사람, 여기서는 '군자답다'라는 형용사로서 儒(유)를 꾸며주는 관형어로 쓰였다. /儒(유): 선비, 학자, 유학, 부드럽다 /無(무): ~하지 말라 *금지를 표시하는 부사

子謂子夏曰(자위자하왈) 孔子께서 자하(卜商(복상))에게 말씀하셨다. 女爲君子儒(여위군자유) 너는 군자다운 선비가 되고, 無爲小人儒(무위소인유) 소인 같은 선비가 되지 말라.256)257)

---

255) 《논어집주》: '역부족'이란(力不足者) (마음은) 나아가려 해도 (힘이) 능히 나아갈 수가 없는 것이다(欲進而不能). '획'이란(畫者) (힘은) 능히 나아갈 수 있는데도 (마음이) 하고자 하지 않는 것이다(能進而不欲). '획'이라고(금을 긋는다고) 말한 것은(謂之畫者) 마치 땅에 금을 긋고 스스로 한계를 짓는 것과 같다는 것이다(如畫地以自限也).

256) 《논어집주》: '儒'는 배우는 이를 일컫는다(儒 學者之稱). 정자는 말하기를(程子曰) "군자다운 학자는 자기를 위해 (학문을) 하고(君子儒爲己), 소인 같은 학자는 남에게 보여 주기 위해 (학문을) 한다(小人儒爲人)"라고 하였다.

○사씨는 말하기를(謝氏曰) "군자와 소인의 구분은(君子小人之分) 義로움과 利로움의 사이일 뿐이다(義與利之而已). 그러나 이른바 '利(이)'라는 것이(然所謂利者) 어찌 반드시 돈과 재물을 늘리는 것만을 이르겠는가(豈必殖貨財之謂)? 사사로운 이익으로써 공공의 이익을 없애고(以私滅公) 자기에게만 맞고 스스로 편한 것만 찾아(適己自便) 무릇 하늘의 이치를 해칠 수 있는 것들은(凡可以害天理者) 모두 '利'인 것이다(皆利也). 자하는 비록 문학에는 넉넉함이 있었으나(子夏文學雖有餘) 그러나 뜻이 먼 것과 큰 것에 대해서는 혹 어두운 듯하다(然意其遠者大者 或昧焉). 이런 까닭에 孔子께서는 이 말씀을 해주신 것이다(故夫子語之以此)"라고 하였다.

12. 女得人焉爾乎
여 득 인 언 이 호

子游爲武城宰，子曰：女得人焉爾乎.
자 유 위 무 성 재 자 왈 여 득 인 언 이 호

曰：有澹臺滅明者，行不由徑，非公事未嘗至於偃之室也.
왈 유 담 대 멸 명 자 행 불 유 경 비 공 사 미 상 지 어 언 지 실 야

> 游: 놀다, 헤엄치다 /爲: 되다 /宰: 읍재 /女: 너, 그대 ＊2인칭 대사(=汝, 若, 而, 爾) /人: 사람, 훌륭한 인재 /焉: 장소를 표시하는 전치사(=於) /爾: 너, 이(=此), 그(≒ 其), 뿐, 이같이 /焉爾: '여기에서'(=於是, 於此) ＊焉은 전치사 於(~에서)와 같고, 爾는 此(여기, 이곳)의 뜻 /乎: ~인가? ＊의문어기조사 /澹: 담박하다 /臺: 돈대 /滅: 멸하다, 없애다 /者: ~이라는 사람 /行: 가다, 다니다 /由: 지나다, 경유하다, 말미암다 /徑: 지름길 /非: 아니다(연계동사) /公: 공공, 공적인 것 /未: 아직 없었다 /嘗: 일찍이, 맛보다 /未嘗 ~也: 일찍이 ~한 일이 없었다 ＊也는 종결 어기조사 /至: 오다, 이르다 /於: ~에(처소를 표시하는 전치사) /偃: 자유의 이름 /之: ~의 /室: 집

子游爲武城宰 자유(言偃)가 무성의 읍재가 되었다. **子曰** 孔子께서 말씀하셨다. **女得人焉爾乎** 그대는 여기서 인재를 얻었느냐?

曰 (자유가) 말씀드렸다. **有澹臺滅明者** 담대멸명이라는 사람이 있습니다.[258] **行不由徑** 길을 갈 때 지름길로 다니지 않으며 **非公事** 공

---

257) 茶山: 유자는 도를 배우는 사람이며(儒者 學道之人), 익히는 바는 시, 서, 예, 악, 전장, 법도이다(所習者 試書藝樂典章法度 /典章전장: 법칙이나 규칙). 그러나 그러한 것들을 익힐 때에(然其習之也) 道를 위하는 마음으로 하면 君子儒이고(其心爲道則君子儒也), 명예를 위하는 마음으로 하면 小人儒이다(其心爲名則小人儒也).(박헌순, 1-364면)

258) 澹臺滅明: 孔門72賢 중 한 명이고, 孔子보다 39세 어리다. 澹臺가 성이고 滅明은 이름이며, 자가 子羽자우이다. 子游의 추천으로 孔子의 門下에 들어왔는데 그는 외모가 추하게 보여서 孔子도 처음에는 그 용모만 보고 별다른 재능이 있을 것으로

적인 일이 아니면 未嘗至於偃之室也(미상지어언지실야) 일찍이 저의 집에 온 적이 없습니다.[259)]

여기지 않았다. 훗날 孔子가 "내가 宰予의 말재주만 보고 그를 취했다가 실수했고, 외모로 사람을 평가했다가 자우를 잃었다(以貌取人 失之子羽)"며 자신의 잘못을 뒤늦게 인정했다고 한다. 훗날 무성에서 초나라 지역(지금의 江西장시성)으로 이주하여 그 지역에서 학문을 전수했는데 제자만 300명이 넘는 등 천하에 명성을 떨쳤다고 한다.

259) 《논어집주》: '公事'는 鄕飮酒향음주, 鄕射禮향사례와 讀法독법과 같은 것이다(公事 如飮射讀法之類). 지름길을 경유하지 않는다면(不由徑) 행동이 반드시 바르고(則動必以正), 작은 것(이익)을 보고 빨리하고자 하는 뜻이 없다는 것을 가히 알 수 있다(而無見小欲速之意可知). 公的공적인 일이 아니면(非公事) 읍재를 찾아보지 않는다면(不見邑宰), 그는 스스로 지킴이 있어(則其有以自守), 자기를 굽혀서 다른 사람을 좇는 사사로움이 없음을 볼 수 있다(而無枉己徇人之私可見矣 /枉왕: 굽다, 굽히다 /徇순:좇다).

○양씨가 말하기를(楊氏曰) "정사를 함에는 인재를 구함을 우선으로 삼기 때문에(爲政以人才爲先) 孔子께서 사람을 얻었느냐고 질문한 것이다(故孔子以得人爲問). 멸명과 같은 이는(如滅明者) 이 두 가지 작은 것으로 보더라도(觀其二事之小) 그가 바르고 큰 뜻을 가졌음을 가히 볼 수 있다(而其正大之情可見矣). 후세에는 지름길로 가지 않는 자를(後世有不由徑者) 사람들은 가벼이 우활하다(세상 물정에 어둡다)고 여기고(人必以爲迂), 자기 집에 오지 않으면(不至其室) 사람들은 반드시 소홀히 한다고 여긴다(人必以爲簡)."라고 하였다. 내가 생각하건대(愚謂) 몸가짐을 담대멸명을 본보기로 하면(持身 以滅明爲法) 구차하거나 천한 부끄러움이 없을 것이요(則無苟賤之羞 /羞수: 부끄러움), 사람을 취함에 子游를 본보기로 삼으면(取人 以子游爲法) 간사하거나 아첨함에 미혹됨이 없을 것이다(則無邪媚之惑).

* 鄕飮酒와 鄕射禮: 鄕飮酒는 鄕大夫향대부가 시골에서 여러 사람을 모아 놓고 술을 마시며 훌륭한 사람을 예우는 하는 의식이다. 鄕射禮는 활쏘기대회인데, 보통 鄕飮酒를 할 때 중간에 鄕射禮를 행하였다. 이를 통해 백성들에게 예를 익히도록 하고, 賢能현능한 인재를 뽑아 천자나 제후에게 천거하였다고 한다.

한편 射禮사례에는 鄕射禮 외에도 大射禮대사례(나라의 임금과 대신들이 참가), 賓射禮빈사례(다른 나라 사신이 왔을 때), 宴射禮연사례(큰 잔치 때)가 있었다.

* 讀法독법: 글자를 읽을 수 없는 백성들에게 그들이 알아야 할 법을 읽어 주는 것.

13. 非敢後也
비감후야

子曰: 孟之反不伐. 奔而殿, 將入門, 策其馬曰, '非敢後也, 馬不進也.'
자왈 맹지반불벌 분이전 장입문 책기마왈 비감후야 마불진야

> 孟之反(맹지반): 노나라 대부 /伐(벌): 공적, 치다, 자랑하다 /奔(분): 달아나다, 패주하다, 달리다, 급히 가다 /而(이): ~하면서 /殿(전): 뒤, 후미 부대(後軍(후군)), 군대 행렬의 맨 후방에서 군대를 보호하면서 행군을 독려하다, 궁궐 /將(장): 곧 ~하려 하다, 머지않아 ~되려 한다, ~하려고 한다. 머지않아 ~되려 한다. *이 경우에는 '장차'라고 굳이 풀이하지 않아도 된다. [國將興 必貴師而傅(국장흥 필귀사이부) 나라가 흥하려면 반드시 스승을 귀히 여겨야 한다.(師(사), 傅(부): 스승) 《荀子》], 장수 /策(책): 계책, 채찍, 채찍질하다, 헤아리다, 기획하다, 독촉하다 /其(기): 그('자기'를 가리키는 대사) /非(비): 아니다 /敢(감): 감히 /後(후): 뒤, 나중, 뒤처지다 /進(진): 앞으로 나아가다

子曰(자왈) 孔子께서 말씀하셨다. 孟之反不伐(맹지반불벌) 맹지반은 (자기 공을) 자랑하지 않았다. 奔而殿(분이전) (전투에서) 패주하면서 뒤처져 있다가 將入門(장입문) (성문에) 들어가게 되자 策其馬 曰(책기마 왈) 그 말에 채찍을 가하면서 말하기를 非敢後也(비감후야) 내가 감히 뒤에 처지려고 한 것이 아니라 馬不進也(마불진야) 말이 앞으로 나아가지 못한 것이라고 하였다.[260]

---

260) 《논어집주》: 전투에 패하여 돌아올 때에는(戰敗而還) 뒤(후미)에 오는 것을 공으로 삼는다(以後爲功). 맹지반이 패주하면서 맨 뒤에 있었으므로(反奔而殿) 이 말로써(故以此言) 스스로 자기 공을 가린 것이다(自揜其功也 /揜암: 가리다). 이 사실이 애공11년에 있었다(事在哀公十一年). ○사씨는 말하기를(謝氏曰) "사람이 능히 남의 위에 있고자 하는 마음 없음을 잡고 있으면(人能操 無欲 上人之心 /操조: 잡다, 쥐다) 욕심은 날로 사라지고(則人欲日消), 하늘의 이치가 날로 밝아져서(天理日明), 무릇 자기를 자랑하여 남에게 과시하는 것 따위는(而凡可以矜己誇人者) 모두 말할 것도 없다(皆

14. 不有祝鮀之佞
불유축타지영

子曰: 不有祝鮀之佞 而有宋朝之美, 難乎免於今之世矣.
자왈 불유축타지영 이유송조지미 난호면어금지세의

> 祝축: 빌다 /鮀타: 모래무지 /佞영: 말재주 /而이: ~와, 그리고(접속사) /宋송: 나라 이름 /朝조: 아침 /之지: ~의 /美미: 아름다움, 미모 /難난: 어렵다 /乎호: 음절을 조정하고 어기를 고르는 어기조사 /免면: 면하다 /於어: ~에서, ~에 /世세: 세상 /難乎免난호면 ~矣의: ~(화를) 면하기 어렵다 /矣의: 단정적 어기를 표시하는 어기조사 *류종목(198면): 필연의 결과를 표시하는 어기조사

子曰자왈 孔子께서 말씀하셨다. **不有祝鮀之佞**불유축타지영 축타의 말재주가 없고 **而有宋朝之美**이유송조지미 宋나라 (公子공자) 趙의 미모가 있지 않고서는 **難乎免於今之世矣**난호면어금지세의 오늘날 세상에서 (화를) 면하기 어렵겠구나.[261]

15. 何莫由斯道也
하막유사도야

子曰: 誰能出不由戶. 何莫由斯道也.
자왈 수능출불유호 하막유사도야

無足道矣 /無足: ~할 것이 없다/道: 말하다). 그러나 배움을 알지 못하는 자는(然不知學者) 남의 위에 있고자 하는 마음을(欲上人之心) 한시도 잊지 못하니(無時而忘也), 맹지반과 같은 이를 모범으로 삼을 만하다(若孟之反可以爲法矣)"고 하였다.

261) * 祝鮀: 위나라의 대부로 자가 子魚자어이다. 그는 宗廟종묘에서 제사 지낼 때 祝文축문을 읽는 축관의 관직에 있었기 때문에 祝鮀라고 했다. 그는 말재주가 뛰어나 昭陵소릉에서 제후들이 회합할 때 蔡채나라를 衛위나라보다 위에 두려고 하자 위나라의 시조 康叔강숙을 내세우며 논쟁을 벌여 위나라를 上位에 둘 수 있도록 하는 데 성공했다고 한다.

* 宋朝: 송나라 公子로 朝는 그의 이름이다. 그는 위나라 대부로 있을 때 襄公양공의 부인 宣姜선강 및 靈公령공의 부인 南子와 사통하였다고 한다.

> 誰(수): 누구, 무엇 /能(능): ~할 수 있다 /由(유): 지나다, 경유하다, 따르다 /戶(호): 문, 집 /何(하): 어찌 /莫(막): 아니하다 /何莫(하막) ~也(야): 어찌 아무도 ~아니하는가? /斯(사): 이(지시대사) /斯道(사도): 사람으로서 지켜야 할 正道(정도) 혹은 선왕의 바른 道(도)

子曰(자왈) 孔子께서 말씀하셨다. **誰能出不由戶(수능출불유호)** 누가 문을 거치지 않고 나갈 수 있겠는가? **何莫由斯道也(하막유사도야)** 어찌하여 아무도 이 도를 따르지(말미암지) 않는가?[262)]

16. 文質彬彬然後(문질빈빈연후)

子曰(자왈): 質勝文則野(질승문즉야), 文勝質則史(문승질즉사). 文質彬彬然後君子(문질빈빈연후군자).

> 質(질): 본바탕 /勝(승): 이기다 /文(문): 꾸미다, 글 /則(즉): ~면 *가정이나 조건에 따르는 결과를 표시하는 접속사. 조건에 따른 결과를 표시한다 /野(야): 촌스럽다, 꾸미지 않아 질박한 상태 /史(사): 실질적인 내용은 보잘것없으면서 겉모양만 번지르르한 상태 /彬(빈): 바탕(質(질))과 꾸밈(文(문))이 조화를 이룬 훌륭한 모양 /彬彬(빈빈): 文(문)과 質(질)이 적절히 섞여서 조화를 이룬 모양 /然後(연후): ~한 후에야 /君子(군자): 군자답다(형용사)

子曰(자왈) 孔子께서 말씀하셨다. **質勝文則野(질승문즉야)** 바탕이 꾸밈을 이기면 촌사람(비루한 시골 사람) 같고 **文勝質則史(문승질즉사)** 꾸밈이 바탕을 이기면 사관(문서나 다루는 관원)과 같다. **文質彬彬(문질빈빈)** 바탕과 꾸밈이 잘 조화를 이룬 뒤에야 **然後君子(연후군자)**

---

262) 《논어집주》: ○홍씨는 말하기를(洪氏曰) "사람은 반드시 문을 지나야 밖으로 나갈 수 있는 것은 알면서도(人知出必由戶), 행동에는 반드시 (따라야 할) 도가 있음을 알지 못하니(而不知行必有道) 도가 사람을 멀리한 것이 아니라(非道遠人) 사람이 스스로 (도를) 멀리할 따름이다(人自遠爾)."라고 하였다.

비로소 군자다운 것이다.263)

17. 人之生也直
인 지 생 야 직

子曰: 人之生也直, 罔之生也幸而免.
자 왈 인 지 생 야 직 망 지 생 야 행 이 면

人之生(인지생): 〈명사+관형격 어조사 之(지)〉 ~의 /罔之生(망지생): 〈형용사 +관형격 어조사 之(지)〉 ~한 *〈동사+ 之(지)〉 ~하는 /也(야): 음절을 조정하고 어기를 고르는 어기조사 /直(직): 곧다, 정직하다 /罔(망): 없다, 속이다, 사리에 어둡다, 망령되다, 그물(=網(망)) /幸(행): 운이 좋다, 행복, 희망하다 /幸而(행이): 요행히 *而(이)는 부사 접미사(然(연)과 같다) /免(면): 면하다

子曰(자왈) 孔子께서 말씀하셨다. 人之生也直(인지생야직) 사람의 삶은 곧아야(정직해야) 한다. 罔之生也(망지생야) 곧지 않은 삶은(거짓되면서도 살아 있는 것은) 幸而免(행이면) 요행히 (죽음을, 화를) 면한 것일 뿐이다.

---

263) 《논어집주》: '野'는 촌사람이니(野 野人), 비루하고 간략함을 말한다(言鄙略也). '史'는 문서를 맡은 사람으로(史 掌文書) 들은 것이 많고 일은 익숙하나(多聞習事) 정성이 혹 부족하다(而誠或不足也). '彬彬'은 '班班반반'과 같으니(彬彬 猶班班 /班: 나누다 /班班: 선명하고 뚜렷한 모양), 사물이 서로 섞여(物相雜 /雜잡: 섞이다) 알맞게 가지런한 모양이다(而適均之貌 /適적: 맞다, 적당하다 /均균: 고르다, 가지런하다). ○양씨가 말하였다(楊氏曰). "꾸밈과 바탕은 서로 승해서는(어느 한쪽이 지나치면) 안 된다(文質不可以相勝). 그러나 바탕이 꾸밈을 지나치는 것은(然質之勝文) 단맛이 여러 맛을 받아들이고(猶 之甘可以受和), 백색이 채색을 받아들임과(白可以受采也) 같지만, 꾸밈이 승하여(文勝) 바탕을 없애는 데 이르면(而至於滅質) 그 기본이 없어지는 것이니(則其本亡矣), 비록 꾸밈이 잘 갖추고 있다고 하나(雖有文) 장차 어디에 베풀겠는가(將安施乎)? 그렇다면(然則) '史'보다는 차라리 '野'가 낫다(與其史也 寧野)."

18. 不如樂之者
불여락지자

子曰: 知之者不如好之者, 好之者不如樂之者.
자왈 지지자불여호지자 호지자불여락지자

之(지): 그것 *일반적인 사실, 사물, 사람을 가리키는 인칭대사 *이문주: 道(도)를 가리키는 대사이지만 풀이하지 않는 것이 자연스럽다. /者(자): ~하는 사람, ~하는 것 /如(여): 같다 / ⓐ不如(불여)ⓑ: ⓐ는 ⓑ만 못하다

子曰(자왈) 孔子께서 말씀하셨다. 知之者不如好之者(지지자불여호지자) (道를) 알기만 하는 사람은 좋아하는 사람만 못하고, 好之者不如樂之者(호지자불여락지자) 좋아하는 사람은 즐기는 사람만 못하다.[264]

19. 中人以上也
중인이상야

子曰: 中人以上, 可以語上也, 中人以下, 不可以語上也.
자왈 중인이상 가이어상야 중인이하 불가이어상야

264)《논어집주》: 윤씨는 말하기를(尹氏曰) "안다는 것은(知之者) 道가 있음을 아는 것이요(知有此道也), 좋아한다는 것은(好之者) 좋아하나 아직 얻지 못한 것이요(好而未得也), 즐거워한다는 것은(樂之者) 깨달음이 있어 즐거워하는 것이다(有所得而樂之也)."라고 하였다.
○장경부는 말하기를(張敬夫曰) "오곡에 비유하면(譬之五穀) 아는 사람은 그것이 먹을 수 있다는 것을 아는 사람이고(知者 知其可食者也), 좋아하는 사람은 먹고서 그 맛을 즐기는 사람이고(好者 食而嗜之者也 /嗜기: 즐기다), 즐거워하는 사람은 그 맛을 즐기고 배불리 먹는 사람이다(樂者 嗜之而飽者也). 알기만 하고 능히 좋아할 줄 모르면(知而不能好) 이는 앎이 지극하지 못한 것이요(則是知之未至也), 좋아하기만 하고 즐거워함에 미치지 못하면(好之而未及於樂) 이는 좋아함이 지극하지 못한 것이니(則是好之未至也), 이것이 옛날 배우는 이들이(此古之學者) 스스로 힘쓰되 쉬지 않았던 까닭이 아니겠는가(所以自彊而不息者與)?"라고 하였다.

> 中(중): 중간, 가운데 /以上(이상): 이상 /以下(이하): 이하 * 以(이)는 시간, 장소, 방향, 수량의 한계를 나타낸다. [以來(이래)], [以內(이내)], [以前(이전)], [以後(이후)], [以北(이북)] 등 /可以(가이): ~할 수 있다, ~해도 좋다 /語(어): 말하다 /上(상): 위, 높은(도리), 상급 수준의 학문적 내용을 가리킨다 /也(야): 판단 또는 진술의 어기를 표시하는 어기조사

子曰(자왈) 孔子께서 말씀하셨다. **中人以上(중인이상)** 중등 인물 이상인 사람에게는 **可以語上也(가이어상야)** 높은 것을 말해 줄 수 있으나, **中人以下(중인이하)** 중등 인물 이하인 사람에게는 **不可以語上也(불가이어상야)** 높은 것을 말해 줄 수 없다.265)

20. 敬鬼神而遠之(경귀신이원지)

樊遲問知(번지문지), 子曰(자왈): 務民之義(무민지의), 敬鬼神而遠之(경귀신이원지), 可謂知矣(가위지의).

問仁(문인), 曰(왈): 仁者先難而後獲(인자선난이후획), 可謂仁矣(가위인의).

> 樊(번): 울타리 /遲(지): 더디다, 늦다 /務(무): 힘쓰다 /民(민): 백성, 사람 /[民+之(민지)]: 義(의)를 수식하는 관형어(~의) /義(의): 옳다, 바르다, 올바른 道理(도리), 正義(정의) /鬼(귀): 귀신, 죽은 사람의 혼 /

---

265) 《논어집주》: ○장경부는 말하기를(張敬夫曰) "성인의 도는(聖人之道. …그 가르침을 베풂에 있어서(但其施敎) 반드시 그 사람의 재질에 따라(則必因其材) 독실하게 한다(而篤焉). 중인 이하의 재질을 갖춘 사람에게(蓋中人以下之質) 별안간 너무 높은 것을 말해 주면(驟而語之太高 /驟취: 별안간) 다만 제대로 받아들일 수 없을 뿐만 아니라(非惟不能以入) 또한 장차 망령된 생각으로 등급(단계)을 뛰어넘어(且將妄意躐等 /躐렵: 뛰어넘다) 자기 몸에 절실하지 못한 폐단이 있게 되어(而有不切於身之弊) 또한 끝내 下等에 그치고 말 뿐이다(亦終於下而已矣). 그러므로 미칠 수 있는 바(所及)에 나아가 말해 주는 것이다(故就其所及而語之). 이것이 바로 '간절히 묻고 가까이에서 생각'하게 하여(所以 使之切問近思), 점점 높고 먼 데로 나아가게 하는(而漸進於高遠也) 까닭이다."라고 하였다.

神(신): (제사 지내는) 하늘의 신 *땅의 신은 祇(지) /而遠之(이원지)의 而(이): ~하되 *역접관계를 표시하는 접속사 /遠之(원지)의 之(지): 귀신을 가리키는 대사 /仁者(인자)의 者(자): 음절을 조정하고 어기를 고르는 어기조사 /可(가): ~할 수 있다 /謂(위): 이르다, 말하다 /先難而後獲(선난이후획)의 而(이): ~하고(순접관계를 표시하는 접속사) /獲(획): 얻다 /矣(의) : 단정적 어기를 표시하는 어기조사

樊遲問知(번지문지) 樊遲(번지)(樊須(번수), 子遲(자지))가 지혜(智(지))에 대하여 여쭈자 **子曰**(자왈) 孔子께서 말씀하셨다. **務民之義**(무민지의) 사람으로서 지켜야 할 도리에 힘쓰고,[266][267] **敬鬼神而遠之**(경귀신이원지) 귀신을 공경하되 멀리한다면 **可謂知矣**(가위지의) 가히 지혜롭다고 말할 수 있다.

問仁(문인) **曰**(왈) 仁에 대해 여쭈자 말씀하셨다. **仁者**(인자) **先難而後獲**(선난이후획) 仁한 사람은 어려운 일을 먼저 하고 얻음을 뒤로 하니,[268] **可謂仁矣**(가위인의) (이렇게 한다면) 가히 仁하다고 말할 수 있다.[269]

---

266) 류종목은 '務民之義'의 之를 '가다', '이르다'의 뜻의 동사로 보아 사람들이 의로움에 이르도록 힘쓰다 로 풀이한다.

267) 茶山: 선을 행하고 악한 것을 물리침이 곧 義이다(爲善去惡曰義). 맹자는 '수오지심'(악을 부끄러워하는 마음)을(孟子以羞惡之心) 義의 실마리라고 하였으니(爲義之端義), 의라는 것은(則義者) 본래 악을 물리치고 선을 행함의 이름이다(本是去惡爲善之名).

268) "어려운 일에 먼저 나서서 하고 이익을 얻는 데는 (남보다) 뒤로 함"으로 해석하기도 한다.

269) 《논어집주》: 사람으로서 마땅히 지켜야 할 도리를 다하는 일에 힘쓰고(專用力於人道之所宜), 알 수 없는 귀신의 일에 미혹되지 않는 것이(而不惑於鬼神之不可知) 지혜로운 자의 일이요(知者之事也), 일의 어려운 바를 먼저하고(先其事之所難) 그 효과로 얻는 바를 뒤로 함은(而後其效之所得) 仁한 사람의 마음이다(仁者之心也). 이는 틀림없이 번지의 허물에 따라 일러준 것일 것이다(此必因樊遲之失而告之).

21. 知者樂水(지자요수)

子曰(자왈): 知者樂水(지자요수), 仁者樂山(인자요산). 知者動(지자동), 仁者靜(인자정). 知者樂(지자락), 仁者壽(인자수).

> 者(자): ~한 사람 /樂(요): 좋아하다 /樂(락): 즐기다, 즐거워하다, 즐겁다, 즐거움, 노래 /動(동): 움직이다 /靜(정): 고요하다 /壽(수): 목숨, 오래 살다

子曰(자왈) 孔子께서 말씀하셨다. **知者樂水(지자요수)** 지혜로운 사람은 물을 좋아하고, **仁者樂山(인자요산)** 仁한 사람은 산을 좋아한다. **知者動(지자동)** 지혜로운 사람은 動的(동적)이고 **仁者靜(인자정)** 仁한 사람은 靜的(정적)이며, **知者樂(지자락)** 지혜로운 사람은 즐기고 **仁者壽(인자수)** 仁한 사람은 長壽(장수)한다.[270]

22. 齊一變(제일변)

子曰(자왈): 齊一變至於魯(제일변지어노), 魯一變至於道(노일변지어도).

> 變(변): 변하다, 변화하다, 움직이다 /至(지): 이르다(어떤 장소나 시간에 닿다), 도달하다

子曰(자왈) 孔子께서 말씀하셨다. **齊一變至於魯(제일변지어노)** 제나라가 한번 변화하

---

270) 《논어집주》: 지혜로운 사람은 사물의 이치에 통달하여(知者達於事理) 두루 흘러 막힘이 없어서(而周流無滯) 물과 비슷함이 있으므로(有似於水) 물을 좋아하고(故樂水). 仁者는 의리에 편안하여(仁者安於義理) 중후하고 옮김이 없어서(而厚重不遷) 산과 비슷함이 있으므로(有似於山) 산을 좋아한다(故樂山). '動'과 '靜'은 '體(모양)'로써 말한 것이고(動靜以體言), '樂'과 '壽'는 그 효과로써 말한 것이다(樂壽以效言也). 動的이어서 묶이지 않으니 즐겁고(動而不括故樂 /括괄: 묶다) 정적이어서 불변하기 때문에 장수하는 것이다(靜而有常故壽).

면 노나라의 경지에 이르고,271) **魯一變至於道**(노일변지어도) 노나라가 한번 변화하면 (선왕의) 도의 경지에 이른다.272)

271) 제나라(B.C. 1123 ~ B.C. 221)는 周나라 武王이 太公望 呂尙여상에게 봉해준 제후국이다. 산둥성(山東省) 일대에 있던 나라로 29대 739년 만에 그 家臣인 田氏에게 빼앗겼다. 태공망은 원래 성은 姜강이고(그래서 '강태공'이라고 불리기도 함) 이름은 尙상이지만 선조가 책봉된 呂의 성을 따라 呂尙이라 불렀다. 은(상)나라 주변의 부족장인 西伯서백 姬昌희창(후에 주나라 文王문왕으로 추존됨)이 사냥을 나갔다가 渭水위수의 지류인 磻溪畔반계반에서 수염과 머리가 반백인 呂尙이 "원하는 놈은 걸려라"라고 중얼거리며 미끼도 없는 곧은 바늘로 낚시하고 있는 것을 보고 무엇을 낚고 있는지를 물으니 "세월"을 낚고 있다고 하고, 다시 "여기는 내 땅인데 허락은 받았습니까?"라고 묻자 "천하는 한 사람의 천하가 아니라(天下非一人之天下) 만백성의 천하입니다(乃天下之天下也). 만백성과 이익을 함께하는 자는 천하를 얻고(同天下之利者 卽得天下 /同: 한가지, 함께, 같이하다), 오로지 이익을 혼자만 차지하는 자는 천하를 잃게 됩니다(擅天下之利者 卽失天下 /擅단: 오로지하다, 멋대로하다)."라고 대답하였다. 이에 姬昌은 "太公 때부터 당신을 기다렸도다."라고 말하고, '태공망'(望: 기다리다, 바라다)이라는 호를 내리고 수레에 같이 타고 돌아온 후 그를 軍師군사에 임명했다고 한다. 과연 呂尙은 姬昌의 뒤를 이은 姬發희발(무왕)을 도와 은나라 紂주왕을 멸하고 周나라를 창건하는데 큰 공을 세웠으며, 그 후 齊의 臨淄임치 일대를 다스리는 제후에 봉해졌다. 당시는 주나라가 은나라를 멸했을 뿐이지 아직 멀리 떨어진 지역인 임치의 주변 지역까지는 힘이 미치지 못한 때이어서 呂尙은 그 주변 민족들을 평정하여 제나라의 기틀을 만들었다. 그는 兵學병학의 원조로 받들어지며, 당나라 때 孔子의 文廟문묘와 함께 武廟무묘에 配享배향되기도 하였다. 그는 제나라의 정치제도를 정비하는 데 있어 그 고장의 풍습을 존중했고, 예절을 간소화시켰으며, 상공업을 장려하여 그 고장 특산물인 소금과 생선으로 산업을 크게 일으켰다. 이에 수많은 백성이 모여들어 차츰 큰 나라로 뻗어나갈 수 있었다. 桓公환공(재위 B.C. 685 ~ B.C. 643) 때는 管仲관중을 등용하여 春秋五霸춘추오패 중 첫 번째 패자가 되었다.(魯나라 → 제3 팔일 3장)

272) 《논어집주》: 孔子 생존 시에(孔子之時) 이미 제나라의 풍속은 功利공리(공명과 이욕)를 서두르고(齊俗急功利 /急급: 빠르다, 서두르다) 과장과 속임수를 즐겼다(喜夸詐 /喜희: 좋아하다 /夸과: 과장하다 /詐사: 속이다). 바로 제 桓公 이래의 霸道政治패도정치의 남은 습성이다(乃霸政之餘習). 노나라는 禮教(예의와 교화)를 중시하고(魯則重禮教) 신의를 숭상하여(崇信義), 오히려 선왕의 유풍이 남아 있었다(猶有先王之遺風焉). …도는 곧 선

23. 觚不觚(고불고)

子曰(자왈): 觚不觚(고불고), 觚哉(고재), 觚哉(고재).

觚(고): 모난 술잔 /觚不觚(고불고): 앞의 觚(고)는 명사이고, 뒤의 觚(고)는 형용사로 전용된 것(고가 고답지 않다) /哉(재): ~이겠는가! *반문의 어기를 표시하는 어기조사

子曰(자왈) 孔子께서 말씀하셨다. **觚不觚(고불고)** 觚가 觚답지 않으면 **觚哉(고재) 觚哉(고재)** 觚이겠느냐! 觚이겠느냐![273]

왕(堯요, 舜순, 禹우, 湯탕, 文王문왕, 武王무왕)의 도이다(道則先王之道也). 두 나라의 정치와 풍속은 좋고 나쁨이 있었으므로(言 二國之政俗有美惡) 그를 변화시켜(故其變) 도에 나아가게 하기에 어려움과 쉬움이 있음을(而之道有難易) 말한 것이다.

273) 《논어집주》: '觚'는 모난 그릇이니(觚 棱也 /棱릉: 모, 모서리), 혹자는 술잔이라고 하고(或曰酒器), 혹자는 목간(글을 적는 나뭇조각)이라고 한다(或曰木簡). 모두 기물에 모서리가 있는 것이다(皆器之有棱者也). '不觚'라는 것은(不觚者), 당시에 제도가 없어져서(蓋當時失其制) 모서리를 만들지 않은 것이다(而不爲棱也). '觚哉觚哉'라고 한 것은 '觚가 될 수 없음'을 말한 것이다(觚哉觚哉 言不得爲觚也).

○정자는 말하기를(程子曰) "觚가 그 모양과 방식을 잃으면(觚而失其形制) '觚'가 아니다(則非觚也). 하나의 그릇을 (예로) 들었으나(擧一器 /擧거: 들다. 천거하다) 천하의 사물이(而天下之物) 모두 그렇지 않은 것이 없다(莫不皆然). 그러므로 임금이 그 임금의 도리를 잃으면(故君而失其君之道) 임금이 되지 못하며(則不爲君), 신하가 그 신하의 직분을 잃으면(臣而失其臣之職) 헛된 자리가 되는 것이다(則爲虛位)."라고 하였다.

*觚는 모서리가 있어야 하는데 당시에는 모서리가 없는 것도 觚라고 했기 때문에 孔子가 이를 빗대어 황폐해진 정치의 도를 개탄한 것이다. 《논어》안연11장도 같은 심정의 표현이다.(류종목)

24. 井有仁(人)焉
정유인인언

宰我問曰: 仁者, 雖告之曰 '井有仁(人)焉,' 其從之也.
재아문왈 인자 수고지왈 정유인인언 기종지야

子曰: 何爲其然也. 君子可逝也, 不可陷也. 可欺也, 不可罔也.
자왈 하위기연야 군자가서야 불가함야 가기야 불가망야

> 宰: 재상 /者: ~한 사람 /雖: 비록 ~일지라도 *가정부사 /告: 알리다 /雖告之曰의 之: 그(仁者)에게 /井: 우물 /焉: 진술의 어기를 표시하는 어기조사 /其從之也의 其: 그(仁者) /從: 따르다 /其從之也의 之: 그(우물에 빠진 사람) /其從之也의 也: ~인가? *의문의 어기를 표시하는 어기조사 /何: 어찌 /爲: 하다 /何爲其然也의 其: 음절을 조정하고 어기를 고르는 어기조사 /然: 그러하다 /何爲其然也 의 也: 앞의 '何'와 호응하여 의문문을 만드는 역할을 하는 반어형 어기조사('~인가?') /可: ~할 수 있다 /逝: 가다, 죽다 /不可: ~할 수 없다, ~안 된다 /陷: 빠지다 /欺: 속이다 /罔: 속이다, (사리에) 어둡다 /可逝也, 可欺也의 也: 글귀 끝에서 다음 말을 일으키는 역할을 하는 어조사(이문주) /不可陷也, 不可罔也의 也: '~이다'(~아니다) *판단 또는 비교적 단호한 진술의 어기를 표시하는 어기조사

宰我問曰 宰我(子我, 이름은 宰予)가 여쭈었다. **仁者** 仁한 이는 **雖告之曰** (누군가가) 그에게 비록 말해 주기를 **井有仁(人)焉** 우물에 사람(仁→人)이 있다고 한다면 **其從之也** 그는 그를 (구하기 위하여) 따라 들어갑니까?[274]

子曰 孔子께서 말씀하셨다. **何爲其然也** 어찌 그렇게 할 수야 있겠느냐? **君子可逝也** 군자는 (우물까지) 가게 할 수는 있으나 **不可陷也**

274) 其從之也의 之를 앞에 나오는 우물에 사람이 빠졌다는 말을 가리키는 대사로 보면 "그 말을 따라 우물에 들어갑니까"로 풀이하게 된다.

빠지게 할 수는 없다. **可欺也**(가기야) (이치에 맞는 그럴듯한 말로) 속일 수는 있으나 **不可罔也**(불가망야) 사리에 어둡게 만들 수는 없다.275)

25. 博學於文(박학어문)

子曰: 君子博學於文, 約之以禮, 亦可以弗畔矣夫.
(자왈 군자박학어문 약지이례 역가이불반의부)

> 博(박): 넓다, 넓히다 /於(어): ~에, ~을 *동작의 대상을 표시하는 전치사 /文(문): 글, 학문 *詩經(시경), 書經(서경)과 六藝(육예)(禮(예), 樂(악), 射(사), 御(어), 書(서), 數(수))의 글을 이른다(文 謂詩書六藝之文 《논어집주》학이6장) /約(약): 묶다, 요약하다, 핵심을 집약시킨다는 의미(김용재, 211면) /之(지): '博學於文(박학어문)'을 가리키는 대사 /以(이): ~(으)로써 /禮(례): 예, 예절 /亦(역): 역시, 또한 /可以(가이): ~할 수 있다 /弗(불): 아니다, ~하지 않다(=不(불)) /畔(반): 배반하다, 어긋나다(=叛(반)), 어지러운 모양, 밭두둑 /夫(부): 지아비, 남편, 대저〈발어사〉, ~로구나! ~로다! *감탄사 /矣夫(의부): ~일 것이다! *추측과 감탄을 함의하는 어기조사 [亡之(무지) 이럴 리가 없는데 命矣夫(명의부) 천명인가 보다. 《논어》옹야8장]

---

275) 《논어집주》: 유빙군이 말하기를(劉聘君曰), '有仁'의 '仁'은(有仁之仁) 마땅히 '人'자로 되어야 한다고 하니(當作人), 이제 그에 따른다(今從之). '從'은 그가 우물에 따라 들어가 그를 구해줌 이른다(從 謂隨之於井而救之也). …자신이 우물 위에 있어야(蓋身在井上) 비로소 우물에 빠진 사람을 구할 수 있으니(乃可以救井中之人), 만약 그가 우물에 따라 들어간다면(若從之於井) 다시는 그를 구할 수는 없을 것이다(則不復能救之矣). 이런 이치는 너무나 명백한 것이라서(此理甚明) 사람이 쉽게 깨달을 수 있는 것이다(人所易曉).
* '聘君'은 조정에서 예를 갖추어 관리로 초빙한 숨은 선비를 뜻한다. 朱子가 영인 유씨(令人劉氏)에게 장가들었는데, 유씨의 아버지 劉勉之유면지도 조정에 부름받은 적이 있었기 때문에 주자가 자신의 장인을 높여 부른 것이다. 주자는 유면지를 장인이자 師父로 섬겼다고 한다.

子曰[자왈] 孔子께서 말씀하셨다. **君子博學於文**[군자박학어문] 군자는 널리 문물을 배우고 **約之以禮**[약지이례] 예로써 절제(요약, 묶음, 단속)한다면 **亦可以弗畔矣夫**[역가이불반의부] 역시 (道理에) 어긋나지 않을 수 있을 것이다![276]

26. 予所否者[여소비자]

子見南子, 子路不說, 夫子矢之曰: 予所否者, 天厭之. 天厭之.
[자견남자 자로불열 부자시지왈 여소비자 천염지 천염지]

見[견]: 보다, 만나다 /說[열]: 기뻐하다(=悅[열]) /矢[시]: 화살, 맹세하다, 정직하다 /之[지]: 일반적인 사실.사물.사람을 가리키는 인칭대사 *'단호하게 말함'을 '矢之[시지]'라고 한다(윤재근) / 予[여]: 나(=余[여]), 주다(=與[여]), 승인하다 /所[소]: 만약, 만일 *가정이나 조건을 표시하는 접속사, 주로 맹세를 할 때 쓴다(류종목, 209면) /否[비]: 나쁘다, 비열하다 *否[부]: 아니하다 / 者[자]: 가정이나 조건의 어기를 표시하는 어기조사 /厭[염]: 미워하다, 버리다 /厭之[염지]의 之[지]: '孔子 자신'을 가리키는 대사

子見南子[자견남자] 孔子께서 南子를 만나자[277] **子路不說**[자로불열] 자로가 기뻐하

---

276) 《논어집주》: ○정자는 말하기를(程子曰) "학문에 있어서 널리 배우되(博學於文) 그것을 예로써 요약하지 않으면(而不約之以禮) 반드시 넘치고 흐트러짐에 이를 것이다(必至於汗慢 /汗한: 넘치다 /慢만: 방종하다). 널리 배우고서(博學矣), 또 능히 예를 지켜(又能守禮) 법도에 따를 수 있으면(而由於規矩 /於: 따르다, 의지하다) 또한 도에 어긋나지 않을 수 있을 것이다(則亦可以不畔道矣)."라고 하였다.

277) 南子: 송나라 사람. 衛나라 靈公영공의 妾첩이지만 부인으로 행세하며 정권을 독점하고 있었다. 친오빠인 송나라 孔子 趙조(옹야14장 중 '不. … 宋朝之美'의 趙를 말함)를 불러들여 음란한 짓을 하여 악명이 높았다. 영공의 태자 蒯聵괴외가 南子의 음행을 수치스럽게 여겨 죽이려다 발각되어 송나라로 망명하였다. 영공이 죽은 후 南子는 괴외의 아들인 輒첩을 군주(出公출공)로 세웠다(B.C. 492). 그 후 괴외가 귀국하려 했지만 군주의 지위를 뺏길 것을 두려워 한 輒(出公)이 이를 막았다. 孔子가 南子를 만난 것

지 아니하자 **夫子矢之曰**(부자시지왈) 孔子께서 맹세하여 말씀하셨다. **予所否者**(여소비자) 내가 만일 떳떳하지 못한 짓을 했다면 **天厭之**(천염지) 하늘이 나를 미워할 것이다! **天厭之**(천염지) 하늘이 나를 미워해![278]

27. **中庸之爲德也**(중용지위덕야)

子曰: 中庸之爲德也, 其至矣乎. 民鮮久矣.
(자왈 중용지위덕야 기지의호 민선구의)

> 之(지): 주어와 술어 사이에 쓰여 主述構造(주술구조)로 하여금 獨立性(독립성)을 잃고 名詞句(명사구) 또는 節(절)이 되게 하는 구조조사(류종목, 211면) /爲(위): ~이 되다, ~이다 /爲德(위덕): 덕 됨됨이, 덕으로서의 됨됨이 /也(야): 음절을 조정하고 어기를 고르는 어기조사 /其(기): 아마 *추측을 나타내는 부사 /至(지): 지극하다 /矣乎(의호): 감탄의 어기를 표시하는 어기조사 *其(기)와 함께 쓰이는 경우 추측의 어기를 내포한다. /鮮(선): 드물다, 드물게(부사) /久(구): 오래 머물다 /矣(의): 단정적 어기를 표시하는 어기조사 *류종목(211면): ~하게 되다. 상황의 변화나 새로운 상황의 출현을 표시하는 어기조사

子曰(자왈) 孔子께서 말씀하셨다. **中庸之爲德也**(중용지위덕야) 중용의 덕 됨은 **其**(기)

은 이때의 일이다. 그 후 괴외가 난을 일으켜 出公을 축출하고 南子도 죽인 후 莊公장공으로 즉위한다(B.C. 480). 자로가 괴외의 난 중에 괴외의 군에 대항하다 죽어 그 시신이 젓갈로 담가지는 수모를 당했다 한다.

278) 《논어집주》: 孔子가 위나라에 이르렀을 때(孔子至衛) 남자가 보기를 청하자(南子請見) 孔子가 사양하다가 부득이 그녀를 만났다(孔子辭謝不得已而見之). 옛날에는 그 나라에 벼슬하고자 하면(蓋古者仕於其國) 그 나라 임금의 부인을 만나는 예의가 있었으나(有見其小君之禮), 자로는 孔子께서 이 음란한 사람을 만남이 욕이 된다 하여(而子路以夫子見此淫亂之人爲辱) 기뻐하지 않은 것이다(故不悅).

至矣乎(지의호) 지극한 것이리라! **民鮮久矣**(민선구의) (이 덕을 지닌) 사람이 적은 지 오래되었도다![279]

28. 博施於民(박시어민)

28-1. 子貢曰(자공왈): 如有博施於民而能濟衆(여유박시어민이능제중), 何如(하여). 可謂仁乎(가위인호).

子曰(자왈): 何事於仁(하사어인), 必也聖乎(필야성호). 堯舜其猶病諸(요순기유병저).

> 如(여): 가령, 만일 *가정이나 조건을 표시하는 접속사 /如有(여유): 만일 ~이 있으면 /博(박): 넓다, 널리 /施(시): 베풀다 /於(어): ~에, ~에게 /而(이): 순접관계를 표시하는 접속사 /濟(제): 구제하다 /何如(하여): 어떠한가? /可謂(가위): ~라고 이를 수 있다 /可謂仁乎(가위인호)의 乎(호): 의문의 어기를 표시하는 어기조사 /何事(하사): ~에 그치다, ~일 뿐이다, 다만 ~뿐 아니라 /必也聖乎(필야성호)의 也(야): 음절을 조정하고 어기를 고르는 어기조사 /乎(호): 추측의 어기를 표시하는 어기조사 /其(기): 아마 *추측을 표시하는 부사 /猶(유): 오히려 /病(병): 힘들어하다 /諸(제): 之乎(지호) *之(지)는 博施於民而能濟衆(박시어민이능제중)를 가리키는 대사

子貢曰(자공왈) 자공(端木賜(단목사))이 여쭈었다. **如有博施於民**(여유박시어민) 만약 백성들에게

---

279) 《논어집주》: 中은 지나침도 없고, 모자람도 없는 것의 이름이다(中者 無過不及之名也). 庸은 '늘 변함없음'이다(庸 平常也). 至는 '지극함'이요(至 極也), 鮮은 '적음(드물음)'이니(鮮 少也), 이 덕을 가진 사람이 적은 지(言 民少此德) 지금은 이미 오래되었다(今已久矣)는 말이다.
○정자는 말하기를(程子曰) "'치우치지 않음'을 中이라 이르고(不偏之謂中), '바뀌지 않음'을 庸이라 이른다(不易之謂庸). 中은 천하의 바른 도이고(中者天下之正道), 庸은 천하의 정해진 이치이다(庸者天下之定理). 세상의 교화가 쇠퇴하면서부터(自世教衰) 사람들이 (중용의 도를) 실천함에 분발하지 않아(民不興於行) 이 덕을 가진 사람이 적은지가 오래되었다(少有此德久矣)."고 하였다.

널리 베풀고 而能濟衆(이능제중) 많은 사람을 구제할 수 있다면 何如(하여) 어떻습니까? 可謂仁乎(가위인호) 가히 仁하다고 할 수 있겠습니까?

子曰(자왈) 孔子께서 말씀하셨다. 何事於仁(하사어인) 어찌 仁하다고만 하겠느냐? 必也聖乎(필야성호) 틀림없이 聖人(성인)일 것이다. 堯舜其猶病諸(요순기유병저) 요임금도 순임금도 오히려 그렇게 하기는 힘들어했을 것이다![280]

28-2. 夫仁者(부인자), 己欲立而立人(기욕립이립인), 己欲達而達人(기욕달이달인).

> 夫(부): 무릇, 대저, 대체로 보아서(발어사) /欲(욕): 하고자 하다 /立(립): 서다 /而(이): ~하면 곧(조건에 따른 결과를 표시하는 접속사 =則) /達(달): 도달하다, 통달하다

夫仁者(부인자) 무릇 仁한 사람은 己欲立而立人(기욕립이립인) 자기가 (어느 곳, 위치에) 서고 싶으면 다른 사람부터 (거기에) 서게 하고, 己欲達而達人(기욕달이달인) 자기가 도달(성취)하고 싶으면 다른 사람부터 도달(성취)하게 해 준다.

28-3. 能近取譬(능근취비), 可謂仁之方也已(가위인지방야이).

> 能(능): ~할 수 있다 /近(근): 가까이(부사) /取(취): 취하다 /譬(비): 깨닫다, 비유하다 /可謂(가위): ~라고(말)할 수 있다 /之(지): ~의 /方(방): 방법/也已(야이): 단정적인 어기를 표시하는 어기조사

---

280) 堯．舜임금: 중국의 전설적인 聖君성군이다. 內聖外王내성외왕(안으로는 성인이고 밖으로는 임금의 덕을 갖춘 사람, 곧 학식과 덕행을 겸비함을 이르는 말)을 실천한 유가의 이상적인 인간상이다. 특히 순임금은 평민으로서 요임금으로부터 천자의 자리를 禪讓선양받았고, 순임금 또한 禹임금(재위 B.C. 2100년 경 ~ B.C. 2000경)에게 선양했다고 한다. 禹임금은 夏하나라를 세우고 왕위를 선양하지 않고 그 아들이 뒤를 이었다.

能近取譬 가까운 데서 취하여 깨달을 수 있다면 可謂仁之方也已
능 근 취 비 가 위 인 지 방 야 이

가히 仁을 행하는 방법이라고 할 수 있다.[281)][282)]

---

281) • 김형찬(85면): 자신이 원하는 것을 미루어서 남이 원하는 것을 이해하는 것이 바로 인의 실천방법이다.

• 류종목(214면): 가까운 것을 통하여 깨달음을 얻을 수 있다면 그것이 바로 仁의 경지에 이르는 방법이라고 할 수 있다.

• 김원중(128면): 가까운 데서 구체적인 예를 찾을 수 있으면 그것이 바로 인의 실천방법이라고 할 수 있을 것이다.

282) 김원중(128면): 옹야편에서 이 장은 특히 중요하다. 유교의 핵심 덕목인 仁과 聖이 어떻게 다른지에 대한 孔子의 생각이 직접적으로 드러난 대목이기 때문이다. 仁은 자기보다 먼저 남을 이루어 주는 것이지만, 聖은 거기서 더 나아가 모든 백성을 편안하게 해 주는 것이기 때문에 孔子는 聖을 仁보다 더 높은 가치로 보았다.

제7편 述而
술 이

此篇多記聖人謙己誨人之辭 及其容貌行事之實. 凡三十七章.
차 편 다 기 성 인 겸 기 회 인 지 사 급 기 용 모 행 사 지 실 범 삼 십 칠 장

이 편은 성인이 겸손히 함과 사람들을 가르치신 말씀과 그 용모와 행실의 실제를 기록하였다. 모두 37장이다.《논어집주》

1. 述而不作
술이부작

子曰: 述而不作, 信而好古, 竊比於我老彭.
자왈 술이부작 신이호고 절비어아노팽

> 述(술): (글을)짓다, 서술하다, 말하다, 傳述(전술)하다 /述而不作(술이부작), 信而好古(신이호고)의 而(이): ~하고 *순접 관계를 표시하는 접속사 /作(작): 만들다, 창작하다, 작품 *여기서는 '잘 알지 못하면서 새로운 것을 지어낸다'라는 의미를 갖고 있다. /信(신): 믿다, 신용, 성실 /竊(절): 훔치다, 남몰래, 마음속으로(부사) /比(비): 비교하다, 나란히 하다, 갖추다, 편 가르다, 친하다, 따르다, 겨룬다 /竊比(절비): 몰래 (마음속으로) 견주어보다 /於(어): ~에, ~에게, ~에 있어서, ~에 대하여 *대상을 표시하는 전치사 /老(노): 늙다, 늙은이 /彭(팽): 땅의 이름, 姓(성)씨의 하나 /我(아): 나, 우리, *친근함을 나타낼 때 붙이는 글자 /我老彭(아노팽): '우리 노팽'

子曰(자왈) 孔子께서 말씀하셨다. 述而不作(술이부작) (터득한 옛것을) 서술할 뿐 창작하지는 않았으며,[283][284] 信而好古(신이호고) 옛것을 믿고 좋아함을 竊比於我老(절비어아노)

---

283) 김원중(132면): 스승의 역할을 강조한 유명한 구절이다. 여기서 '作'의 의미는 잘 알지 못하면서 지어낸다는 의미를 갖고 있으니 孔子는 그렇게 하지 않는다는 생각을 갖고 있다. 이 문장은 이 편 아래의 28장에서 "아마도 알지 못하면서도 창작하는 자가 있겠지만 나는 그런 적이 없다(蓋有不知而作之者 我無是也)"와 같은 의미이다.

284) 《논어집주》: 孔子는 詩經과 書經을 정하고(孔子刪詩書 /刪산: 定하다, 깎다), 禮와 樂을 바로잡았으며(定禮樂 /定정: 정하다, 바로잡다), 周易을 밝히고(贊周易 /贊찬: 밝히다), 春秋를 엮어 만들었는데(修春秋 /修수: 엮어 만들다), 모두 先王의 옛것을 전하였을 뿐이지(皆傳先王之舊) 일찍이 창작한 것은 없었다(而未嘗有所作也). …그러나 그 당시에 지어진 것은 어느 정도 갖추어져 있었지만(然當是時 作者略備 /略략: 간략하다 /備비: 갖추다, 준비하다) 부자께서 여러 성인이 크게 이룩한 것을 모아서(夫子蓋集群聖之大成) 절충하였으니(而折衷之 /折衷절충: 어느 편으로 치우치지 않고 이것과 저것을 취사하여 그 알맞은 것을 얻음), 그 일이 비록 전술한 것이지만(其事雖述) 공로는 창작하는 것에 몇 배는 되는 것이니(而功則培於作矣), 이 또한 알지 않으면 안 된다(此又不可不知也).

彭팽 남몰래 우리 노팽에게 견주어 본다.[285][286]

---

285) 老彭이 누구냐에 대해서는 ① 옛날 일을 즐겨 이야기했다는 은(상)나라의 대부라는 설, ② 彭祖팽조라는 설, ③ 孔子가 예에 관해 질문했다는 老聃노담, 즉 老子노자라는 설, ④ 老子와 彭祖라는 설 등이 있다.(류종목, 217면)

* 彭祖: 불로장생의 비결을 잘 이해하여 800년이나 살았다고 하는 중국 전설 속의 인물. 그의 장수비결의 첫째는 氣功기공, 둘째는 이해득실을 따지지 않고, 물질적 향락을 추구하지 않으며, 마음을 편안하고 차분하게 하여 달관하는 것, 셋째는 모든 것을 자연에 따르고, 절기에 순응하며, 일과 휴식을 적당히 결합하고, 머리를 지나치게 쓰는 것을 삼가는 좋은 생활습관, 넷째는 절제된 부부생활이었다고 한다.

286) 老子: B.C. 6세기경에 활동한 중국 諸子百家제자백가 가운데 한 사람으로 道家의 창시자. 道家는 儒家와 함께 중국 철학의 핵심사상이다. 노자는 道德經도덕경을 저술하여 도의 개념을 정의하고, '無爲무위'로 돌아갈 것을 주장했다고 전해온다. 그러나 노자는 제자백가 가운데 가장 베일에 싸인 인물로 실제로 존재했는지조차 학자들 사이에서 의견이 분분하다. 실존했다고 하더라도 그가 孔子보다 앞선 시대의 인물인지 이후의 인물인지에 대해서도 밝혀진 바가 없다. 《사기》에 따르면 노자는 楚초나라 苦縣고현 사람으로 이름은 李, 자는 聃담이며, 주나라에서 도서를 관장하던 사관을 지냈다고 한다. 그러나 이 역시 하나의 가설일 뿐이다. 노자가 도와 덕에 대해 논한 15편의 저서를 남긴 초나라의 老萊子노래자로 孔子와 동시대 인물이었다는 설도 있고, 秦진나라 獻公헌공에게 진나라가 중국을 통일할 것이라고 예언한 주나라 태사 儋담으로 孔子보다 후대의 사람이라는 설도 있다. 사마천 역시 《사기》에서 노자의 실재를 확신하지 못하고 당대의 설들을 그대로 기록하여, 《사기》에 노자로 언급되는 인물이 여럿이라고 한다. 이는 노자가 은둔 생활을 한 데다 《사기》를 지은 당시의 漢나라에서는 유가와 도가가 서로 배척하는 분위기가 만연했기 때문으로 보인다.

《사기》에는 노자와 孔子에 관한 유명한 일화가 소개되어 있다. 노자가 주나라에 머무를 때 한 사람이 찾아와 '예'에 관해 물었다. 이에 대해 노자는 "옛날의 성인들은 모두 죽어 없어져 지금은 그들의 가르침만 남아 있다. 군자는 때를 잘 타고 나면 수레를 타는 귀한 몸이 되지만, 그렇지 못할 때는 산야에 묻히게 된다. 훌륭한 장사꾼은 물건을 깊숙이 보관하여 겉으로는 빈약해 보일지라도 내실은 강화한다. 군자도 이와 마찬가지로 덕을 몸에 갖추고 있더라도 겉으로 보기에는 어리석은 것같이 해야 한다. 그대가 가지고 있는 교만, 지나친 욕심, 위선적인 표정, 지식들을 다 버려라. 이런 것들은 아무런 도움도 되지 못하느니."라고 했다고 한다. 이 사람이 孔子였다. 주자는 孔子가 주나라에 가서 노자에게 가서 禮를 묻고 돌아오자 제자들이 더

2. 默而識之(묵이지지)

子曰(자왈): 默而識之(묵이지지), 學而不厭(학이불염), 誨人不倦(회인불권), 何有於我哉(하유어아재).

> 默(묵): 묵묵히 /默而識之(묵이지지)의 而(이): 부사 접미사(=然(연)) *默而(묵이): 묵묵히 /識(지): 외다, 기억하다, 마음에 새기다. *識(식): 알다, 인정하다, 지식, 식견 /之(지): 일반적인 사실.사물.사람을 가리키는 지시대사, 이 경우에는 之(지)는 풀이하지 않는 것이 자연스럽다. /學而不厭(학이불염)의 而(이): 역접관계를 표시하는 접속사로 보면 '~하되'의 뜻으로, 순접관계를 표시하는 접속사로 보면 '~하면서'로 풀이할 수 있다 /誨(회): 가르치다, 회개하다 /倦(권): 게으르다 /於(어): ~에, ~에서, ~로 *처소, 동작의 귀착지를 표시하는 전치사 /哉(재): ~는가? ~리오? *의문의 어기를 표시하는 反語形(반어형) 어기조사로서 反問(반문)의 형식을 취하여 强(강)한 肯定(긍정)의 뜻을 나타낸다. 흔히, 安(안)·豈(기)·何(하)·何以(하이)(무엇으로써) 등과 함께 쓰인다.

子曰(자왈) 孔子께서 말씀하셨다. 默而識之(묵이지지) (배운 것을) 묵묵히 기억하며,[287] 學而不厭(학이불염) 배우되 싫증 내지 않고, 誨人不倦(회인불권) 남을 가르치는 것을 게을리 하지 않는 것, 何有於我哉(하유어아재) (이 중에) 무엇이 나에게 있는가?[288]

욱 많아졌다고 하였다.

287) '識'를 '지'로 읽고 '기억하다'로 풀이한 朱子에 따른 것이다. 이에 대해 '識'을 '식'으로 읽고 '알다'로 풀이하여 '묵묵히 알다'로 풀이할 수도 있다.

288) 겸양의 말씀을 한 것으로 보는 朱子의 풀이를 따른 것이다. 그러나 '何有'는 일반적으로 '何難之有'의 축약된 형태로 인정된다. 그렇다면 본문도 '(이러한 것들이 있으니) 나에게 무슨 어려움이 있겠는가?'로 풀이할 수 있다(김용재). 茶山도 '何有於我'는 '있으니 없느니를 따질 만한 것이 못 된다는 말이다'라고 하였다(박헌순).

3. 德之不脩
덕 지 불 수

子曰: 德之不脩, 學之不講, 聞義不能徙, 不善不能改, 是吾憂也.
자 왈 덕 지 불 수 학 지 불 강 문 의 불 능 사 불 선 불 능 개 시 오 우 야

> 之(지): 목적어인 德(덕)과 學(학)을 강조하기 위하여 각각 동사인 脩(수)와 講(강)의 앞에 도치하면서 사용한 구조조사. 之(지)는 도치를 돕는 글자 /脩(수): 닦다(=修(수)), 공경하다(=敬(경)), 건육(肉脯(육포)) /講(강): 외우다, 배우다, 익히다, 연구하다 /不能(불능) ~할 수 없다, ~하지 못하다 /徙(사): 옮기다, 이사하다 /是(시): 이, 이것('德之不修~不善不能改(덕지불수 불선불능개)'를 가리키는 지시대사) /憂(우): 근심, 病(병), 苦痛(고통), 괴로움, 患難(환난), 근심하다 /也(야): 판단 또는 비교적 단호한 진술의 어기를 표시하는 어기조사

子曰(자왈) 孔子께서 말씀하셨다. **德之不修**(덕지불수) 덕을 닦지 못하는 것과, **學之不講**(학지불강) 배운 것을 익히지 못하는 것과, **聞義不能徙**(문의불능사) 의로움을 듣고도 옮기지(실천하지) 못하는 것과, **不善不能改**(불선불능개) 선하지 않은 점을 고치지 못하는 것, **是吾憂也**(시오우야) 이것이 나의 걱정이다.

4. 申申如也
신 신 여 야

子之燕居 申申如也, 夭夭如也.
자 지 연 거 신 신 여 야 요 요 여 야

> 之(지): 주격 어조사 *주어와 술어 사이에 쓰여 주술구조로 하여금 독립성을 잃고 명사구 또는 명사절이 되게 하는 구조조사(류종목, 220면) /燕(연): 편안하다, 한가하여 심신이 편안함 /居(거): 살다, 거주하다 /燕居(연거): 일 없고 한가한 때 /申(신): 펴다, 환하다 /申申(신신)[289]: 태연하고 여유 있는 모양 /夭(요): 일찍 죽다, 화기가 있는 모양 /夭夭(요요): 나이가

젊고 아름다움, 생기가 있고 얼굴빛이 환하고 부드러움 /如(여): 형용사 접미사(=然(연)) / 申申如(신신여): 태연한 모양 /夭夭如(요요여): 온화한 모양

子之燕居(자지연거) 孔子께서 한가로이 계실 때면 **申申如也(신신여야)** 그 모습이 태연하고 여유 있으시고 **夭夭如也(요요여야)** 그 얼굴빛이 온화하셨다.[290]

5. 不復夢見周公(불부몽현주공)

子曰(자왈): 甚矣(심의), 吾衰也(오쇠야). 久矣(구의), 吾不復夢見周公(오불부몽현주공).

甚(심): 심하다 /矣(의), 也(야): 감탄의 어기를 표시하는 어기조사 /衰(쇠): 쇠하다, 약해지다 *衰(최): 喪服(상복) /復(부): 다시, 회복하다, 돌아가다 /見(현): 뵙다, 만나다, 나타내다 *見(견): 보다, 당하다 /夢(몽): 꿈, 꿈꾸다

---

289) 중국어에서는 ①형용사를 중첩해서 써서 그 상태를 한층 강조한다, 단음절일 경우 'AA'(大大的眼睛 등)로, 두음절일 경우 'ABAB'(雪白雪白: 새하얗다)로 중첩할 수 있다. 高興(기쁘다), 漂亮(예쁘다), 明白(분명히)등은 'ABAB'와 'AABB'가 모두 가능한 형용사이다. ②이에 비해 동사를 중첩하면 '좀, 한번'이라는 부드러운 느낌을 주게 된다. 단음절일 경우는 'AA'(看看)나 중간에 '一' 또는 '一下'를 넣어 'A一A'(看一看) 또는 'A一下A'(看一下看 조금 보다)로, 두 음절 동사는 'ABAB'(休息休息: 조금 쉬다)로 표현한다. ③명사가 중첩되면 '매양', '늘', '언제나'의 뜻을 갖는다.

290) 《논어집주》: ○정자가 말했다(程子曰). "이는 제자들이 성인의 거처하시는 모습을 잘 형용한 것이다(此弟子善形容聖人處也). … 오늘날의 사람들은 한가로이 있을 때(今人燕居之時) 게으르거나 방자하지 않으면(不怠惰放肆) 반드시 너무 엄격하고 사납다(必太嚴厲 /厲려: 사납다, 미워하다). 엄격하고 사나움이 때때로 드러나면(嚴厲時著) 이 네 글자를 쓸 수 없고(此四字不得), 게으르거나 방자할 때(怠惰放肆時) 역시 이 네 글자를 쓸 수 없다(亦著此四字不得). 오로지 성인만이 자연스럽게 중화의 기운이 있었던 것이다(惟聖人便自有中和之氣)."

子曰(자왈) 孔子께서 말씀하셨다. 甚矣吾衰也(심의오쇠야) 심하구나, 나의 늙음이여! 久矣吾不復夢見周公(구의오불복몽현주공) 오래되었구나, 내가 周公을 꿈에 다시 뵙지 못한 것이! [291]

6. 志於道(지어도)

子曰(자왈): 志於道(지어도), 據於德(거어덕), 依於仁(의어인), 游於藝(유어예).

> 志(지): 뜻, 의지 /於(어): ~에, ~에게, ~에 대하여 *대상을 표시하는 전치사 /據(거): 근거, 증거, 굳게 지키다, 의거하다, (믿고)의지하다, 증거로 삼다 /依(의): 벗어나지 않다, 의지하다, 돕다, 힘이 되다 /游(유): 헤엄치다, 뜨다, 놀다 /藝(예): 재주, 기예, 학문, *여기서는 六禮(육예)를 지칭한다

子曰(자왈) 孔子께서 말씀하셨다. 志於道(지어도) 道에 뜻을 두고[292], 據於德(거어덕) 德을 굳게 지키며[293], 依於仁(의어인) 仁에 의지하고[294], 游於藝(유어예) 六藝에

---

291) 《논어집주》: ○정자가 말하기를(程子曰) "… 도를 간직하는 것은 마음이어서(蓋存道者心) 늙고 젊음의 차이가 없으나(無老少之異), 도를 행하는 것은 몸이니(而行道者身) 늙으면 쇠한다(老則衰也)."고 하였다.

292) 《논어집주》: '志'는 마음이 가는(목표 삼는) 곳을 이른다(志者 心之所之之謂). '道'는 곧 인륜으로(道則人倫) 일상생활에서(日用之間) 마땅히 행해야 하는 것이 바로 이것이다(所當行者是也). 이것을 알고(知此) 마음이 반드시 거기(道)에 간다면(而心必之焉) 가는 것이 올바를 것이고(則所適者正) 다른 갈림길로 빠지는 미혹함이 없게 된다(而無他岐之惑矣 /岐기: 갈림길).

* 무릇 '도'라는 것은(凡言道者) 사물의 당연한 이치(사물이 응당 그러해야 하는 이치)로서(皆謂 事物當然之理) 사람이 모두 따르는 바인 것을(人之所共由者也) 일컫는 것이다. 《논어집주》학이14장, 리인8장

293) 《논어집주》: '據'는 '잡고 지키다'의 뜻이다(據者執守之意). 덕은 도를 행하여 마

서 노닐어야 한다.[295][296]

음에 얻는 것이다(德則行道而有得於心者也). 마음에 얻음이 있고(得之於心) 그것을 지키되 잃지 않는다면(而守之不失), 끝과 시작이 한결같아서(則終始惟一), 나날이 새로워지는 성과가 있게 된다(而有日新之功矣 /功공: 공로, 성과).

294) 《논어집주》: '依'는 '위배되지(멀리하지, 떨어지지, 어기지) 않음'이다(依者 不違之謂). 仁은 사사로운 욕심이 모두 없어져서(仁則私欲盡去) 마음의 덕이 온전해진 것이다(而心德之全也). 공부가 이에 이르러서(工夫至此) 밥 한 끼 먹을 사이에도 仁에서 떠나지 않게 되면(而無終食之違) 보존하고 기르는 것이 익숙해져서(則存養之熟) 어디를 가더라도 하늘의 이치의 흐름 아닌 것이 없을 것이다(無適而非天理之流行矣).

295) 《논어집주》: '游'는 사물을 즐기되 그 성정에 알맞게 함을 이른다(游者 玩物適情之謂). '藝'는 곧 禮와 樂의 글과 활쏘기, 말 몰기, 글쓰기와 셈법이다(藝則禮樂之文射御書數之法 =六藝). 모두 지극한 이치가 깃들어 있어서(皆至理所寓 /寓우: 미무르다, 거주하다, 붙어살다) 일상생활에 빠뜨릴 수가 없는 것들이다(而日用之不可闕者也). 아침저녁으로 여기에 노닐 음으로써(朝夕游焉) 그 의리의 취향을 넓힌다면(以博其義理之趣) 일에 대응함이 넉넉하고(則應務有餘) 마음 또한 흐트러짐(放縱방종함)이 없을 것이다(而心亦無所放矣).

296) 《논어집주》: ○이 장은 사람이 학문하는 것이 마땅히 이와 같아야 함을 말한 것이다(此章 言人之爲學 當如是也). 대개 배움에 있어서 뜻을 세우는 것보다 우선하는 것은 없으니(蓋學莫先於立志), 도에 뜻을 두면 마음이 올바른 곳에 있게 되어 다른 데로 빠지지 않고(志道則心存於正 而不他), 덕을 잡고 지키면 마음에 도를 터득되어 잃지 않을 것이고(據德 則道得於心而不失), 仁에 의지하면, 덕성이 항상 작용하여 물욕이 행해지지 않게 되고(依仁 則德性常用 而物欲不行), 六藝에 노닐면 작은 사물도 빠뜨리지 않아서 움직일 때나 쉴 때나 길러짐이 있을 것이다(游藝 則小物不遺而動息有養). 배우는 사람이 이에서(學者於此) 그 선후의 순서와 경중의 차례를 잃지 않음이 있다면(有以不失其先後之序 輕重之倫焉), 근본과 말단이 모두 갖추어지고 내외가 서로 길러져서(則本末兼該 內外交養) 일상생활에서(日用之間) 조금의 간극(틈)도 없이(無少間隙) 조용히 잠기게 될 것이고(而涵泳從容), 자신이 성현의 경지로 들어가는 것도 문득 스스로 알지 못하게 될 것이다(忽不自知其入於聖賢之域矣).

7. 自行束脩以上
자행속수이상

子曰: 自行束脩以上 吾未嘗無誨焉.
자왈 자행속수이상 오미상무회언

自(자): ~에서부터 *시발점을 표시하는 전치사, 自(자)~至(지) : ~에서부터 ~까지 /束(속): 묶다, 묶음 /脩(수): 육포(저미어 말린 고기) /行束脩(행속수): 속수의 예를 행하다 /未嘗(미상): 아직까지 ~한 적이 없다 /無(무): 아니하다 (=不(불)) /誨(회): 가르치다 /焉(언): (=於之(어지)) 그를, 그에게

子曰(자왈) 孔子께서 말씀하셨다. 自行束脩以上(자행속수이상) 束脩(한 묶음의 육포) 이상의 예를 갖춘 사람부터는[297] 吾未嘗無誨焉(오미상무회언) 내가 일찍이 가르치지 않은 적이 없었다.[298]

---

297) 束脩속수: 고대의 예법은, 처음 만나는 사람을 찾아갈 때는 자신의 신분에 걸맞은 예물(幣帛폐백)을 가지고 가야 했다. 예를 들면 제후는 玉옥, 卿경은 염소, 大夫는 기러기, 士사는 꿩을 예물로 가져갔다. 속수는 肉脯육포(말린 고기) 묶음으로 예물 가운데 등급이 가장 약소한 것이다. 그러므로 '속수의 예를 행한 사람'은 '최소한의 예의를 갖춘 사람'의 뜻이 된다.

298) 茶山: 무릇 천륜으로 맺어진 친족이 아니면(凡非天屬之親者) 그 처음 만날 때에(其始與相見)는 반드시 폐백이 있어야 한다(必有贄物). 군신사이(君臣也), 부부사이(夫婦也), 붕우사이(朋友也), 이 세 가지는(此三者) 의리로 맺어진 것이다(以義而合者也). 의리로 맺어진 경우에는(以義而合者) 정말이지 폐백이 없으면(苟無贄物) 함께 만나지 않는다(不與之相見). 그러므로 남의 신하 된 자는 국경을 나갈 때에(故爲人臣者) 반드시 폐백을 싣고 가며(出疆必載贄), 혼례에는 기러기를 사용하고(婚禮用鴈 /鴈안: 기러기) 남자는 속백과 려피(而男子束帛儷皮 /束帛속백: 비단 다섯 필을 각각 양끝을 마주 말아서 한 데 묶은 것 /儷皮려피: 자웅(雌雄) 한 쌍의 사슴 가죽), 여자는 조율과 단수를 쓴다(婦人棗栗腶脩 /棗栗조율: 대추와 밤 /腶脩단수: 육포). 제자로서 어진 스승에게 배움을 청하여(以弟子而請學于賢師), '生三事一'의 義를 맺는 자가(以結生三事一之義者) 어찌 폐백이 없을 수 있겠는가(安得無贄).(박헌순)

* 生三事一: 낳고 기른 사람은 셋이지만 섬기고 모시는 일은 한결같아야 한다는 말. 자신을 낳아 준 어버이와 지식을 가르쳐 준 스승과 밥을 먹게 해 준 임금은 나를 낳고 기르는데 똑같은 은혜를 베풀었으므로, 셋을 구분하지 말고 똑같이 섬겨야

8. 不憤不啓(불분불계)

子曰(자왈): 不憤不啓(불분불계), 不悱不發(불비불발). 擧一隅(거일우), 不以三隅反則不復也(불이삼우반즉불부야).

> 憤(분): 奮發(분발)하다, 분하다, 괴로워하다, 힘쓰다, 분노하다, 번민하다 /啓(계): 열다, 일깨워 주다 /悱(비): 표현하려고 애쓰다, 말 아니 나오다 /發(발): (꽃이)피다, (활 따위를)쏘다, 일어나다, 열어 주다, 啓發(계발)하다, 말해 주다 /擧(거): 들다 /隅(우): 모퉁이 /反(반): 되돌리다, 생각하다, 유추하다, 대답하다, 반응하다 /不以ⓐ反(불이반): ⓐ로 반응하지 못하다 /則(즉): ~한즉 *가정이나 조건에 따르는 결과를 표시하는 접속사 /復(부): 다시, 반복하다 /也(야): 판단 또는 비교적 단호한 진술의 어기를 표시하는 어기조사

子曰(자왈) 孔子께서 말씀하셨다. **不憤不啓(불분불계)** (알고 싶어서) 奮發(분발)하지 않으면 일깨워 주지 않고, **不悱不發(불비불발)** 표현하지 못해 애쓰지 않으면 말해 주지 않는다. **擧一隅(거일우)** 한 모퉁이를 들어 (알려) 주었는데도 **不以三隅反(불이삼우반)** 나머지 세 모퉁이를 미루어 알지(증명하지) 못하면 **則不復也(즉불부야)** 다시 반복하지(가르쳐 주지) 않는다.[299][300]

한다는 뜻.[네이버 지식백과] (한국고전용어사전, 2001. 3. 30. 세종대왕기념사업회)

299) 제15 위령공15장 [孔子께서 말씀하셨다. '어떻게 할까', '어떻게 할까'라고 말하지 않는 자는 나도 어떻게 할 수 없을 뿐이다.(子曰 不曰如之何如之何者 吾末如之何也已矣)] 와 뜻이 통한다.

300) 《논어집주》: ○정자가 말했다(程子曰). "스스로 분발하고 표현하지 못해 애태우는 것을 기다리지 않고 말해 주면(不待憤悱而發) 앎이 견고해질 수 없고(則知之不能堅固), 스스로 분발하고 표현하지 못해 애태우는 것을 기다려 그 후에 계발해 주면(待其憤悱而後發) 환하게 깨닫게 된다(則沛然矣 /沛패 :쏟아지다, 내려 주다 /沛然: 쏟아지는 모양이 매우 세참)."

9. 食於有喪者之側
식 어 유 상 자 지 측

9-1. 子食於有喪者之側, 未嘗飽也.
자 식 어 유 상 자 지 측 미 상 포 야

> 於(어): ~에, ~에서 *처소 혹은 시간을 표시하는 전치사 /喪(상): 가족이 죽다 /者(자): ~한 사람 /之(지): ~의 *(喪者+之)(상자지)가 側(측)을 수식하는 관형어 /未嘗(미상): 일찍이 ~한 일이 없다 /飽(포): 배부르다 /也(야): 진술 또는 판단의 어기를 표시하는 종결 어기조사

子食於有喪者之側(자식어유상자지측) 孔子께서는 상을 당한 사람 곁에서 식사하실 때는 未嘗飽也(미상포야) 일찍이 배불리 드신 적이 없었다.

9-2. 子於是日哭 則不歌.
자 어 시 일 곡 즉 불 가

> 於(어): ~에, ~에서 /是(시): 이, 이것 *막연한 것을 가리키는 지시대사. '어느 것이든'이라는 의미를 내포하고 있다, 무릇, 이에(접속사), 옳다, 바르다, 바로잡다 /是日(시일): 이날, 어느 날 /哭(곡): , 곡하다, 사람의 죽음을 슬퍼하여 우는 禮 /則(즉): ~하면 *조건, 가정에 따를 결과를 표시하는 접속사 /歌(가): 노래하다

子於是日哭(자어시일곡) 孔子께서 어느 날 곡을 하시면 則不歌(즉불가) 그날은 노래를 부르지 않으셨다.301)302)

---

301) 茶山: 《예기》「단궁」에 이르기를(檀弓云) '남에게 조문을 하면(弔於人) 그날에는(是日) 음악을 아니 하며, 술을 마시지 아니하고, 고기를 먹지 않는다(不樂不飮酒不食肉)'하였다.(박헌순 1-418면)

302) 《논어집주》: ○사씨가 말하기를(謝氏曰) "배우는 이들은 이 두 가지에서(學者於此二者) 성인의 인정과 성질의 올바름을 볼 수 있으니(可見聖人情性之正也) 성인의 인정과 성질을 능히 안 다음에 도를 배울 수 있는 것이다(能識聖人之情性 然後可以學道)"라고 하였다.

10. 臨事而懼
임사이구

10-1. 子謂顔淵曰: 用之則行, 舍之則藏, 惟我與爾有是夫.
자위안연왈 용지즉행 사지즉장 유아여이유시부

> 用: 등용하다 /用之, 舍之의 之: '자신'을 가리키는 대사 /則: ~하면(조건, 가정의 접속사) /行: 행하다 /舍: 버리다 =捨 /藏: 저장하다, 숨다 *用行舍藏: 등용되면 행하고 버려지면 은둔함 /惟: 오직, 오직 ~만이 /我與爾: 나와 너 *與는 접속사 /是: 이, 이것(用之則行, 舍之則藏을 가리키는 대사) *류종목(225면): 강조효과를 위하여 '用之則行, 舍之則藏'을 문장의 첫머리로 끄집어내고 원래의 자리에 대사 是를 쓴 것 /夫: ~구나 *감탄의 어기를 표시하는 어기조사

子謂顔淵曰 孔子께서 안연(顔回, 顏子)에게 말씀하셨다. **用之則行** 등용되면 (道를) 행하고, **舍之則藏** 버려지면 은둔하는 것, **惟我與爾有是夫** 오직 나와 너만이 이것을 할 수 있으리라!

10-2. 子路曰: 子行三軍 則誰與.
자로왈 자행삼군 즉수여

> 行: 행하다, 사용하다 /誰: 누구 /與: 함께 더불어

子路曰 자로(季路, 仲由)가 여쭈었다. **子行三軍** 선생님께서 삼군을 거느리신다면 **則誰與** 누구와 함께하시겠습니까?[303]

---

303) 《논어집주》: 12,500명이 '軍'이 되며(萬二千五百人爲軍), 대국은 3군이다(大國三). 자로는 孔子께서 안연만 홀로 찬미하자(子路見孔子獨美顔淵) 자신의 용맹함을 자부하여(自負其勇) 孔子께서 만약 3군을 거느리신다면 반드시 자신과 함께할 것으로 생각한 것이다(意 夫子若行三軍 必與己同).

10-3. 子曰(자왈): 暴虎馮河(포호빙하) 死而無悔者(사이무회자) 吾不與也(오불여야). 必也臨事而懼(필야임사이구) 好謀而成者也(호모이성자야).

暴(포), 暴(폭): 사납다, 난폭하다, 맨손으로 치다, 업신여기다 /虎(호): 호랑이 /馮(빙): 업신여기다, 걸어서 물을 건너다, 뽐내다 *馮(풍): 姓 /河(하): 강 *'河(하)'는 보통 黃河(황하)를 가리키고, '江(강)'은 長江(揚子江)(장강(양자강))을 가리키는 말로 쓰인다. /死而無悔(사이무회)의 而(이): ~하여도 *역접관계를 표시하는 접속사 /無(무): 아니하다(=不(불)) /悔(회): 후회하다 /也(야): 음절을 조정하고 어기를 고르는 어기조사 /臨(임): 임하다 /臨事而懼(임사이구), 好謀而成者也(호모이성자야)의 而(이): ~하여 *순접관계를 표시하는 접속사 /懼(구): 두려워하다, 걱정하다, 염려하다, 경계하다, 조심하다 /謀(모): 계획을 세워서 일함, 책략을 세움, 꾀하다

子曰(자왈) 孔子께서 말씀하셨다. 暴虎馮河(폭호빙하) 맨손으로 호랑이를 잡고 걸어서 황하를 건너려 하고, 死而無悔者(사이무회자) 죽어도 후회하지 않는 자와는 吾不與也(오불여야) 나는 함께하지 않을 것이다. 必也臨事而懼(필야임사이구) 반드시 일에 임해서는 두려워할 줄 알고 好謀而成者也(호모이성자야) 계획을 잘 세워 성취하는 자라야 한다.304)

---

304) 《논어집주》: '暴虎'는 '맨손으로 잡음'이고(暴虎 徒搏 /徒도: 무리, 문하생, 맨손, 맨발, 보병 /搏박: 두드리다, 잡다). '馮河'는 '맨발로 건넘'이다(馮河 徒涉 /涉섭: 건너다). '懼'는 그 일을 공경하게 함을 이른다(懼 謂敬其事). '成'은 그 도모한 것을 이룸을 이른다(成 謂成其謀). 이것을 말한 것은(言此) 모두 그 용맹함을 억제함으로써(皆以抑其勇) 자로를 가르친 것이다(而敎之). 그러나 군을 거느리는 요체가(然行師之要) 실로 이것 외의 것이 아닌데(實不外此) 자로는 아마도 몰랐을 것이다(子路蓋不知也). ○사씨는 말하기를(謝氏曰) . … "부자의 말씀은(夫子之言) 그의 잘못(단점)에 따라 그를 구제하신(가르치신) 것이다(蓋因其失而救之). 무릇 계획을 세우지 않으면 이룰 수 없고(夫不謀無成) 두려워함이 없으면 반드시 패하게 된다(不懼必敗). 작은 일도 오히려 그러하거늘(小事尙然) 하물며 3군을 통솔함에 있어서이겠는가(而況於行三軍乎)?"라고 하

11. 富而可求也(부이가구야)

子曰(자왈): 富而可求也(부이가구야), 雖執鞭之士(수집편지사), 吾亦爲之(오역위지). 如不可求(여불가구), 從吾所好(종오소호).

> 而(이): ~이면, ~하면 곧 *가정이나 조건에 따르는 결과를 표시하는 접속사 /可(가): ~할 수 있다 /也(야): 음절을 조정하고 어기를 고르는 어기조사. 문맥에 의하여 가정의 어기를 가진다.(류종목, 227면) /雖(수): 비록, 비록 ~이라도 /執(집): 잡다 /鞭(편): 말채찍 /執鞭之(집편지): '士(사)'를 수식하는 관형어 /士(사): 일을 하는 사람, 선비, 일, 직무 /執鞭之士(집편지사): 채찍 드는 사람, 높은 지위의 사람이 길을 갈 때 수레 앞에서 채찍을 들고 길을 터놓는 일(즉 천박한 일)에 종사하는 사람. /亦(역): 또한 /爲(위): 하다 /吾亦爲之(오역위지)의 之(지); '執鞭之士(집편지사)'를 가리키는 지시대사 /如(여): 假令(가령), 만일 /所(소): ~하는 것 *所(소)는 〈의존명사〉 ~(하는)바, ~(하는)일, ~(하는)것 *반드시 수식어가 필요한 不完全(불완전) 名詞(명사)의 하나로서, '所+용언류'의 형태로 체언화 한다. /所好(소호): 좋아하는 것.

子曰(자왈) 孔子께서 말씀하셨다. **富而可求也(부이가구야)** 부유함이 구할 수 있는 것이라면, **雖執鞭之士(수집편지사)** 비록 말채찍을 드는 사람의 일이라도 **吾亦爲之(오역위지)** 나 또한 그 일을 하겠다. **如不可求(여불가구)** 만일 구해서 얻을 수 없는 것이라면[305] **從吾所好(종오소호)** 나는 내가 좋아하는 일을 하겠다.[306]

였다.

305) 류종목은 "부가 만약 추구할 만한 것이라면", "추구할 만한 것이 아니라면"으로 풀이한다(228면).

306) 《논어집주》: 가령(設 言 /設설: 설립하다, 가령, 만일) 부가 만약 구해서 될 일이라면(富若可求) 비록 몸소 천한 일을 해서라도 이를 구하는 것을(則雖身爲賤役以求之) 또한 사양하지 않겠지만(亦所不辭), 그러나 천명이 있으니(然有命焉) 구해서 얻어지는 것이 아니라면(非求之可得也), 의리에 편안히 할 뿐이니(則安於義理而已矣), 구태여 헛되이 욕됨을 취하겠는가(何必徒取辱哉 /何必: 달리 방법도 있을 터인데 왜 꼭, 구태여)

12. 子之所愼
자 지 소 신

子之所愼, 齋戰疾.
자 지 소 신 재 전 질

所(소): ~하는 것 /愼(신): 조심하다, 삼가다 /齋(재): 齋戒(재계), 제사를 지내기 전에 정성을 다해 몸과 마음을 깨끗이 하고 부정한 것을 멀리하는 일, 집, 방 *齊(재): 재계하다 *齊(제): 가지런하다 /戰(전): 전쟁 /疾(질): 질병

子之所愼(자 지 소 신) 孔子께서 삼가신 것은 **齋戰疾**(재 전 질) 재계하는 일과, 전쟁과 질병이었다.[307)]

13. 三月不知肉味
삼 월 부 지 육 미

子在齊聞韶, 三月不知肉味, 曰: 不圖爲樂之至於斯也.
자 재 제 문 소 삼 월 부 지 육 미 왈 불 도 위 악 지 지 어 사 야

韶(소): 순임금의 음악 /三月(삼월): 석 달, 3개월, 오랫동안 /味(미): 맛 /圖(도): 그리다, 예상하다 / 不圖(불도) ~也(야): (미처) ~을 의도(생각)하지 못하였다 /爲樂(위악): 음악으로서의 됨됨이 /之(지): 주격

라고 말한 것이다.

307) 《논어집주》: '齋'란 말은 '濟제'(가지런히 하다)이다(齊之爲言齊也). 장차 제사를 지냄에 그 생각이 가지런하지 못한 것을 가지런히 함으로써(將祭而齊其思慮之不齊者) 신명과 교통한다(以交於神明也). 정성이 지극하고 지극하지 않음은(誠之至與不至) 신이 그것을 흠향하고 안 함이(神之享與不享 /享향: 제사 지내다, 흠향하다) 모두 여기에서 결정된다(皆決於此). 전쟁은 곧 많은 사람의 죽음과 삶(戰則衆之死生), 나라의 존망이 달린 것이고(國之存亡繫焉 /繫계: 매다, 관련되다), 질병 또한 내 몸의 생사와 존망이 달려 있으므로(疾又吾身之所以死生存亡者) 모두가 가히 삼가지 않을 수 없는 것이다(皆不可以不謹也).

* 齋戒 → 제3 팔일 12장 참조

어조사 /至(지): 이르다 /於(어): ~에 /斯(사): 이러한 경지 /也(야): 감탄의 어기를 표시하는 어기 조사

子在齊聞韶(자재제문소) 孔子께서 제나라에 계실 때에 소 음악을 들으시고, 三月不知肉味(삼월부지육미), 曰(왈) 석 달 동안이나(오랫동안) 고기 맛을 모르시더니 말씀하셨다. 不圖爲樂之至於斯也(불도위악지지어사야) 음악이 이러한 경지에 이르렀으리라고는 미처 생각하지 못하였다!

14. 夫子爲衛君乎(부자위위군호)

14-1. 冉有曰(염유왈): 夫子爲衛君乎(부자위위군호).

子貢曰(자공왈): 諾(락), 吾將問之(오장문지).

爲(위): 위하다, 돕다 /乎(호): ~는가? ~인가? /諾(락): 응락하다, 허락하다, 대답하다, 동의하다, '그렇다', '좋다', 허가, 승낙 /將(장): 장차, 곧, 막, 장차 ~하려고 한다. 머지않아 ~되려 한다, *이 경우에는 '장차'라고 굳이 풀이하지 않아도 된다, 將帥(장수) /之(지): '爲衛君乎(위위군호)'를 가리키는 지시 대사.

冉有曰(염유왈) 염유가 말했다. 夫子爲衛君乎(부자위위군호) 夫子께서 衛나라 임금을 도와주실까요?

子貢曰(자공왈) 자공이 말했다. 諾, 吾將問之(락, 오장문지) 좋습니다, 내가 여쭈어보겠습니다.[308]

---

308) 《논어집주》: 衛나라 임금은 出公 輒(첩)이다(衛君 出公輒也 * 輒: 靈公(령공)의 손자, 재위 B.C. 492 ~ B.C. 481). 衛나라 靈公이 그 세자 蒯聵(괴외)를 내쫒았었는데(靈公逐其世子蒯聵)(괴외는 영공의 첩인 南子가 오빠인 宋나라 孔子 趙와 사통한 사실을 부끄럽게 여겨 南子를 죽이

14-2. 入, 曰: 伯夷.叔齊 何人也.
입 왈 백이 숙제 하인야

曰: 古之賢人也.
왈 고지현인야

曰: 怨乎.
왈 원호

曰: 求仁而得仁, 又何怨.
왈 구인이득인 우하원

出, 曰: 夫子不爲也.
출 왈 부자불위야

> 何人也의 何: 어떤, 어떠한 *의문형용사 /又何怨의 何: 무엇 *의문대사 /何人也의
> 하인야 하 우하원 하 하인야
> 也: '何'와 호응하여 의문문을 만드는 어기조사 /古之賢: 古之〈명사+之〉가 賢을 수
> 야 하 고지현 고지 지 현
> 식하는 관형어, '~의' /賢: 어질다 /怨: 원망하다 /而: ~하여 /得: 얻다
> 현 원 이 득

入, 曰: 伯夷 . 叔齊 何人也 (자공이 孔子에게) 들어가 여쭈었다. 伯夷.
입 왈 백이 숙제 하인야

叔齊는 어떤 사람입니까?309)

曰: 古之賢人也 孔子께서 말씀하셨다. 옛날의 어진 사람들이다.
왈 고지현인야

曰: 怨乎 자공이 여쭈었다. (君位를 양보했던 것을) 후회하였습니까?
왈 원호 군위

曰: 求仁而得仁, 又何怨 孔子께서 말씀하셨다. 仁을 추구하여 仁을
왈 구인이득인 우하원

려다 들통이 나자 晉나라로 도망하였다), 靈公이 죽자 (南子가 주도하여) 나라 사람들이 '괴외'의 아들 輒을 임금(出公)으로 세웠다(公薨而國人立蒯聵之子輒). 이때 晉나라가 (자기 나라에 망명해 와 있던 괴외를 衛나라 군주로 세우기 위해 군사를 빌려주어) 괴외를 위나라에 들여보냈으나(於是晉納蒯聵 /納납: 보내다) (아들인) 첩이 (군주의 지위를 아버지인 괴외에게 빼앗길 것을 두려워하여 군사를 보내어) 이를 막았다(而輒拒之 /拒거: 막다, 거부하다). 이때 孔子가 위나라에 있었는데(時孔子居衛) 위나라 사람들은(衛人) 괴외는 그 아버지(령공)에게 죄를 얻었고(以蒯聵得罪於父) (出公) 輒이 적손으로서 당연히 임금 자리에 서야 한다고 생각하고 있었다(而輒嫡孫當立). 그래서 염유는 (괴외와 출공 사이의 부자간의 싸움에 孔子께서 새 임금 出公을 돕지 않을까) 의아해서 물은 것이다(故冉有疑而問之)

309) 백이, 숙제 → 제5 공야장22장

얻었는데, 또 무엇을 후회하였겠느냐?

出(출), 曰(왈): 夫子不爲也(부자불위야) (자공이) 나와서 말했다. 선생님은 돕지 않으실 것입니다.[310]

15. 不義而富且貴(불의이부차귀)

子曰(자왈): 飯疏食飮水(반소사음수), 曲肱而枕之(곡굉이침지), 樂亦在其中矣(낙역재기중의). 不義而富且貴(불의이부차귀), 於我如浮雲(어아여부운).

> 飯(반): 먹다 /疏(소): 거칠다, 소통하다 /食(사): 밥 *食(식): 먹다 /飮(음): 마시다 /曲(곡): 굽히다 /肱(굉): 팔뚝 /枕(침): 베다, 베개 /之(지) 그것(굽힌 팔을 가리키는 지시대사) /其(기): 그것(飯疏食飮水(반소사음수) 曲肱而枕之(곡굉이침지)를 가리키는 지시대사) /矣(의): ~이다. ~도다, ~여라 *단정적인 어기를 표시하는 이기조사 /曲肱而(곡굉이), 不義而(불의이)의 而(이): ~하여, ~하고 /且(차): ~하고, ~한 위에 또 더하여 *遞增(체증)관계를 표시하는 접속사 /於(어): ~에, ~에게 /如(여): 같다 /浮(부): 뜨다

子曰(자왈) 孔子께서 말씀하셨다. 飯疏食飮水(반소사음수) 거친 밥 먹고 물마시며 曲肱而枕之(곡굉이침지) 팔을 굽혀 베더라도 樂亦在其中矣(낙역재기중의) 즐거움이 또한 그 가운데 있으니, 不義而富且貴(불의이부차귀) 의롭지 않은 부귀는 於我如浮雲(어아여부운) 나에게는 뜬구

---

310) 《논어집주》: 군자가 어떤 나라에 살 때에는(君子居是邦) 그 대부도 비난하지 않는데(不非其大夫), 하물며 임금에게 있어서이겠는가(況其君乎)? 그러므로 자공이 위나라 군주를 직접 가리키지 않고(故子貢不斥衛君 /斥척: 가리키다) 백이와 숙제의 일(→제5 공야장 22장)을 가지고 물은 것인데(而以夷齊爲問), 孔子께서 이렇게 알려주니(夫子告之如此 *孔子가 군주의 지위를 포기한 백이·숙제를 찬미했으니), 그가 (아버지에 대항하여 군주의 지위를 지키려 함으로써 仁에 반하는 짓을 하는) 위나라 군주 출공을 돕지 않을 것임을 알 수 있었던 것이다(則其不爲衛君可知矣).

름과 같다.[311]

16. 五十(卒)以學易
오 십 졸 이 학 역

子曰: 加(假)我數年, 五十以學易, 可以無大過矣.
자 왈 가 가 아 수 년 오 십 이 학 역 가 이 무 대 과 의

加: 더하다 /假: 거짓, 가짜, 臨時, 일시, 假令, 이를테면, 틈, 틈새, 빌리다, 빌려주다, 容恕하다 /數: 수, 몇 /易: 주역 /卒: 마치다, 죽다, 마침내, 병졸, 하인 /卒以: 마침내 /過: 허물 /矣: 단정적 어기를 표시하는 어기조사

子曰 孔子께서 말씀하셨다. **加(假)我數年** 나에게 몇 년 수명을 더해 주어 **五十(卒)以學易** 마침내 주역을 배운다면 **可以無大過矣** 큰 허물이 없을 수 있을 것이다.[312]

---

311) 《논어집주》: ○정자가 말하기를(程子曰) "거친 밥과 물 마시는 것 자체가 즐거운 것이 아니라(非樂疏食飮水也) 비록 거친 밥을 먹고 물 마실지라도(雖疏食飮水) 능히 그 즐거움을 바꾸지 않을 수 있고(不能改其樂也), 의롭지 못한 부귀는(不義之富貴) 그것을 마치 뜬구름과 같이 가볍게 보았다(視之輕如浮雲然)."고 하였다.

312) • 《논어집주》: 유빙군(劉勉之, 朱熹의 장인)이 "원성 유충정공을 만났을 때(劉聘君見元城劉忠定公) 일찍이 다른 《논어》를 읽으니(自言 嘗讀他論), '加(더하다)'는 '假(빌리다)'로 되어 있고(加作假 /作작: 짓다, 만들다, ~로 하다), '五十'은 '卒(마치다, 끝내다)'로 되어 있었다고(五十作卒) 말했다고 한다. 아마도 '加'와 '假'는 소리가 가까워 잘못 읽은 것이며(蓋加假聲相近而誤讀), '卒'과 '五十'의 글자가 서로 비슷하여 잘못 나뉜듯하다(卒與五十字相似而誤分也)."고 하였다. 내가 생각하건대 …이때 孔子의 연세가 이미 70에 가까웠으니(蓋是時孔子年已幾七十矣), '五十'이란 글자는 착오임이 틀림없다(五十字誤無疑也). '易'을 배우면(學易) 길하고 흉함과 없어지고 커지는 이치와(則明乎吉凶消長之理) 나아가고 물러남과 삶과 죽음의 도가(進退存亡之道) 밝아지므로 큰 허물이 없을 수 있는 것이다(故可以無大過). 성인은 주역의 도의 무궁함을 깊이 살펴(蓋聖人深見易道之無窮) 이 말씀으로써 가르치고(而言此以敎人), 이들로 하여금 배

17. 子所雅言
자소아언

子所雅言, 詩書執禮, 皆雅言也.
자소아언 시서집례 개아언야

所(소): ~한 것 /雅(아): 항상, 평소, 늘, 본디, 바르다, 우아하다 /詩(시): 詩經(시경) /書(서): 書經(서경), 夏(하).殷(은).周(주) 三代(삼대)의 政令(정령)을 모은 것 /執(집): 지키다, 잡다 /皆(개): 모두

子所雅言(자소아언) 孔子께서 항상 말씀하신 것은 詩書執禮(시서집례) 詩와 書와 禮를 지키는 것이었다. 皆雅言也(개아언야) 모두 평소 말씀하신 것이다.[313]

18. 發憤忘食
발분망식

18-1. 葉公問孔子於子路, 子路不對.
섭공문공자어자로 자로불대

葉(섭): 땅이름, *葉(엽): 잎 /於(어): ~에게 /對(대): 대답하다

우지 않을 수 없고(使知其不可不學), 또 쉽게 배울 수 없음을(而又不可以易而學也) 알게 한 것이다.

• 본문의 풀이는 《논어집주》(주자)의 풀이(卒以學易)를 따른 것이다(성백효 136면, 이기석/한백우 142면, 이문주 427면, 최영갑 259면도 같음). 그러나 본문을 '五十以學易' 그대로 '오십에 주역을 배운다면'으로 풀이하기도 한다(김석환 201면, 김원중 139면, 김형찬 90면, 류종목 233면).

313) 《논어집주》: 詩로써 성정을 다스리고(詩以理情性), 書로써 政事를 이끌며(書以道政事), 禮로써 節文(도의와 절제)을 삼가니(禮以謹節文), 모두 일상생활의 실제에 절실한 것이다(皆切於日用之實). 그러므로 그것을 평소 말씀하신 것이다(故常言之). 禮에 대해서만 오로지 '執'을 말한 것은(禮獨言執者) 사람으로서 잡고 지켜야 할 바로서 말한 것이고(以人所執守而言), 한갓 외우고 말하는 것으로 끝날 수 있는 것이 아니다(非徒誦說而已也 /徒도: 걷다, 헛되이, 한갓, 겨우).

葉公問孔子於子路(섭공문공자어자로) 섭공이 자로(季路(계로), 仲由(중유))에게 孔子를 물었는데 子路不對(자로불대) 자로가 대답하지 않았다.[314]

18-2. 子曰(자왈): 女奚不曰(여해불왈), 其爲人也(기위인야), 發憤忘食(발분망식), 樂以忘憂(낙이망우), 不知老之將至云爾(부지노지장지운이).

> 女(여): 너(2인칭대사) /奚(해): 어찌하여 /其(기): 그 /爲人(위인): 사람됨 /也(야): 음절을 조정하고 어기를 고르는 어기조사, 중간에 말을 잠시 끊음으로써 말하는 사람의 呼吸(호흡)을 조절하고, 듣는 사람의 주의를 환기하는 역할을 한다. /發(발): 일으키다 /憤(분): 분하다, 성내다, 흥분하다 /忘(망): 잊다 /食(식): 먹다 /樂(낙): 즐겁다 /樂以(낙이): 전치사와 목적어가 도치된 것 /憂(우): 근심, 걱정 /老(노): 늙다, 늙음 /之(지): 주격 어조사 /將(장): 장차, 곧 /至(지): 이르다 /云(운): 이와 같다, 이러하다 /云爾(운이): 이러할 뿐이다, ~뿐이다(=云耳(운이)) *단정적인 어기를 표시하는 어기조사

子曰(자왈) 孔子께서 말씀하셨다. 女奚不曰(여해불왈) 너는 어찌하여 말하지 않았는가? 其爲人也(기위인야) 그의 사람됨이 發憤忘食(발분망식) (깨닫지 못하면) 분발하여 먹는 것도 잊고, 樂以忘憂(낙이망우) (이윽고 깨달으면) 즐거움에 근심도 잊어, 不知老之(부지노지)

---

314) 《논어집주》: 섭공은 초나라 섭현의 尹(수령, 행정책임자)인 심저량으로(葉公 楚葉縣尹沈諸梁) 자가 자고이다(字子高). 주제넘게 '公'을 칭하였다(僭稱公也). 섭공은 孔子를 알지 못해(葉公不知孔子) 틀림없이 묻지 말아야 할 바가 있음에도 물은 것이다(必有非所問而問者). 그러므로 자로가 대답하지 않은 것이다(故子路不對). 그렇지 않으면 또한 성인의 덕은(抑亦以聖人之德) 실제로 쉽게 이름을 말할 수 없는 것이어서일까(實有未易名言者與)?

* 葉公好龍(섭공호용): 섭공이 용을 좋아해서 궁궐 안 곳곳에다 용을 새기고 그려 놓았는데, 정말로 용이 몸을 나타내자 섭공은 오히려 놀라 죽을 지경이 되었다는 데서 생겨난 고사성어이다. 겉은 그럴싸하지만, 실속이 없는 것을 비유하는 말로 쓰인다.

將至云爾(장지운이) 늙음이 다가오는 것도 알지 못할 뿐이라고.

19. 生而知之者(생이지지자)

子曰: 我非生而知之者, 好古敏以求之者也.
(자왈 아비생이지지자 호고민이구지자야)

> 而(이): 하면서부터 *순접관계를 표시하는 접속사 /知之者(지지자): 知之(지지)〈동사+之(지)〉는 者(자)를 수식하는 관형어 (~하는) /敏(민): 빠르다, 민첩하다, 힘쓰다 /敏以(민이): 민첩함으로써(전치사와 목적어가 도치된 것), 민첩하게

子曰(자왈) 孔子께서 말씀하셨다. **我非生而知之者**(아비생이지지자) 나는 나면서부터 아는 사람이 아니라, **好古敏以求之者也**(호고민이구지자야) 옛것을 좋아하고 재빨리(힘써) 이것을 탐구하는 사람이다.[315][316]

---

315) 《논어집주》: 나면서부터 아는 사람은(生而知之者) 기질이 맑고 밝아서(氣質淸明) 의리가 밝고 분명하며(義理昭著 /昭소: 밝다 .著저:드러나다, 분명하다) 배움을 기다리지 않고도 안다(不待學而知也). 敏 速也 謂汲汲也(敏은 빠르고 급급함을 이른다). ○윤씨가 말하기를(尹氏曰_ 공자는 나면서부터 아신 성인이요(孔子以生知之聖) 매양 배우기를 좋아해한다고 한 것은(每云好學者) 사람들을 면려한 것일뿐만 아니라(非惟勉人也) 대개 나면서부터 아는 것은 의리일 뿐이고(蓋生而可知者 義理爾) 예악과 사물, 고금의 사변은(若夫禮樂名物 古今事變) 또한 배움을 기다린 이후에 그 실상을 징험할 수 있는 것이다(亦必待學而後有以驗其實也).

316) 김원중(141면): 계씨(16편) 9장과 비교해서 읽어 보아야 한다. 사실 孔子는 배우기 좋아하는 것과 배우기 좋아하지 않는 것을 기준으로 하여 사람의 지력을 네 가지 등급으로 나누었다. '나면서부터 아는 자(生而知之者)'가 상급이고, '배워서 아는 자(學而知之者)'가 중상급이고, '곤란을 겪고 나서 배우는 자(困而學之)'가 중하급이고, '곤란을 겪고 나서도 배우지 않는 자(困而不學)'가 하급이다. 孔子는 자신이 상급이 아니라고 했으며, 다만 배우기를 좋아한다는 점을 인정했다.

20. 子不語(자불어)

子不語 怪力亂神.
(자불어 괴력난신)

> 怪(괴): 괴이하다 /力(력): 힘 /亂(난): 어지럽다, 손상시키다, 무도하다, 음란하다, 다스리다 /
> 神(신): 鬼神(귀신)

子不語 怪力亂神(자불어 괴력난신) 孔子께서는 괴이한 일, 힘으로 하는 일, 어지러운 일, 귀신에 관한 일은 말씀하지 않으셨다.

21. 三人行(삼인행)

子曰: 三人行, 必有我師焉. 擇其善者而從之, 其不善者而改之.
(자왈 삼인행 필유아사언 택기선자이종지 기불선자이개지)

> 行(행): 가다 /必(필): 필히, 반드시 /師(사): 스승, 군사, 군대 /焉(언): 거기에 (=於之(어지)) /擇(택): 고르다, 분간하다, 택하다 /其(기): 일차적으로는 三人(삼인) 중 나를 제외한 두 사람을 가리키지만 궁극적으로는 그 두 사람이 가진 좋고 나쁜 여러 가지 점들을 가리킨다. /善(선): 착하다, 선하다, 훌륭하다 /者(자): ~한 사람 /而(이): ~하여 *순접관계를 표시하는 접속사 /
> 擇其善者而從之(택기선자이종지)의 之(지): 善者(선자)(나보다 나은 사람)를 가리키는 대사 /其不善者而改之(기불선자이개지)의 之(지): 不善者(불선자)(나보다 못한 사람)를 가리키는 대사 /改之(개지): 나보다 못한 사람을 통해 깨닫게 된 나의 잘못을 바로 잡는다

子曰(자왈) 孔子께서 말씀하셨다. **三人行**(삼인행) 세 사람이 길을 가면, **必有我師焉**(필유아사언) 반드시 나의 스승이 거기에 있다. **擇其善者而從之**(택기선자이종지) 그 훌륭한 사람의 좋은 점을 골라 그것을 따르고, **其不善者而改之**(기불선자이개지) 그 훌륭하지 못한 사람의 좋지 않은 점을 보고 (그것을 거울삼아) 나를 고친다.[317)]

22. 天生德於予
천생덕어여

子曰: 天生德於予, 桓魋其如予何.
자왈 천생덕어여 환퇴기여여하

生(생): 태어나다, (아이를)낳다, 생존하다, 살다, 살리다, 자라다, 기르다, 발생하다, 생기다, 내놓다, 나오다, 百姓(백성), 저절로 /於(어): ~에게 /予(여): 나 /桓(환): 굳세다 /魋(퇴): 곰 /其(기): 장차 ~하려고 하다〈부사〉(류종목, 239면) /如~何(여하): 어떻게 하겠는가?

子曰(자왈) 孔子께서 말씀하셨다. **天生德於予**(천생덕어여) 하늘이 나에게 덕을 주었으니, **桓魋其如予何**(환퇴기여여하) 환퇴가 나를 어쩌겠는가?[318][319]

---

317) 《논어집주》: ○윤씨가 말하기를(尹氏曰) "어진 이를 보면 그와 같아지기를 생각하고(見賢思齊), 어질지 못한 이를 보면 안으로 스스로를 반성한다(見不賢而內自省)(→제4 리인17장). 그러면 선함(선한 사람)과 악암(악한 사람)이 모두 나의 스승이니(則善惡皆我之師) 선에 나아감에 어찌 디함이(끝이) 있겠는가(進善其有窮乎 /其기: 어찌, 어째서)."라고 하였다.

318) 《논어집주》: 환퇴는 송나라 사마상퇴이다(桓魋 宋司馬向魋也 /向상: 성씨 *向향: 향하다). 환공에게서 나왔으므로 또한 환씨라 칭한다(出於桓公 故又稱桓氏). 퇴가 孔子를 해치려 하자(魋欲害孔子) 孔子가 하늘이 이미 나에게 이와 같은 덕을 부여했거늘(孔子言天旣賦我以如是之德) 환퇴 그가 나를 어쩌겠는가?(則桓魋其奈我何)라고 말하여, 하늘을 거역하여 자기에게 해를 줄 수 없음을 말한 것이다(言必不能違天害己).

319) 喪家之狗상가지구: 孔子가 열국을 주유하던 중 衛나라를 떠나 曺조나라를 거쳐 다시 陣진나라로 가려고 宋송나라를 지날 때의 일이다. 孔子가 큰 나무 그늘에서 제자들과 예를 익히고 있을 때였다. 일찍이 송나라의 군전을 주관하던 司馬사마의 관직에 있던 桓魋환퇴가 3년이 지나도 완성하지 못할 정도로 사치스런 石槨석곽(시신을 넣는 돌곽)을 만들고 있는 것을 전해 들은 孔子가 시신은 빨리 썩는 것이 낫다면서 그 허영을 꾸짖은 일이 있는데, 이에 원한을 품은 환퇴가 나무를 쓰러트려 孔子를 해치고자 해서 孔子가 간신히 위기를 모면하였고, 당시 桓魋에게 쫒기는 과정에서 제자들과도 뿔뿔이 헤어져 서쪽으로 약 200km 떨어진 鄭나라까지 가서야 제자들과 다시 만나는 곤욕을 치렀다. 이때 子貢이 길에서 만난 정나라 사람에게 孔子를 보지 못했느냐고 묻자 그가 "동문에 어떤 사람이 있는데 이마는 요 임금과 같고, 목은 (순·우 임금 때의 명

23. 以我爲隱乎
이아위은호

子曰: 二三子以我爲隱乎, 吾無隱乎爾, 吾無行而不與二三子者, 是丘也.
자왈 이삼자이아위은호 오무은호이 오무행이불여이삼자자 시구야

二三子(이삼자): 그대들, 너희들, '얘들아'(제자들을 지칭할 때 쓰는 말) /以ⓐ爲ⓑ(이 위): ⓐ를 ⓑ라고 여기다 /隱(은): 숨기다 /以我爲隱乎(이아위은호)의乎(호): ~인가? /乎爾(호이)의 乎(호): ~에게(=於(어))〈전치사〉 /爾(이): 너, 그대〈대사〉*류종목은 '乎爾(호이)'를 탄식하되 원망하지 않는 어기를 표시하는 어기조사라고 하였다(240면) /行(행): 행하다 /而(이): ~하고 /與(여): 함께하다, 보여주다(=示(시)), 주다, 함께 /是(시): 이것 /丘(구): 孔子의 이름, 孔子가 자신을 지칭할 때는 이름을 씀 /也(야): 판단 또는 진술의 어기를 표시하는 어기조사

子曰(자왈) 孔子께서 말씀하셨다. 二三子以我爲隱乎(이삼자이아위은호) 너희들은 내가 숨긴 것이 있다고 여기느냐? 吾無隱乎爾(오무은호이) 나는 너희들에게 숨긴 것이 없다. 吾無行而不與二三者(오무행이불여이삼자) 나는 행하고서 너희들에게 보여 주지 않은 것이 없다. 是丘也(시구야) 이것이 바로 나이다.[320]

재상) 고요와 같으며, 어깨는 자산과 같았소이다. 그러나 허리 밑으로는 우 임금보다 세 치나 짧았고, 그 초췌한 모습은 마치 상갓집 개와 같았소이다."고 하였다. 그 후 孔子를 만난 자공이 이를 그대로 전하자 孔子는 흔연히 웃고는 "생김새는 중요하지 않다, 그런데 상갓집 개와 같다고 한 것은 정말 그랬었다, 그랬고 말고(孔子欣然笑曰. 形狀末也 而謂似喪家之狗 然哉 然哉)"라고 말했다고 한다. 본문은 이렇게 곤경을 치른 후에 제자들과 재회하여 천명을 이루려는 우리의 열정을 막을 수 있는 것은 아무것도 없다고 말하고 있는 것이다.

320) 《논어집주》: 여러 제자가 孔子의 도는(諸弟子以夫子之道) 높고 깊어서 거의 미칠 수 없다고 여겼기 때문에(高深不可幾及) 孔子가 숨기는 것이 있는지 의심하고(故疑其有隱), 성인의 동작과 멈춤, 말하심과 침묵이 가르침이 아닌 것이 없음을 알지 못

24. 子以四教

子以四教: 文, 行, 忠, 信.

以: ~써, ~으로써, ~을 써서, ~을 가지고 *도구, 수단, 방법, 자료를 표시하는 전치사 /文: 詩, 書, 禮, 樂의 경전을 말한다. /行: 덕행 /忠: 진실함, 성실함(=誠) /信: 믿음, 신의

子以四教 孔子께서는 네 가지로써 가르치셨으니 文, 行, 忠, 信 詩書禮樂의 경전과 덕행과 진실함과 신의이다.321)

25. 得見有恒者

25-1. 子曰: 聖人吾不得而見之矣. 得見君子者, 斯可矣.

得: 할 수 있다 *가능을 표시하는 조동사 /得而: ~할 수 있다 (=得以) *가능을 표시

했다(而不知聖人作止語黙 無非教也). 그러므로 孔子께서 이 말씀으로써 깨우쳐준 것이다(故夫子以此言曉之). '與'는 '示'(보여 주다)와 같다(與 猶示也).

321) • 《논어집주》: 정자는 말하기를 (程子曰) 사람 가르치기를 학문과 행실을 닦고(教人以學文脩行) 진실됨과 믿음직함을 보존하는 것으로 했으나(而存忠信也). 진심됨과 밈음직함이 근본이다(忠信 本也)

• [자기 자신을 (자신의 몸과 마음을) 다하는 것을 '忠'이라 이르고(盡己之謂忠), 진실로써 하는 것(진실되게 하는 것, 성실히 하는 것)을 '信'이라 이른다(以實之謂信). 《논어집주》학이4장]

• 춘추시대의 文은 넓은 의미의 문장으로 詩經, 書經과 六禮(禮.樂.射.御.書.數)의 글 등, 일체의 지식과 문학을 포함한다. 行은 실천을 뜻한다. 忠은 唐宋당송 이후에 말하게 된 것과 같은 어떤 한 사람에 대한 忠誠충성이라는 의미가 아니다. 孔子가 말하는 忠은 국가, 사회, 부모, 친구 등 어떤 사람, 어떤 일에 대해서든 변함없는 성실한 마음을 말한다. 信은 곧 신의가 있는 것을 말한다.

하는 조동사 /之(지): '吾不得而見聖人(오부득이견성인)'에서 목적어인 '聖人(성인)'을 강조하기 위하여 문장 앞에 도치하고 그 자리에 之(지)를 사용한 것 /者(자): ~한 사람 /君子(군자): 군자, 군자답다 / 斯(사): 이렇게 되면 곧, ~하면 *가정, 조건에 따른 결과를 표시하는 접속사(=則(즉)) /矣(의): ~이다. ~도다, ~여라, ~뿐이다 *감탄의 어기를 표시하는 종결 어기조사

子曰(자왈) 孔子께서 말씀하셨다. 聖人吾不得而見之矣(성인오부득이견지의) 성인은 내가 만나 볼 수 없구나! 得見君子者(득견군자자) 군자다운 사람이라도 만나 볼 수 있으면 斯可矣(사가의) 좋겠다![322]

25-2. 子曰(자왈): 善人吾不得而見之矣(선인오부득이견지의). 得見有恒者(득견유항자) 斯可矣(사가의).

恒(항): 언제나 변함없는 한결같은 마음 /有恒者(유항자): 항심을 가진 사람

子曰(자왈) 孔子께서 말씀하셨다. 善人吾不得而見之矣(선인오부득이견지의) 선한 사람은 내가 만나 볼 수 없구나! 得見有恒者(득견유항자) 斯可矣(사가의) 항심을 가진(마음이 한결같은) 사람이라도 만나 볼 수 있으면 좋겠다![323]

25-3. 亡而爲有(무이위유), 虛而爲盈(허이위영), 約而爲泰(약이위태), 難乎有恒矣(난호유항의).

---

322) 《논어집주》: '성인'은 혼이 밝아서 헤아릴 수 없는 이의 호칭이다(聖人 神明不測之號 /神신: 귀신, 정신, 혼). '군자'는 재주와 덕이 출중한 자의 이름이다(君子 才德出衆之名).

323) 《논어집주》: 장자가 말하기를(張子曰 /張栻-張敬夫 1133 ~ 1180, 南宋) "항심을 가진 사람이란 그 마음이 둘이 아닌 사람이다(有恒者不二其心). 선한 사람이란 仁에 뜻을 두어 악함이 없는 사람이다(善人者志於仁而無惡)."라고 하였다.

而(이): 역접관계를 표시하는 접속사 /爲(위): ~라고 여기다, ~인체하다, 가장하다(태도를 거짓으로 꾸미다), 위장함(=僞(위)) /虛(허): 텅 비다 /盈(영): 차다 /約(약): 검약하다, 곤궁하다, 빈궁하다, 묶다, 약속 /泰(태): 크다, 넉넉하다, 편안하다, 너그럽다 /難(난): 어렵다 /乎(호): ~을, ~에 *동작의 대상을 표시하는 전치사(=於(어))

亡而爲有(무이위유) 없으면서 있는 체하고, **虛而爲盈**(허이위영) 텅 비었으면서도 가득 차 있는 척하고, **約而爲泰**(약이위태) 곤궁하면서도 풍족한 척한다면 **難乎**(난호) 어렵구나! **有恒矣**(유항의) 한결같은 마음을 갖는 것이![324)]

26. 釣而不網(조이불망)

子釣而不網 弋不射宿.(자조이불망 익불석숙)

釣(조): 낚시 /而(이): ~하지만 *역접관계를 표시하는 접속사 /網(망): 그물, 그물로 잡다 /弋(익): 주살, 화살의 머리(오늬)와 시위를 잡아매고 쏘는 화살 /射(석): 맞히다, 쏘아 잡다 *射(사): 쏘다 /宿(숙): (잠을) 자다, 숙박하다, 묵다, 오래되다

---

324) 《논어집주》: 세 가지는 모두 헛되이 과장하는 일이니(三者 皆虛夸之事) 무릇 이런 사람은 반드시 그 떳떳한 도리를 지킬 수 없다(凡若此者 必不能守其常也 /常상: 떳떳하다, 도리). ○장경부가 말하기를(張敬夫曰) 성인과 군자는 학문으로 말한 것이고(聖人君子以學言) 선인과 유항자는 기질로 말한 것이다(善人有恒者以質言). 내가 생각하건대(愚謂) 유항자는 성인에 대해서는(有恒者之於聖人) 그 높고 낮음이 본래 현저히 다르다(高下固懸絶矣). 그러나 유항으로부터 시작하지 않고 성인의 경지에 도달한 자는 아직 없었다(然未有不自有恒而能至於聖者也). 그러므로 장의 끝애 유항의 뜻을 거듭 말하였으니(故章末申言有恒之義 /申신: 거듭, 되풀이하다), 사람들에게 덕에 들어가는 문을 보여 준 것이(其示人入德之門) 가히 깊고 절실하며 분명하고 밝다고 할 것이다(可謂深切而著明矣).라고 하였다.

子釣而不網(자조이불망) 孔子께서는 낚시는 하시되 그물로는 잡지 않으셨고, 弋不射宿(익불석숙) 주살로 새를 잡기는 했지만 잠자는 새를 쏘지는 않으셨다.[325]

27. 不知而作之者(부지이작지자)

子曰: 蓋有不知而作之者, 我無是也. 多聞擇其善者而從之, 多見而識之, 知之次也.
(자왈 개유부지이작지자 아무시야 다문택기선자이종지 다견이지지 지지차야)

> 蓋(개): 아마, 대개 /而(이): 그렇게 하고서, ~하면서 /作(작): 만들다, 새로운 이론을 창작하다 /作之(작지)의 之(지): 일반적인 사실.사물.사람을 가리키는 지시대사 /我無是也(아무시야)의 是(시): '不知而作之(부지이작지)'를 가리키는 지시대사 /識(지): 기억하다 /知之次也(지지차야): 아는 것의 두 번째 등급이다. *류종목: 태어나면서부터 아는 것(生而知之(생이지지))에 버금가는 좋은 방법이다.

子曰(자왈) 孔子께서 말씀하셨다. 蓋有不知而作之者(개유부지이작지자) 아마 알지 못하면서 (새로운 것을) 지어내는 사람이 있을 게다. 我無是也(아무시야) 나는 이런 일이 없다.[326] 多聞擇其善者而從之(다문택기선자이종지) 많이 듣고 그 가운데 좋은 것을 가려서 그

---

325) 《논어집주》: ○홍씨가 말하기를(洪氏曰, 洪興祖 1090~1155 南宋시대의 학자) "孔子는 어려서 빈천했으므로(孔子少貧賤) 부모 봉양과 제사를 위하여(爲養與祭) 혹 부득이 낚시와 주살질을 했다(或不得已而釣弋). …그러나 없어지도록 취하지 않았고(然盡物取之), (새가 잠자고 있어서) 예상하지 못하는 때에는 하지 않았다(出其不意 亦不爲也). 여기에서 가히 어진 이의 본심을 볼 수 있다(此可見仁人之本心矣). 물건을 대우함이 이와 같았으니(待物如此) 사람을 대우하는 일은 가히 알 수 있다(待人可知). 작은 것이 이와 같으니(小者如此) 큰 것을 가히 알 수 있다(大者可知)"고 하였다.

326) 술이1장에서 "(터득한 옛것을) 서술할 뿐 (새롭게) 창작하지는 않는다"고 한 것과 통한다.

것을 따르며, 多見而識之(다견이지지) 많이 보고 그것을 기억하였으니, 知之次也(지지차야) (이렇게 하면) 아는 것의 두 번째 등급(生而知之(생이지지)의 다음 등급)은 될 수 있다.

28. 人潔己以進(인결기이진)

28-1. 互鄕難與言, 童子見, 門人惑.(호향난여언 동자현 문인혹)

互鄕(호향): 지명, 호향 사람 /難(난): 어렵다 /難與言(난여언)의 與(여): 더불어, 함께 *다음에 互鄕(호향)을 가리키는 대사가 생략되었다. /見(현): 뵙다 *뒤에 목적어(孔子)가 생략되었다. *見(견): 보다

互鄕難與言(호향난여언) 호향 사람들은 더불어 이야기하기 어려운데 童子見(동자현) 한 어린아이가 (孔子를) 뵙자327) 門人惑(문인혹) 문인들이 (옳지 않은 것으로) 의아하게 생각했다.

28-2. 子曰: 與其進也, 不與其退也, 唯何甚. 人潔己以進, 與其潔也, 不保其往也.(자왈 여기진야 불여기퇴야 유하심 인결기이진 여기결야 불보기왕야)

與其進(여기진)의 與(여): 허여하다, 허용하다 /其(기): 일반적인 사람을 가리키는 대사 /唯何甚(유하심): 아, 어찌 (그 아이에게) 심하겠는가? 동자에게 너무 심하게 할 수 없다는 뜻. /唯(유): 문장의 첫머리에서 아무 의미 없이 말을 끄집어내기 위하여 語調(어조)를 조정하는 역할을 하는 어기조사, 보통 發語辭(발어사)라고 한다 /甚(심): 정도에 지나치다 /潔(결): 깨끗하다, 품행이

327) 본문의 해석이 다수의 입장이지만, 호향 사람 전체를 '더불어 말하기 어려운 사람들'로 보는 것이 무리라는 견해에서는 '호향의 더불어 말하기 어려운 동자를 만나다'로 해석하기도 한다.

바르다 /進(진): 나아가다, 전진하다 /保(보): 지키다, 보증하다, 돕다 /往(왕): 가다, 옛, 지나간 일 /不保其往也(불보기왕야): 그의 지나간 일을 보증하지 않다. 과거에 있었던 모든 일을 다 허용하는 것은 아니라는 뜻.

子曰(자왈) 孔子께서 말씀하셨다. **與其進也**(여기진야) 나아감을 허여하고 **不與其退也**(불여기퇴야) 물러감(퇴보함)은 허여하지 않는 것인데 **唯何甚**(유하심) (배우겠다고 찾아온 그 아이에게) 어떻게 심하게 하겠는가? **人潔己以進**(인결기이진) 사람이 자기 자신을 깨끗이 해서 나아가면, **與其潔也**(여기결야) 그 깨끗해짐을 허여하지만, **不保其往也**(불보기왕야) (그렇다고 해서) 지난 일을 보장하는 것은 아니다(그의 과거를 모두 옳았다고 보증해 주는 것은 아니다).328)

29. **仁遠乎哉**(인원호재)

子曰: 仁遠乎哉. 我欲仁 斯仁至矣.(자왈 인원호재 아욕인 사인지의)

乎哉(호재): 의문의 어기를 표시하는 어기조사 乎(호)와 감탄의 어기를 표시하는 어기조사 哉(재)가 합쳐져서 反問(반문)의 어기를 표시한다.(류종목, 246면) /斯(사): 이렇게 되면 곧, ~하면 *조건에 따른 결과를 표시하는 접속사 (=則(즉))〉/矣(의): 단정적 어기를 표시하는 어기조사

328) 《논어집주》: 이장은 착간이 있는 것 같다(疑此章有錯簡 /錯簡착간: 잘못된 편집). '人潔'부터 '往也'까지의 14자는(人潔至往也十四字) '與其進也'의 앞에 있어야 마땅하다(當在與其進也之前). …이미 지나간 것을 따지지 않고(蓋不追其旣往) 그 장래도 헤아리지 않되(不逆其將來 /逆역: 헤아리다), 뉘우치는 마음으로 다가오면 그를 수용할 뿐이다(以是心至斯受之耳). '唯'자 위아래에(唯字上下) 빠진 글자가 있는 듯하다(疑有闕文). 아마 역시 '不爲己甚(이미 너무 심하게 하지 않는다)'의 뜻이었을 것이다(大抵亦不爲己甚之意).

子曰(자왈) 孔子께서 말씀하셨다. 仁遠乎哉(인원호재) 仁이 멀리 있겠는가? 我欲仁(아욕인) 내가 仁을 행(실천)하고자 하면 斯仁至矣(사인지의) 仁은 (바로) 이르는 것이다.[329)]

30. 苟有過(구유과)

30-1. 陳司敗問: 昭公知禮乎.(진사패문 소공지례호)

孔子曰: 知禮.(공자왈 지례)

敗(패): 패하다, 지다, 무너지다, 썩다 /司敗(사패): 관직 이름(魯(노)나라의 司寇(사구)와 같음)

陳司敗問(진사패문) 陳나라 司敗가 여쭈었다. 昭公知禮乎(소공지례호) (노나라) 소공은 예를 아는 분입니까?

孔子曰(공자왈) 孔子께서 대답하셨다. 知禮(지례) 예를 아십니다.[330)]

---

329) 《논어집주》: ; 仁은 마음의 덕이고(仁者 心之德) 밖에 있는 것이 아니다(非在外也), 잃어버리고 찾지 않으니(放而不求) 이 때문에 멀리 있다고 여기는 사람이 있다(故有以爲遠者). 돌이켜 구한다면)(反而求之) 바로 여기에 있을 것인데(則卽此而在矣), 어찌 멀다고 하겠는가(夫豈遠哉). ○정자는 말하기를(程子曰) "자기 자신으로 말미암기 때문에(爲仁由己) 그것을 하고자 하면 곧 이르는데(欲之則至) 어찌 멀음이 있겠는가(何遠之有)?"라고 하였다.

330) 《논어집주》: '昭公'은 노나라 군주로서(昭公魯君. …威儀之節(격식을 갖춘 태도나 차림새, 예의범절)에 익숙하여(習於威儀之節), 당시 사람들이 예를 잘 안다고 여겼다(當時以爲知禮). 그러므로 사패가 이 질문을 한 것이고(故司敗以爲問) 孔子께서 이에 답한 것이다(而孔子答之如此).

30-2. 孔子退, 揖巫馬期而進之, 曰: 吾聞君子不黨, 君子亦黨乎. 君取於吳爲同姓, 謂之吳孟子. 君而知禮, 孰不知禮.
공자퇴 읍무마기이진지 왈 오문군자부당 군자역당호 군취어오위동성 위지오맹자 군이지례 숙부지례

> 揖(읍): 읍하다(상대방에게 공경의 표시를 하는 인사) /巫(무): 무당 /進(진): 나아가다 /黨(당): 편벽하다, 무리 /取(취): 얻다, 아내를 맞다, 장가들다.(=娶(취)) /於(어): ~에서 /吳(오): 나라 이름 *周나라의 선조인 太王(태왕)의 아들 泰伯(태백)이 세운 나라로 알려져 있다. 따라서 오나라의 군주의 성도 노나라 군주와 같은 姬(희)씨이다. /爲(위): '~이다'라는 뜻의 연계동사 *爲同姓(위동성): 같은 성이다. '같은 성이 되었다'로 풀이하기도 하는데, 이는 '爲(위)'를 '되다'로 풀이한 것이다. /君而知禮(군이지례): 임금이 예를 안다면, *而(이)는 가정이나 조건을 표시하는 접속사 /孰(숙): 누가, 누구

孔子退(공자퇴) 孔子가 물러가시자 **揖巫馬期而進之曰**(읍무마기이진지왈) (陳司敗(진사패)가) 무마기에게 읍하여 따라 나오게 하고 그에게 말했다. **吾聞君子不黨**(오문군자부당) 나는 군자는 당을 짓지 않는다고 들었는데, **君子亦黨乎**(군자역당호) 군자도 역시 당을 짓습니까? **君取於吳**(군취어오) (姬(희)씨 姓(성)인 魯(노)나라) 임금이 (같은 姬(희)씨 姓(성)인) 吳(오)나라에서 아내를 맞이하여서 **爲同姓**(위동성) 姓(성)이 같은데, **謂之吳孟子**(위지오맹자) (따라서 관례대로라면 '吳孟姬(오맹희)'라고 불러야 하는데 이를 감추기 위해) 그녀를 吳孟子(오맹자)라고 부릅니다(孟(맹)은 '맏이'의 뜻이고 '子(자)'는 宋(송)나라의 성씨임). **君而知禮**(군이지례) 임금이 예를 안다면 **孰不知禮**(숙부지례) 누가 예를 모릅니까?[331]

---

331) 《논어집주》: '무마'는 성이고 '기'는 자이다(巫馬姓 期字). 孔子의 제자로 이름은 '시'이다(孔子弟子 名施). …서로 도와 잘못을 감춰 주는 것을 '당'이라 한다(相助匿非曰黨). '례'에는 같은 성을 (배우자로) 취할 수 없는데(禮不取同姓), 노나라와 오나라는(而魯與吳) 모두 성이 '희'이다(皆姬姓). 오맹자라고 부른 것은(謂之吳孟子者), 이를 피하여(諱之) 송나라 여자로 '子'씨 성을 가진 사람인 듯이 한 것이다(使若宋女子

30-3. 巫馬期以告, 子曰: 丘也幸, 苟有過, 人必知之.
무마기이고 자왈 구야행 구유과 인필지지

> 巫馬期以告(무마기이고): 以(이) 다음에 목적어인 '진사패의 말'을 대신하는 대사 之(지)가 생략되었고, 告(고) 뒤에는 간접목적어 '孔子'가 생략되었다(류종목) /丘也幸(구야행)의 也(야): 음절을 조정하고 오기를 고르는 어기조사 /苟(구): 만약 *가정이나 조건에 따른 결과를 표시하는 접속사 /過(과): 허물, 잘못 /人必知之(인필지지)의 之(지): '過(과)'를 가리키는 대사

巫馬期以告(무마기이고) 巫馬期가 이 사실을 孔子에게 알려 드리자 **子曰**(자왈) 孔子께서 말씀하셨다. **丘也幸**(구야행) 나는 다행이구나! **苟有過**(구유과) 만약 잘못이 있으면 **人必知之**(인필지지) 다른 사람이 반드시 그것을 알려 주는구나!

31. 與人歌而善
여인가이선

子與人歌而善, 必使反之, 而後和之.
자여인가이선 필사반지 이후화지

> 與(여) :~과 더불어, 함께 /歌(가): 노래(하다) /與人歌而善(여인가이선)의 而(이): ~하여 /善(선): 잘하다 /反(반): 돌이키다, 반복하다, 반대하다, 어기다, 반성하다 /必使反之(필사반지) 의 之(지): 歌(가)를 가리키는 대사 /使(사) ~로 하여금 ~하게 하다 /而後(이후): =以後(이후) /和(화): 화답하다, 합치다 /而後和之(이후화지)의 之(지): 人(인)을 가리키는 지시대사

子與人歌而善(자여인가이선) 孔子께서는 다른 사람과 노래를 불러서 그 사람이 잘 부르면(혹은 '그 노래가 좋으면') **必使反之**(필사반지) 반드시 다시 반복하게 하시고, **而後和之**(이후화지) 그 뒤에 화답하셨다.[332)]

姓者然).

332) 《논어집주》: '反'은 되풀이함이다(反 復也). 반드시 노래를 되풀이하게 하였다는

32. 躬行君子

子曰: 文莫吾猶人也. 躬行君子則吾未之有得.

文: 文事 *文 다음에 대비관계를 표시하는 접속사 則이 생략되어 있다(류종목, 250면) /莫: 어찌 ~하지 않겠는가? 아마도 ~하지 않겠는가? ~가 아니겠느냐? *否定의문사로 '不~乎'와 같음 *莫을 어기조사로 보는 견해에서는 '文莫'을 '文은 말이야' 정도로 해석하고, '아니다'라는 否定의 뜻으로 보면 본문을 '학문은 내가 다른 사람들만 못하다'로 해석하게 된다. /猶: 같다, 똑같다, 오히려, 가히, 다만 /莫ⓐ~猶ⓑ: ⓐ는 ⓑ와 같지 않겠는가? /未之有得: 아직 얻음이 없다. 아직 경지에 이르지 않다. *否定文에서 동사와 목적어인 대사가 도치된 것(未有得之) /躬: 몸, 몸소 /躬行: 몸소 행하다, 몸소 실천하다 /之: 躬行君子의 경지를 가리키는 대사.

子曰 孔子께서 말씀하셨다. **文莫吾猶人也** 文事(학문)라면 내가 남과 같지 않겠느냐? **躬行君子** (그러나) 군자의 도를 몸소 실천하는 것이라면 **則吾未之有得** 내가 아직 얻은 것이(이룬 것이) 없도다.[333)]

것은(必使復歌者) 그 상세함을 알아서 그 선한 바를 취하고자 함이다(欲得其詳而取其善也). 이후에 화답했다는 것은(而後和之者) 그 상세함을 알고 그 선한 바를 취하게 되었음을 기뻐한 것이다(喜得其詳而與其善也). 이는 성인의 기상이 종용하고(此見聖人氣象從容) 성의가 간절했으며(誠意懇至) 겸손하고 심밀하여(而其謙遜審密 /審심: 살피다 /密밀: 빈틈없다, 자세하다) 남의 선함을 가리지 않았음이 이러했음을(不掩人善又如此 /掩엄: 가리다, 숨기다) 보인 것이다.

333) 《논어집주》: '莫'은 의문사이다(莫 疑辭). '猶人(다른 사람과 같다)'는 것은 남보다 낫지 못하다고 하여 오히려 남에게 미칠 수 있음을 말한 것이다(猶人 言不能過人 而尚可以及人). '未之有得'은 '전혀 깨닫지 못했음'이니(未之有得 則全未有得) 모두 스스로 겸손한 말이고(皆自謙之辭) 언행의 어렵고 쉬움과 느리고 급함을 볼 수 있으니(而足以見言行之難易緩急) 사람들로 하여금 실행을 힘쓰도록 하고자 한 것이다(欲人

33. 若聖與仁(약성여인)

子曰(자왈): 若聖與仁(약성여인) 則吾豈敢(즉오기감). 抑爲之不厭(억위지불염), 誨人不倦(회인불권), 則可謂云爾已(즉가위운이이) 矣(의).

公西華曰(공서화왈): 正唯弟子不能學也(정유제자불능학야).

> 若(약): ~로 말하자면, ~는 *두 가지 또는 여러 가지 사실의 대비관계를 표시하는 접속사(류종목, 250면) /聖與仁(성여인)의 與(여): ~와 /則(즉): 가정이나 조건에 따르는 결과를 표시하는 접속사 /豈(기): 어찌 /敢(감): 감히, 주제넘게, 함부로, 감행하다, 감당하다 /抑(억): ①(역접관계를 표시하는 접속사) 그러나, 그렇지만 ②(선택관계를 표시하는 접속사) 그렇지 않으면 ③억누르다, 굽히다, 속이다, 물러나다 ④아름답다, 예쁘다 /爲(위): 하다, 연구하다, 학습하다 /之(지): 일반적인 사물, 사실, 사람을 가리키는 대사 /倦(권): 게을리 하다 /云(운): 이르다, 말하다 /爾(이): 그러하다, 가깝다, 너 /云爾(운이): 이러할 뿐이다, ~뿐이다 *단정적인 어기를 표시하는 어기조사 /已矣(이의): ~일 뿐이다 *한정, 단정적인 어기를 표시하는 어기조사 /云爾已矣(운이이의): ~라고 할 뿐이다 /正(정): 바로, 막, 때마침, 바르다, 정당하다 /唯(유): 이것이(=是(시)), 이다)

子曰(자왈) 孔子께서 말씀하셨다. 若聖與仁(약성여인) 聖人과 仁者라고 하면 則吾豈敢(즉오기감) 내가 어찌 감당하겠는가? 抑爲之不厭(억위지불염) 그러나 (仁과 道를) 실천하기를 싫어하지 않고, 誨人不倦(회인불권) 남을 가르치기를 게을리

之勉其實也). ○사씨는 말하기를(謝氏曰) “文(글)은 비록 성인이라도 남과 같지 않음이 없으므로(文雖聖人無不與人同) 겸손해하지 않은 것이고(故不遜) 군자의 도를 몸소 실행함은(能躬行君子) 성인의 경지에 들어갈 수 있는 것이므로(斯可以入聖) 자처하지 않은 것이니(故不居) 군자의 도 세 가지 중 내가 능한 것은 없다고 말한 것과 같다(猶言君子道者三 我無能焉).”라고 하였다.

* 子曰 君子道者三 我無能焉 仁者不憂 知者不惑 勇者不懼(제15 憲問 30장).

하지 않는 것이라면, **則可謂云爾已矣**(즉가위운이이의) 그렇다고 말할 수 있을 뿐이다.

公西華曰(공서화왈) 공서화(公西赤(공서적), 子華(자화))가 말했다. **正唯弟子不能學也**(정유제자불능학야) 이것(말씀하신 것)이 바로 저희들이 배울 수 없는(본받지 못하는) 것입니다.334)

34. 子路請禱(자로청도)

子疾病, 子路請禱. 子曰: 有諸.
(자질병 자로청도 자왈 유저)

子路對曰: 有之, 誄曰 '禱爾于上下神祇.'
(자로대왈 유지 뢰왈 도이우상하신지)

子曰: 丘之禱久矣.
(자왈 구지도구의)

> 疾(질): 병, 질병 /病(병): 병, 질병 /請(청): 요청하다, 요구하다 /禱(도): 기도하다 /諸(저): 어기조사 =之乎(지호)(의문), =之於(지어)(긍정문) /有諸(유저): 그런 일이 있었는가? /誄(뢰): 기도문 /神(신): 神靈(신령), 하늘의 신 /祇(지): 땅의 신령 /爾(이): 2인칭 대시 /于(우): ~에 /矣(의): 단정적 어기를 표시하는 어기조사

子疾病(자질병) 孔子께서 병이 위중하자 **子路請禱**(자로청도) 子路가 기도드릴 것을 청하니 **子曰**(자왈) 孔子께서 말씀하셨다. **有諸**(유저) 그런 일이 있느냐?

子路對曰(자로대왈) 子路가 대답하였다. **有之**(유지) 그런 것이 있습니다. **誄曰 '禱爾于上下神祇.'**(뢰왈 도이우상하신지) 기도문에 '그대를 위하여 위로는 하늘과 아래로는 땅의 신령님들께 비노라'라고 하였습니다.

---

334) 《논어집주》: ○조씨(名 說之열지, 1059~1129 北宋시대 학자)가 말하기를(鼂氏曰) "당시 孔子를 聖人이고 仁者라고 칭하는 사람이 있었으므로(當時有稱夫子聖且仁者) 孔子가 이를 사양한 것이다(以故夫子辭之)."

子曰 丘之禱久矣 孔子께서 말씀하셨다. (그런 것이라면) 내가 기도한
자왈 구지도구의
것이 오래되었다.[335]

35. 奢則不孫
사즉불손

子曰: 奢則不孫, 儉則固, 與其不孫也, 寧固.
자왈 사즉불손 검즉고 여기불손야 녕고

奢(사): 사치하다 /則(즉) ~하면 /孫(손): 공손하다 /儉(검): 검소하다 /固(고): 고루하다 /與其(여기)ⓐ寧(녕)ⓑ ⓐ보다는 차라리 ⓑ하는 편이 더 낫다

子曰 孔子께서 말씀하셨다. **奢則不孫** 사치스러우면 공손하
자왈 사즉불손
지 않고 **儉則固** 검소하면 고루한데, **與其不孫也寧固** 공손하지
검즉고 여기불손야녕고
않은 것보다는 차라리 고루한 것이 낫다.

36. 坦蕩蕩
탄탕탕

子曰: 君子坦蕩蕩, 小人長戚戚.
자왈 군자탄탕탕 소인장척척

---

335) 《논어집주》: 禱는 귀신에게 기도함을 말한다(禱 謂禱於鬼神). '有諸'는 이런 이치가 있는지 없는지를 물은 것이다(有諸問有此理否). 誄는 죽은 사람을 애도하고 그 행적을 서술한 말이다(誄者 哀死而述其行之辭也). 上下는 하늘과 땅을 이르고(上下謂天地), 하늘의 신을 神이라 이르고, 땅의 신을 祇라고 한다(天曰神 地曰). 기도는 허물을 뉘우치고 선으로 옮겨가서 신령의 도움을 비는 것인데(禱者 悔過遷善 以祈神之佑也) 그 이치가 없다면(無其理) 기도할 필요가 없으며(則不必禱), 그런 이치가 있다고 한들(既曰有之) 성인이 일찍이 허물을 지은 적이 없고(則聖人未嘗有過) 옮겨갈 만한 선이 없으며(無善可遷), 평소의 행실이 본디 이미 신명에 부합하기 때문에(其素行固已合於神明) '내가 기도한 지 오래되었다고 말한 것이다(故曰丘之禱久矣).'

坦(탄): (지면이) 평탄하다 /蕩(탕): 방탕하다, 넓고 크다, 헌걸차다 /蕩蕩(탕탕): 넓고 광대한 모양 /長(장): 장구하게, 늘, 항상(=常(상)) /戚(척): 친척, 가까이하다, 슬퍼하다, 마음을 아파하다 /戚戚(척척): 근심하는 모양

子曰(자왈) 孔子께서 말씀하셨다. **君子坦蕩蕩(군자탄탕탕)** 군자는 마음이 평온하고 너그러우며 **小人長戚戚(소인장척척)** 소인은 마음이 늘 근심으로 조마조마하다.336)

37. 溫而厲(온이려)

子溫而厲, 威而不猛, 恭而安.(자온이려 위이불맹 공이안)

溫(온): 온화하다 /而(이): ~하고, ~하면서 /厲(려): 엄숙하다 /威(위): 위엄이 있다 /猛(맹): 사납다 /恭(공): 공손하다 /安(안): 편안하다

子溫而厲(자온이려) 孔子께서는 온화하면서도 엄숙하시고, **威而不猛(위이불맹)** 위엄이 있으면서도 사납지 않으시고, **恭而安(공이안)** 공손하면서도 대하기에 편안하셨다.337)

---

336) 《논어집주》: '蕩蕩'은 너그럽고 넓은 모양이다(蕩蕩 寬廣貌). ○정자가 말하기를(程子曰) "군자는 이치를 따르기 때문에(君子循理) 항상 편안하고 태연하다(故常舒泰 /舒서: 펴다, 편안하다). 소인은 외물에 부림을 받으므로(小人役於物 /役역: 부리다, 일을 시키다), 근심과 걱정이 많다(故多憂戚)"고 하였다.

337) 《논어집주》: '厲'는 엄숙함이다(厲 嚴肅也). 사람의 덕성은 본래 갖추어지지 않은 것이 없으나(人之德性 本無不備) 부여받은 기질이 어느 한쪽으로 치우침이 없는 사람은 드물다(而氣質所賦 鮮有不偏). 오직 성인만이 전체가 혼연하고(惟聖人全體渾然) 음양이 덕에 맞는다(陰陽合德). 그러므로 중화의 기운이(故其中和之氣) 용모의 사이에 나타남이 이와 같다(見於容貌之間者 如此).

제8편 泰伯
태 백

凡二十一章
범 이 십 일 장

모두 21장이다.《논어집주》

※ 이 편에도 예양이나 효, 인, 덕행, 군자의 품격 등 孔子가 말하고자 하는 핵심 개념이 많이 들어 있다. 증자의 문인들에 의해 기록되었다는 말이 있을 정도로 증자와 관련된 언행도 세세하게 기록되어 있다. 후반부에는 고대의 이상적 군주인 요순과 우임금에 대한 孔子의 정치적 평가가 여러 차례 나와 孔子가 추구하는 이상정치의 종착점이 어디에 있는지를 다시 한번 알 수 있게 한다.(김원중)

1. 三以天下讓(삼이천하양)

子曰(자왈): 泰伯(태백), 其可謂至德也已矣(기가위지덕야이의). 三以天下讓(삼이천하양), 民無得而稱焉(민무득이칭언).

> 泰(태): 크다 /伯(백): 맏이 /其(기): 아마 *추측을 표시하는 부사 /可(가): ~할 수 있다 /謂(위): 이르다 /至(지): 지극하다 /也已矣(야이의): 단정적인 어기를 표시하는 어기조사. 也已(야이)(~따름이다, ~일 뿐이다)와 대체로 같다. *也(야)와 已(이), 矣(의)는 모두 단정적인 어기를 표시하지만, 이 셋이 연용됨으로써 더욱 단정적인 어기를 표시하였다.(류종목, 260면) /以(이): 동작의 대상을 표시하는 전치사. 天下(천하)가 讓(양)의 대상임을 표시한다. /讓(양): 양보(하다), 겸손해 하다, 넘겨주다 /無(무): 아니하다 (=不(불)) /得而(득이): ~할 수 있다 *가능을 표시하는 조동사 /稱(칭): 일컫다, 칭하다, 칭찬하다, 저울질하다 /焉(언): =於是(어시). 於(어)는 동작의 대상을 표시하는 전치사, 是(시)는 泰伯(태백)을 가리키는 지시대사

子曰(자왈) 孔子께서 말씀하셨다. **泰伯 其可謂至德也已矣(태백 기가위지덕야이의)** 태백, 그는 지극한 덕인이었다고 이를 수 있다. **三以天下讓(삼이천하양)** 세 번이나 천하를 양보했는데도 **民無得而稱焉(민무득이칭언)** 백성들은 그를 칭송할 수도 없도다![338]

---

338) 《논어집주》: 태백은 周나라 大王태왕(古公亶父고공단보)의 장자이다(泰伯 周大王之長子). 至德은 덕이 지극하여(至德 謂德之至極) 다시 더할 것이 없는 것을 말한다(無以復加者也). 三讓은 진실로 양보한 것을 이른다(三讓 謂固遜也). 칭송할 수 없게 하였다 함은(無得而稱) 그 사양함이 은미하여(其遜隱微) 흔적을 볼 수 없다는 뜻이다(無迹可見也). (상나라 변방의 조그만 부족장이었던) 주나라 태왕(古公亶父)은 세 아들이 있었는데, 장자는 泰伯태백, 그다음은 仲雍중옹, 다음은 季歷계력이다(蓋大王三子 長泰伯 次仲雍 次季歷). 태왕 때에 (천자국인) 商(殷)나라의 다스림이 점차 쇠약해지고(大王之時 商道浸衰) 주나라는 날로 강성해지고 있었다(而周日彊大). (셋째 아들 季歷이) 또 아들 姬昌희창을 낳았는데(又生子昌), 성스러운 덕이 있었다(有聖德). 태왕이 商나라를 멸망시킬 뜻이 있었으나(大王因有翦商之志 /翦전: 자르다, 멸망시키다), 태백은 (제후국인 주나라가 천자국인 상나라를 치는 것이 부당하다 하여) 따르지 않았는데(而泰伯不從) 태왕이

2. 恭而無禮
공이무례

2-1. 子曰: 恭而無禮則勞, 愼而無禮則葸, 勇而無禮則亂, 直而無禮則絞.
자왈 공이무례즉로 신이무례즉사 용이무례즉란 직이무례즉교

恭(공): 공손하다 /而(이): ~하되, ~하면서 /則(즉): ~하면 곧 /勞(로): 일하다, 힘들이다, 애쓰다, 지치다, 수고하다, 고달프다 /愼(신): 삼가다, 근신하다, 신중히 하다, 두려워하다, 근심하다 /葸(사): 두려워하다 /勇(용): 용맹(하다) /亂(란): 어지럽다, 문란하다, 무도하다, 포악하다, 난리, 반란 /直(직): 정직하다, 곧다 /絞(교): 목매어 죽이다, 비방하다, 헐뜯다, 급하다, 급하여 박절하다.

子曰(자왈) 孔子께서 말씀하셨다. 恭而無禮則勞(공이무례즉로) 공손하되 예가 없으

마침내 季歷에게 그 지위를 물려주어 姬昌에게 미치게 하고자 하였다(大王遂欲傳位季歷 以及昌). 태백이 이를 알고(泰伯知之) 중옹과 함께 형만(오랑캐 땅)으로 도망하였다(卽與仲雍逃之荊蠻). 이에 태왕은 바로 계력을 왕으로 세워서(於是大王乃立季歷) 나라를 물려주어(傳國) 姬昌에 이르러서는(至昌) 천하의 2/3를 차지하니(而三分天下有其二) 바로 문왕이다(是爲文王). 문왕이 죽고 아들 姬發희발이 즉위하여(文王崩 子發立 /立립: 서다, 즉위하다), 마침내 商(殷)나라(紂王주왕)를 이기고 천하를 차지하니(遂克商而有天下 /遂수: 마침내 /克극: 이기다), 이 사람이 무왕이다(是爲武王). 무릇 태백의 덕으로써(夫以泰伯之德) 상나라와 주나라의 때에(當商周之際) 진실로 제후들의 朝賀조하를 받아 천하를 차지할 수 있었거늘(固足以朝諸侯 有天下矣 /朝조: 부르다, 정사를 펴다, 朝賀조하를 받다), 도리어 이를 버리고 취하지 아니하고(乃棄不取 /乃내: 도리어) 또 사양한 그 자취마저 없으니(而又泯其迹焉 /泯민: 없애다 /迹적: 발자취, 업적), 그 덕의 지극함이(則其德之至極) 어떠한가(爲如何哉)? 아마도 그 마음은(蓋其心) 곧 백이와 숙제가(무왕이 상나라를 정벌하는 것을 만류하고자 무왕의) 말고삐를 잡은 마음이었으나(卽夷齊扣馬之心 /扣구: 억류하다, 붙잡다), 일의 처하기 어려움은(而事之難處) 그보다 더 심했을 것이니(有甚焉者), 孔子께서 탄식하고 찬미함은 당연하다 하겠다(宜 夫子之歎息 而贊美之也). 태백이 (태왕의 뜻을) 따르지 않은 사실은(泰伯不從) 《춘추전》에 보인다(事見春秋傳).

면 수고롭기만 하고, 愼而無禮則葸(신이무례즉사) 삼가되(신중하되) 예가 없다면 두려움이 되며, 勇而無禮則亂(용이무례즉란) 용맹스러우면서 예가 없으면 난폭함이며, 直而無禮則絞(직이무례즉교) 강직하되 예가 없으면 박절함이 된다.

2-2. 君子篤於親(군자독어친) 則民興於仁(즉민흥어인). 故舊不遺(고구불유) 則民不偸(즉민불투).

君子(군자): 여기서는 윗자리에서 다스리는 사람을 의미 /篤(독): 도탑다, 두텁다, 진심이 깃들어 있다, 굳다, 신실하다 /於(어): ~에, ~에게 /親(친): 친척, 부모 /興(흥): 흥하다, 일어나다 /故(고): 예, 옛 /舊(구): 옛, 오래, 묵은 사례, 친구, 늙은이 /故舊(고구): 옛 친구, 옛 선배, 전통 /遺(유): 끼치다, 후세에 전하다, 잃다, 버리다 /偸(투): 구차하다, 각박하다, 교활하다, 훔치다, 도둑질하다

君子篤於親(군자독어친) 군자(爲政者(위정자), 윗자리에 있는 사람)가 부모에게 독실하면 則民興於仁(즉민흥어인) 백성들이 仁에 흥기하고, 故舊不遺(고구불유) 옛 친구를 버리지 아니하면 則民不偸(즉민불투) 백성들이 각박해지지 않는다.339)

---

339) •《논어집주》: 예가 없으면 절제와 형식을 갖추지 못하므로(無禮則無節文) 네 가지 폐단이 있는 것이다(故有四者之弊). ○장자가 말하기를(張子曰 /張栻-張敬夫 1133 ~ 1180, 南宋) "사람의 도리에 먼저 할 일과 뒤에 할 일을 알면(人道知所先後) 공손하여도 수고로움이 되지 않고(則恭不勞), 삼가되 두려워하지 않고(愼不葸), 용맹스럽되 난폭하지 않고(勇不亂), 정직하여도 박절하지 아니하여(直不絞) 백성들이 교화되고 덕이 두터워 진다(民化而德厚矣)."고 하였다.
○오씨는 말하기를(吳氏曰 /吳棫, 宋人) "'군자' 이하는 마땅히 따로 한 章이 되어야 하고(君子以下當自爲一章), 바로 증자의 말이다(乃曾子之言也)"라고 하였다. 내 생각으로도(愚按) 이 한 절은(此一節) 위 문장과 서로 이어지지 못하고(與上文不相蒙 /蒙몽: 어둡다, 섞이다, 만나다) 머리 편(학이편 9장)의 '謹(愼)終追遠근(신)종추원'의 뜻과 서로 유사하므로(而與首篇 謹終追遠之意 相類) 오씨의 설이 옳은 것 같다(吳說近是).

3. 啓予足(계여족)

曾子有疾(증자유질), 召門弟子曰(소문제자왈): 啓予足(계여족), 啓予手(계여수), 詩云(시운) '戰戰兢兢(전전긍긍), 如臨(여임)深淵(심연), 如履薄冰(여이박빙)', 而今而後(이금이후), 吾知免夫(오지면부). 小子(소자).

疾(질): 병, 질병 /召(소): 부르다 /門弟子(문제자): 문하의 제자 /啓(계): 열다, 보다, 살펴보다, 엿보다 /予(여): 나(=我(아), 吾(오)) /詩(시): 詩經(시경) /云(운): 말하다 /戰(전): 두려워 떨다, 전쟁, 싸우다 /兢(긍): 삼가다 /戰戰兢兢(전전긍긍): 매우 두려워하여 벌벌 떨며 조심함 /如(여): 마치 ~와 같다, 같다 *비교 의미의 형용사 /臨(임): 임하다 /深(심): 깊다 /淵(연): 못, 웅덩이, 沼(소), 늪 /履(이): 밟다 /薄(박): 얇다 /冰(빙): 얼음 /而今(이금): 이제 와서, 현재, 지금 (=如今(여금)) /而後(이후): =以後(이후) /而今而後(이금이후): 지금으로부터 이후로는 /夫(부): 감탄의 어기를 표시하는 어기조사 /小子(소자): 얘들아

曾子有疾(증자유질) 증자(曾參(증삼)-參(참))가 병이 들었을 때 **召門弟子曰(소문제자왈)** 門下(문하)의 제자들을 불러 놓고 말했다. **啓予足(계여족) 啓予手(계여수)** (이불을 걷고) 내 발을 열어 보아라, 내 손을 열어 보아라. **詩云(시운)** 詩經에 이르기를 **戰戰兢兢(전전긍긍)** 두려워서 전전긍긍하기를 **如臨深淵(여임심연)** 마치 깊은 연못가에 임하듯이 하고, **如履薄冰(여이박빙)** 얇은 얼음을 밟는 듯이 한다고 했는데, **而今而後(이금이후)** 이제 이후에야 **吾知免夫(오지면부)** 내가 (이런 것에서) 면한 것을 알겠구나! **小子(소자)** 얘들아![340]

---

340) 《논어집주》: 증자는 평소에(曾子平日) 신체는 부모에게서 받았으니(以爲身體受於父母) 감히 상처를 내서는 안 된다고 생각하였으므로(不敢毁傷) 이에 제자들에게 그 이불을 걷고서 자기 신체를 보게 한 것이다(故於此 使弟子開其衾 而視之 /衾금: 이불). …연못가에 있다 함은 떨어질까 두려워하는 것이고(臨淵 恐墜 /墜추: 떨어지다), 얼음을 밟는다 함은 빠질까 두려워함이다(履冰 恐陷也 /陷함: 빠지다). 증자는 온전히 보전한 것을(曾子以其所保之全) 문인들에게 보여주고(示門人) 그 보전함의 어려움이 이와 같아서(而言其所以保之之難如此) 죽음을 앞두고서야 면하게 되었음을 알았다고(至於

4. 所貴乎道者三
소 귀 호 도 자 삼

4-1. 曾子有疾 孟敬子問之.
증 자 유 질 맹 경 자 문 지

> 疾(질): 병, 질병 /問(문): 묻다, 방문하다, 안부를 묻다 /之(지): 증자의 '疾(질)'을 가리키는 대사

曾子有疾(증자유질) 증자가 병이 나자 孟敬子問之(맹경자문지) 맹경자가 그를 문병하였다.[341)]

4-2. 曾子言曰: 鳥之將死 其鳴也哀, 人之將死 其言也善.
증 자 언 왈 조 지 장 사 기 명 야 애 인 지 장 사 기 언 야 선

> 鳥(조): 새 /鳥之將死(조지장사), 人之將死(인지장사)의 之(지): 주격 어조사 *주어와 술어 사이에 쓰여 主述構(주술구)造(조)로 하여금 獨立性(독립성)을 잃고 名詞句(명사구) 또는 節(절)이 되게 하는 구조조사(류종목, 263면) /將(장): 장차, 막 ~하려 하다, 머지않아 ~되려 한다 /其(기): 그(앞에 나오는 鳥(조), 人(인)를 가리키는 대사) /鳴(명): 울다, 울음 /也(야): 음절을 조정하고 어기를 고르는 어기조사 /哀(애): 슬프다 /善(선): 착하다, 어질다, 좋다, 훌륭하다, 선행

將死 而後知其得免於毁傷也) 말한 것이다.

○정자는 말하기를(程子曰) "군자는 그 몸을 보전하여 죽는 것을 그의 일을 마치는 것으로 여긴다(君子保其身以沒爲終其事也 /沒몰 : 다하다, 끝나다, 죽다 /終종: 마치다). 그러므로 증자는 온전하게 돌아감으로써 (불효를) 면했다고 여긴 것이다(故曾子以全歸爲免矣)."라고 하였다. 윤씨는 말하기를(尹氏曰 /이름 焞돈 / 1071~1142 /南宋人) "부모가 온전히 낳아주셨으니(父母全而生之) 자식도 온전히 돌아가야 한다(子全而歸之). 증자가 임종에 손과 발을 열어 보인 것은 이 까닭이다(曾子臨終而啓手足爲是故也)."라고 하였다. …범씨는 말하기를(范氏曰 /이름 祖禹조우 /1041~1098 /北宋人) "신체도 오히려 이지러지게 할 수 없는데(身體猶不可虧也 /虧휴: 이지러지다) 하물며 그 행실을 이지러지게 하여 그 부모를 욕되게 할 수 있겠는가(況虧其行以辱其親乎)?"라고 하였다.

341) 맹경자: 노나라 대부로 仲孫氏이며, 孟武伯의 아들이다. 이름은 捷첩. 敬은 시호이다. 伯은 行列항열

曾子言曰(증자언왈) 증자가 말했다. **鳥之將死**(조지장사) 새가 죽으려 할 때는 **其鳴也哀**(기명야애) 그 울음소리가 애처롭고, **人之將死**(인지장사) 사람이 죽음을 앞두면 **其言也善**(기언야선) 그 말이 善합니다.[342)]

4-3. 君子所貴乎道者三(군자소귀호도자삼). **動容貌**(동용모), **斯遠暴慢矣**(사원포만의). **正顏色**(정안색), **斯近信矣**(사근신의). **出辭氣**(출사기), **斯遠鄙倍矣**(사원비배의). **籩豆之事**(변두지사), **則有司存**(즉유사존).

> 所(소): ~(하는)바, ~(하는)일, ~(하는)것 *반드시 수식어가 필요한 불완전명사(의존명사)로서, '所+用言類(소용언류)'의 형태로 體言化(체언화)한다. /乎(호): ~에 *장소나 대상을 표시하는 전치사(=於(어)) /貴(귀): 귀하다, 중요하다, 소중하다, 귀하게 여기다 /者(자): 음절을 조정하고 어기를 고르는 어기조사 /動容貌(동용모): 용모를 짓다 /斯(사): 이렇게 되면 곧, ~하면 *조건에 따른 결과를 표시하는 접속사 =則(즉) /暴(포): 거칠고 사납다 /慢(만): 오만하다, 제멋대로 행동하다, 게으르다, 느리다 /矣(의): 단정적 어기를 표시하는 어기조사 *류종목(264면): 상황의 변화나 새로운 상황의 출현을 표시하는 어기조사로서 '~하게 되다'의 뜻 /顏色(안색): 얼굴빛, 안색 /信(신): 믿음, 진실하게 하다 /氣(기): 기운 /鄙(비): 야비하다 /倍(배): 곱, 위배하다, 배반하다 /豆(두): 콩, 祭器(제기) /籩豆(변두): 제기 이름 /之(지): ~의 *籩豆之(변두지)는 事(사)를 수식하는 관형어 /有司(유사): 일을 주관하는 실무 담당자

君子所貴乎道者三(군자소귀호도자삼) 군자가 도를 실천함에 있어서 귀중하게 여기는 것이 셋 있으니, **動容貌 斯遠暴慢矣**(동용모 사원폭만의) 몸을 움직임(몸가짐)에는 사나움과 오

---

342) 《논어집주》: 이는 증자의 겸양의 말이다(此曾子之謙辭). 맹경자가 자기가 말하는 바가 선한 것임을 알아서(欲 敬子知其所言之善) 그것을 기억하게(而識之也) 하고자 한 것이다.

만함을 멀리해야 하고, **正顏色 斯近信矣**(정안색 사근신의) 안색(표정)을 바로잡음에는 진실함에 가까워지도록 하며, **出辭氣 斯遠鄙倍矣**(출사기 사원비배의) 말과 음성을 입 밖으로 낼 때라면 비속하거나 도리에 어긋남을 멀리해야 합니다. **籩豆之事 則有司存**(변두지사 즉유사존) 祭器(제기)를 다루는 일은 실무 담당자가 있습니다.343)

---

343) 《논어집주》: '容貌'는 몸 전체를 들어서 말한 것이다(容貌 擧一身而言). '暴'는 '거칠고 사나움'이며(暴 粗厲也), '慢'은 풀어져 '제멋대로 함'이고(慢 放肆也), '信'은 '진실함'이다(信 實也). 얼굴빛을 바로 하고 진실함에 가깝게 한다면(正顏色而近信) 얼굴빛만 꾸민 위엄이 아니다(則非色莊也). '辭'는 말이고(辭 言語), '氣'는 목소리의 기운이다(氣 聲氣也). '鄙'는 '비루함'이며(鄙 凡陋也), '倍'는 '배반하다'와 같이(倍 與背同) 이치에 어긋남을 말한다(謂背理也). …이것은 모두 修身수신(몸을 닦음)의 요체이고(是皆修身之要) 政事를 하는 근본이니(爲政之本), 배우는 자는 마땅히 마음을 다잡아 성찰하여(學者所當操存省察 /操조: 잡다, 조종하다 /操存: 마음을 다잡아 가짐 /省察성찰: 허물이나 저지른 잘못을 반성하여 살핌), 경황 중이거나 다급한 상황이라도 어긋남이 있어서는 안 된다(而不可有造次顚沛之違者也)는 말이다. 무릇 제기를 다루는 것과 같은 일은(若夫籩豆之事) 그릇의 수나 세는 지엽적인 일이니(器數之末) …그 직분은 유사가 지킬 일이지(然其分則有司之守) 군자가 소중히 여겨야 할 바는 아닌 것이다(而非君子之所重矣).

○정자는 말하기를(程子曰) "용모를 움직이는 것은(動容貌) 온몸을 들어서 말한 것이다(擧一身而言也). 周旋주선(응대함)이 예에 맞으면(周旋中禮) 난폭함과 오만함이 멀어질 것이요(暴慢斯遠矣), 얼굴표정을 바르게 하면(正顏色) 망령되지 않을 것이니(則不妄) 진실에 가까울 것이요(斯近信矣), 말과 음성을 입 밖으로 낼 때에(出辭氣) 바르게 마음으로부터 나오게 되면(正由中出) (그 말이) 야비하고 비루함에서 멀어질 것이다(斯遠鄙倍). 이 세 가지는(三者) 몸을 바르게 하는 것이며(正身) 밖에서 구할 것이 아니므로(而不外求) 증자가 '변두의 일이라면 담당자가 있다'라고 한 것이다(故曰籩豆之事 則有司存)."

5. 以能問於不能(이능문어불능)

曾子曰(증자왈): 以能問於不能(이능문어불능), 以多問於寡(이다문어과), 有若無(유약무), 實若虛(실약허), 犯而不校(범이불교), 昔者吾友嘗從事於斯矣(석자오우상종사어사의).

> 以(이): ~하면서 [使民敬忠以勸(사민경충이권) 백성들이 윗사람을 공경하고 충성스러우면서 부지런하게 하려면 如之何(여지하) 어찌하면 되겠습니까? 《논어》위정20장] *류종목(266면): 자격, 신분, 지위 따위를 표시하는 전치사로서 '~으로서'의 뜻. /能(능): 능력이 있다 /於(어): ~에, ~에게 *대상을 표시하는 전치사 /不能(불능): 할 수 없다, 여기서는 '재능이 없는 사람'의 뜻이다 /寡(과): 적다 /若(약): ~같이 /實(실): 실하다, 가득 차다 /虛(허): 허하다, 비어 있다 /犯(범): 범하다, 해치다 /而(이): ~하여도 *역접관계를 표시하는 접속사 /校(교): 따지다, 따지고 보복하다, 가르치다, 집 /昔者(석자): 옛날에, 者(자)는 시간을 표시하는 말 뒤에 붙는 접미사 /嘗(상): 일찍이 /從事(종사): 어떤 일에 마음과 힘을 기울이다 /斯(사): 이, 이런(以能問於不能(이능문어불능), 以多問於寡(이다문어과), 有若無(유약무), 實若虛(실약허), 犯而不校(범이불교)를 가리키는 지시대사) /矣(의): 단정적 어기를 표시하는 어기조사 *류종목(267면): 동작이 이미 완료되었거나 상황이 이미 끝났음을 표시하는 어기조사

曾子曰(증자왈) 증자가 말했다. **以能問於不能(이능문어불능)** 능력이 있으면서도 능력이 없는 사람에게 묻고, **以多問於寡(이다문어과)** (학식이) 많으면서 적은 사람에게 묻고, **有若無(유약무)** (도가) 있으면서도 없는 듯이 하고, **實若虛(실약허)** (덕이) 차 있으면서도 빈 듯이 하고, **犯而不校(범이불교)** 남이 나에게 잘못을 범하여도 따지지 않았으니, **昔者吾友嘗從事於斯矣(석자오우상종사어사의)** 옛날에 나의 벗이 일찍이 이런 일에 종사하였다.[344]

---

344) 《논어집주》: '友'를 마씨(馬融마융)는 안연이라고 했는데, 옳다(友 馬氏以爲顔淵 是也).

6. 可以託六尺之孤(가이탁육척지고)

曾子曰(증자왈): 可以託六尺之孤(가이탁육척지고), 可以寄百里之命(가이기백리지명), 臨大節而不可奪也(임대절이불가탈야), 君子人與(군자인여). 君子人也(군자인야).

可以(가이): ~할 만 하다, ~할 수 있다 *가능을 표시하는 조동사 /託(탁): 부탁하다, 맡기다 /尺(척): 자 /孤(고): 외롭다 /六尺之孤(육척지고): 키가 6척밖에 안 되는 고아. 임금이 죽어서 그 뒤를 이어 임금의 지위에 오르는 어린 아들을 가리킨다. /寄(기): 맡기다, 의지하다 /里(리): 리, 거리 /命(명): 명령, 운명, 정령 /百里之命(백리지명): 국토의 넓이가 사방 100리인 제후국의 정령 /節(절): 일, 절개 /大節(대절): 重且大(중차대)한 일, 대의를 위하여 목숨을 바쳐 지키는 절개, 죽기를 覺悟(각오)하고 지키는 節介(절개), 크게 빛나는 節操(절조) /而(이): 하여서도 /不可(불가): ~할 수 없다 /奪(탈): 강제로 빼앗다 /不可奪也(불가탈야)의 也(야): 음절을 조정하고 어기를 고르는 어기조사로서 가정의 어기를 내포하고 있다 /君子(군자): 덕을 갖춘 사람다운 /與(여): ~인가? *반어형 의문어기조사 /君子人也(군자인야)의 也(야): 단정적 어기를 표시하는 어기조사

曾子曰(증자왈) 증자가 말했다. 可以託六尺之孤(가이탁육척지고) (키가) 여섯 자(약 135cm)[345] 밖에 안 되는 어린 임금을 부탁할 만하고, 可以寄百里之命(가이기백리지명) 사방 백리(제후국)의 정령을 맡길 만하며, 臨大節(임대절) 나라의 重且大(중차대)한 일에 임하여서도 而不可奪也(이불가탈야) (그의 지조를) 빼앗을 수 없다면 君子人與(군자인여) 군자다운 사람이겠

---

345) 尺은 시대에 따라 그 길이가 달랐는데, 주나라 때는 약 22.5cm, 그 후 남북조 시대까지의 後漢尺후한척은 약 23cm, 晉前尺진전척은 약 23.1cm, 西晉尺서진척은 약 24cm, 東晉尺동진척은 약 25cm 등이었다고 한다. 한반도에서도 백제의 근초고왕 때에는 동진척에 따라 25cm를 한 척으로 헤아렸다고 한다. 조선은 명나라의 표준을 따랐는데, 기록에 따라 다르지만 31.1cm에 근사한 것으로 추정한다. 우리나라는 대한제국 시대 이래 30.303cm이다.

지? **君子人也**(군자인야) 군자다운 사람이고말고!

7. 任重而道遠(임중이도원)

7-1. 曾子曰(증자왈): 士不可以不弘毅(사불가이불홍의), 任重而道遠(임중이도원).

> 士(사): 선비 *茶山(다산): '士(사)'는 道(도)를 일삼는 자의 명칭이다(士 業道之稱(사 업도지칭))(박헌순 , 1-486면) /不可以不(불가이불): ~하지 않으면 안 된다 *이중부정으로 강한 긍정의 뜻 /弘(홍): 넓다, 너그럽고 넓다 /毅(의): 굳세다, 강인함 /任(임): 임무, 책임, 일, 직무, 맡기다, 맡다 /而(이): ~하고 /遠(원): 멀다

曾子曰(증자왈) 증자가 말했다. **士不可以不弘毅**(사불가이불홍의) 선비는 넓고(마음이 너그럽고) (의지가) 굳세지 않으면 안 된다. **任重而道遠**(임중이도원) 맡은 바 일은 무겁고 갈 길은 멀기 때문이다.

7-2. 仁以爲己任(인이위기임), 不亦重乎(불역중호). 死而後已(사이후이), 不亦遠乎(불역원호).

> ⓐ以爲(이위)ⓑ: ⓐ를 ⓑ으로 삼다, ~라 여기다 /仁以爲己任(인이위기임): 以仁爲己任(이인위기임)의 도치 /而後(이후): 이후 (=以後(이후)) /不(불): 아니하다 /亦(역): 또한, 역시 /乎(호): ~인가? ~겠지? ~하지 아니한가? *반어형 의문어기조사 *不亦重乎(불역중호), 不亦遠乎(불역원호)는 亦重(역중), 亦遠(역원)과 뜻은 같지만, 앞의 부정사 不(불)과 乎(호)가 호응하여 반문의 형식을 취함으로써 강한 긍정의 뜻을 나타낸다.

仁以爲己任(인이위기임) 仁을 자기의 임무로 삼으니 **不亦重乎**(불역중호) 또한 막중하지 아니한가? **死而後已**(사이후이) 죽고 나서야 끝이니(그만둘 터이니) **不亦遠乎**(불역원호) 또한 멀지 아니한가?[346]

8. 興於詩 (흥어시)

子曰: 興於詩, 立於禮, 成於樂. (자왈 흥어시 입어례 성어악)

興(흥): (감동을) 일으키다, 흥겹다, 일어나다 /於(어): ~로써 *동작의 근거나 대상, 수단, 방법을 표시하는 전치사(=以(이)). '~에서'의 뜻으로 해석하기도 한다.

子曰(자왈) 孔子께서 말씀하셨다. 興於詩(흥어시) 詩로써(감흥이, 시를 통하여 인간의 순수한 감성이) 흥기하고, 立於禮(입어례) 禮로써 서고(도리에 맞게 살아갈 수 있게 자립하고), 成於樂(성어악) 音樂으로 (조화로운 인격을) 완성한다.[347)]

9. 民可使由之 (민가사유지)

子曰: 民可使由之, 不可使知之. (자왈 민가사유지 불가사지지)

---

346) 《논어집주》: '仁'은 사람의 마음의 온전한 덕이니(仁者 人心之全德) 반드시 몸으로 힘껏 행하고자 하면(而必欲以身體而力行之) 무겁다고 이를 만한 것이다(可謂重矣). 목숨이 붙어있는 한(一息尙存) 이 뜻이 조금이라도 게을러지는 것을 용납할 수 없으니(此志不容少懈) 멀다고 말할 만한 것이다(可謂遠矣). ○정자는 말하기를(程子曰) "넓기만 하고 굳세지 못하면(弘而不毅) 지켜야 할 법도가 없으니 설 수가 없고(則無規矩而難立), 굳세되 넓지 못하면(毅而不弘) 마음이 좁고 누추하여 仁에 머무를 수가 없다(則隘陋而無以居之)"고 하였다. 또 말하기를(又曰) "넓고 크고 굳센 연후에야(弘大剛毅) 무거운 임무를 이겨 내고 먼 곳에 이를 수 있는 것이다(然後能勝重任而遠到)"라고 하였다.

347) • 김형찬(99면): 시를 통해 순수한 감성을 불러일으키고, 예의를 통해 도리에 맞게 살아갈 수 있게 되며, 음악을 통해 인격을 완성한다.
• 류종목(270면): 나는 시를 통하여 일어나고, 예를 통하여 확립하고, 음악을 통해 완성했다.(孔子의 수양과 세 가지 단계를 설명한 말이다.)

民(민): 백성 *士(사)와 대비되는 개념으로 피지배자인 무지한 민중을 가리킨다. /可(가): ~할 수 있다 /使(사): ~하게 하다 *다음에 목적어인 民(민)을 가리키는 대사가 생략되어 있다. (류종목, 270면) /由(유): 따르다 /之(지): 일반적인 사실, 사물, 사람을 가리키는 인칭대사 (류종목, 270면)

子曰(자왈) 孔子께서 말씀하셨다. **民可使由之**(민가사유지) 백성들은 (도리, 이치를) 따르게 할 수는 있어도 **不可使知之**(불가사지지) 그것을 알게 할 수는 없다.[348)]

10. 好勇疾貧(호용질빈)

子曰: 好勇疾貧, 亂也. 人而不仁, 疾之已甚, 亂也.
(자왈: 호용질빈, 란야. 인이불인, 질지이심, 란야.)

疾(질): 싫어하다, 미워하다, 질병 /亂(란): 난동을 부리다, 질서를 파괴하다, 어지럽다, 무도하다, 난리, 반란 /也(야): 판단이나 진술의 어기를 표시하는 어기조사 /人而不仁(인이불인)의 而(이): ~으로서(자격) /之(지): '人而不仁(인이불인)'을 가리키는 내사 /已(이): 이미, 벌써, 너무, 뿐, 나름, 매우, 반드시, 그치다, 이것 /甚(심): 심하다

子曰(자왈) 孔子께서 말씀하셨다. **好勇疾貧 亂也**(호용질빈 란야) 용맹함을 좋아하면서 가난을 싫어한다면 (끝내는) 난동을 일으키고, **人而不仁**(인이불인) 사람이 어질지 못하다고 해서 **疾之已甚 亂也**(질지이심 란야) 그를 미워함이 너무 심해도(지나치게 미워해도 그가) 난동을 일으킨다.

---

348) 류종목(271면): 하나의 정책을 실시함에 있어서 무지한 민중들로 하여금 그 이치를 일일이 다 알게 할 수는 없는 만큼 위정자가 인의에 부합하게 민중을 이끎으로써 그들로 하여금 믿고 따를 수 있게 해야 한다는 뜻이다.

11. 使驕且吝(사교차인)

子曰: 如有周公之才之美, 使驕且吝, 其餘不足觀也已.
(자왈 여유주공지재지미 사교차인 기여부족관야이)

> 如(여): 만일 ~라면 *양보관계를 표시하는 접속사 /使(사): 가령.만약 *가정부사 /驕(교): 교만하다, 자랑을 지나치게 함 /且(차): ~하면서, ~하기도 하고, 또 *체증관계를 표시하는 접속사 /吝(인): 인색하다 /其餘(기여): 그 나머지는 /不足(부족): ~할 것이 없다, ~할 가치가 없다 /也已(야이): 단정적인 어기를 표시하는 어기조사

子曰(자왈) 孔子께서 말씀하셨다. **如有周公之才之美**(여유주공지재지미) 주공의 재주와 같은 아름다움이(큰 능력이) 있다고 하더라도 **使驕且吝**(사교차인) 만일 교만하고 또 인색하다면 **其餘不足觀也已**(기여부족관야이) 그 나머지는 볼 것도 없다.

12. 三年學(삼년학)

子曰: 三年學 不至於穀 不易得也.
(자왈 삼년학 부지어곡 불이득야)

> 至(지): 이르다, 도달하다, 지극하다, 지극한 道(도) /於(어): ~에 /穀(곡): 곡식, 俸祿(봉녹)으로 받는 곡식 /易(이): 쉽다 *易(역): 바뀌다, 바꾸다 /也(야): 판단 또는 진술의 어기를 표시하는 어기조사

子曰(자왈) 孔子께서 말씀하셨다. **三年學**(삼년학) 삼 년 동안(여러 해 동안) 공부하고도 **不至於穀**(부지어곡) 벼슬(祿(녹))에 뜻을 두지 않는 사람은 **不易得也**(불이득야) 쉽게 얻을 수 없다.[349)]

---

349) •《논어집주》: '穀'은 봉녹이다(穀 祿也). '至'는 마땅히 '志'로 써야 할 것 같다(至

13. 篤信好學
독신호학

13-1. 子曰: 篤信好學, 守死善道.
자왈 독신호학 수사선도

篤(독): 도탑다, 두텁다, 진심이 깃들어 있다, 단단하다, 견실하다 /守(수): 지키다 /善(선): 착하다, 잘하다, 훌륭하다, 좋게 여기다

子曰(자왈) 孔子께서 말씀하셨다. 篤信好學(독신호학) (성현들의 가르침을) 굳게 믿고 배우기를 좋아하며 守死善道(수사선도) 훌륭한 도를 죽음으로써 지킨다.350)

13-2. 危邦不入 亂邦不居. 天下有道則見 無道則隱.
위방불입 난방불거 천하유도즉현 무도즉은

危(위): 위태하다, 불안하다 /亂(난): 어지럽다, 無道(무도)하다 /居(거): 평상시, 일상생활, 살다, 거주하다 /則(즉): 만일 ~이라면, 곧, ~하면 *가정이나 조건에 따르는 결과를 표시하는 접속사 /見(현): 뵙다, 나타나다, 드러나다 *見(견): 보다 /隱(은): 숨기다, 숨어 살다

疑當作志). 배우기를 오래하고도(爲學之久) 녹을 구하지 않음이니(而不求祿), 이러한 사람은 얻기 쉽지 않다(如此之人 不易得之). 양씨가 말하기를(楊氏曰) "비록 자장 같은 현인도(雖子張之賢) 오히려 녹을 구하는 것을 질문으로 삼았으니(猶以干祿爲問) 하물며 그 아래의 사람들이야(況其下者乎)! 그러한 즉(然則) 삼년을 배우고도 봉녹에 이르지 않는 것은(三年學而不至於穀) 의당 얻기가 쉽지 않은 것이다(宜不易得也)."라고 하였다.

• 《논어》제19 자장13장: 자하가 말하였다. 벼슬하면서 남은 힘이 있으면 배워야 하고, 배우면서 남은 힘이 있으면 벼슬을 해야 한다(子夏曰 仕而優則學 學而優則仕),

350) 《논어집주》: '篤'은 후하게 하고 힘껏 함이다(篤厚而力也). 독실히 믿지 않으면(不篤信) 배우기를 좋아할 수 없다(則不能好學). 그러나 독실히 믿지만 배우기를 좋아하지 않으면(然篤信而不好學) 믿는 바가 바르지 못한 것일 수 있다(則所信或非其正).

危邦不入(위방불입) 위태로운 나라에는 들어가지 않고 **亂邦不居**(난방불거) 혼란스러운 나라에 살지 않으며,[351] **天下有道則見**(천하유도즉현) 천하에 도가 있으면 나오고 **無道則隱**(무도즉은) 도가 없으면 숨는다.[352]

13-3. 邦有道 貧且賤焉 恥也. 邦無道 富且貴焉 恥也.
(방유도 빈차천언 치야. 방무도 부차귀언 치야.)

貧(빈): 가난하다 /且(차): 또 〈체증관계를 표시하는 접속사〉 /賤(천): 천하다 /焉(언): 음절을 조정하고 어기를 고르는 어기조사 /恥(치): 부끄럽다

邦有道, 貧且賤焉, 恥也(방유도 빈차천언 치야) 나라에 道가 행해지는데도, 가난하고 천한 것은, 부끄러운 일이고, **邦無道, 富且貴焉, 恥也**(방무도 부차귀언 치야) 나라에 道가 없는데도, 부유하고 귀한 것도, 부끄러운 일이다.[353]

---

351) 김원중: 후한의 경학가 包咸포함의 주석처럼 "신하가 임금을 시해하고 아들이 아버지를 시해하는 것이 亂이고, 危란 장차 亂이 일어날 조짐이다"라는 의미이다.

352) 《논어집주》: 군자는 위태로운 것을 보면 목숨을 바친다(君子見危授命). 그렇다면 위태로운 나라에서 벼슬하고 있는 자는(則仕危邦者) 그 나라를 떠날 의리는 없다(無可去之義). (그러나) 나라 밖에 있다면 들어가지 않는 것이 옳다(在外 則不入可也). '亂邦'은 아직 위태롭지는 않으나(亂邦未危) 형정과 기강이 문란하므로(而刑政紀綱紊矣) 그 몸을 깨끗이 하여 그 나라를 떠나는 것이다(故潔其身而去之). …도가 없으면 그 몸을 숨기고 나타내 보이지 않는다(無道 則隱其身而不見也). 이것은 오직 독실하게 믿고 배우기를 좋아하며, 죽음으로써 지켜 도를 잘하는 자라야 그것을 할 수 있는 것이다(此惟篤信好學守死善道者 能之).

353) 《논어집주》: 세상이 잘 다스려지고 있는데도(世治) 행할 만한 도가 없고(而無可行之道), 세상이 혼란한데도 지킬 수 있는 절조가 없다면(世亂而無能守之節) 용렬하고 어리석은 사람이니(碌碌庸人 /碌록: 무능한 모양, 용렬함 /庸용: 고용하다, 어리석다), 선비라 하기에 부족하며(不足以爲士矣) 가히 부끄러움이 심한 것이다(可恥之甚也). ○조씨가 말하기를(晁氏曰) "학문도 있고 지키는 것도 있으면서(有學有守) 거취가 의롭고 깨끗

14. 不在其位
부 재 기 위

子曰: 不在其位 不謀其政.
자 왈 부 재 기 위 불 모 기 정

> 在(재): 있다 /其(기): 일반적인 사람을 가리키는 대사 /位(위): 자리, 직위 /謀(모): 꾀하다, 의논하다, 상의하다, 꾀, 술책 /政(정): 정사

子曰(자왈) 孔子께서 말씀하셨다. **不在其位**(부재기위) 그 자리(지위, 위치)에 있지 않으면 **不謀其政**(불모기정) 그 政事를 논하지 않는다.354)

15. 洋洋乎盈耳哉
양 양 호 영 이 재

子曰: 師摯之始 關雎之亂 洋洋乎盈耳哉.
자 왈 사 지 지 시 관 저 지 란 양 양 호 영 이 재

> 師(사): 스승, 말한다, 軍(군), 樂官(악관) *樂官(악관)을 지칭할 때 이름 앞에 붙인다. 대개는 장님이었다고 한다. /摯(지): 손으로 쥐다, *여기서는 악관의 이름 /始(시): 처음, 시작, 초기 *여기서는 樂官(악관)으로 처음 부임했을 때를 말한다 /亂(란): 어지럽다, 詩歌(시가)의 大旨(대지)(大意(대의))를 요약한 마지막 장 /洋(양): 바다, 가득 차서 넘치다 /洋洋(양양): 충만하고 성대한 모양 *형용사를 중첩해서 사용하여 그 상태를 한층 강조한다 /乎(호):〈형용 접미사〉상태를 나타냄

하며(而去就之義潔) 거취가 분명한 연후에야(出處之分明) 군자로서의 온전한 덕이 됨이다(然後爲君子之全德也)"라고 하였다.

* 제14 憲問1장에 "나라에 도가 행해지고 있을 때 (관직에 등용되어 자리만 지키고 하는 일 없이) 봉록만 받아먹고, 나라에 도가 없는데도 봉록을 받아먹는 것이 부끄러운 일이다(子曰 邦有道穀 邦無道穀 恥也)"라고 한 것과 맥이 통한다.

354) 《논어집주》: 정자가 말하기를(程子曰) "그 지위에 있지 아니하다는 것은(不在其位) 곧 그 일을 맡고 있지 않다는 것이다(則不任其事也). (그러나) 만약 임금이나 대부가 묻고 답하는 경우는(若君大夫問而告者) 있다(則有矣)."고 하였다.

/盈(영): 가득 차다

子曰(자왈) 孔子께서 말씀하셨다. 師摯之始(사지지시) 師摯(노나라 악사)가 처음 부임했을 때 연주했던 關雎之亂(관저지란) 「관저」의 마지막 장은 洋洋乎盈耳哉(양양호영이재) 양양하게(감미롭게 넘실넘실) 내 귀를 채웠도다!

16. 狂而不直(광이불직)

子曰(자왈): 狂而不直(광이불직), 侗而不愿(통이불원), 悾悾而不信(공공이불신), 吾不知之矣(오부지지의).

狂(광): 미치다, 사납다, 기세가 세다, 허둥거리다, 거만하다, 어리석다, 경망하다, 판단력이 없다 /而(이): ~하면서, ~하지만 /直(직): 곧다, 정직하다 /侗(통): 무지하다, 어리석다, 미련하다, 경박하다 *侗(동): 정성 /愿(원): 성실하다, 공손하다 /悾(공): 정성, 진심, 어리석다, 경황이 없다 /悾悾(공공): 형용사를 중첩해서 사용하여 그 상태를 한층 강조한 것 /信(신): 믿다, 믿음직하다 /矣(의): 단정적 어기를 표시하는 어기조사

子曰(자왈) 孔子께서 말씀하셨다. 狂而不直(광이불직) 뜻은 크지만 정직하지 못하고, 侗而不愿(동이불원) 미련하면서 성실하지 못하고, 悾悾而不信(공공이불신) 어리석으면서 믿음직하지 못한 사람은, 吾不知之矣(오부지지의) 나는 그를 알지(이해하지) 못하겠다.[355]

---

355) 《논어집주》: ○소씨가 말하기를(蘇氏曰) "하늘이 만물을 낳음에(天之生物) 그 기질이 같지 아니하여(氣質不齊 /齊제: 가지런하다, 같다), 그 중간 이하의 자질을 갖춘 자는(其中材以下) 이런 덕이 있으면 이런 병이 있고(有是德則有是病), 이런 병이 있으면 반드시 이런 덕이 있다(有是病必有是德). 그러므로 말이 발길질과 깨물기를 잘하면(故馬之蹄齧者 /蹄제: 차다, 굽 /齧설: 씹다, 물다) 달리기는 잘하고(必善走), 잘 달리지 못하는 말은 순하기는 하다(其不善者必馴 /馴순: 길들이다, 순하다). 그러나 이런 병이

17. 學如不及
학여불급

子曰: 學如不及 猶恐失之.
자왈 학여불급 유공실지

如(여): 비슷하다, 같다, 같게 하다 /及(급): 미치다 /猶(유): 아직도, 그래도, 같다, 오히려, 마땅히 /恐(공): 두렵다 /失(실): 잃다 /之(지): 學, 즉 배운 내용을 가리키는 대사

子曰(자왈) 孔子께서 말씀하셨다. 學如不及(학여불급) 배움은 마치 (아무리 해도) 미치지 못할 듯이 하고, 猶恐失之(유공실지) 오히려 잃을까 두려워해야 한다.356)

18. 巍巍乎
외외호

子曰: 巍巍乎. 舜禹之有天下也而不與焉.
자왈 외외호 순우지유천하야이불여언

巍(외): 높고 크다 /巍巍(외외): 우뚝하다 /乎(호): 감탄의 어기를 표시하는 어기조사 /舜禹之(순우지)의 之(지): 주격 어조사 *주어와 술어 사이에 쓰여 주술구조로 하여금 독립성을 잃고 명사구 또는 명사절이 되게 하는 구조조사(류종목, 278면) /而(이): ~하지만 /天下也(천하야)의 也(야): 음절을 조정하고 어기를 고르는 어기조사(류종목, 278면) /與(여): 참여하다, 간섭하다, 간여하다 /不與(불여): 상관하지 않는다는 말과 같다(不與 猶言不相關). 그가 지위로써 즐거움으로 삼지 않았다는 말씀이다(言其不以位爲樂也). 《논어집주》/焉(언): 그것에 (=於(어)

있으면서 이런 덕이 없다면(有是病而無是德) 천하가 버린 자질이다(則天下之棄才也)."라고 하였다.

356) 《논어집주》: 사람이 학문을 함이(言人之爲學) 이미 이르지 못할 바가 있는 듯이 하고도(旣如有所不及矣) 그 마음은 오히려 두려워하여(而其心猶竦然) 혹시라도 그것을 잃을까 염려한다는(惟恐其或失之) 말이다. 배우는 이는 당연히 이래야 함을 깨우쳐준 것이다(警學者當如是也).

> 之(지), 於是(어시) *之(지), 是(시)는 천하를 다스리는 일을 가리킨다)

子曰(자왈) 孔子께서 말씀하셨다. 巍巍乎(외외호) 우뚝하도다! 舜禹之有天下也(순우지유천하야) 순임금과 우임금은[357] 천하를 가졌지만 而不與焉(이불여언) 그에(천하를 갖는 과정에) 관여하지 않았도다.[358][359]

---

357) 舜, 禹임금은 堯임금과 더불어 儒家에서 聖人으로 추앙한다. 舜임금은 고대 虞우나라의 개국 군주로 효성이 지극했던 인물로서 평민이었으나 堯임금으로부터 천자의 자리를 선양받았다. 禹임금은 고대 夏하나라의 개국 군주로서 치수에 공을 세웠으며, 평민으로서 舜임금으로부터 천자의 자리를 선양받았다.

* 선양은 신화 속 태평성대의 군주들에 의해 이루어진 것으로 칭송되었으며, 이상적인 군주 교체의 방법으로 여겨졌다. 그러나《韓非子한비자》와《竹書紀年죽서기년》에 따르면 요와 순의 선양은 허구이며 순이 요를, 우는 순을 무력으로 몰아내서나 감금하고 자신들이 제왕이 되었다고 하였다.

*《竹書紀年》은 전국시대(B.C. 475 ~ B.C. 221) 魏위나라의 사관이 썼다고 알려진 중국의 편년체 역사서로서 三皇五帝의 시대로부터 魏 襄王양왕에 이르기까지의 일이 기록되어 있으며,《좌전》및《사기》와 더불어 중국의 고대사를 연구하는 주요 사서 중 하나라고 한다.

*《韓非子》는 중국 전국시대 말기에 활동했던 法家 사상가인 한비자(B.C. 280 ? ~ B.C.233) 등이 저술한 책으로 법가사상을 집대성한 중요한 고전이다.

358)《논어집주》: 巍巍는 높고 큰 모습이다(巍巍高大之貌). '不與'는 상관하지 않는다는 말과 같다(不與 猶言不相關). 그가 지위로써 즐거움으로 삼지 않았다는 말이다(言其不以位爲樂也).

359) 茶山: '有天下'는 취하여 자기를 위하여 가진다는 말이다(有天下 謂取以爲己有也). …오로지 舜禹 두 사람은(獨舜禹二人) 천하에 뜻이 없었고(無意天下) 온전히 힘을 쓰지 않았지만(全不用力) 천하가 스스로 이르렀다(而天下自至). 이것이 바로 우뚝하게 뛰어나(是其巍巍然超絶) 다른 많은 왕들이 미칠 수 없는 것이다(百王不可及者也). 與는 간여함이다(與 干也). 何가 말하기를(何曰 /何晏 / ?~249) "자기는 천하를 求하는데 간여하지 않았는데도(言己不與求天下) 천하를 얻었다(而得之)"고 하였다.

19. 民無能名焉(민무능명언)

19-1. 子曰(자왈): 大哉(대재), 堯之爲君也(요지위군야). 巍巍乎(외외호), 唯天爲大(유천위대), 唯堯則之(유요칙지). 蕩蕩乎(탕탕호), 民無能名焉(민무능명언).

> 哉(재): 감탄의 어기를 표시하는 어기조사 /爲君(위군): 임금됨됨이 /堯之爲君也(요지위군야): 堯之(요지)는 爲君(위군)을 수식하는 관형어 *류종목(279면): 之는 주어와 술어 사이에 쓰여 주술구조로 하여금 독립성을 잃고 명사구 또는 명사절이 되게 하는 구조조사 /也(야): ~냐, ~이여, ~하다니 *영탄의 어기를 표시하는 어기조사 [斯人也(사인야) 而有其疾也(이유기질야) 이런 사람이 이런 병에 걸리다니!《논어》옹야8장] /巍(외): 높다, 높은 모양 /蕩(탕): 넓은 모양, 쓸어 없애다 /巍巍乎(외외호): 높고 크도다 /蕩蕩乎(탕탕호): 넓고 크도다 *형용사를 중첩해서 사용하여 그 상태를 한층 강조한 것 *乎(호)는 감탄의 어기를 표시하는 어기조사 /唯(유): 오직 /唯天爲大(유천위대)의 爲(위): ~이다 /唯堯則之(유요칙지)의 則(칙): 본받다, 법으로 삼다, 之(지)는 하늘을 뜻하는 대사 /名(명): '이름 붙이다'라는 뜻인데, 의미가 파생되어 '형언하다', '칭송하다'라는 뜻으로 쓰였다.(류종목, 280면) /無(무): 아니하다, 못하다(=不(불)) /焉(언)은 於之(어지)의 뜻

子曰(자왈) 孔子께서 말씀하셨다. **大哉(대재), 堯之爲君也(요지위군야)** 위대하시다! 堯의 임금 됨됨이여! **巍巍乎(외외호)** 높고 크도다! **唯天爲大(유천위대)** 오직 하늘만이 위대하거늘, **唯堯則之(유요칙지)** 오직 堯임금만이 이것을 본받으셨으니 **蕩蕩乎(탕탕호)** 넓고 크도다! **民無能名焉(민무능명언)** 백성들이 말로 형용하지 못하는 구나!

19-2. 巍巍乎(외외호), 其有成功也(기유성공야). 煥乎(환호), 其有文章(기유문장).

> 其有成功也(기유성공야): 그에게 功業(공업)을 이룸이 있다. 其(기)는 요 임금을 가리킨다 /煥(환): 빛나다,

불꽃, 밝다, 선명하다, 文彩(문채) 있는 모양 /煥乎(환호): 빛나도다! 찬란하도다! /乎(호), 也(야): 감탄의 어기를 표시하는 어기조사 /文章(문장): 문물과 典章(전장), '文章'은 예.악과 법도이다(文章禮樂法度也). 《논어집주》

巍巍乎(외외호), 其有成功也(기유성공야) 높고 크도다! 그(堯(요) 임금)가 功業(공업)을 이룸이여! **煥乎(환호), 其有文章(기유문장)** 빛나도다! 그 문물과 제도(禮樂法度(예악법도))여!

20. 才難(재난)

20-1. 舜有臣五人而天下治(순유신오인이천하치).

臣(신): (어진)신하 /而(이): 하여서(접속사) /治(치): 다스리다

舜有臣五人而天下治(순유신오인이천하치) 순임금에게는 어진 신하 다섯이 있어 천하가 잘 다스려졌다.

20-2. 武王曰(무왕왈): 予有亂臣十人(여유란신십인).

予(여): 나(1인칭대사) /亂(란): 다스리다, 어지러움을 바로잡다, 어지럽다 /亂臣(란신): ①나라를 어지럽게 만드는 신하, ②어지러운 시기에 나라를 위하고 잘 살게 하는 충신

武王曰(무왕왈) 무왕이 말하였다. **予有亂臣十人(여유란신십인)** 나에게는 다스림에 능한 신하 열 사람이 있도다.[360)]

---

360) 《논어집주》: 《서경》〈태서편〉의 말이다(書泰誓之辭). 마씨는 말하기를(馬氏曰) "'亂'은 '다스림'이다(亂 治也). 십 인은(十人) 주공 단(謂周公旦), 소공석(召公奭), 태공망(太公望), 필공(畢公), 영공(榮公), 태전(太顚), 굉요(閎夭), 산의생(散宜生), 남궁

20-3. **孔子曰**(공자왈): **才難**(재난), **不其然乎**(불기연호). **唐虞之際**(당우지제), **於斯爲盛**(어사위성). **有婦人焉**(유부인언), **九人而已**(구인이이).

> 才(재): 인재 /難(난): 어렵다 /其(기): 음절을 조정하고 어기를 고르는 어기조사 /然(연): 그러하다 /乎(호): ~인가? *반어형 의문어기조사 /唐虞之際(당우지제): 요임금과 순임금의 시대[361] *之(지)는 '~의', *際(제)는 時期(시기), 사이, 즈음의 뜻 /於(어): ~보다 *비교를 표시하는 전치사 [靑取之於藍(청취지어람) 청색은 藍(람)(쪽색, 남색)에서 취했지만 而靑於藍(이청어람) 남색보다 푸르고, 氷水爲之(빙수위지) 어름은 물로 된 것이지만 而寒於水(이한어수) 물보다 차갑다. 《荀子(순자)》] /斯(사): 이때(周(주)나라 武王(무왕)시대) /爲盛(위성)의 爲(위): '~이다' 뒤에 오는 형용사 盛(성)과 함께 술어를 이룬다. /婦人(부인): 문왕의 妃(비)이자 무왕의 어머니인 太姒(태사)를 가리킨다. /焉(언): 於是(어시)와 같으며, 是(시)는 亂臣十人(란신십인)을 가리키는 대사 /而已(이이): ~일 뿐이다

孔子曰(공자왈) 孔子가 말씀하셨다. **才難 不其然乎**(재난 불기연호) 인재를 얻기가 어렵다고 하니 과연 그렇지 아니한가? **唐虞之際**(당우지제) 요임금과 순임금 즈음은 **於斯爲盛**(어사위성) 이때(周(주)나라)보다 성하였지만 **有婦人焉**(유부인언) (그런데도) 10명 중에는 부인이 있었으니, **九人而已**(구인이이) (이를 제외하면) 아홉 명뿐이었다.

괄(南宮适)이며, 그 한 사람은 문왕의 어머니를 일컫는다(其一人謂文母)."라고 하였다. (그러나) 유시독은(劉侍讀) "아들 된 자로써 어머니를 신하로 삼는 의리는 없으니(以爲子無臣母之義), 아마도 읍강(문왕의 생모가 아닌 武王의 비)일 것이다(蓋邑姜也). 아홉 사람은 밖을 다스리고(九人治外) 읍강은 안을 다스렸다(邑姜治內)."라고 하였다. 어떤 사람은(或曰)"'亂'은 본래 '乿치'자로(亂 本作乿 /乿: 다스리다) '治'자의 옛 글자이다(古治字也)."라고 하였다.

361) 舜임금의 성이 有虞이고, 堯임금의 성이 陶唐이다. 堯임금은 처음에 '陶'에 있다가 후에 '唐'땅으로 옮겼으므로 '陶唐氏'라고 칭하였다.

20-4. 三分天下有其二, 以服事殷, 周之德, 其可謂至德也已矣.
삼 분 천 하 유 기 이 　이 복 사 은 　주 지 덕 　기 가 위 지 덕 야 이 의

> 以(이): 역접관계를 표시하는 접속사 而(이)와 같다(류종목, 283면) /服事(복사): 복종하여 섬기다 /其家謂至德也已矣(기가위지덕야이의): 其(기)는 '아마'의 뜻 *추측을 표시하는 부사 /也已矣(야이의) : 단정적인 어기를 표시하는 어기조사

三分天下有其二(삼분천하유기이) 천하를 셋으로 나누어 (文王(문왕)은) 그 둘을 차지했으면서도, **以服事殷**(이복사은) 복종하여 은나라를 섬겼으니 **周之德 其可謂至德也已矣**(주지덕 기가위지덕야이의) 주나라의 덕은 지극한 덕이라고 이를 수 있을 것이다.362)

---

362) 본문은 문왕이 은(상)나라를 섬긴 사실을 들어 문왕의 덕을 칭송하고 있다. 그러나 문왕의 아들 무왕은 은나라 紂王주왕을 멸하여 죽이고 周나라 왕조를 세웠다. 이 점과 관련하여 《맹자》梁惠王章句下에 다음과 같은 대화가 보인다.

제나라 선왕이 물었다(齊宣王問曰) "(은나라의 聖王으로 일컬어지는) 탕왕이 (하나라) 걸왕을 쫓아내고(湯放桀탕방걸), (주나라) 무왕이 (은나라의) 주왕을 토벌했다고 하니(武王伐紂무왕벌주) 그런 일이 있었습니까(有諸유저)?"

맹자가 대답했다(孟子對曰). "옛 문헌에 그런 말이 있습니다(於傳有之어전유지)."

선왕이 다시 물었다. "신하로서 임금을 죽여도 괜찮습니까(曰 臣弑其君신시기군 可乎)?"

맹자가 말했다(曰). "仁을 해치는 자를 '적'(포악한 자)이라 하고(賊仁者적인자 謂之賊위지적), 義를 해치는 자를 '잔'(잔학한 자)이라 하며(賊義者적의자 謂之殘위지잔), 이 잔학한 자와 포악한 자를 '한 사람의 匹夫필부'라고 합니다(殘賊之人잔적지인 謂之一夫위지일부). 저는 周나라 武王이 필부인 紂를 죽였다는 말은 들었어도(聞誅一夫紂矣문주일부주의), 임금을 죽였다는 말을 듣지 못했습니다(未聞弑君也미문시군야)."

* 맹자의 말은 군주가 仁義를 해쳐 군주답지 못하면 쫓아내도 된다는 혁명이론을 담고 있다. 이 때문에 《맹자》는 이후 주자의 시대에 이르기까지 약 1,000년 동안 禁書금서이었다.

21. 禹吾無間然矣(우오무간연의)

子曰(자왈): 禹(우), 吾無間然矣(오무간연의). 菲飮食而致孝乎鬼神(비음식이치효호귀신), 惡衣服而致美乎黻冕(악의복이치미호불면), 卑宮室而盡力乎溝洫(비궁실이진력호구혁). 禹(우), 吾無間然矣(오무간연의).

> 間(간): 사이, 결점, 틈, 흠잡다 *'間(간)'은 틈이니(間下隙也(간하극야) /罅(하): 틈, 빈틈 /隙(극): 틈), 그 틈을 지적하여(謂指其罅隙(위지기하극)) 비판함을(而非議之也(이비의지야)) 이른다.《논어집주》 /然(연): 그러하다 *형용사 접미사 *류종목(294면)은 단정적인 어기를 표시하는 어기조사로서 焉(언)과 같다고 하였다. /矣(의): 단정적 어기를 표시하는 어기조사 /菲(비): 간략하다, 보잘것없다 /飮(음): 마시다 /食(식): 먹다 /而(이) ~하면서도 /致(치): 바치다, 다하다 /乎鬼神(호귀신)의 乎(호): ~에게 /惡(악): 거칠다, 조악하다, 나쁘다, 악하다 /衣(의): 옷 /服(복): 옷, 옷을 입다 /美(미): 아름답다 /致美乎黻冕(치미호불면)의 乎(호): ~에, ~에서(=於(어)) /黻冕(불면): 제사 지낼 때 착용하는 예복과 예모 /卑(비): 낮다 /宮(궁): 왕궁 /室(실): 방 /盡(진): 다하다 /力(력): 힘쓰다 /盡力乎溝洫(진력호구혁): 백성들의 생업에 정성을 다함을 뜻한다 /溝洫(구혁): 논밭에 있는 물길, 治水(치수)를 말함.

子曰(자왈) 孔子께서 말씀하셨다. **禹吾無間然矣(우오무간연의)** 우임금은 내가 흠잡을 것이 없다. **菲飮食(비음식)** (자신의) 음식은 보잘것없으면서도 **而致孝乎鬼神(이치효호귀신)** (제사에서는) 귀신에게 효성을 다하였고, **惡衣服(악의복)** (자신의) 의복은 조악했지만, **而致美乎黻冕(이치미호불면)** 제례의 예복과 예모는 아름다움을 다하였다. **卑宮室而盡力乎溝洫(비궁실이진력호구혁)** (자신의) 궁실을 낮게 하면서도 전답의 치수에 힘을 다하였다. **禹吾無間然矣(우오무간연의)** 우임금은 내가 흠잡을 것이 없다.

제9편 子罕
자 한

凡三十章
범 삼 십 장

모두 30장이다.《논어집주》

※ 이 편은 주로 孔子의 덕행과 출처진퇴에 관한 내용으로 구성되어 있다.(김석환)

1. 利與命與仁
리 여 명 여 인

子罕言利與命與仁.
자 한 언 리 여 명 여 인

罕(한): 드물다, 희소하다 /利(리): 이익, 이익이 되는 것 /與(여): 및, ~와, 더불어, 또 (=而(이), =且(차)) *병렬관계를 표시하는 접속사 /命(명): 운명, 천명

子罕言利與命與仁 孔子는 利와 命과 仁은 드물게 말씀하셨다.[363)]
자 한 언 리 여 명 여 인

2. 無所成名
무 소 성 명

2-1. 達巷黨人曰: 大哉孔子. 博學而無所成名.
달 항 당 인 왈 대 재 공 자 박 학 이 무 소 성 명

達(달): 통달하다 /巷(항): 거리 /黨(당): 무리, 마을, 500호 규모의 마을 *隣(인)은 5戶(호), 里(리)는 25호, 黨(당)은 500戶(호), 州(주) 는 2,500戶(호), 鄕(향)은 12,500戶(호) /哉(재): ~구나! *감탄을 표시하는 어기조사 /博(박): 넓다, 널리 /而(이): ~하면서도 *역접관계를 표시하는 접속사 /所(소): ~한 것,

---

363) • 《논어집주》: 정자가 말하였다(程子曰). "이익을 따지면 의리를 해치고(計利則害義), 천명의 이치는 미묘하고(命之理微), 인의 도는 크기 때문에(仁之道大), 모두 孔子께서 말씀을 드물게 한 것이다(皆夫子所罕言也)."
• 류종목(289면): 孔子는 공리주의와 운명론을 싫어했기 때문에 利를 자주 언급하지 않았고, 仁이란 구체적으로 꼬집어서 말하기 어려운 것이기 때문에 이에 관하여 설명하기를 꺼렸다. 孔子께서 인간의 本性과 天道에 관하여 언급하는 말씀을 들을 수가 없었다는 제5 공야장 12장의 말[夫子之言性與天道 不可得而聞也]과 일맥상통하는 면이 있다.
• 김원중(164면): 이 문장은 역대로 해석이 분분했는데 크게 罕과 言 두 글자와 利와 與 등에 대한 해석상의 차이가 존재하며, 이 문장의 구두점을 어디에 찍는가 하는 문제에 대해서도 논의가 많다고 하면서 본문의 띄어쓰기와 구두점을 "子罕言利與命, 與仁"으로 쓰고 "이익과 천명에 대해서는 거의 말씀하지 않으셨으나, 仁과 더불어서는 하셨다"라고 풀이한다.

~한 바

達巷黨人曰(달항당인왈) 달항 고을 사람이 말했다. 大哉孔子(대재공자) 위대하도다 孔子여! 博學而無所成名(박학이무소성명) 널리 배웠으면서도 이름을 성취하지 못하였구나(명성을 이룬 곳은 없구나).364)

2-2. 子聞之(자문지), 謂門弟子曰(위문제자왈): 吾何執(오하집). 執御乎(집어호). 執射乎(집사호). 吾執御矣(오집어의).

之(지): '달항 마을 사람의 말'을 가리키는 대사 /何(하): 무엇, 어느 것 /執(집): 잡다, 한 가지를 붙잡고 늘어지다 /御(어): 마차 몰기, 말타기 /乎(호): 반어형 어기조사 /射(사): 활쏘기

子聞之(자문지) 謂門弟子曰(위문제자왈) 孔子께서 그 말을 들으시고 제자들에게 말씀하셨다. 吾何執(오하집) 내가 무엇을 잡을까(전문으로 할까)? 執御乎(집어호) 수레 몰기를 전문으로 할까? 執射乎(집사호) 활쏘기를 전문으로 할까? 吾執御矣(오집어의) 나는 (가장 손쉬운) 수레 몰기나 전문으로 해야겠나.365)

---

364) 《논어집주》: '博學而無所成名'이라 한 것은(博學而無所成名) 그 배움의 넓음을 찬미하면서도(蓋美其學之博) 한 가지 재주도 이름을 이루지 못한 것을 애석해한 것이다(而惜其不成一藝之名也).

365) 《논어집주》: '執'은 오로지 잡는 것이다(執 專執也). 활쏘기와 수레 몰기는 모두 하나의 재주이지만(射御 皆一藝) 수레 몰기는 남의 하인이 되어서 하는 것으로 더욱 비천한 것이다(而御爲人僕所執尤卑 /僕복: 하인, 종 /尤우: 한층, 더 /卑비: 비천하다). …그런즉 내가 장차 수레 몰기나 하겠다고 한(然則吾將執御矣) 말씀은, 남이 칭찬하는 말을 듣고(聞人譽己 /譽예: 칭찬하다, 찬양하다) 겸양으로써 받아들인 것이다(承之以謙也).

3. 雖違衆
수 위 중

3-1. 子曰: 麻冕 禮也. 今也純 儉. 吾從衆.
자 왈 마 면 예 야 금 야 치 검 오 종 중

> 麻(마): 삼베 /冕(면): 면류관, 예모 /禮也(예야)의 也(야): 일반적인 문장의 끝에 쓰여서 '~이다'(~아니다)라는 판단 또는 비교적 단호한 진술의 어기를 표시하는 어기조사 /今也純(금야치)의 也(야): 음절을 조정하고 어기를 고르는 어기조사 /純(치): 검은색 명주실 *純(순): 순수하다, 온전하다 /儉(검): 검소하다

子曰(자왈) 孔子께서 말씀하셨다. **麻冕 禮也**(마면 예야) 검정 베로 만든 예모(緇布冠(치포관))를 쓰는 것이 예에 맞다. **今也純 儉**(금야치 검) 오늘날은 명주실인데 검소하므로 **吾從衆**(오종중) 나는 여러 사람을 따르겠다.366)

3-2. 拜下禮也. 今拜乎上泰也. 雖違衆吾從下.
배 하 예 야 금 배 호 상 태 야 수 위 중 오 종 하

> 拜(배): 절하다 /拜下(배하): 대청 아래서 절하다 *拜(배)와 下(하) 사이에 장소를 표시하는 전치사 於(어)나 乎(호)를 넣을 수 있다(류종목, 291면). /泰(태): 크다, 甚(심)하다, 驕慢(교만)하다, 너그럽다 /也(야): 판단 또는 진술의 어기를 표시하는 어기조사 /雖(수): 비록 /違(위): 어기다, 위배하다

拜下禮也(배하예야) 堂下(당하)에서 절하는 것이 예이다. **今拜乎上 泰也**(금배호상 태야) 오늘날은 堂上(당상)에서 절을 하는데 교만하다. **雖違衆吾從下**(수위중오종하) 비록 여러 사람과 어긋나더라도 나는 堂下(당하)에서 절하는 예법을 따르겠다.367)

---

366) 《논어집주》: 치포관은 삼십 새의 베로 만드는데(緇布冠以三十升布爲之 /升(승): 새, 직물의 날실 80올) …그 날실은 2,400올이 된다(則其經二千四百縷矣). 가늘고 조밀해서 만들기 어렵다(細密難成).

4. 子絶四
자절사

子絶四. 毋意, 毋必, 毋固, 毋我.
자절사 무의 무필 무고 무아

絶(절): 끊다, 전혀 없다 /毋(무): 말다, 없다, 아니다 *부정을 표시하는 부사(=無(무). 不(불))〉 * '毋'는 《사기》에는 '無'로 되어 있다(毋 史記作無). 《논어집주》/意(의): 사사로운 마음, 私慾(사욕), 생각. 뜻, 의미 /必(필): 기필하다 /固(고): 굳다, 완고하다, 고집하다 /我(아): 나, 우리, 외고집, 자기중심으로만 하는 것(我執(아집), 獨善(독선)), 이기적인 행동

子絶四(자절사) 孔子께서는 네 가지가 전혀 없으셨다. 毋意(무의) 사사로운 마음이 없었고, 毋必(무필) 기필함(반드시 하겠다는 것)이 없었고, 毋固(무고) 집착함이 없었으며, 毋我(무아) 나만 내세우는 것이 없으셨다.368)

---

367) 《논어집주》: 군자가 처세함에 있어(君子處世) 일이 의를 해치지 않는다면(事之無害於義者) 세속을 따라도 된다(從俗可也). 의를 해치는 것이라면 따라서는 안 된다(害於義則不可從也).

368) • 《논어집주》: 네 가지는 서로 끝이 되고 시작이 되니(四者相爲終始), 사사로운 마음에서 일어나(起於意) 마침내 기필함이 되고(遂於必), 집착함에 머물며(留於固) 아집이 된다(而成於我也 /成성: 이루다, 이루어지다, 끝나다). 대개 사사로움과 기필함은 항상 일의 전에 있고(蓋意必常在事前), 고집과 아집은 항상 일의 후에 있으니(固我常在事後), 아집에 이르면(至於我) 또 사사로운 마음이 생기고(又生意) 외물이 이를 끌어내니(則物欲牽引) 순환이 끝이 없다(循環不窮矣). ○정자가 말하기를(程子曰) "여기의 '毋'는 금지하는 말이 아니다(此毋字 非禁止之辭). 성인은 이 네 가지가 전혀 없었는데(聖人絶此四者) 금지를 어디에 쓰겠는가(何用禁止)"라고 하였다. 장자가 말하기를(張子曰) "넷 중 하나라도 있으면(四者 有一焉) 천지와 서로 같지 않다(則與天地不相似)."고 하였다.
• 제4 里仁 10장의 [子曰 君子之於天下也 無適也 無莫也 義之與比]과 맥이 통하고, 제18 미자 8장의 [子. …無可無不可 나. …반드시 그래야만 하는 것도 없고, 반드시 그래서는 안 된다는 것도 없다.]와도 맥이 통한다.

5. 文不在玆乎
문 부 재 자 호

5-1. 子畏於匡.
자 외 어 광

畏(외): 두려워하다 /於(어): ~에서 /匡(광): 땅(읍) 이름

子畏於匡 孔子께서 匡에서 두려움에 빠져 있었다.369)
자 외 어 광

5-2. 曰: 文王旣沒, 文不在玆乎.
왈 문 왕 기 몰 문 부 재 자 호

旣(기): 이미 /沒(몰): 죽다(=歿(몰)), (물에)빠지다, 끝나다, 敗亡(패망)하다, 없다 /文(문): 文王(문왕)시대에 완성된 문물예악제도를 말한다.(斯文(사문)) /玆(자): 이, 의이에, 여기(=玆(자)), 이때, 지금, 검다, 흐리다 /乎(호): ~느냐? ~인가? *의문종결사: 의문 어기를 표시하는 어기조사

曰(왈) 孔子께서 말씀하셨다. 文王旣沒(문왕기몰) 문왕은 이미 돌아가셨지만370) 文不在玆乎(문부재자호) 그 文(禮樂制度)(문 예악제도)이 여기에 (나에게 전해져) 있지 않느냐?371)

---

369) 노나라 季平子의 家臣이었던 陽虎양호가 일찍이 匡광에서 폭동을 일으켜 포학했었는데 孔子가 14년에 걸친 周遊列國주유열국 중에 衛나라를 떠나 陳나라로 가기 위해 匡을 지나던 중 모습이 비슷한 孔子를 양호로 오인한 匡 사람들이 5일 동안 포위했었다.

370) 문왕은 은나라를 멸망시킨 武王의 아버지로서 왕으로 추존되었다. 이름은 姬昌. 그는 은나라의 제후로 西伯이라고 불렸다. 은나라 마지막 왕인 紂王에 의해 감금되었다가 풀려난 일도 있었다. 덕으로 정사를 펼쳐 그가 살아 있을 때 이미 천하의 3분의 2가 그에게 복종했다고 한다.

371) 《논어집주》: 道가 드러난 것을 文이라 이르니(道之顯者謂之文), 대개 예악제도를 이른다(蓋禮樂制度之謂). 道라고 하지 않고 文이라고 한 것은(不曰道而曰文) 또한

5-3.　天之將喪斯文也，後死者不得與於斯文也．天之未喪斯文也，匡人其如予何．

天之將喪의 之: 주격 어조사 *주어와 술어 사이에 쓰여 주술구조로 하여금 독립성을 잃고 명사구 또는 절이 되게 하는 구조조사(류종목. 294면) /將: 장차 ~하려고 한다. 머지않아 ~되려 한다, 장차 *이 경우에는 '장차'라고 굳이 풀이하지 않아도 된다. /喪: 잃어버리다, 잊어버리다, 죽다 /斯: 이, 이것〈지시대사〉/天之將(未)喪斯文也의 也: 음절을 조정하고 어기를 고르는 어기조사 /後死者不得與於斯文也의 也: 판단 또는 진술의 어기를 표시하는 어기조사 /得: 가능을 표시하는 조동사: 뒤에 서술어(동사, 형용사)가 오면 그 서술어를 보조하여 可能을 표시하는 보조사, ~할 수 있다, ~할 만하다 /與: 참여하다, 함께하다, 동참하다 /於: ~에 /匡人其如予何의 其: '장차' (~하려고 하다)라는 뜻의 부사(류종목,294면) *이문주(538면): 어조사 /如ⓐ何: ⓐ를 어찌 하겠는가?관용어〉

天之將喪斯文也 하늘이 장차 이 文을 없애려고 했다면372) **後死者不得與於斯文也** (문왕보다) 나중에 죽을 사람(孔子 자신)이 이 文에 참여할 수 없었을 것이다. **天之未喪斯文也** 하늘이 아직 이 文을 버리지 않았으니 **匡人其如予何** 匡 사람들이 나를 어찌하겠느냐?373)374)

겸양의 말씀이다(亦謙讓辭也). '玆'는 '이것'이라는 뜻인데((玆此也), 孔子 자신을 말한 것이다(孔子自謂).

372) 斯文: '이 學問', '이 道'라는 뜻으로, 儒學의 道義나 文化를 이르거나 유학자를 높여 이르는 말이다. 조선의 성리학자들은 그 教理교리나 思想사상에 어긋나는 말이나 행동을 하는 사람을 斯文亂賊사문란적이라 하여 극렬히 배척하였다.

373) 《논어집주》: 마씨가 말하기를(馬氏曰) "하늘이 만약 이 文을 없애려 하였다면(言天若欲喪此文) 반드시 나로 하여금 이 文과 함께하지 못하도록 하였을 것이다(則必

6. 何其多能也
하기다능야

6-1. 大宰問於子貢曰: 夫子聖者與, 何其多能也.
태재문어자공왈 부자성자여 하기다능야

> 大宰(태재): 벼슬 이름 /於(어): ~에게 /與(여): 의문 어기조사 /何(하): 어찌 *의문사 /何其多能也(하기다능야)의 其(기):음절을 조정하고 어기를 고르는 어기조사 /也(야): 의문의 어기를 표시하는 종결어기조사, 耶(야).邪(야).歟(여).乎(호)와 같게 씀. /能(능): 능하다, 능히 할 수 있다, 재능이 있다, ~할 수 있다

大宰問於子貢曰(태재문어자공왈) 태재가 자공에게 물었다.375) **夫子聖者與**(부자성자여) 夫子(부자)는 聖人(성인)이십니까? **何其多能也**(하기다능야) 어찌 그토록 才能(재능)이 많습니까?

6-2. 子貢曰: 固天縱之將聖, 又多能也.
자공왈 고천종지장성 우다능야

> 固(고): 본디, 원래, 처음부터, 진실로, 정말로 /縱(종): 풀다, 놓다, 풀어놓다 *'縱'은 '肆사'(풀어놓다)와 같으며(縱 猶肆也), 한량할 수 없는 것을 말한다(言不爲限量也). 《논어집주》/將(장): 장수, 장래, 거의, 혹은, 무릇, 대저 *'將'은 '殆태'(거의, 반드시, 마땅히)이다(將 殆也). 《논어집주》/聖(성): 성인 /又(우): 또 /能(능): 능력

不使我得與於此文). 지금 내가 이미 이 文을 함께하고 있다면(今我旣得與於此文) 그것은 하늘이 아직 이 文을 버리려 하지 않는 것이고(則是天未欲喪此文也), 하늘이 이미 이 문을 버리려 하지 않으니(天旣未欲喪此文) 광 사람들인들 (하늘을 거슬러서) 나를 어찌하겠느냐(則匡人其奈我何 /奈내: 어찌)"고 말한 것이다.

374) 제7 술이22장의 [孔子께서 말씀하셨다. 하늘이 나에게 덕을 부여하셨는데, 환퇴가 장차 나를 어떻게 하겠는가(子曰 天生德於予 桓魋其如予何)?]도 같은 맥락이다.

375) '大宰'는 재상에 상당한다. 魯나라 哀公 7년에 子貢이 魯나라 사신으로 吳나라에 간 적이 있는데, 그 당시의 오나라 大宰가 伯嚭백비이었고, 본문은 당시의 일로 보인다.

子貢曰(자공왈) 자공이 말했다. **固天縱之將聖**(고천종지장성) 진실로 하늘이 (한정하지 않고) 풀어놓은 거의 성인이시고, **又多能也**(우다능야) (그래서) 또한 능한 것이 많으신 것입니다.[376)]

6-3. **子聞之, 曰: 大宰知我乎. 吾少也賤, 故多能鄙事. 君子多乎哉. 不多也.**

(자문지, 왈: 태재지아호. 오소야천, 고다능비사. 군자다호재. 불다야.)

之(지): 태재와 자공의 대화 내용을 가리키는 代詞(대사) /少(소): 젊다 /也(야): 음절을 조정하고 어기를 고르는 어기조사 /賤(천): 천하다 /故(고): 까닭, 때문에(이유), 옛 /鄙(비): 천하다, 더럽다 /大宰知我乎(태재지아호)의 乎(호): 반어형 의문 종결어기조사 /乎哉(호재): ~인가? *반문의 어기를 표시하는 어기조사

子聞之, 曰(자문지, 왈) 孔子께서 이를 들으시고 말씀하셨다. **大宰知我乎**(태재지아호) 태재가 나를 알겠는가?[377)] **吾少也賤**(오소야천) 나는 어렸을 때 비천했기 때문에[378)] **故多能鄙事**(고다능비사) 비천한 일에 다능하다. **君子多乎哉**(군자다호재) 군자가 다능해야 하는가? **不多也**(불다야) 다능하지 않아도 된다.[379)]

---

376) 天縱之大聖, 天縱之聖: 하늘이 재능을 충분히 발휘하게 점지한 성인이라는 뜻으로 孔子를 두고 이르는 말.

377) '乎'를 감탄의 어기를 표시하는 어기조사로 보면 "태재가 나를 알아보는구나!"로 해석할 수 있다.

378) 孔子의 빈한한 가문의 내력에 대해서는 《논어집주》 <서설> 참조

379) 《논어집주》: 젊어서 신분이 비천했기 때문에 다능하나(由少賤故多能), 그 잘하는 것이 鄙事(눈에 확 띄지 않는 비근하고 자차분한 일)들 뿐이요(而所能者鄙事爾), 성인이기 때문에 두루 잘하는 것은 아니라는 것이다(非以聖而無不通也). 또 다능하다는 것이

6-4. 牢曰(뢰왈): 子云(자운), '吾不試(오불시), 故藝(고예).'

> 牢(뢰): 우리, 감옥, 굳다 /試(시): 시험하다, 쓰다(用(용)), 使用(사용)하다, 임용하다, 써주다 *여기서는 '나를 써 주지 않다'는 뜻의 피동의 뜻 /故(고): 그러므로, 까닭에 /藝(예): 재주가 있다

牢曰(뢰왈) 牢가 말하기를 子云(자운) 선생님께서 말씀하시기를 吾不試(오불시) 나는 쓰여 지지(등용되지) 못했기 때문에 故藝(고예) 재주가 있다(재주를 익히게 되었다)고 하셨다고 하였다.380)

7. 吾有知乎哉(오유지호재)

子曰(자왈): 吾有知乎哉(오유지호재). 無知也(무지야). 有鄙夫問於我(유비부문어아), 空空如也(공공여야), 我叩其兩端而竭焉(아고기양단이갈언).

> 知(지): 앎(명사) /乎哉(호재): ~인가? ~런가. ~로다(感歎(감탄)을 표시하는 말) /有(유): 어느, 어떤 /鄙(비): 시골, 야비하다 /鄙夫(비부): 하찮은 사람, 비천한 사람, 무식한 사람, 촌사람 /於(어): ~에게 /空(공): 비다 /空空(공공): 무식하여 머릿속이 텅 빈 모양 /空空如也(공공여야)의 也(야): *음절을 조정하고 어기를 고르는 어기조사 *류종목(298면): 문맥에 의하여 가정의 어기를 다분히 내포하고 있다. '아무것도 모른다면' /如(여): 형용사 접미사(=然(연)) /叩(고): 묻다, 물어보다, 反問함, 되물어 가르쳐 줌, 정성스러운 모양, 두드리다 /兩(양): 둘, 두, 짝, 쌍, 技兩(기량) /端(단): 끝, 한계, 처음, 실마리, 일이 단서 /竭(갈): 다하다, 없어지다, 물이 마르다, 전부

사람을 거느리는 것은 되지 못하기 때문에(且多能非所以率人 /率솔: 거느리다), 군자는 다능할 필요는 없다고 말함으로써(故又言君子不必多能) 그것을 깨우쳐준 것이다(以曉之).

380) 琴牢금뢰: 衛나라 사람이며 孔子의 제자라는 설이 있지만《사기》仲尼弟子列傳에는 수록되어 있지 않다. 성은 '琴'이고 牢가 이름이다. 자는 子開, 子張이다.

子曰(자왈) 孔子께서 말씀하셨다. **吾有知乎哉**(오유지호재) 내가 아는 것이 있는가? **無知也**(무지야) 아는 것이 없다. **有鄙夫問於我**(유비부문어아) 어떤 하찮은 사람이라도 나에게 물었을 때 **空空如也**(공공여야) (내가) 모르면 **我叩其兩端而竭焉**(아고기양단이갈언) 나는 양쪽 끝(처음과 끝, 근본과 말단, 위와 아래)을 모두 두드려 (알아내도록) 힘을 다한다.[381]

8. 鳳鳥不至(봉조부지)

子曰(자왈)**: 鳳鳥不至**(봉조부지)**, 河不出圖**(하불출도)**, 吾已矣夫**(오이의부)**.**

> 鳳(봉): 鳳凰(봉황) /鳥(조): 새 /至(지): 이르다, 도달하다 /河(하): 물, 江, 운하, 黃河(황하) /圖(도): 그림 /已(이): 끝나다〈동사〉 /矣夫(의부): 감탄의 어기를 표시하는 어기조사, *류종목(299면): 矣(의)는 동작이 이미 완료되었음을 표시하는 어기조사, 夫(부)는 감탄의 어기를 표시하는 어기조사

子曰(자왈) 孔子께서 말씀하셨다. **鳳鳥不至**(봉조부지) 봉황도 오지 않고,[382] **河不出圖**(하불출도) 황하에서 하도도 나오지 않으니,[383] **吾已矣夫**(오이의부) 나는 이제 끝인가 보

---

381) 본문의 해석과 달리 묻는 사람이 空空如也한 것으로 풀이하여 "어떤 하찮은 사람이 나에게 물었을 때 그가 아무것도 모르더라도 양 끝단을 잡아서 모두 말해준다"로 풀이하기도 한다.

382) 鳳: 신령스러운 새로서 태평성세의 상징이다. 고대 중국에서는 기린, 거북, 용과 함께 봉황을 四靈사령의 하나로 여겼다. 수컷은 鳳, 암컷은 凰황이라고 하고, 이를 합쳐서 봉황이라 한다. 그러나 실존하는 새는 아니므로 상상으로 그려야 했다. 그래서 앞모습은 기러기, 뒷모습은 기린을 닮게 그리는데, 이외에도 다양한 동물의 부위가 결합하여 있다.

383) 河圖洛書하화낙서: 전설에 의하면 伏羲氏복희씨 때 黃河에서 커다란 龍馬용마가 등에 八卦팔괘의 기원이 된 그림을 지고 나온 적이 있는데, 이것을 河圖하도라 하고, 聖王의 출현을 상징한다. 고대 洛水낙수에서 書가 나왔는데, 이 역시 聖王이 올 상서로움으

구나!

9. **見齊衰者**
견 자 최 자

子見齊衰者．冕衣裳者與瞽者，見之，雖少必作，過之必趨．
자 견 자 최 자　면 의 상 자 여 고 자　견 지　수 소 필 작　과 지 필 추

齊: 옷자락 *齊: 가지런히 하다 *齋: 재계하다 /衰: 상복 *衰: 쇠하다, 약해지다 /齊衰: 喪服384) /冕: 대부 이상이 쓰는 예모 /衣: 웃옷(上服) /裳: 아래 옷(下服), 치마 /與: ~와(접속사), 더불어(전치사) /瞽: 장님 /見之의 之: '冕衣裳者與瞽者'가리키는 지시대사 /雖: 비록 /少: 젊다, 적다 /作: 일어서다, 만들다 /過: 지나다 /過之의 之: 그들 *인칭대사 /趨: 종종걸음으로 걷다, 빨리 걷다

子見齊衰者．冕衣裳者與瞽者 孔子께서는 (가장 가벼운 것일지라도) 喪服을 입은 이와 冕冠에 위아래 옷(예복)을 갖춰 입은 사람(官吏)과 장님을 보시면 **見之 雖少** 그들을 보아서 비록 나이가 적더라도385) **必作** (앉아 있다가도) 반드시 일어나셨고, **過之必趨** 그들의 곁을 지날 때는 반드시 종종걸음을 하셨다.

로 여겼다. 흔히 河圖洛書라고 한다.

384) 고대의 喪服: 거친 삼베(生麻생마)로 만들되 가장자리를 꿰매지 않은 것을 斬衰참최라 하여 상복 중에서 가장 무거운 것이며, 가장자리를 꿰맨 것을 齊衰자최라고 하여 상복 중에서 가장 가벼운 것이다.

385) 《논어집주》: 어떤 사람은 '少'는 마땅이 '坐좌(앉다, 좌석)'가 되어야 한다고 하였다(或曰 少 當作坐).

10. 博我以文
박아이문

10-1. 顔淵喟然歎曰: 仰之彌高, 鑽之彌堅, 瞻之在前, 忽焉在後.
안연위연탄왈 앙지미고 찬지미견 첨지재전 홀언재후

> 喟: 한숨 쉬다, 탄식하는 소리 /然: 형용사 접미사 /喟然: 탄식하거나 감탄하는 모양, 형용사로서 부사어 역할을 한다(류종목, 301면) /歎: 탄식하다 /仰: 우러러보다 /仰之, 鑽之, 瞻之의 之: 孔子의 道, 가르침을 가리킨다 /彌: 더욱, 멀리 /鑽: 뚫다, 깊이 연구하다, 파고들다 /堅: 단단하다 /瞻: 쳐다보다 /在: 있다 /忽: 갑자기 /焉: 형용사 접미사, 然과 쓰임이 같음

顔淵喟然歎曰 안연(顔回, 子淵)이 탄식하며 말하였다. **仰之彌高** 선생님의 道는(가르침은) 우러러보면 볼수록 더욱 높고, **鑽之彌堅** 뚫을수록(파고들어가 보려고 하면) 더욱 견고하며, **瞻之在前** 바라보면 앞에 있었는데, **忽焉在後** 홀연히 뒤에 있도다![386]

10-2. 夫子循循然善誘人, 博我以文, 約我以禮.
부자순순연선유인 박아이문 약아이례

> 循: 가지런하고 질서가 있다, 좇다, 빙빙 돌다 /然: 형용사 접미사 /循循然: 차근차근하게 /善: 잘하다, 착하다 /誘: 이끌다, 가르치다 /博: 넓다 /以: ~으로써 *수단, 방법을 나타내는 전치사 /文: 학문 /約: 단속하다, 묶다, 요약하다

夫子循循然善誘人 夫子께서는 차근차근 사람을 잘 이끄시어 **博我以文** 文(禮樂文物에 관한 지식)으로 나를 넓게 해 주시고, **約我以禮** 禮로

---

386) 《논어집주》: 이는 안연이 부자의 도가(此顔淵深知夫子之道) 무궁무진하고(無窮盡) 방향과 형체 없음을(無方體) 알고 이를 찬탄한 것이다(而歎之也).

써 나를 단속해 주신다.387)

10-3. 欲罷不能, 旣竭吾才, 如有所立卓爾, 雖欲從之, 末由也已.
욕파불능 기갈오재 여유소립탁이 수욕종지 말유야이

欲(욕): 하고자 하다 /罷(파): 그만두다, 마치다, 놓다 /旣(기): 이미 /竭(갈): 다하다 /才(재): 재능, 재주 /如(여): 마치 ~와 같다 /所(소): ~하는 것, ~하는 바 /卓(탁): 높다 /爾(이): 형용사 접미사 /卓爾(탁이): 卓然(탁연), 우뚝 서 있는 모습, 뛰어남 /雖(수): 비록 /從(종): 따르다, 좇다 /之(지): 孔子의 道(도)를 가리키는 지시대사 /末(말): 끝, 없다(=無(무)) /由(유): 따르다, 좇다, 말미암다 /也已(야이): ~할 따름이구나 *단정 또는 한정의 감탄 어기조사

欲罷不能(욕파불능) 그만두고자 하지만 그만둘 수가 없다. 旣竭吾才(기갈오재) 이미 나의 재능을 다하지만 如有所立卓爾(여유소립탁이) (선생님의 도가 내 앞에) 우뚝 서 있는 것 같다. 雖欲從之(수욕종지) 비록 그를 따르고자 하지만 末由也已(말유야이) 따라갈 수가 없도다!

11. 吾誰欺
오수기

11-1. 子疾病, 子路使門人爲臣.
자질병 자로사문인위신

---

387) 《논어집주》: ○후씨가 말하기를(侯氏曰) "나를 글로써 넓혀 준다 함은(博我以文) (《대학》에서 말하는) 致知(앎이 지극해짐)와 格物(사물을 탐구함)이다(致知格物也). 예로써 나를 단속해 준다 함은(約我以禮) 사사로운 욕심을 이겨 내고 예에 돌아감이다(克己復禮也)."라고 하였다. 정자는 말하기를(程子曰) "이는 顔子가 聖人을 가장 절실하고 마땅하게 칭송한 것으로(此顔子稱聖人最切當處) 성인이 사람들을 가르침에는(聖人敎人) 오로지 이 두 가지가 있을 뿐이다(唯此二事而已)."라고 하였다.

> 疾(질), 病(병): 병 /使(사): ~로 하여금 ~하게 하다, 시키다 /門人(문인): 같은 스승 밑에서 배우는 무리 /爲(위): 삼다, 하다 /臣(신): 신하, 家臣(가신)

子疾病(자질병) 孔子께서 병이 나시자 **子路使門人爲臣**(자로사문인위신) 자로가 門人에게 가신 노릇을 하게 하였다.[388]

11-2. 病間, 曰: 久矣哉, 由之行詐也. 無臣而爲有臣, 吾誰欺. 欺天乎.

(병간 왈 구의재 유지행사야 무신이위유신 오수기 기천호)

> 間(간): 사이, 틈 /病間(병간): 병에 조금 차도가 있다 /久(구): 오래다, 길다, 오랫동안 /矣哉(의재): ~구나! *감탄의 어기를 표시하는 어기조사 /由之(유지)의 之(지): 주격 어조사 /詐(사): 거짓 /由之行詐也(유지행사야)의 也(야): 감탄의 어기를 표시하는 어기조사 /而(이): ~하는데도 *역접관계를 표시하는 접속사 /誰(수): 누구 /欺(기): 속이다 /欺天乎(기천호)의 乎(호): ~인가 *반어형 어기조사

病間, 曰(병간 왈) 병이 조금 차도가 있을 때 말씀하셨다. **久矣哉**(구의재) 오래되었구나, **由之行詐也**(유지행사야) 由(仲由(중유), 子路(자로), 季路(계로))가 거짓을 행한 지가! **無臣而爲有臣**(무신이위유신) 가신이 없으면서 가신이 있는 것으로 만들다니, **吾誰欺**(오수기) 내가 누구를 속이겠느냐? **欺天乎**(기천호) 하늘을 속이겠느냐?[389]

---

388) 《논어집주》: 孔子는 이때 이미 벼슬에서 물러나서(夫子時已去位) 가신이 없었다(無家臣). 자로가 가신으로써 장례를 치르려 한 것은(子路欲以家臣治其喪), 그 뜻은 실로 성인을 높이기 위한 것이지만(其意實尊聖人) 높이는 방법을 알지 못한 것이다(而未知所以尊也).

389) 《논어집주》: 내가 가신을 가짐은 당치 않다는 것은(我之不當有家臣) 사람들이 모두 알고 있으니(人皆知之) 속일 수 없고(不可欺也), 가신이 있는 듯이 하면(而爲有臣) 이는 하늘을 속이는 것이 될 뿐이고(則是欺天而已), 사람으로서 하늘을 속인다면(人而欺天) 큰 죄가 된다(莫大之罪)고 말하여 스스로 허물을 탓했으니(引以自咎 / 咎구: 허물) 자로를 꾸짖음이 깊은 것이다(其責子路深矣).

11-3. 且予與其死於臣之手也 無寧死於二三子之手乎. 且予縱不得大葬,
차 여 여 기 사 어 신 지 수 야 무 녕 사 어 이 삼 자 지 수 호 차 여 종 불 득 대 장

予死於道路乎.
여 사 어 도 로 호

> 且(차): 또 /予(여): 나 /與其(여기)ⓐ無寧(무녕)ⓑ: ⓐ하기보다는 차라리 ⓑ하는 것이 낫다. /無(무): 없다, 아니다 /寧(녕): 차라리 /於臣之手(어신지수): 가신의 손에서 /於二三子之手(어이삼자지수): 너희들의 손에서 /縱(종): 비록, 설령 ~일지라도(가정 부사), 놓아주다, 세로 /於(어): ~에서 /乎(호): ~인가? *의문의 어기를 표시하는 반어형 어기조사

且予與其死於臣之手也(차여여기사어신지수야) 또 내가 가신의 손에서 죽는 것보다는 且予與其死於臣之手也(차여여기사어신지수야) 차라리 너희 손에서 죽는 것이 낫지 않겠느냐? 且予縱不得大葬(차여종불득대장) 또 내가 비록 큰 장례(임금과 신하의 장례)를 얻지는 못하더라도 予死於道路乎(여사어도로호) 내가 길에서 죽기야 하겠느냐?[390)]

---

390) 孔子의 말처럼 그는 제자의 손에서 별세하였다. 그가 병들어 子貢이 병문안을 오자 孔子는 지팡이에 의지하여 거닐다가 자공을 보고는 "너무 늦게 오는구나" 하고 깊은 한숨을 쉬더니 어두운 표정으로 "큰 산이 무너지는가(太山壞乎 /壞괴: 무너지다)! 들보와 기둥이 부러지는가(梁柱摧乎 /梁양: 들보 /柱주: 기둥 /摧최: 꺾다)! 哲人이 시드는가(哲人萎乎 /萎위: 시들다)!"라고 읊었다. 읊는 동안에 눈물이 얼굴을 흘러내렸다. 그러고는 자공에게 일러 말했다. "천하에 도가 없어진 지 오래되었다(天下無道久矣)! 아무도 나를 종주로 받들지 못하는구나(莫能宗予). 나는 어젯밤 기둥 사이에 앉아 높임 받는 꿈을 꾸었다. 기둥 사이라면 관을 안치하는 곳(殯빈)이다. 이것은 은나라의 습관이고 하나라나 주나라와도 다르다. 내 근본은 殷人이다." 그런지 7일 뒤 孔子는 세상을 떠났다. 孔子의 나이 73세로 노 애공 16년(B.C. 479) 4월 기축일이다. … 제자들은 心喪 3년을 치른 후 스승의 영전에서 곡하며 슬픔을 나누고 헤어졌다. 그러나 자공은 孔子의 무덤 곁에 여막을 짓고 다시 3년을 복상했다.[《사기》孔子세가]

12. 有美玉於斯(유미옥어사)

子貢曰(자공왈): 有美玉於斯(유미옥어사), 韞匵而藏諸(온독이장저). 求善賈而沽諸(구선가이고저).

子曰(자왈): 沽之哉(고지재), 沽之哉(고지재). 我待賈者也(아대가자야).

於(어): ~에 /斯(사): 이것, 여기 /韞(온): 감추다 /匵(독): 궤 /而(이): ~하여 *순접관계를 표시하는 접속사 /藏(장): 감추다 /諸(저): 그것을 ~인가? (=之乎(지호)) *諸(제): 모든, 여러 /求(구): 구하다 /善(선): 잘하다, 좋다, 착하다 /賈(가): 값(價(가)), 장사 /沽(고): 팔다(賣(매)) /哉(재): ~로구나, ~도다 *영탄, 감탄의 어기를 표시하는 어기조사 /待(대): 기다리다 /者(자): ~하는 사람 /也(야): 판단 또는 진술의 어기를 표시하는 어기조사

子貢曰(자공왈) 자공(端木賜(단목사))이 말했다. **有美玉於斯(유미옥어사)** 여기에 아름다운 옥이 있다면 **韞匵而藏諸(온독이장저)** 궤 속에 넣어서 보관하시겠습니까? **求善賈而沽諸(구선가이고저)** 좋은 상인을 구하여 파시겠습니까?

子曰(자왈) 孔子께서 말씀하셨다. **沽之哉(고지재), 沽之哉(고지재)** 팔아야지! 팔아야지! **我待賈者也(아대가자야)** 나는 상인을 기다리는 사람이다.391)

---

391) 《논어집주》: 子貢은 孔子가 道를 지니고 있으면서도 벼슬하지 않기 때문에(子貢以孔子有道不仕) 이 두 가지를 가정하여 물은 것이다(故設此二端以問也 /設설: 설령, 가령). 孔子께서는 진실로 팔아야 하겠으나(孔子言 固當賣之) 다만 (정당한) 값을 기다려야 할 것이요(但當待賈), 팔리기를 구해서는 안 될 뿐임을 말한 것이다(而不當求之耳). ○범씨는 말하기를(范氏曰) "군자는 일찍이 벼슬하기를 바라지 않는 것은 아니지만(君子未嘗不欲仕也) 또한 그 도를 말미암지 않음을 미워한다(又惡不由其道). 선비가 예를 기다림은(士之待禮) 마치 옥의 값을 기다리는 것과 같다(猶玉之待賈也). 만약 이윤이 들에서 밭갈이 하고(若伊尹之耕於野) 백이와 태공(姜尚)이 바닷가에 살 때(伯夷太公之居於海濱 /濱빈: 물가) 탕왕이나 문왕이 세상에 없었더라면(世無成湯文王) 그냥 끝났을 뿐이며(則終焉而已) 필시 도를 굽혀 남을 따르기를(必不枉道以從人) 옥을 자랑하여 팔려 하듯이 하지는 않았을 것이다(衒玉而求售也)."라고 하였다.

13. 子欲居九夷
자 욕 거 구 이

13-1. 子欲居九夷.
자 욕 거 구 이

> 欲(욕): 하고자 하다 /居(거): 살다, 거처하다 /夷(이): 본래는 중국 변방에 거주하던 이민족을 뜻하던 글자였다. 후에 이민족을 낮잡아 일컫는 '오랑캐'의 뜻으로 쓰였다. *東夷(동이), 西戎(서융), 南蠻(남만), 北狄(북적)

子欲居九夷(자욕거구이) 孔子께서 九夷족의 땅에 살려고 하셨다.392)

13-2. 或曰: 陋如之何.
혹 왈 누 여 지 하

子曰: 君子居之, 何陋之有.
자 왈 군 자 거 지 하 누 지 유

> 陋(누): 누추하다 /如ⓐ何(여 하): ⓐ를 어떻게 하겠는가?〈관용어〉 /如之何(여지하)의 之(지): 陋(누)를 가리키는 대사 /居之(거지)의 之(지): 그곳(九夷(구이)의 땅) /何(하): 무슨, 어찌 /何陋之有(하누지유)의 之(지): 강조효과를 위하여 목적어(陋(누))를 동사(有(유)) 앞에 도치하면서 목적어와 동사 사이에 쓴 구조조사. 之(지)는 도치를 돕는 글자.

---

* 伊尹: 家奴가노 출신으로 은나라의 탕왕에게 불려가서 재상이 되어 夏나라의 傑王걸왕을 토벌함으로써 은이 천하를 평정하는 데 공헌했다.

* 태공(姜尙) → 제8 태백 1장

392) • 《논어집주》: 동방의 이족에는(東方之夷) 아홉 종족이 있다(有九種). 孔子께서 九夷에 살겠다고 한 것은(欲居之者) 또한 道가 행해지지 않는데 실망하여 뗏목을 타고 바다를 떠돌아야겠다고 한 뜻과 같은 것이다(亦乘桴浮海之意 →제5 공야장6장).
• 茶山: 형병이 말하였다(邢曰). 구이는 그 첫째는 현도, 둘째는 낙랑, 셋은 고려, 넷은 만절, 다섯은 부유, 여섯은 색가, 일곱은 동도, 여덟째는 왜인, 아홉째는 천비이다(九夷 一曰 玄菟, 二曰樂浪, 三曰高麗, 四曰滿節, 五曰鳧臾, 六曰索家, 七曰東屠, 八曰 倭人, 九曰天鄙.)

或曰(혹왈) 어떤 이가 말했다. **陋如之何**(누여지하) 누추함을 어쩌시겠습니까?

子曰(자왈) 孔子께서 말씀하셨다. **君子居之**(군자거지) 군자가 거기 사는데, **何陋之有**(하누지유) 무슨 누추할 것이 있겠는가?393)

14. 各得其所(각득기소)

子曰: 吾自衛反魯 然後樂正, 雅頌各得其所.
(자왈 오자위반노 연후악정 아송각득기소)

自(자): ~로부터 *시발점을 표시하는 전치사 /衛(위), 魯(노): 나라 이름 /反(반): 되돌리다 /然後(연후): ~한 뒤에 /樂(악): 음악 /正(정): 바르다 /雅(아): 바르다, 여기서는 궁중의식에 쓰이는 음악 이름 /頌(송): 기리다, 음악 이름 /各(각): 각각 /得(득): 얻다 /其(기): 그, 자기 /所(소): 자리, 곳

子曰(자왈) 孔子께서 말씀하셨다. **吾自衛反魯**(오자위반노) 내가 衛나라에서 魯나라로 돌아온 뒤에 **然後樂正**(연후악정) 음악이 바르게 되었고, **雅頌各得其所**(아송각득기소) 雅와 頌이 각기 제자리를 찾았다.394)

---

393) 《논어집주》는 "君子所居則化 何陋之有"라 하였는데, 본문은 이를 "군자가 사는 곳이라면 교화가 되니 무슨 누추함이 있겠는가"로 풀었다. 그러나 이를 "군자가 살았던 곳이라면 무슨 누추함이 있겠는가"로 풀 수도 있다. 특히 류종목은 여기의 군자는 '箕子기자'를 가리킨다고 하였다(305면). 그러나 周나라 武王이 기자를 朝鮮 땅에 봉하려 했지만 기자는 이미 맹세한 대로 봉토를 받지 않았다고 전해지며(따라서 '箕子朝鮮'은 실존한 것이 아님을 알 수 있음) 따라서 箕子가 구이에 살았다는 해석에는 동의하지 않는다.

394) 《논어집주》: 노 애공 11년(B.C. 484) 겨울에(魯哀公十一年冬) (68세의) 孔子가 (14년에 걸친 주유를 끝내고) 위나라에서 노나라로 돌아왔다(孔子自衛反魯). 이때 주나라의 예법이 노나라에 남아 있었으나(是時周禮在魯) 시와 음악이 역시 자못 허물어지고 빠져 있고 차례를 잃었다(然詩樂亦頗殘缺失次 /頗파: 자못, 꽤 /殘잔: 해치다, 모자라다 /缺결: 없다,

15. 出則事公卿(출즉사공경)

子曰(자왈): 出則事公卿(출즉사공경), 入則事父兄(입즉사부형), 喪事不敢不勉(상사불감불면), 不爲酒困(불위주곤), 何有(하유)於我哉(어아재).

則(즉): ~하면 *가정이나 조건에 따르는 결과를 표시하는 접속사 /事(사): 섬기다, 일 /公(공): 제후국의 임금 /卿(경): 대부(장관) 이상의 벼슬 *춘추전국시대의 위계: 天子(王)(천자왕) - 諸侯(제후)(公)(공) - 卿(경) - 大夫(대부) - 士(사) - 民(민) /喪事(상사): 장례의 일 /敢(감): 감히 /勉(면): 힘쓰다 /不敢不(불감불)ⓐ: 감히 ⓐ하지 않음이 없다 /不爲(불위): 아니하다 /酒(주): 술 /困(곤): 괴롭다, 난처하다 /何(하): 무엇 /何有(하유): 무엇이 있겠는가? /於(어): ~에, ~에게 /哉(재): ~인가? *반어의문어기조사

子曰(자왈) 孔子께서 말씀하셨다. **出則事公卿(출즉사공경)** (조정에) 나가면 公卿을 섬기고, **入則事父兄(입즉사부형)** (집에) 들어오면 父兄(연장자)을 섬기고, **喪事不敢不勉(상사불감불면)** 葬禮(장례)의 일을 감히 힘쓰지 않음이 없으며, **不爲酒困(불위주곤)** 술로 인한 어려움(술로 인한 실수)이 없는 일, **何有於我哉(하유어아재)** (이런 것들이) 나에게 무슨 어려움이 있는가?[395]

없어지다 /失실: 잃다 /次차: 차례). 孔子는 여러 나라를 두루 다니며(子周流四方) (각 나라의 詩와 樂을) 서로 참고하고 고증하여(參互考訂) 그 구체적인 내용을 알게 되었다(以知其說). 만년에 (자기의) 道가 끝내 행해질 수 없음을 알았으므로(晩知道終不行) 노나라로 돌아와 詩와 樂을 바로잡은 것이다(故歸而正之).

395) 茶山은 '내가 거칠게나마 이런 것들은 할 수 있으니(言我粗能爲此), 어찌 나에게서 할 수 있느니 없느니를 말할 것이 있겠는가(何足有無於我哉)'라는 말이라고 하였다(박헌순). 이에 반해 '何有'를 "~것_들이 어찌 나에게 있겠는가?"로 풀이하기도 한다.

16. 逝者如斯夫
서자여사부

子在川上曰: 逝者如斯夫. 不舍晝夜.
자재천상왈 서자여사부 불사주야

在(재): 있다, ~에, ~에서 *위치를 나타내는 조사 /川(천): 시내, 개울 /上(상): 위, 가 /逝(서): 가다, 떠나다, 죽다 /者(자): ~하는 것 /如(여): 같다 /斯(사): 이, 이것 /夫(부): ~구나! *감탄 어기조사 /舍(사): 머무르다, 쉬다, 그만두다, 버리다, 바치다, 베풀다, 집 /晝(주): 낮, 正午(정오) /夜(야): 밤, 한밤중

子在川上曰(자재천상왈) 孔子께서 냇가에서 말씀하셨다. **逝者如斯夫**(서자여사부) 가는 것이 이와 같구나! **不舍晝夜**(불사주야) 밤낮을 쉬지 않는구나![396)]

---

396) 《논어집주》: 하늘과 땅의 조화는(天地之化) 가는 것은 가고 오는 것이 이어져서(往者過 來者續) 한순간도 정지함이 없으니(無一息之停) 이것이 도의 체의 본연이다(乃道體之本然也). 그러나 (손으로) 가리킬 수 있고 보기에도 쉬운 것은(然其可指而易見者) 흐르는 냇물만 한 것이 없으므로(莫如川流) 여기서 말씀하여 사람들에게 보였으니(故於此發以示人) 배우는 자들이 때때로 성찰하여(欲學者時時省察) 털끝만큼의 사이에도 끊어짐이 없게(而無毫髮之間斷也)하고자 한 것이다. ○정자는 말하기를(程子曰) "이것은 道의 體이다(此道體也). 하늘이 운행하여 그치지 아니하니(天運而不已) 해가 가면 달이 오고(日往則月來) 추위가 가면 더위가 오고(寒往則暑來) 물은 흘러 쉼이 없으며(水流而不息), 만물이 생겨남이 끝이 없으니(物生而不窮) 모두 도와 더불어 체가 되어(皆與道爲體) 밤낮으로 운행하여(運乎晝夜) 일찍이 그친 적이 없다(未嘗已也). 이 때문에 군자가 그것을 본받아(是以君子法之) 스스로 힘써 마음을 가다듬어 쉬지 아니하여(自强不息) 그 지극함에 이르르니(及其至也) 순수함 또한 그치지 아니한다(純亦不已焉)"고 하였다. 또 말하기를(又曰) "… 이는 성인의 마음이 순수하고(此見聖人之心) 순수함 또한 그침이 없음을(純亦不已也) 나타낸 것이다. 순수함 또한 그치지 아니하는 것은 하늘의 덕이다(純亦不已 乃天德也). 하늘의 덕이 있으면(有天德) 곧 왕도를 말할 수 있고(便可語王道) 그 요체는 단지 근독(조심성이 있고 독실함)이다(其要只在謹獨)."
내가 생각하건대(愚按) 여기서부터 이 편의 끝까지는(自此至篇終) 모두 사람들에게 배움에 나아가는 것을 멈추지 말도록 권면하는 말이다(皆勉人進學不已之辭).

17. 好德如好色者
호덕여호색자

子曰: 吾未見好德如好色者也.
자왈 오미견호덕여호색자야

> 未: 아직 ~못하다 /如: 같다, ~와 같이 /色: 예쁜 여자 /者: ~하는 사람 /也: 판단 또는 진술의 어기를 표시하는 어기조사
> 미 여 색 자 야

子曰 孔子께서 말씀하셨다. **吾未見好德如好色者也** 나는 아직 女色을 좋아하듯이 德을 좋아하는 사람을 보지 못했다.397)
자왈 오미견호덕여호색자야 여색 덕

18. 譬如爲山
비여위산

子曰: 譬如爲山, 未成一簣止, 吾止也. 譬如平地, 雖覆一簣進, 吾往也.
자왈 비여위산 미성일궤지 오지야 비여평지 수부일궤진 오왕야

> 譬如: 비유하자면 ~와 같다. 비유하건대 *관용어 /爲: 만들다 /未: 아직 ~못하다, 아직까지 ~하지 않다(못하다) /簣: 삼태기 /止: 멈추다 /平: 평평하다, 고르게 하다, 정리되다, 가지런하게 되다, 편안하다, 평정하다 /平地: 평평한 땅〈명사〉, 땅을 평평하게 고르다〈동사〉/雖: 바록 /覆: 덮다 *覆: 뒤집히다, 무너지다, 배반하다 /進: 나아가다, 진전하다 /往: 일정한 곳을 향해 가다, 옛, 예, 이따금 /也: 판단 또는 진술의 어기를 표시하는 어기조사
> 비여 위 미 궤 지 평 평지 수 부 복 진 왕 야

子曰 孔子께서 말씀하셨다. **譬如爲山** (학문함을) 산을 만듦에 비
자왈 비여위산

---

397) 《논어집주》: 사씨는 말하기를(謝氏曰) "예쁜 여자를 좋아하고(好好色) 악취를 싫어함은(惡惡臭) 진실이다(誠也 /誠성: 정성, 진실). 덕을 좋아하기를 예쁜 여자 좋아하듯 하면(好德如好色), 진실로 덕을 좋아하는 것이다(斯誠好德矣 /斯 =則). 그러나 이에 능한 이가 드물다(然民鮮能之)."고 하였다.

유하자면 未成一簣止(미성일궤지) 한 삼태기가 덜 이루어지고 멈춘다면 吾止也(오지야) 이는 내가 멈춘 것이고, 譬如平地(비여평지) 땅을 고름에 비유하자면 雖覆一簣進(수부일궤진) 비록 한 삼태기를 덮어서 진전했다면 吾往也(오왕야) 이는 내가 나아간 것이다.[398]

19. 語之而不惰者(어지이불타자)

子曰(자왈): 語之而不惰者(어지이불타자), 其回也與(기회야여).

之(지): 일반적인 사실.사물.사람을 가리키는 대사, 여기서는 孔子께 가르침을 받는 제자들을 가리킨다 /而(이): ~하여서 /惰(타): 게으르다 /者(자): ~하는 사람 /其(기): 아마 *추측을 표시하는 부사 /也與(야여): ~인가? *의문의 어기를 표시하는 어기조사, '其(기)'와 함께 쓰여서 推測(추측)을 표시하거나 자신의 생각을 완곡하게 표현한다. 대개 感歎(감탄)의 어기도 내포한다(류종목, 310면). *也는 '回(회)'를 객관화시켜 강조하는 역할을 하고 있으며 '與(여)'는 감탄문을 이끄는 어기조사이다(김용재, 244면).

子曰(자왈) 孔子께서 말씀하셨다. 語之而不惰者(어지이불타자) 말해 주어서 게을리 하지 않는 사람은 其回也與(기회야여) 아마 顔回(안회)(子淵(자연), 顔淵(안연), 顔子(안자))였을까![399]

---

398) 《논어집주》: 배우는 사람이 스스로 힘써 몸과 마음을 가다듬고 쉬지 않으면(蓋學者自强不息) 적은 것이 쌓여 많은 것을 이루지만(則積少成多), 중도에서 그만두면(中道而止) 앞에 쌓은 공을 모두 잃고 만다(則前功盡棄). 그만두고 나아감이(其止其往) 모두 나에게 달려 있고 남에게 달려 있는 것이 아니다(皆在我而不在人也).

399) '其'를 (오직) '안회'임을 나타내고자 하는 강조의 용법으로도 볼 수 있다. 다른 사람은 없고, 그 (오직) '안회'라는 제자만 있다는 것이다.(김용재)

20. 吾見其進也(오견기진야)

子謂顔淵曰: 惜乎. 吾見其進也, 未見其止也.
자위안연왈 석호 오견기진야 미견기지야

> 謂(위): 평하다 /惜乎(석호): 애석하도다! ~하구나! /其(기): 그(안회를 가리키는 대사) /進(진): 진전하다, 나아가다 /止(지): 멈추다 /也(야): 판단 또는 진술의 어기를 표시하는 어기조사

子謂顔淵曰(자위안연왈) 孔子께서 안연(顔回(안회), 子淵(자연))에 대하여 말씀하셨다. **惜乎**(석호) 애석하구나! **吾見其進也**(오견기진야) 나는 그가 나아가는 것만 보았지, **未見其止也**(미견기지야) 그가 멈추는 것은 보지 못했다.400)

21. 苗而不秀者(묘이불수자)

子曰: 苗而不秀者有矣夫. 秀而不實者有矣夫.
자왈 묘이불수자유의부 수이불실자유의부

> 苗(묘): 모종, 싹 /而(이): ~하여도 /秀(수): 뛰어나다, (꽃이) 피다 /矣夫(의부): 감탄의 어기를 표시하는 어기조사 /實(실): 재물, 내용, 바탕, 實質(실질)(↔名分(명분), 虛(허)), 열매, 가득 차다, 곡식이 익다, 참됨, 실제로 행하다, 참으로 /者(자): ~하는 사람, ~하는 것

子曰(자왈) 孔子께서 말씀하셨다. **苗而不秀者有矣夫**(묘이불수자유의부) 싹이 났으나 꽃을 피우지 못하는 것이 있고, **秀而不實者有矣夫**(수이불실자유의부) 꽃은 피었으나 열매를 맺지 못하는 것도 있다.401)

---

400) 《논어집주》: 안자가 죽자(顔子旣死) 孔子께서 애석하게 생각하여(而孔子惜之) 바야흐로 그가 진전할 뿐 멈추지 않았음을 말한 것이다(言其方進而未已也).

401) 《논어집주》: 배우고서도 성취하지 못함이(蓋學而不至於成) 이와 같은 것이 있다(有如此者). 이 때문에 군자는 스스로 힘씀을 귀하게 여긴다(是以君子貴自勉也).

22. 後生可畏(후생가외)

子曰(자왈): 後生可畏(후생가외), 焉知來者之不如今也(언지래자지불여금야). 四十五十而無聞焉(사십오십이무문언), 斯亦(사역)不足畏也已(부족외야이).

後生(후생): 뒤에 태어난 사람 /可(가): ~할 수 있다, ~할 만하다, ~해도 좋다 /畏(외): 두려워하다 /焉知來者(언지래자)의 焉(언): 어찌(의문사) /知(지): 알다 /來者之(래자지)의 之(지): 주격 어조사 /如(여): 같다, ~와 같다 *비교 의미의 형용사 /四十五十而(사십오십이)의 而(이): 시간이나 때를 나타내는 부사어의 접미사 /無聞(무문): 그에 대한 名聲(명성)이 들리지 않음 /無聞焉(무문언)의 焉(언): 음절을 조정하고 어기를 고르는 어기조사 /斯(사): 이, 이것 /不足(부족): ~할 것이 없다 /也已(야이): ~일 따름이다, ~일 뿐이다

子曰(자왈) 孔子께서 말씀하셨다. 後生可畏(후생가외) 후생(후배)은 두려워할 만하다. 焉知來者之不如今也(언지래자지불여금야) 어찌 장래에 올 사람들이 지금보다 못할 줄로 알겠는가? 四十五十而無聞焉(사십오십이무문언) (그러나) 사십, 오십에도 알려짐이 없다면 斯亦不足畏也已(사역부족외야이) 이 또한 두려워할 것이 못 될 뿐이다.402)

23. 繹之爲貴(역지위귀)

子曰(자왈): 法語之言(법어지언), 能無從乎(능무종호). 改之爲貴(개지위귀). 巽與之言(손여지언), 能無說乎(능무열호). 繹(역)

---

402) 《논어집주》: 孔子께서 말하기를(孔子言) "후생은 남은 해도 많고 힘도 강하므로(後生年富力彊) 족히 학문을 쌓을 것을 기대할 수가 있으니(足以積學而有待), 그 세가 두려워할 만한 것이다(其勢可畏). …그러나 그가 혹 스스로 힘쓰지 않아(然或不能自勉) 늙음에 이르도록 세상에 알려짐이 없다면(至於老而無聞) 두려워할 것이 못 된다(則不足畏矣)."고 하였으니, 이로써 사람들이 경계하여(言此以警人), 그들이 때에 이르러 배움에 힘쓰게 한 것이다(使及時勉學也).

之爲貴(지위귀). 說而不繹(열이불역), 從而不改(종이불개), 吾末如之何也已矣(오말여지하야이의).

法(법): 법, 방법, 본받다 /法語(법어): 법도가 될 만한 정당한 말, 바로 잡아주는 말, 바르게 깨우쳐주는 말 /能(능): ~할 수 있다 /無(무): 아니하다(=不(불)) /乎(호): ~인가? *반어형 의문어기조사 /改之(개지)의 之(지): 일반적인 사실.사물.사람을 가리키는 인칭대사 /爲(위): ~이다 /貴(귀): 귀하다. 중요하다 /巽(손): 유순하다, 공손하다 /巽與之言(손여지언)의 與(여):음절을 조정하고 어기를 고르는 어기조사/說(열): 기쁘다(=悅(열)) /繹(역): 풀어내다, 끌어내다, 잘 풀어서 새겨듣다 /末(말): 끝, 마지막, 枝葉(지엽), 없다, ~할 수가 없다, ~할 길이 없다 (=莫(막), 無(무)) /如ⓐ何(여하): ⓐ를 어떻게 하다(관용어) /也已矣(야이의): 단정적인 어기를 표시하는 어기조사

子曰(자왈) 孔子께서 말씀하셨다. **法語之言(법어지언)** 법도가 되는(바르게 깨우쳐주는) 말을 **能無從乎(능무종호)** 따르지 않을 수 있겠는가? **改之爲貴(개지위귀)** (그러나 자신의 잘못을) 고치는 것이 중요하다. **巽與之言(손여지언)** 부드럽게 이끌어 주는 말을 **能無說乎(능무열호)** 기뻐하지 않을 수 있겠는가? **繹之爲貴(역지위귀)** (그러나) 실마리를 찾아 새겨듣는 것이(그 말의 참뜻을 찾는 것이) 중요하다. **說而不繹(열이불역)** 기뻐하기만 하고 실마리를 찾아 새겨듣지 아니하고 **從而不改(종이불개)** 따르기만 할 뿐 잘못을 고치지 않는다면 **吾末如之何也已矣(오말여지하야이의)** 나도 그를 어떻게 할 수가 없다.403)

---

403) 《논어집주》: '法語'는 바르게 말해 주는 것이고(法語者 正言之也), '巽言'은 부드럽게 이끌어 주는 말이며(巽言者 婉而導之也), '繹'은 그 실마리를 찾음이다(繹 尋其緖也). …○양씨가 말하기를(楊氏曰) "法言은 맹자가 논한 왕도정치를 실행함과 같은 류가 이것이다(法言 若孟子論行王政之類 是也). 巽言은 재물을 좋아하고 여색을 좋아하는 류를 논한 것과 같은 것이 이것이다(巽言 若其論好貨好色之類 是也). 말해 주었는데 통달하지 못해서(語之而不達) 거부하고 받아들이지 아니하는 것은(拒之而不受) 오히려 괜찮겠지만(어쩔 수 없지만)(猶之可也) 혹시 깨달았다면(其或喩焉) 오히려 (잘못을) 고치거나 실마리를 찾는 데 가까운 것인데(則尙庶幾其能改繹矣), 따르

24. 主忠信
주 충 신

子曰: 主忠信, 毋友不如己者, 過則勿憚改.[404]
자 왈 주 충 신 무 우 불 여 기 자 과 즉 물 탄 개

25. 匹夫不可奪志也
필 부 불 가 탈 지 야

子曰: 三軍可奪帥也, 匹夫不可奪志也.
자 왈 삼 군 가 탈 수 야 필 부 불 가 탈 지 야

三軍(삼군): 큰 제후국의 군대를 말함. 1군은 12,500명 /可(가): ~할 수 있다 /奪(탈): 빼앗다 / 帥(수): 장수 /匹(필): 짝, 배우자, 맞수, 천한 사람 /夫(부): 남자 /匹夫(필부): 신분이 낮은 사내 / 志(지): 뜻, 마음

子曰(자왈) 孔子께서 말씀하셨다. 三軍可奪帥也(삼군가탈수야) 삼군이라도 그 장수를 빼앗을 수 있으나, 匹夫不可奪志也(필부불가탈지야) 필부라도 그 뜻은 뺏을 수 없다.[405]

고 또 좋아하기만 하고(從且說矣) 고치지 못하고 실마리를 찾지 못한다면(而不改繹焉) 이는 끝내는 고치지 못하고 실마리를 찾지 못한 것이니(則是終不改繹也已), 비록 성인이라도 그를 어쩌겠는가(雖聖人其如之何哉)?"라고 하였다.

404) 《논어집주》: (학이8장에 이어) 거듭 나왔으나 그 반(君子不重則不威 學則不固)이 빠져 있다(重出而逸其半).

405) 《논어집주》: 후씨가 말하기를(侯氏曰) "삼군의 용맹함은 타인에게 있는 것이고(三軍之勇在人) 필부의 뜻(의지)은 자신에게 있는 것이니(匹夫之志 在己) 장수는 뺏을 수 있으되 뜻은 뺏을 수 없는 것이다(故帥可奪 而志不可奪). 만약 뺏을 수 있는 것이라면(如可奪) 또한 뜻이라고 말할 수 없다(則亦不足謂之志矣)"고 하였다.

26. 衣敝縕袍(의폐온포)

26-1. 子曰: 衣敝縕袍, 與衣狐貉者立而不恥者, 其由也與.
자왈 의폐온포 여의호맥자립이불치자 기유야여

衣(의): 옷, 입다 /敝(폐): 해지다, 패배하다 /縕(온): 헌 솜, 모시풀로 둔 솜 /袍(포): 솜옷 /與(여): 함께 더불어 /狐貉(호맥): 여우와 오소리, 그 모피로 만든 외투 /者(자): ~하는 사람 /而(이): ~하면서도 /恥(치): 부끄럽다 /其(기): 아마 *추측을 표시하는 부사 /也與(야여): ~인가? *의문의 어기를 표시하는 어기조사, '其(기)'와 함께 쓰여서 推測(추측)을 표시하거나 자신의 생각을 완곡하게 표현한다. 대개 感歎(감탄)의 어기도 내포한다(류종목, 315면)

子曰(자왈) 孔子께서 말씀하셨다. **衣敝縕袍**(의폐온포) 다 떨어진 모시풀 솜옷을 입고 **與衣狐貉者立**(여의호맥자립) 여우나 담비 가죽옷(비싼 고급 옷)을 입은 자와 더불어 서 있으면서도 **而不恥者**(이불치자) 부끄러워하지 않는 자는 **其由也與**(기유야여) 아마도 由(仲由(중유), 子路(자로), 季路(계로))일 것이다![406][407]

26-2. 不忮不求, 何用不臧.
불기불구 하용불장

忮(기): 해치다, 질투하다, 거스르다, 사납다, 고집스럽다, 원망하다 /求(구): 구하다, 탐내다 /用(용): 쓰다, 등용하다, 들어주다, 하다(=爲(위)), 말미암다(=由(유)), ~써(=以(이)) /何用(하용): 무엇

---

406) 《논어집주》: 자로의 뜻이 이와 같았으니(子路之志如此) 능히 가난하고 풍족함이 그 마음을 움직이지 않았고(則能不以貧富動其心), 도에 나아갈 수 있었으므로(而可以進於道矣), 부자가 그것을 칭찬한 것이다(故夫子稱之).

407) [孔子께서 말씀하셨다. 선비가 道에 뜻을 두고도 나쁜 옷과 나쁜 음식을 부끄러워한다면더불어 (道를) 논할 수 없다(子曰 士志於道 而恥惡衣惡食者 未足與議也). 《논어》리인9장]

때문에, 어찌 *用(용)은 원인을 표시하는 전치사, 의문문에서 대사인 목적어가 전치사 앞에 놓인 것(류종목, 316면) *用(용)은 以(이)와 통용(이기동, 339면) /臧(장): 착하다, 훌륭하다

不忮不求(불기불구) (남을) 해치지 않고 탐내지 않으니 **何用不臧**(하용불장) 어찌 훌륭하지 않은가?408)

26-3. **子路終身誦之**(자로종신송지)

子曰: 是道也, 何足以臧.(자왈 시도야 하족이장)

終身(종신): 평생 /誦(송): 외다, 암송하다, 말하다 /之(지): '不忮不求, 何用不臧(불기불구 하용불장)'을 가리키는 대사 /是道(시도): 이 道理(도리) /是道也(시도야)의 也(야): 음절을 조정하고 어기를 고르는 어기조사 /足以(족이): ~하기에 족하다, ~할 만하다 /何~以(하 이): 어찌 ~인가?

子路終身誦之(자로종신송지) 子路가 이 詩(시)(不忮不求 何用不臧(불기불구 하용불장))를 평생 외우고 다니겠다고 하자 **子曰**(자왈) 孔子께서 말씀하셨다. **是道也, 何足以臧**(시도야 하족이장) 이 道(도)를(그렇게 외우는 것을) 어찌 족히 훌륭하다고만 할 수 있겠느냐?409)

---

408) 《논어집주》: 해치지 않고 탐하지 않는다면(言 能不忮不求) 어찌 선하지 않은 짓을 하겠는가(則何爲不善乎)? 라고 말한 것이다. 이는 《詩經》〈衛風위풍〉 雄雉篇웅치편의 詩인데(此衛風雄雉之詩), 孔子께서 이를 인용하여(孔子引之) 子路를 찬미한 것이다(以美子路也). 여씨는 말하기를(呂氏曰) "가난한 이와 부유한 이가 사귐에(貧與富交) 강한 사람은 반드시 해치고(彊者必忮) 약한 사람은 반드시 탐한다(弱者必求)"고 하였다.

409) 《논어집주》: 종신토록 외운다면(終身誦之) 스스로 자신의 능함을 기뻐하여(則自喜其能) 다시 道에 나아가기를 다시 구하지 않을 것이기 때문에(而不復求進於道矣), 孔子가 다시 이를 말씀하여 깨우쳐 준 것이다(故夫子復言此以警之).

27. 歲寒然後
세 한 연 후

子曰: 歲寒然後知松栢之後彫也.
자 왈 세 한 연 후 지 송 백 지 후 조 야

歲(세): 해, 새해, 세월 /寒(한): 춥다 /歲寒(세한): 歲暮(세모), 한 해 중 가장 추운 때, 겨울 /然後(연후): ~한 후 /松(송): 소나무 /栢(백): 잣나무 /之(지): 주격 어조사 /彫(조): 시들다(=凋(조)), 凋落(조락), 새기다, 조각하다 /也(야): 판단 또는 진술의 어기를 표시하는 어기조사

子曰(자왈) 孔子께서 말씀하셨다. **歲寒然後**(세한연후) 한 해의 날씨가 추운 때가 된 뒤에야 **知松栢之後彫也**(지송백지후조야) 소나무와 잣나무가 뒤늦게 시듦을 안다.410)

28. 知者不惑
지 자 불 혹

子曰: 知者不惑, 仁者不憂, 勇者不懼.
자 왈 지 자 불 혹 인 자 불 우 용 자 불 구

者(자): ~하는 사람 /惑(혹): 미혹되다 /憂(우): 근심하다 /勇(용): 용맹, 용감하다 /懼(구): 두려워하다

子曰(자왈) 孔子께서 말씀하셨다. **知者不惑**(지자불혹) 지혜로운 사람은 미혹되지 않고, **仁者不憂**(인자불우) 仁한 이는 근심하지 않으며, **勇者不懼**(용자불구) 용기 있는 이는 두려워하지 않는다.411)

---

410) 《논어집주》: ○사씨가 말하기를(謝氏曰) "선비는 곤궁한 때에 절의를 볼 수 있고(士窮見節義) 세상이 어지러울 때에 충신을 알 수 있으니(世亂 識忠臣), 배우는 자들이 반드시 덕을 두루 갖추도록 하고자 한 것이다(欲學者必周于德)."라고 하였다.

411) 《논어집주》: 밝음은 이치를 밝히기에 족하므로 미혹되지 아니하고(明足以燭理故 不惑), 이치는 사욕을 이길 수 있으므로 근심하지 아니하고(理足以勝私故 不憂), 기운이 도의에 짝할 수 있으므로 두려워하지 않는다(氣足以配道義故 不懼). 이것이 배움의 차례이다(此 學之序也).

29. **未可與適道**(미가여적도)

子曰(자왈): **可與共學**(가여공학), **未可與適道**(미가여적도). **可與適道**(가여적도), **未可與立**(미가여립). **可與立**(가여립), **未可與權**(미가여권).

> 可(가): ~할 수 있다 /與(여): 더불어, 함께 *전치사, 뒤에 목적어가 생략되어 있음 /共(공): 함께(하다), 같게 하다 /可與(가여): 이 일을 함께 할 수 있음을 말한 것이다(可與者 言其可與共爲此事也(가여자 언기가여공위차사야)) 《논어집주》/適(적): 맞다, 알맞다, 마땅하다, 가다, 나아가다 /立(립): 서다 *자신의 확고한 신념과 입장을 고수하여 외부적인 힘에 의해 흔들리는 일이 없음을 말한다.(류종목, 318면) /權(권): 권력, 권한, 권리, 유리한 형세, 저울추, 잠시, 방편, 임기응변의 *'權'은 저울추이다(權 稱錘也(권 칭추야)). 물건을 저울질하여(所以稱物(소이칭물)) 경중을 아는 것이다(而知輕重者也(이지경중자야)) 《논어집주》

子曰(자왈) 孔子께서 말씀하셨다. **可與共學**(가여공학) 더불어 함께 배울 수는 있어도 **未可與適道**(미가여적도) 더불어 함께 도에 나아갈 수는 없으며, **可與適道**(기여직도) 더불어 함께 도에 나아갈 수는 있어도 **未可與立**(미가여립) 더불어 함께 설(성취할) 수는 없고, **可與立**(가여립) 더불어 함께 설(성취할) 수는 있어도 **未可與權**(미가여권) 더불어 함께 權道(권도)를 행할 수는 없다(더불어 함께 輕重(경중)을 저울질하여 義(의)에 합당하게 행할 수는 없다).[412][413]

---

412) • 《논어집주》: ○양씨가 말하기를(楊氏曰) "자신을 위한 학문[爲己之學(제14 헌문 25장)]을 안다면 더불어 함께 배울 수 있는 것이다(知爲己則可與共學矣). 그러나 배움이 족히 善을 밝힐 수 있은 연후에야(學足以明善) 함께 道에 나아갈 수 있는 것이며(然後可與適道), 道에 대한 믿음이 돈독한 뒤에야(信道篤) 더불어 설 수 있는 것이며(然後可與立), 그때그때 상황에 따라 시의적절(時宜適切)하게 조처할 줄을 안 뒤에야(知時措之宜) 더불어 권도를 행할 수 있는 것이다(然後可與權)."라고 하였다. 홍씨

30. 夫何遠之有
부 하 원 지 유

30-1. 唐棣之華, 偏其反而. 豈不爾思. 室是遠而.
당 체 지 화 편 기 반 이 기 불 이 사 실 시 원 이

唐당: 길, 새삼(메꽃과의 한해살이 기생식물) /棣체: 산앵두나무 /之지: ~의 /華화: 꽃(花화) /偏편: 나부끼다 /其기: 음절을 조정하고 어기를 고르는 어기조사 /反반: 뒤집다(=翻번) /偏其反而편기반이, 室是遠而실시원이의 而이: 감탄의 어기를 표시하는 어기조사 /豈기: 어찌 /爾이: 너〈2인

가 말하기를(洪氏曰) "능히 서지 못하면서(未能立) 權道를 말하는 것은(而言權), 마치 사람이 서지도 못하면서 걷고자 하는 것과 같아서(猶人未能立而欲行) 넘어지지 않는 자가 드물다(鮮不仆矣 /鮮선: 드물다 /仆부: 넘어지다, 엎드리다)."고 하였다.

내가 살피건대(愚按). … 《孟子》에 "형수가 물에 빠졌을 때(然以孟子嫂溺 /嫂수: 형수 /溺닉: 빠지다) 손을 잡아서라도 구원해 준다"는 뜻으로 미루어 본다면(援之以手之義推之 /援원: 돕다, 구원하다), 權道와 經道는 또한 마땅히 분별이 있어야 할 것이다(則權與經亦當有辨).

• 권도를 말할 때 빠지지 않는 齊나라의 辯士변사 淳于髡순우곤(B.C. 385 ~ B.C. 305)과 孟子(B.C. 372 ? ~ B.C. 289)의 대화이다.(《孟子》離婁章句上 제17장)

淳于髡: 남녀가 직접 주고받지 않는 것이 예입니까(男女授受不親禮與)?

孟子 : 예입니다(禮也).

淳于髡: 형수가 물에 빠지면 손을 잡고 돕습니까(嫂溺則援之以手乎)?

孟子 : 형수가 물에 빠졌는데 돕지 않는다면 이는 승냥이나 이리 같은 짐승입니다(嫂溺不援수닉불원 是豺狼也시시낭야 /豺시: 승냥이 /狼낭: 이리). 남녀가 직접 주고받지 않는 것은 예의이지만(男女 授受不親 禮也), 형수가 물에 빠졌을 때 손으로 돕는 것은 權道입니다(嫂溺 援之以手者 權也).

413) 常道상도(大經: 변하지 않는 떳떳한 道理)과 權道: 유학에서 행위의 정당성을 판단하는 기준은 그 행위가 규범(영원히 변하지 않는 본질적 존재이자 진리)에 일치하는가를 묻는 規範性규범성과 그 행위가 상황에 적절했는가를 묻는 適時性적시성의 둘이다. 禮義 · 常道(大經) 등이 규범성을 지적한 표현이라면, '時中'이나 '權道'는 그 적시성을 중시한 표현이다. 權道란 그때그때의 형편을 따라 일을 처리하는 방도 또는 목적 달성을 위한 수단 · 방편으로 예외적이고 특수한 상황에서 정당성을 갖는 행위를 의미하지만 단순한 편법을 뜻하는 것이 아니다.

칭 대사〉 /爾思(이사): 의문문에서 대사 목적어가 동사 앞에 도치되었음 /室(실): 집, 방 / 是(시): 실로, 정말로, 어세를 강조하는 작용을 한다 (=實(실)) /遠(원): 멀다, 아득하다

唐棣之華(당체지화), 偏其反而(편기반이) 당체의 꽃이 나부끼는구나! **豈不爾思(기불이사)** 어찌 너를 생각하지 않으랴마는 **室是遠而(실시원이)** (그대의) 집이 너무나 멀구나!

30-2. **子曰(자왈): 未之思也(미지사야), 夫何遠之有(부하원지유).**

未之思也(미지사야): 그를 생각하지 않았다 /夫(부): 문장의 첫머리에서 이야기를 이끌기 위하여 청자의 주의를 환기하는 작용을 하는 어기조사. 특별한 의미는 없지만 다음에 오는 말이 일반적으로 그러하다는 어감을 준다. 보통 '發語辭(발어사)'라고 한다.(류종목, 320면) /何遠之有(하원지유): 어찌 멂음이 있겠는가?

子曰(자왈) 孔子께서 말씀하셨다. **未之思也(미지사야)** 그를 생각하지 않을지언정 **夫何遠之有(부하원지유)** 어찌 멂음이 있겠는가?

제10편 鄕黨
향 당

揚氏曰: 聖人之所謂道者 不離乎日用之間也. 故夫子之平日一動一靜 門人皆審視而詳記之.
양씨왈 성인지소위도자 불리호일용지간야 고부자지평일일동일정 문인개심시이상기지

양씨는 말하였다. “성인이 말한 도란 일상에서 분리될 수 없다. 그러므로 孔子의 평일, 일동일정에 대하여 문인들이 모두 살펴 이를 상세히 기록한 것이다.”

尹氏曰: 甚矣. 孔門弟子之嗜學也. 於聖人之容色言動, 無不謹書而備錄之以貽後世. 今讀其書 卽其事宛然如聖人之在目也. 雖然 聖人豈拘拘而爲之者哉 蓋盛德之至 動容周旋 自中乎禮耳. 學者欲潛心於聖人 宜於此求焉.
윤씨왈 심의 공문제자지기학야 어성인지용색언동 무불근서이비록지이이후세 금독기서 즉기사완연여성인지재목야 수연 성인기구구이위지자재 개성덕지지 동용주선 자중호례이 학자욕잠심어성인 의어차구언

윤씨는 말하였다. “심하도다! 孔子 제자들의 학문 좋아함이여! 성인의 기색과 언동에 대하여 삼가 적고, 이를 갖추어 기록하여 후세에 전하지 않은 것이 없다. 지금 그 글을 읽고 그 일에 임하여 보면 완연히 성인이 눈앞에 있는 듯하다. 비록 그렇더라도 성인이 어찌 억지로 이렇게 한 것이겠는가? 성덕이 지극하여 몸을 갖는 태도와 일을 처리하는 것이 저절로 예에 맞았을 따름이다. 배우는 자로서 성인에게 마음을 집중하고자 한다면 의당 여기에서 찾아야 할 것이다.”

舊說凡一章 今分爲十七節.
구설범일장 금분위십칠절

구설에는 모두 1장이었으나 지금은 17절로 나누었다.《논어집주》

1. 孔子於鄕黨
공자어향당

1-1. 孔子於鄕黨, 恂恂如也, 似不能言者.
공자어향당 순순여야 사불능언자

> 於: 처하다, 존재하다 /鄕: 마을, 12,500호(=25黨) /黨: 향리, 무리, 500호 /鄕黨: 통상적으로 큰 고을을 뜻하는데, 여기서는 孔子가사는 향리를 뜻한다. 마을(=鄕里) /恂: 정성, 성실하다 /恂恂: 信實한(믿음직스럽고 알찬) 모습 *형용사를 중첩 사용하여 그 상태를 한층 강조 /如: 〈형용사 접미사〉 '然'과 쓰임이 같음 /也: 판단 또는 진술의 어기를 표시하는 어기조사 /似: ~같이, 닮다 /能: 잘하다 /者: ~하는 사람

孔子於鄕黨(공자어향당) 孔子께서 마을에 계실 때는 **恂恂如也**(순순여야) 신실한 모습이어서 **似不能言者**(사불능언자) 마치 말씀을 잘 못 하는 사람 같으셨다.414)

1-2. 其在宗廟朝廷, 便便言, 唯謹爾.
기재종묘조정 변변언 유근이

> 其: 그(孔子를 가리키는 대사) /在: ~에 있다 /宗廟: 역대 임금과 왕비의 위패를 모시던 왕실의 祀堂 /朝廷: 임금이 나라의 정사를 하는 곳 /便: 편하다, 쉬다, 말을 잘하다, 익히다, 숙달하다, 간단하다, 적합하다, 알맞다, 편지, 소식 /便: 말 잘하다, 곧, 똥오줌 /便便(便便으로 읽기도 함): 말을 조리 있게 잘 하다(=辨 분명히 하다) /唯: 오직, 다만 /謹: 삼가다 /爾: ~일 뿐이다 *단정적 어기를 표시하는 어기조사, 矣, 也, 焉과 쓰임이 같음

---

414) 《논어집주》: 마치 말씀을 잘 못 하는 사람 같았다는 것은(似不能言者) 겸손(謙遜)하여 자신을 낮추고 공손하며(謙卑遜順) 현명함과 지혜로움을 남에게 앞세우지 않는 것이다(不以賢知先人也). '鄕黨'은 부모형제와 일가 친족이 사는 곳이므로(鄕黨 父兄宗族之所在) 孔子가 거기에 거처할 때에(故孔子居之), 그 용모와 말씀의 기운이 이와 같았다(其容貌辭氣如此).

其在宗廟朝廷(기재종묘조정) 종묘나 조정에 계실 때는 便便言(변변언) 분명하고 유창하게 말씀하시되, 唯謹爾(유근이) 오로지 삼가실 뿐이었다.[415]

2. 朝與下大夫言(조여하대부언)

2-1. 朝與下大夫言(조여하대부언) 侃侃如也(간간여야). 與上大夫言(여상대부언) 誾誾如也(은은여야).

朝(조): 조정에서 /與(여): ~와, 더불어 /侃(간): 강직하다, 화락하다, 조용하다, 안온하다, 안락한 모양 /如(여): 형용사 접미사(然(연)과 같음) /侃侃如(간간여): 강직한 모양 /誾(은): 온화하다 /誾誾(은은)如(여): 더불어 즐기면서도 주장을 분명히 하는 모양

朝與下大夫言(조여하대부언) 조정에서 下大夫와 말씀하실 때는 侃侃如也(간간여야) 剛直(강직)하게 하시고, 與上大夫言(여상대부언) 上大夫와 말씀하실 때는 誾誾如也(은은여야) 온화하게 하셨다.[416]

---

415) 《논어집주》: 종묘는 예법이 있는 곳이고(宗廟禮法之所在) 조정은 정사가 나오는 곳이므로(朝廷政事之所出) 분명하게 분별하지 않으면 안 됨을 말한 것이다(言不可以不明辨). 그러므로 반드시 상세히 묻고 극진하게 말을 하지만(故必詳問而極言之) 삼가고 함부로 하지 않을 뿐이다(但謹而不放爾).

○이 한 절은 孔子가 향당과 종묘와 조정에 있을 때 말하는 모습이 같지 않았음을 기록한 것이다(此一節 記孔子在鄕黨宗廟朝廷言貌之不同).

416) 《논어집주》: 이는 임금이 아직 조회에 보이지 않을 때이다(此君未視朝時也). 《王制》에 제후의 상대부는 '卿경'이요(王制 諸侯上大夫卿) 하대부는 5인이었다(下大夫五人). 許愼허신의 《說文解字》에(許氏說文), "'侃侃'은 강직한 모습이요(侃侃剛直也) 誾誾은 온화하고 기쁜 기색으로 간언함이다(誾誾和悅而諍也 /諍쟁: 간하다, 간언하는 말)"라고 하였다.

＊《說文解字》: 後漢(B.C. 202 ~ A.D. 220) 때의 경학자 허신(58 ~ 147 ?)이 9,353개의 한자를 부수에 따라 분류하여 배열한 역사상 최초의 문자사전으로 A.D. 121에 완성하

2-2. 君在, 蹴踖如也 與與如也.
군재 축적여야 여여여야

蹴(축): 삼가다 /踖(적): 밟다, 삼가는 모양, 삼가다

君在(군재) 임금이 계실 때는 **蹴踖如也**(축적여야) 공경하여 조심하되 **與與如也**(여여여야) 威儀(위의)를 적절히 갖추셨다.417)

3. 君召使擯
군소사빈

3-1. 君召使擯 色勃如也 足躩(躩.躩)如也.
군소사빈 색발여야 족확(곽.각)여야

召(소): ① 부르다, 부름 ② 어떤 결과를 가져오게 하다 ③ [사역암시 동사] 〈召(소)+대상ⓐ+ⓑ용언〉ⓐ를 불러서 ⓑ하게 하다 /使(사): ~로 하여금 ~하게 하다 /擯(빈): 손님을 대접하다 /色(색): 얼굴빛 /如(여): 형용사 접미사 /勃(발): 노하다, 갑자기 변하다, 발끈하다 /勃如(발여): 갑자기 안색이 바뀌는 모양 /躩(躩.躩)(확곽각): 바삐 가다, 뛰다, 발 굽히다 /躩如(확여): 조심스럽게 빨리 걷는 모양

君召使擯(군소사빈) 임금이 불러서 손님을 영접하게 하면 **色勃如也**(색발여야) 얼른 얼굴빛을 바꾸시고 **足躩(躩.躩)如也**(족확곽각여야) 발걸음을 조심하셨다.418)

였다고 한다. 字書(字典)의 금자탑으로 불리며, 보통 '설문'이라고 부른다.

417) 《논어집주》: '蹴踖'은 공경하며 편안치 않은 모양이고(蹴踖 恭敬不寧之貌), '與與'는 위의가 적절한 모양이다(與與威儀中適之貌). 장자가 말하기를(張子曰 /張栻-張敬夫 1133 ~ 1180) "'與與'는 임금을 향한 마음을 잊지 않음이다(不忘向君也)"라고 하였는데, 또한 뜻이 통한다(亦通).
○이 한 절은(此一節) 孔子가 조정에서 윗사람을 섬기는 일과 아랫사람에 대한 것이 같지 않았음을 기록한 것이다 (記孔子在朝廷 事上接下之不同也).

418) 《논어집주》: '擯'은 주인 된 나라의 군주가 나가서 국빈을 접대하게 시킨 것이다

3-2. 揖所與立[읍소여립] 左右手[좌우수] 衣前後[의전후] 襜如也[첨여야].

> 揖[읍]: 읍하다(상대방에게 공경의 표시를 하는 인사) /所[소]: ~하는바, ~하는 것 *반드시 수식어가 필요한 불완전명사로서,「所+用言類[소용언류](동사, 동사구)」의 형태로 體言[체언](명사구)化[화] 한다. /與[여]: 함께하다, 상대가 되다 /所與立[소여립]: 함께 서 있는바(사람) /左右手[좌우수]: 손을 좌우로 옮기다 /襜[첨]: 옷 가지런히 하다, 정돈된 모양 /襜如[첨여]: 옷자락이 가지런한 모습

揖所與立[읍소여립] 함께 서 있는 사람에게 읍하실 때 **左右手**[좌우수] 손을 좌우로 옮기시는데 **衣前後 襜如也**[의전후 첨여야] 옷의 앞뒤 자락이 가지런하셨다.

3-3. 趨進[추진] 翼如也[익여야].

> 趨[추]: 빨리 가다, 종종걸음으로 걷다 /進[진]: 나아가다 /翼[익]: 날개 /翼如[익여]: 손의 움직임이 단정하여 새가 날개를 편 듯한 모양

趨進[추진] 종종걸음으로 앞으로 나아가실 때는 **翼如也**[익여야] 새가 두 날개를 편 것과 같이 단정하셨다.[419]

(擯 主國之君所使出接賓者). '勃'은 얼굴색이 변하는 모습이다(勃 變色貌). '躩'은 몸을 감아 피하는 모습(조심하는 발걸음 모습)이다(躩 盤辟貌 /盤반: 반석, 몸을 사리다 /辟피: 피하다 /貌모: 모양). 모두 임금의 명을 공경하기 때문이다(皆敬君命故也).

419) 《논어집주》: 빠르게 종종걸음으로 나아갈 때에(疾趨而進) 몸을 펴고 두 손을 마주 잡은 것이 단정하고 보기 좋아(張拱端好 /張장: 베풀다, 펴다 /拱공: 두 손을 마주잡다 /端단: 말단, 바르다) 마치 새가 날개를 펼친 것과 같았다(如鳥舒翼 /舒서: 펴다 /翼익: 날개).

3-4. 賓退, 必復命曰 '賓不顧矣'.
빈퇴 필복명왈 빈불고의

賓(빈): 손님 /退(퇴): 물러가다 /復(복): 다시, 재차 /復命(복명): 사명을 띤 사람이 일을 마치고 그 결과를 윗사람에게 보고하는 것 /顧(고): 돌아보다 /矣(의): 단정적인 어기를 표시하는 어기조사

賓退(빈퇴) 손님이 물러가면 必復命曰(필복명왈) 반드시 보고하기를 '賓不顧矣'(빈불고의) "손님이 뒤돌아보지 않았습니다(완전히 떠나다)."라고 보고하셨다.420)

4. 入公門
입공문

4-1. 入公門, 鞠躬如也, 如不容.
입공문 국궁여야 여불용

公門(공문): 궁궐의 문 /鞠(국): 굽히다 /躬(궁): 몸 /如(여): 형용사 접미사/也(야): 판단 또는 진술의 어기를 표시하는 어기조사 /容(용): 얼굴, 모양, 용납하다, 받아들이다, 용서하다 /如不容(여불용): 용납하지 않는 듯하다

入公門(입공문) 대궐 문에 들어사실 때는 鞠躬如也(국궁여야) 몸을 구부정하게 굽히시어서 如不容(여불용) 마치 용납되지 않는 것처럼 하셨다.421)

---

420) 《논어집주》: 임금의 (賓에 대해 가졌던) 공경스런 마음을 느슨하게 해 준 것이다(紓君敬也 /紓서: 느슨하다, 풀다). ○이 한 절은 孔子가 임금을 위하여 빈상이 되었을 때의 용모를 기록한 것이다(此一節 記孔子爲君擯相之容

* 박헌순(584면): 나가서 빈객을 접대하는 것을 擯이라 하고 들어와 주군의 예를 돕는 것을 相이라 한다.

421) 《논어집주》: 鞠躬은 몸을 굽히는 것이다(鞠躬曲身也). 공문(君王의 門)이 높고 크지만 용납되지 못한 것처럼 한 것은(公門高大 而若不容) 공경함이 지극한 것이다(敬之至也).

4-2. 立不中門(입불중문), 行不履閾(행불이역).

中(중): 적중하다, 맞히다, 맞추다, 일치시키다 /行(행): 가다, 걷다 /履(이): 밟다, 신, 신다 / 閾(역): 문지방 /履閾(이역): 문지방을 밟다

立不中門(입불중문) 문 가운데에 서지 않으시고, **行不履閾(행불이역)** 다닐 때는 문지방을 밟지 않으셨다.

4-3. 過位(과위), 色勃如也(색발여야), 足躩(躩.躩)如也(족확곽각여야), 其言似不足者(기언사불족자).

過位(과위): (비어 있는 임금의)자리를 앞을 지나다 /色(색): 얼굴빛 /勃如(발여): 갑자기 안색이 바뀌는 모양, 얼굴빛을 바로잡는 모양 /足(족): 발 /躩(躩.躩)(확곽각): 바삐 가다, 뛰다 /躩如(확여): 조심스럽게 빨리 걷는 모양 /者(자): ~하는 사람 *류종목(329면): 추측이나 불확실의 어기를 표시하는 어기조사

過位(과위) (비어 있는 임금의) 자리를 지나가실 때는 **色勃如也(색발여야)** 얼굴빛을 바로잡으시고, **足躩(躩.躩)如也(족확곽각여야)** 발걸음을 빨리 하셨고, **其言似不足者(기언사불족자)** 그의 말씀은 마치 부족한 사람 같으셨다.

4-4. 攝齊升堂(섭자승당), 鞠躬如也(국궁여야), 屛氣似不息者(병기사불식자).

攝(섭): 끌어당기다, 잡다 /齊(자): 옷자락 *齊(제): 가지런하다 *齊(재): 재계하다 /攝齊(섭자): (바닥에 옷이 끌지 않도록) 옷자락을 잡다 /升(승): 되(단위), 오르다 /堂(당): 사당, 집, 대청 /屛(병): 병풍 / 氣(기): 기운, 힘, 숨, 공기 /屛氣(병기): 호흡을 막다, 숨을 죽이다 /似(사): ~같이, 닮다 /息(식): 숨쉬다, 호흡, 숨 한번 쉬는 동안, 쉬다, 그치다, 중지하다 /者(자): ~하는 사람

攝齊升堂(섭자승당) 옷자락을 걷어쥐고 대청에 오르실 때는 鞠躬如也(국궁여야) 몸을 구부정하게 굽히시고 屛氣似不息者(병기사불식자) 숨을 죽여 마치 숨 쉬지 않는 것처럼 하셨다.

4-5. 出降一等(출강일등) 逞顔色(령안색) 怡怡如也(이이여야). 沒階(몰계) 趨進(추진) 翼如也(익여야). 復其位(복기위) 踧踖如也(축적여야)

> 降(강): 내려가다 /等(등): 등급, 계단의 층계 /逞(령): 굳세다, 펴다, 화하게 하다 /逞顔色(령안색): 안색을 부드럽게 하다, 얼굴빛(안색)의 긴장을 풀다 /怡(이): 기쁘다, 기뻐하다 /怡怡如(이이여): 즐거워하는 모양 /沒(몰): 다하다, 끝나다, 죽다(歿(몰)), 몰수하다 /階(계): 섬돌, 층계 /沒階(몰계): 계단을 다 내려오다 /趨(추): 빨리 가다, 종종걸음을 걷다 /進(진): 나아가다 /翼(익): 날개 /復(복): 회복하다, 돌아가다, 돌아오다 /其(기): 그(孔子를 가리킴) /位(위): 자리, 위치 /復其位(복기위): 자신의 자리로 돌아오다 /踧(축): 삼가다 /踖(적): 삼가다 /踧踖如(축적여): 공경하며 조심하는 모양

出(출) 降一等(강일등) 逞顔色(령안색) 나가실 때는 한 계단을 내려가서야 얼굴에 긴장한 표정을 풀으시고 怡怡如也(이이여야) 온화하고 기쁜 모양이셨고, 沒階(몰계) 趨進(추진) 층계를 다 내려가서 종종걸음으로 나가실 때는 翼如也(익여야) 새가 날개를 펼친 듯이 하셨으며, 復其位(복기위) 자기 자리로 돌아와서는 踧踖如也(축적여야) 조심스럽고 공손한 모습이셨다.422)

---

422) 《논어집주》: ○이 한 절은 孔子께서 조정에 계실 때의 용모를 기록한 것이다(此一節 記孔子在朝之容).

5. 執圭(집규)

5-1. 執圭(집규), 鞠躬如也(국궁여야), 如不勝(여불승). 上如揖(상여읍), 下如授(하여수), 勃如戰色(발여전색), 足蹜蹜如有循(족축축여유순).

執(집): 잡다 /圭(규): 옥으로 만든 笏(홀), 제후가 천자를 만나거나 제후끼리 회동할 때, 또는 사신이 다른 나라의 제후를 만날 때 신표로 손에 들던 패 /鞠躬如(국궁여): 존경의 표시로 몸을 약간 굽히는 듯한 모양, 如(여)는 형용사 접미사 /也(야): 판단 또는 진술의 어기를 표시하는 어기조사 /如不勝(여불승)의 如(여): ~마치 ~와 같다 /勝(승): 이기다, 낫다 /授(수): 주다 /揖(읍): 읍하다(상대방에게 공경의 표시를 하는 인사) /勃如(발여): 갑자기 안색이 바뀌는 모양, 얼굴빛을 바로잡는 모양 /戰(전): 전율하다, 두려워하다 /戰色: 겁내어 두려워함 /蹜(축): 종종걸음 치다 /蹜蹜如(축축여): 종종걸음을 치는 모습 /循(순): 좇다, 돌다, 빙빙 돌다

執圭(집규) 圭를 잡으실 때는 **鞠躬如也(국궁여야)** 몸을 굽히기를 **如不勝(여불승)** 마치 (무게를) 이기지 못하는 것같이 하셨다. **上如揖(상여읍)** 위로 들 때는 마치 揖하는 듯이 하셨고, **下如授(하여수)** 아래로 내릴 때는 마치 물건을 주시는 것같이 하셨으며, **勃如戰色(발여전색)** 안색은 바로잡아 두려워하듯이 하셨고, **足蹜蹜如有循(족축축여유순)** 발은 종종걸음을 하여 물건을 끌듯이 하셨다.

5-2. 享禮(향례), 有容色(유용색).

享(향): 드리다, (음식을) 올리다, 형통하다, (제사) 올리다, 제사, *享(팽): 삶다(=烹(팽)) /禮(례): 예, 예식 /有容色(유용색): 온화한 낯빛(얼굴빛을 온화하게 하다)

亨禮(향례) 예물을 바칠 때는 有容色(유용색) 얼굴빛을 온화하게 하셨다.

5-3. **私覿, 愉愉如也.**
사적 유유여야

私(사): 개인 /覿(적): 뵙다 /愉(유): 즐겁다

私覿(사적) 사사로이 만나실 때는 愉愉如也(유유여야) 즐거운 모습이셨다.[423]

6. **不以紺緅飾**
불이감추식

6-1. **君子不以紺緅飾.**
군자불이감추식

紺(감): 감색, 깊은 청색에 붉은색이 감도는 색 /緅(추): 검붉다 /飾(식): 꾸미다, 장식하다

君子不以紺緅飾(군자불이감추식) 군자(孔子)께서는 감색과 검붉은 색으로 옷깃을 꾸미지 않으셨다.

---

423) 《논어집주》: ○이 한 절은(此一節) 孔子께서 임금을 위하여 이웃 나라에 갔을 때의 예를 기록한 것이다(記孔子爲君聘於隣國之禮也). 조씨가 말하기를(鼂氏曰 /이름: 說之 /1059~1129 /北宋의 학자) 孔子는 정공 9년에 노나라에 벼슬하였고(孔子定公九年仕魯) 13년에 이르러 제나라에 갔다(至十三年適齊) 그 사이에 임금을 위해 이웃 나라에 간 일이 없으니(其間絶無朝聘往來之事), '使擯'과 '執圭' 이 두 조항은 단지 孔子께서 일찍이 그 예가 당연히 이와 같아야 함을 말한 것일 것이다(疑使擯執圭兩條但孔子嘗言其禮 當如此爾).

6-2. 紅紫 不以爲褻服.
홍자 불이위설복

紅(홍): 붉은색 /紫(자): 자주빛 /爲(위): 만들다 /褻(설): 평상복, 속옷 /服(복): 옷

紅紫 不以爲褻服(홍자 불이위설복) 붉은색과 자주색으로 평상복을 만드시지 않았다.

6-3. 當暑袗絺綌, 必表而出之.
당서진치격 필표이출지

當(당): 당하다, 만나다, 부닥치다 /暑(서): 더위 /袗(진): 홑 옷, 홑으로 입다 /絺(치): 올이 고운 칡 베(로 만든 옷) /綌(격): 올이 굵은 갈포(로 만든 옷) /必(필): 반드시 /表(표): 겉, 겉옷을 입다 /表而出之(표이출지): 겉옷을 입고 외출하다 *之(지)는 일반적인 사실.사물.사람을 가리키는 인칭대사

當暑袗絺綌(당서진치격) 더운 여름에는 가는 칡베나 거친 칡베로 만든 홑옷을 입으시되 必表而出之(필표이출지) 반드시 겉옷을 입으셨다.424)

6-4. 緇衣羔裘, 素衣麑裘, 黃衣狐裘.
치의고구 소의예구 황의호구

緇(치): 검은빛 /羔(고): 새끼 양, 흑 양 /裘(구): 갖옷(짐승의 털가죽으로 안을 댄 옷) /素(소): 흰색, 흰색 비단 /麑(예): 새끼 사슴 /黃(황): 노란색 /狐(호): 여우

---

424) • 《논어집주》: '表而出之'는 먼저 속옷을 입고(表而出之 謂先著裏衣) 겉에 칡베옷을 입어서 밖에 내놓는 것이니(表絺綌而出之於外) 신체가 보이지 않게 하려 함이다(欲其不見體也).

• 논어집주의 풀이와는 달리 '반드시 안에 옷을 받치시고 그 위에 입으신 후 외출하셨다'(김형찬), '외출할 때는 반드시 겉옷을 입고 나가셨다'(류종목) 등으로 풀이하기도 한다.

緇衣羔裘(치의고구) 검은 옷에는 흑양 갖옷을 입으시고, **素衣麑裘**(소의예구) 흰옷에는 새끼사슴 갖옷을 입으시고, **黃衣狐裘**(황의호구) 누런 옷에는 여우 갖옷을 입으셨다.

6-5. 褻裘長, 短右袂.(설구장, 단우메)

> 褻(설): 평상복, 속옷 /長(장): 길다 /短(단): 짧다, 여기서는 '짧게 하다'의 뜻으로 쓰였다 /右(우): 오른쪽 /袂(몌): 소매 /短右袂(단우몌): 오른쪽 소매를 짧게 하다(일하기 편하도록)

褻裘長(설구장) 평소에 입는 갖옷은 길고, **短右袂**(단우몌) 오른쪽 소매는 (일하는데 편하도록) 짧게 하셨다.

6-6. 必有寢衣, 長一身有半.(필유침의, 장일신유반)

> 寢(침): 잠자다 /長(장): 길이 /一身有半(일신유반): 한길 반 *有(유): 또〈접속사〉

必有寢衣(필유침의) 반드시 잠옷을 갖추셨는데, **長一身有半**(장일신유반) 길이는 한 길 반이었다.[425]

---

425) 《논어집주》: 정자는 말하기를(程子曰) "이것은 착간이다(此錯簡). 마땅히 '齊必有明衣布'(향당7장)의 아래에 있어야 할 것이다(當在齊必有明衣布之下)."라고 하였다. 내가 생각하건대(愚謂) 이렇게 한다면 이 조목은 '明衣.變食'과 더불어(如此則此條與明衣變食) 같은 종류끼리 서로 따르게 되고(旣得以類相從) '褻裘.狐貉' 역시 같은 종류끼리 서로 따르게 될 수 있을 것이다(而褻裘狐貉 亦得以類相從矣).

6-7. 狐貉之厚以居.
호 맥 지 후 이 거

狐貉: 여우와 담비, 그 모피(로 만든 외투) /狐貉之厚以居: 여우와 담비의 두꺼운 가죽을 깔고 앉다 *以다음에 狐貉之厚를 가리키는 대사가 생략되었다
호맥 / 호맥지후이거 / 이 / 호맥지후

狐貉之厚以居 여우와 담비의 두꺼운 가죽을 깔고 앉아 지내셨다.426)
호 맥 지 후 이 거

6-8. 去喪 無所不佩.
거 상 무 소 불 패

去喪: 상을 벗다 /佩: 차다, 노리개
거상 / 패

去喪 無所不佩 喪을 벗으면 佩物을 착용하시지 않은 적이 없었다.427)
거 상 무 소 불 패 / 패 물

6-9. 非帷裳, 必殺之.
비 유 상 필 쇄 지

非: 아니다 /帷裳: 조회에 나가거나 제사 지낼 때 입는 禮服 /殺: 덜다, 줄이다 * 殺: 죽이다 /必殺之: 반드시 그것을 잘라 내다
비 / 유상 / 예복 / 쇄 / 살 / 필쇄지

非帷裳 조회에 나가거나 제사 지낼 때 입는 예복이 아니면 必殺之 반드시 폭을 잘라내셨다.
비 유 상 / 필 쇄 지

---

426) '여우와 담비의 두터운 가죽옷으로 거처하셨다'로 해석하기도 한다.

427) 《논어집주》: ○군자는 변고가 없으면(君子無故 /故고: 연고, 까닭, 사유) 옥을 몸에서 떼지 않는다(玉不去身). 뿔송곳과 숫돌과 같은 종류도(觿礪之屬 /觿휴: 뿔 송곳 /礪여: 숫돌) 역시 모두 차고 다닌다(亦皆佩也 /佩패: 노리개, 패용하다, 차다).

6-10. 羔裘玄冠不以弔(고구현관불이조).

羔(고): 흑양, 새끼 양 /裘(구): 갖옷, 가죽 옷 /玄(현): 검다, 검은 빛 /冠(관): 갓, 관 /弔(조): 조상하다, 문상하다 /羔裘玄冠不以(고구현관불이): 흑 양 가죽옷과 검은 관 * 以(이)다음에 羔裘玄冠(고구현관)을 가리키는 인칭대사가 생략되었다.

羔裘玄冠不以弔(고구현관불이조) 흑 양가죽으로 만든 갖옷을 입거나 검은 관(모자, 갓)을 쓰고는 조문하지 않으셨다.[428]

6-11. 吉月必朝服而朝(길월필조복이조)

吉(길): 길하다, 좋다, 상서롭다, 운일 좋다, 음력 초하루 /月(월): 달, 달빛 /吉月(길월): 좋은 달, 길한 달, 음력 매월 초하루 *吉月(길월)은 달의 초하루이다(吉月(길월) 月朔也(월삭야) /朔(삭): 초하루). 《논어십주》*吉日(길일): 좋은 날, 음력 매월 초하루

吉月必朝服而朝(길월필조복이조) 음력 매월 초하루에는 반드시 朝服(조복)(조정에 나아갈 때 입는 의복)을 입으시고 朝庭(조정)(나라의 정치를 의논하고 집행하던 곳)에 드셨다.

7. 齋必有明衣(재필유명의)

7-1. 齋(재), 必有明衣(필유명의), 布(포).

齋(재): 재계하다 *齋(자): 상복 /必(필): 반드시 /明衣(명의): 목욕하고 나서 입는 베로 만든 깨끗한

---

428) 《논어집주》: 상사에는 흰색을 주로 하고(喪主素 /素소: 흰색) 길사에는 검은색을 주로 한다(吉主玄). 조문함에는 반드시 옷을 바꾸니(弔必變服) 죽음을 애도하기 때문이다(所以哀死).

옷 /布(포): 칡베 혹은 삼베

齋必有明衣 布(재필유명의 포) 齋戒(재계)하실 때는 반드시 明衣(명의)(목욕 후 입는 깨끗한 옷)가 있으셨으니, 베로 만든 것이었다.[429)]

7-2. **齋必變食 居必遷坐.**(재필변식 거필천좌)

齋必變食(재필변식): 재계함에 있어서 반드시 음식을 바꾸다. *술, 마늘, 파, 생강 따위 냄새나는 음식을 먹지 않음을 뜻한다. /居必遷坐(거필천좌): 거처함에 있어서 반드시 자리를 옮기다. * 안방에서 사랑방으로 옮겨 여자와 함께 지내지 않음을 말한다.

齋必變食(재필변식) 齋戒(재계)할 때는 반드시 음식을 바꾸셨고, **居必遷坐**(거필천좌) 반드시 거처하는 자리를 옮기셨다.[430)]

8. **食不厭精**(사불염정)

8-1. **食不厭精 膾不厭細.**(사불염정 회불염세)

---

429) 《논어집주》: 재계에는 반드시 목욕하고(齊必沐浴) 목욕을 마치면 곧 명의를 입으니(浴竟卽著明衣) 그렇게 함으로써 그 신체를 밝고 깨끗이 하는 것이다(所以明潔其體也). (明衣는) 베로써 만든다(以布爲之).

430) 《논어집주》: '變食'은 술을 마시지 아니하고 맵거나 냄새나는 채소를 먹지 않는 것을 이른다(變食 謂不飮酒不茹葷 /茹여: 먹다 /葷훈: 훈채, 생강과 같이 매운 채소 또는 파와 같이 냄새나는 채소). '천좌'는 일상의 거처를 바꾸는 것이다(遷座 易常處也). ○이 한 절은 孔子가 재계를 삼간 일을 기록한 것이다(此一節 記孔子謹齋之事). 양씨는 말하기를(楊氏曰) "재계는 조상신과 교통하는 것이므로(齋 所以交神) 정결함을 극진히 하고 일상의 거처를 바꾸어 공경을 다하는 것이다(故致潔變常 以盡敬)"라고 하였다.

> 食(사): 밥 * 食(식): 먹다 /厭(염): 싫어하다 /精(정): 精米(정미)하다, 자세하다 /膾(회): 회치다, 날 것 / 細(세): 가늘다, 잘게 하다

食不厭精(사불염정) 밥은 곱게 정미한 쌀을 싫어하지 않으셨고, **膾不厭細**(회불염세) 회(소 등의 날고기를 저미고 자른 것)는 가늘게 썬 것을 싫어하지 않으셨다.[431]

8-2. 食饐而餲(사의이애), 魚餒而肉敗不食(어뇌이육패불식). 色惡不食(색오불식). 臭惡不食(취오불식). 失飪不食(실임불식). 不時不食(불시불식).

> 饐(의): (밥이) 쉬다, 음식이 상하여 맛이 변하다 /餲(애): (밥이) 쉬다., 음식 맛이 변하다 /魚(어): 물고기 /餒(뇌): 썩다 /肉(육): 고기 /敗(패): 부패하다, 패하다 /色(색): 빛깔 /惡(악): 나쁘다 /臭(취): 냄시 /失(실): 잃다 /飪(임): 익히다, 삶다 /不時不食(불시불식): 제철 음식(익지 않은 과실, 여물지 않은 곡식 등)이 아닌 것은 먹지 아니하다

食饐而餲(사의이애) 밥이 상해 맛이 변한 것과 **魚餒而肉敗不食**(어뇌이육패불식) 생선이 상하고 고기가 부패한 것은 드시지 않으시고, **色惡不食**(색오불식) 색이 나쁜 것을 드시지 않으시고, **臭惡不食**(취오불식) 냄새가 나쁜 것은 드시지 않으시고, **失飪不食**(실임불식) 조리가 잘못된(덜 익은) 것은 드시지 않으시고, **不時不食**(불시불식) 제철이 아닌 것은 드시지 않으셨다.

---

431) 《논어집주》: 싫어하지 않는다는 것은(不厭) 이것을 좋게 여긴다는 말이고(言以是爲善), 반드시 이러해야 함을 말한 것은 아니다(非謂必欲如是也).

8-3. 割不正不食(할부정불식). 不得其醬不食(부득기장불식).

> 割(할): 자르다 /割不正(할불정): 자른 것이 바르지 않다 /醬(장): 된장, 간장 /不得其醬(불득기장): 간이 맞지 않는 음식

割不正不食(할부정불식) 바르게 썰지 않은 것을 잡수시지 않으셨고, 不得其醬不食(부득기장불식) 간이 맞지 않는 음식을 잡수시지 않으셨다.

8-4. 肉雖多不使勝食氣(육수다불사승사기). 唯酒無量(유주무량), 不及亂(불급란).

> 雖(수): 비록 /不使(불사): ~하도록 하지 아니하다 /勝食氣(승사기): 밥 기운을 이기다 /唯(유): 오직, 다만 ~뿐만 아니라, ~라 하더라도, ~일지라도(雖(수)와 쓰임이 같음) /無量(무량): 일정한 량이 없다 /及(급): 미치다 /亂(란): 어지럽다, 무도하다, 버릇없는 행동

肉雖多不使勝食氣(육수다불사승사기) 고기가 비록 많을지라도 밥 기운을 넘게 하지 않으셨고, 唯酒無量不及亂(유주무량불급란) 술은 일정한 양이 없었으나 어지러운 정도(취할 정도) 까지는 이르지 않으셨다.

8-5. 沽酒市脯不食(고주시포불식).

> 沽(고): 사다(買) /沽酒(고주): 저자에서 사온 술 /脯(포): 저미어 말린 고기 /市脯(시포): 시장에서 파는 포

沽酒市脯不食(고주시포불식) 저자에서 사 온 술과 사 온 고기포는 잡수시지 않으셨다.

8-6. 不撤薑食
불철강식

> 撤(철): 거두다, 치우다 /薑(강): 생강

不撤薑食 (불철강식) 생강은 거두지 않고 드셨다.[432]

8-7. 不多食.
부다식

> 不(부): 뒤따르는 글자의 자음이 'ㅈ'이나 'ㄷ'일 때는 '부'로 읽는다 /多(다): 많다, 넓다,

不多食 (부다식) (위의 모든 것들도) 많이 잡수시지는 않으셨다.[433]

8-8. 祭於公不宿肉, 祭肉不出三日, 出三日不食之矣.
제어공불숙육 제육불출삼일 출삼일불식지의

> 不宿肉(불숙육): 고기는 밤을 묵히지 않는다 /祭肉(제육): (집에서) 제사지낸 고기 /出(출): 나가다, 내놓다 /矣(의): 단정적 어기를 표시하는 어기조사

祭於公不宿肉 (제어공불숙육) 나라에서 제사 지내고 받아 온 고기는 밤을 묵히지 않으셨고, **祭肉不出三日** (제육불출삼일) (집안에서) 제사에 쓴 고기는 사흘을 넘기지 않으

---

432) 《논어집주》: 생강은 신명과 통하게 하고(薑通神明) 더러움과 악한 것을 제거해 주므로(去穢惡 /穢예: 더럽다), 거두지 않았다(故不撤).

433) • 주자가 따로 절을 나눈 것은 '不多食'이 윗글의 음식에 관한 일 전체에 걸린다고 보았기 때문이다.(박헌순)
• 그러나 류종목(336면). 김형찬(117면)은 "생강을 드셨으나 많이 잡수지시는 않으셨다"로 풀이한다(336면).

셨다. 出三日不食之矣(출삼일불식지의) 사흘을 넘긴 것은 먹지 못하기 때문이다.

8-9. 食不語, 寢不言.(식불어 침불언)

> 寢(침): 자다, 휴식하다, 자리에 눕다, 병상에 눕다, 방, 안방, 능침

食不語(식불어) 식사하실 때는 말씀을 하시지 않았고, 寢不言(침불언) 잠자리에서 말씀을 하시지 않았다.

8-10. 雖疏食菜羹, 瓜祭, 必齊如也.(수소사채갱 과제 필재여야)

> 雖(수): 비록, 그러나, 아무리 ~하여도 /疏(소): 거칠다 /疏食(소사): 거친 밥 /菜(채): 나물 /羹(갱): 국 /瓜(과): 오이 *여기서는 必(필)(반드시)로 해석 /齊(재): 엄숙하고 경건한 모습(=齋(재)) *齊(제): 가지런히 하다 /齊如(재여)의 如(여): 형용사 접미사(然(연)과 쓰임이 같다) /也(야): 판단 또는 진술의 어기를 표시하는 어기조사

雖疏食菜羹(수소사채갱) 비록 거친 밥과 나물국이라 할지라도 瓜祭(과제) 반드시 고수레 하시되, 必齊如也(필재여야) 반드시 재(재계)할 때처럼 (공경하는 마음으로) 하셨다.434)

---

434) 《논어집주》: ○옛사람들은 음식을 먹을 때(古人飮食) 모든 음식에서 각각 조금씩 떼어내어(每種各出少許) 이를 그릇 사이의 땅에 두어서(置之豆間之地 /置치: 두다, 배치하다 /豆두: 콩, 제기, 食器식기), 先代에 처음 음식을 만든 사람에게 제사 지냈는데(以祭先代始爲飮食之人), 이는 그 근본을 잊지 않은 것이다(不忘本也). …孔子는 비록 박약한 물건(음식)이라도 반드시 제사를 지냈으며(孔子雖薄物必祭), 그 제사는 반드시 공경스러웠으니(其祭必敬) 성인의 정성이다(聖人之誠也).

9. **席不正不坐**
석부정부좌

席不正不坐.
석부정부좌

> 席: 자리 /正: 반듯하다 /坐: 앉다, 자리, 좌석
> 석　　　정　　　　　좌

席不正 不坐
석부정 부좌
자리가 바르지 않으면 앉지 않으셨다.435)

10. **鄕人飮酒**
향인음주

10-1. **鄕人飮酒 杖者出斯出矣.**
향인음주 장자출사출의

> 鄕: 마을 /飮: 마시다 /杖: 지팡이 /者: ~한 사람 /斯: ~하면 곧(=則) [攻乎異端 斯害也已 이단을 전공하면 해로울 뿐이다. 제2 爲政16장]
> 향　음　장　자　사　즉　공호이단 사해야이　위정

鄕人飮酒
향인음주
마을 사람들과 술을 마실 때 **杖者出**
장자출
지팡이를 짚은 사람(노인)이 나가면 **斯出矣**
사출의
곧 나가셨다.436)

---

435) 《논어집주》: 사씨가 말하기를(謝氏曰) "성인은 올바름에 마음이 편안하므로(聖人心安於正) 자리가 올바르지 않은 것에는(故於位之不正者) 비록 사소한 것이지만(雖小) 거처하지 않으신 것이다(不處)"라고 하였다.

436) 《논어집주》: '杖者'는 노인이다(杖者 老人也). 육십이 되면 마을에서 지팡이를 짚는다(六十杖於鄕). (노인이) 나가기 전에 감히 먼저 나가지 않으며(未出不敢先) 이미 나가면 감히 뒤에 있지 못하는 것이다(旣出不敢後).

10-2. 鄕人儺, 朝服而立於阼階.
향인나 조복이립어조계

> 儺(나): 疫鬼(역귀)(악성 돌림병을 일으킨다는 귀신)를 쫓는 의식 /立(립): 서다 /於(어): ~에서 /阼(조): 동편 섬돌 /階(계): 섬돌, 계단

鄕人儺(향인나) 마을 사람들이 (疫鬼(역귀)를 쫓는) 儺禮(나례)를 행할 때면 朝服而(조복이) 立於阼階(립어조계) 예복을 입고 阼階(조계)(冠婚喪祭(관혼상제)때에 주인이 손님을 접대하는 동쪽 섬돌)에 (엄숙히) 서 계셨다.

11. 問人於他邦
문인어타방

11-1. 問人於他邦, 再拜而送之.
문인어타방 재배이송지

> 問(문): 문안하다 /於(어): ~에 /他(타): 다르다, 다른 곳, 다른 사람 /邦(방): 나라 (=國(국)) /他邦(타방): 다른 나라 /再(재): 두 번 /拜(배): 절하다 /而(이): ~하고 나서 *순접관계를 표시하는 접속사 /送(송): 보내다 /送之(송지)의 之(지): 문안 심부름을 가는 사람을 가리킴

問人於他邦(문인어타방) 다른 나라에 있는 사람에게 (심부름하는 이를 보내) 문안드릴 때는 再拜而送之(재배이송지) 두 번 절하고 나서 그를 보내셨다.437)

11-2. 康子饋藥, 拜而受之, 曰: 丘未達, 不敢嘗.
강자궤약 배이수지 왈 구미달 불감상

> 饋(궤): 음식이나 물건을 보내다 /藥(약): 약 /受(수): 받다 /受之(수지)의 之(지): 보내온 물건을 가리키는 대사 /未(미): 아직 ~아니다 /達(달): 깨닫다, 통달하다 /敢(감): 감히 /嘗(상): 맛보다

---

437) 《논어집주》: 심부름하는 사람에게 절하고 보냄은(拜送使者) 그를 친히 보는 것처럼 공경함이다(如親見之 敬也).

康子饋藥(강자궤약) 季康子가 약을 보내오자 **拜而受之 曰**(배이수지 왈) 절하고 그것을 받고는 말씀하셨다. **丘未達**(구미달) 제가 아직 (이 약이 어떤 것인지) 알지 못하기 때문에 **不敢嘗**(불감상) 감히 맛보지 못합니다.438)

12. 傷人乎(상인호)

廐焚, 子退朝 曰 傷人乎, 不問馬.
(구분 자퇴조 왈 상인호 불문마)

廐(구): 마구간 /焚(분): 불타다 /退(퇴): 물러나다, 물러나오다 /朝(조): 아침, 조정 /傷(상): 다치다 /乎(호): ~인가?

廐焚(구분) 마구간에 불이 났었는데 **子退朝 曰**(자퇴조 왈) 孔子께서 조정에서 물러 나오셔서 **傷人乎**(상인호) 사람이 다쳤느냐고 물으셨을 뿐, **不問馬**(불문마) 말에 대해서는 묻지 않으셨다.439)

---

438) 《논어집주》: 범씨가 말하기를(范氏曰) "무릇 하사하는 음식은(凡賜食) 반드시 맛을 보고 절을 해야 한다(必嘗以拜). 약은 (그것이 어떤 것인지를) 알지 못하면(藥未達) 감히 맛볼 수 없다(則不敢嘗). 받고도 먹지 않으면(受而不食) 남의 하사품을 헛되게 하는 것이므로(則虛人之賜) 이처럼 고한 것이다(故告之如此). 그렇다면 가히 마실 것은 마시고(然則可飮而飮) 마시지 못할 것은 마시지 않는 것이(不可飮而不飮) 모두 그중에 있는 것이다(皆在其中矣)"라고 하였다.

439) 《논어집주》: 말을 아끼지 않는 것이 아니라(非不愛馬) 사람이 다쳤을까 두려운 뜻이 많은 것이다(然恐傷人之意多). 그러므로 미처 물을 겨를이 없었던 것이다(故未暇問). 사람을 귀하게 여기고 가축을 천하게 여기는(蓋貴人賤畜) 이치가 마땅히 이와 같아야 한다(理當如此).
* 논어를 한마디로 말하면 克己復禮극기복례일(제12 안연1장) 것이다. 그리고 孔子가 어떤 분인지는 "傷人乎"라고 묻되 말에 대해서는 묻지 않은 이 장면이 다 말해 주고 있다고 생각한다.

13. 君賜食(군사사)

13-1. 君賜食(군사사), 必正席先嘗之(필정석선상지). 君賜腥(군사성), 必熟而薦之(필숙이천지). 君賜生(군사생), 必畜之(필축지).

賜(사): 주다, 하사하다 /食(사): 밥 *食(식): 먹다 /正(정): 바르게 하다 /席(석): 자리 /嘗(상): 맛보다, 시험하다, 먹다, 일찍이, 늘 /之(지): 각각 하사받은 음식, 고기, 가축을 가리키는 지시대사 /腥(성): 날고기, 비리다, 누리다, 더럽다, 추악하다 /熟(숙): 익히다 /薦(천): 천거하다, 드리다, 올리다, 제사이름 /生(생): 낳다, 살아 있는 짐승 /畜(휵): 기르다, 양육하다 *畜(축): 짐승, 가축, 모으다, 쌓으다

君賜食(군사사) 임금이 음식을 하사하면 **必正席先嘗之**(필정석선상지) 반드시 앉은 자리를 바르게 하고 먼저 맛을 보셨고, **君賜腥**(군사성) 임금이 날고기를 하사하면 **必熟而薦之**(필숙이천지) 반드시 익혀서 (먼저 조상의 영전에) 제물로 바치셨으며, **君賜生**(군사생) 임금이 산 짐승을 하사하면 **必畜之**(필축지) 반드시 기르셨다.440)

13-2. 侍食於君(시식어군), 君祭先飯(군제선반).

侍(시): 모시다, 받들다 /食(식): 먹다 /於(어): ~에서 /祭(제): 제사, 제사 지내다 /飯(반): 먹다, 식사, 밥

---

440) 《논어집주》: 자리를 바르게 하고 먼저 맛보는 것은(正席先嘗) 임금을 마주 대한 것처럼 하는 것이다(如對君也). 먼저 맛본다고 말한 것은(言先嘗) 나머지는 마땅히 나누어 주기 때문이다(則餘當以頒賜矣). '腥'은 날고기이다(腥 生肉). 익혀서 선조에게 바치는 것은(熟而薦之祖考) 임금이 하사한 것을 영광스럽게 여기는 것이다(榮君賜也). '길렀다'는 것은(畜之者) 임금의 은혜를 어질다 여긴 것으로(仁君之惠) 이유 없이 감히 죽일 수가 없기 때문이다(無故不敢殺也).

侍食於君시식어군 임금을 모시고 식사를 할 때, **君祭先飯**군제선반 임금이 祭제(고수레)를 드리는 동안 먼저 드셨다.441)

13-3. 疾질, 君視之군시지, 東首동수, 加朝服拖紳가조복타신.

> 疾질: 병 /視시: 보다 /首수: 머리 /東首동수: 머리를 동쪽으로 두다 /加가: 더하다, 입다, 몸에 입히다 /朝服조복: 조정에서 입는 예복 /拖타: 끌어당기다 /紳신: 큰 띠

疾, 君視之질 군시지 병이 들었을 때 임금이 와서 보면 **東首**동수 머리를 동쪽으로 두고 **加朝服拖紳**가조복타신 조복을 몸에 덮은 뒤 띠를 그 위에 걸쳐 놓으셨다.442)

---

441) 《논어집주》: 《周禮》에 "임금은 하루에 한 번 盛饌성찬을 드니(周禮 王日一擧 /擧거: 들다), 요리사가(膳夫) 祭需제수(고수레할 음식)를 올리고 品嘗품상(임금에게 드릴 음식을 미리 먹어 보아 독이 있나 없나를 알아봄, 음식을 고루 맛봄)한 후라야(授祭品嘗食) 임금이 먹는다(王乃食)."고 하였다. 그러므로 임금을 모시고 먹는 자는(故侍食者) 임금이 제사(고수레)를 올리면(君祭) 자신은 제사하지 않고 먼저 밥을 먹는다(則己不祭而先飯). 마치 임금을 위해 밥을 맛보듯이 하는 것은(若爲君嘗食然) 감히 손님의 예를 감당하지 못하기 때문이다(不敢當客禮也).

442) 茶山: 황간이 말하였다(侃曰). "병자는 살고 싶은 마음이 있다(病者 欲生). 동쪽은 양기를 내는 곳이기 때문에(東是生陽之氣) 머리를 동쪽으로 둔다(故首東也)." 《예기》〈옥조〉에(玉藻曰) "군자는 거처할 때에 항상 문을 향하고(君子之居恒當戶), 잠잘 때엔 항상 머리를 동쪽으로 둔다(寢恒東首)"하였으니, 동쪽으로 머리를 두는 것은(東首者) 평상시 거처하는 예이다(平居之恒禮也). 다만 혼례에서(惟昏禮) 아랫목에 이부자리를 펴면(御衽于奧) 발을 북쪽으로 두고 머리를 남쪽으로 둔다(則北趾而南首 /趾지: 발, 발가락).(박헌순, 1-622면)

13-4. 君命召, 不俟駕行矣.
군명소 불사가행의

命(명): 명하다 /召(소): 부르다 /俟(사): 기다리다 /駕(가): 탈 것, 임금이 타는 수레 /行(행): 가다

君命召(군명소) 임금이 명령을 내려 부르면 不俟駕行矣(불사가행의) 수레 준비를 기다리지 않고 바로 가셨다.

14. 入太廟每事問
입태묘매사문

入太廟(입태묘) 태묘에 들어가 每事問(매사문) 매사를 물으셨다.443)

15. 朋友死無所歸
붕우사무소귀

15-1. 朋友死, 無所歸. 曰: 於我殯.
붕우사 무소귀 왈 어아빈

所(소): ~할 곳 /歸(귀): 돌아가다, 귀의하다, 의탁하다 /於(어): ~에 /殯(빈): 빈소, 시신을 입관한 후 매장할 때까지 임시로 안치하다

朋友死(붕우사) 벗이 죽었으되 無所歸(무소귀) 돌아갈 곳이 없자, 曰(왈) 於我殯(어아빈) "내 집에 빈소를 차려라"라고 말씀하셨다.444)445)

---

443) 제3 八佾의 15장에도 같은 경문이 있다.

444) 茶山: 임시 묻을 자리를 파서 관을 묻어두는 것을 빈이라고 한다(掘肂納棺曰殯 / 肂사: 하관하다, 관을 묻다)(박헌순, 1-624면)

445) 《논어집주》: 벗은 의리로써 합쳐진 것이니(朋友以義合) 죽어서 돌아갈 곳이 없으면(死無所歸) 빈소를 차리지 아니할 수 없다(不得不殯).

15-2. **朋友之饋(붕우지궤), 雖車馬(수거마), 非祭肉(비제육), 不拜(불배).**

> 饋(궤): 보내온 물건(선물) /朋友之饋(붕우지궤)의 之(지): 주격 어조사 /雖(수): 비록 /非(비): 아니다 /祭肉(제육): 제사 지낸 고기 拜(배): 절하다

朋友之饋(붕우지궤) 벗이 보내온 선물은 **雖車馬(수거마)** 비록 수레나 말이라고 하더라도 **非祭肉(비제육)** 제사에 사용한 고기가 아니면 **不拜(불배)** 절하지 않으셨다.[446]

16. **寢不尸(침불시)**

16-1. **寢不尸(침불시), 居不容(거불용).**

> 寢(침): 잠자다 /尸(시): 시체, 시체처럼 펴다〈동사〉 /居(거): 집에 있을 때를 말함 /容(용): 꾸미다, 모양내다

不寢尸(불침시) 주무실 때는 시신처럼 하지 않으셨고(시신처럼 반듯하게 눕지 않으셨고), **居不容(거불용)** 집에 기거하실 때는 용모를 꾸미지 않으셨다.

---

446) 《논어집주》: 朋友끼리는 재물을 서로 융통하여 쓰는 의리가 있다(朋友有通財之義). 그러므로 비록 수레나 말처럼 중요한 것도(故雖車馬之重) 절하지 않는다(不拜). 제사용 고기에 절하는 것은(祭肉則拜者) 그 조상을 공경함이니 이는 자신의 어버이와같 이 여기기 때문이다(敬其祖考同於己親也 /考고: 생각하다, 살펴보다, 견주어 보다).

16-2. 見齊衰者雖狎必變(견자최자수압필변), 見冕者與瞽者(견면자여고자) 雖褻必以貌(수설필이모).

> 見(견): 보다, 만나다 /齊(자): 喪服(상복) *齊(제): 가지런하다 *齊(재): 재계하다(=齋) /衰(재 최): 喪服(상복) /雖(수): 비록 /狎(압): 익숙하다, 편안하다 /變(변): 변하다(여기서는 얼굴빛이 변함) /冕(면): 면류관, (관을) 쓰다 /與(여): ~와(접속사) /瞽(고): 맹인 /褻(설): 속옷, 친하다, 평복 /必以貌(필이모): 반드시 (예의에 맞는)용모를 갖추다

見齊衰者(견자최자) 상복 입은 사람을 보시면 **雖狎必變**(수압필변) 비록 친한 사이라고 하더라도 반드시 얼굴색을 고치며, **見冕者與瞽者**(견면자여고자) 예모를 쓴 관리와 장님을 만나면 **雖褻必以貌**(수설필이모) 비록 친한 사이라고 하더라도 반드시 (예의에 맞는) 용모를 갖추셨다.

16-3. 凶服者式之(흉복자식지), 式負版者(식부판자).

> 凶服者(흉복자): 상복 입은 사람 /式(식): 법, 제도, 의식, 수레의 손잡이 나무, 수레에서 절하다, 수레의 손잡이를 잡고 절하다(=軾(식)) /負(부): 지다, 짐지다, 떠맡다, 업다, 힘입다, (부상을) 입다, 저버리다, 패하다, 근심하다 /版(판): 판목, 널, 널빤지, 책, 편지, 호적부

凶服者式之(흉복자식지) 상복 입은 사람을 보시면 수레의 손잡이를 잡고 절하셨고, **式負版者**(식부판자) 나라의 도판(지도와 호적)을 짊어진 사람에게도 수레의 손잡이를 잡고 절하셨다.447)

---

447) 《논어집주》: '式'은 수레 앞의 가로로 댄 나무이다(式 車前橫木). 공경을 표할 일이 있으면 몸을 굽혀(有所敬則俯 /俯부: 구부리다) 그것에 기댄다(而憑之 /憑빙: 기대다, 의거하다). '負版'은 나라의 지도와 호적을 가지고 있는 자이다(負版 持邦國圖籍者 /籍적: 문서, 호적). 이 두 사람에게 수레의 손잡이를 잡고 절하는 것은(式此二者) 상중에 있는 자를 애통해 하고(哀有喪), 백성의 숫자를 중히 여긴 것이다(重民數也).

16-4. 有盛饌 必變色而作.
유성찬 필변색이작

盛(성): 풍성하다 /饌(찬): 음식, 반찬 /而(이): 순접관계를 표시하는 접속사 /作(작): 짓다, 만들다, 일어나다

有盛饌(유성찬) 풍성한 음식이 있으면 **必變色而作**(필변색이작) (주인이 베푼 예우를 공경해서) 반드시 얼굴빛을 고치고 일어나셨다.[448]

16-5. 迅雷風烈 必變.
신뇌풍열 필변

迅(신): 빠르다, 신속하다, 뛰어넘다 /雷(뇌): 우레, 천둥 /迅雷(신뇌): 매우 맹렬한 우레 /風(풍): 바람 /烈(열): (기세가) 대단하다, 사납다, 굳세다, 강하다, 세차다, 빛나다, 아름답다, 밝다, 공덕

迅雷風烈 必變(신뇌풍열 필변) 몹시 맹렬한 우레가 치거나 바람이 사납게 불면 반드시 얼굴빛을 고치셨다(용모를 가다듬으셨다).[449]

---

448) 《논어집주》: 주인이 베푼 례에 대해 공경함이고(敬主人之禮) 그 음식 때문이 아니다(非以其饌也).

449) 《논어집주》: '必變'이란(必變者) 하늘의 성냄을 공경함이다(所以敬天之怒). 《예기》 예기에 말하기를(記曰) 만약 빠른 바람이 불고, 맹렬한 우레가 치며, 많은 비가 내리면(若有疾風迅雷甚雨) 반드시 얼굴빛을 가다듬고(則必變), 비록 밤이더라도(雖夜) 반드시 일어나(必興) 의관을 갖추고 앉는다(衣服冠而坐)고 하였다.

17. 升車必正立(승거필정립)

17-1. 升車 必正立執綏.(승거 필정립집수)

升(승): 오르다, 떠오르다, 되(부피의 단위) /車(거): 수레 /正(정): 바르게 하다 /執(집): 잡다 /綏(수): 편안하다, 수레에 오를 때 잡고 올라가는 줄

升車 必正立執綏(승거 필정립집수) 수레에 타시면 반드시 똑바로 서서 손잡이 줄을 잡으셨다.[450]

17-2. 車中不內顧, 不疾言, 不親指.(거중불내고 불질언 불친지)

顧(고): 돌아보다 *'內顧'는 돌아봄이다(內顧 回視也(내고 회시야)). 《논어집주》/疾(질): 병, 질병, 높은 소리, 빨리, 신속하게 /親(친): 친하다, 가깝다, 손에 익다, 몸소, 친히 /指(지): 손가락, 손가락질 하다

車中不內顧顧(거중불내고고) 수레 안에시는 안을 돌아보지 않으셨고, **不疾言**(불질언) 빠르게 말씀하지 않으셨고, **不親指**(불친지) 손가락으로 가리키지 않으셨다.[451]

---

450) 《논어집주》: '綏수'는 잡고 수레에 오르는 줄이다(綏 挽以上車之索也 /挽만: 잡아당기다 /索색: 찾다, 동아줄). 범씨가 말하기를(范氏曰) "바르게 서서 줄을 잡으면(正立執綏) 마음과 몸이 바르지 않을 수 없고(則心體無不正), 성의가 정숙하고 공손하게 된다(而誠意肅恭矣). 군자의 장엄하고 공경함은(蓋君子莊敬) 없는 곳이 없고(無所不在), 수레에 오르면 이러한 데에서도 나타나 보이는 것이다(升車則見於此也)."라고 하였다.

451) 《논어집주》: '內顧'는 돌아보는 것이다(內顧 回視也). 《예기》에 이르기를 돌아봄은 수레바퀴를 벗어나지 않는다고 하였다(禮曰 顧不過轂) 이 세 가지는 모두 용모를 잃고 또 남을 의혹하는 것이다(三者皆失容 且惑人).
○이 한 절은 孔子가 수레를 타는 용모를 기록한 것이다(此一節 記孔子升車之容).

18. 色斯擧矣(색사거의)

18-1. 色斯擧矣(색사거의), 翔而後集(상이후집).

> 色(색): 빛, 얼굴빛, 氣色(기색) /斯(사): '~하면' *조건에 따른 결과를 표시하는 접속사 /擧(거): 들다, 손으로 들다, 천거하다, 날아가다 /翔(상): 날다, 빙빙 돌아날다 /而後(이후): 이후 /集(집): 모으다, 모이다

色斯擧矣(색사거의) (자로가 꿩을 잡을 것 같은) 기색을 보이면 곧 날아올라 翔而後集(상이후집) 하늘에서 빙빙 돈 뒤에 내려앉았다.

18-2. 曰(왈): 山梁雌雉(산양자치), 時哉(시재) 時哉(시재). 子路共之(자로공지), 三嗅而作(삼후이작).

> 梁(양): 들보, 나무다리 /雌(자): 암컷 /雉(치): 꿩 /時(시): 때, 철, 기한, 기회, 당시, 때를 맞추다 /哉(재): ~도다 /共(공): 한가지, 함께, 공경하다, 바치다, 올리다(=供(공)) /嗅(후): 냄새 맡다 /作(작): 일어나다

曰(왈): 山梁雌雉(산양자치), 時哉(시재) 時哉(시재) (이것을 보고) 孔子께서 "산속 다리목의 까투리 들은 때를 잘 타는구나!"라고 말씀하시자,

子路共之(자로공지) 자로가 꿩을 (잡아서 구워서) 드렸더니 三嗅而作(삼후이작) 세 번 냄새를 맡고는 일어나셨다.[452)]

---

452) 이 장에 대해서는 그 뜻에 관해 설이 나뉜다. 주자는 孔子가 꿩이 때를 잘 맞춘다고 감탄하신 것인데, 자로는 이를 오해하여 孔子가 그 꿩을 먹고 싶어 하는 것으로 오해하여 잡아 바친 것이고, 孔子는 어처구니없어서 냄새만 맡아보고 일어나 가버렸다고 풀었다.

《논어》 중의 주요 한자 용례

*** 가나다 및 획수 순**

可(가) ❶옳음, 좋음, 맞다 ❷(약간 미진하기는 하지만) 괜찮다 [子貢曰(자공왈) 자공이 물었다. 貧而無諂(빈이무첨) 가난해도 아첨하지 않고 富而無驕(부이무교) 부유해도 교만하지 않다면 何如(하여) 어떻습니까? 子曰(자왈) 공자께서 말씀하셨다. 可也(가야) 괜찮다. 未若貧而樂(미약빈이락) 가난하지만 즐겁게 살고, 富而好禮者也(부이호례자야) 부유하면서도 禮(례)를 좋아하는 것만은 못하다.《논어》학이15장] ❸許諾(허락)하다 ❹듣다, 들어 주다 ❺<副詞나 數詞 앞에 쓰여> ~정도, ~쯤 [飮可五六斗(음가오육두) 5,6두쯤 마신다.《史記》] ❻가히 ❼<보조사(조동사)> ~할 수 있다, ~할 만하다, ~해도 좋다 * 서술어(동사, 형용사)를 보조하여 가능의 의미를 나타낸다. [可使足民(가사족민) 백성을 만족하게 할 수 있다.《논어》선진25장], [不患莫己知(불환막기지) 자기를 알아주는 이가 없음을 걱정하지 말고 求爲可知也(구위가지야) 알아줄 만한 사람이 되기를 구해야 한다.《논어》리인14장>], [仲由可使從政也與(중유가사종정야여) 중유는 정사에 종사하게 할 만합니까?《논어》옹야6장], [溫故而知新(온고이지신) 옛것을 익히고 새로운 것을 알면 可以爲師矣(가이위사의) 남의 스승이 될 수 있다.《논어》위정11장]

*[不可(불가)~] <불가능 · 금지> ~할 수 없다, ~해서는 아니 된다 [民可使由之(민가사유지) 不可使知之(불가사지지) 백성들은 따르게 할 수는 있어도 그 이치를 다 알게 할 수는 없다.《논어》泰伯(태백)9장]

*[可得(가득)] <조동사(허가)> 동사 앞에 쓰이고 '~할 수 있다'라고 해석한다.

*[不可不(불가부)~] <이중 부정> ~하지 않을 수 없다 [父母之年(부모지년) 不可不知也(불가부지야) 부모님의 연세는 알지 않으면 안 된다.《논어》里仁(리인)21장]

*[可以(가이)] <보조사-조동사> ~해도 좋다, ~할 수 있다, 좋다, 괜찮다, ~할 가치가 있다 [溫故而知新(온고이지신) 옛것을 익히고 새로운 것을 알면 可以爲師矣(가이위사의) 남의 스승이 될 수 있다.《논어》위정11장], [中人以上(중인이상) 중등 인물 이상인 사람에게는 可以語上也(가이어상야) 높은 것을 말해 줄 수 있으나 中人以下(중인이하) 중등 인물 이하인 사람에게는 不可以語上也(불가이어상야) 높은 것을 말해 줄 수 없다.《논어》옹야19장]

見(견), 見(현) (1)<음: 견> ❶ 보다, 보이다 ❷되다, 당하다 *피동을 나타내는 조동사 ①

<행위자가 드러나지 않는 경우가 많으며, 드러나더라도 행위자 앞에 전치사가 놓이지 않는 경우> [年四十而見惡焉(년사십이견오언) 其終也已(기종야이) 나이가 40이 되어서도 미움을 당하면, 끝일 따름이다.《논어》양화26장], [趙惠文王嘗得楚和氏璧(조혜문왕상득초화씨벽) 조나라 혜문왕이 일찍이 초나라 화씨벽을 얻었는데 楚昭王請以十五城易之(초소왕청이십오성역지) 초나라 소왕이 城(성) 15개와 바꿀 것을 청하였다. 欲不與(욕불여) 畏秦强(외진강) 주지 않고자 하나 진나라가 강한 것이 두렵고, 欲與恐見欺(욕여공견기) 주려고 하니 속임을 당할까 두려웠다.《史記》], [衆人皆醉(중인개취) 我獨醒(아독성) 是以見放(시이견방) 뭇사람들이 다 취했는데 나 혼자 깨어 있어, 이 때문에 추방당하였다.《漁父詞》] ②<전치사(於(어), 于(우), 乎(호) :~에게)와 호응하여 피동을 나타내는 경우> [公不見信於人(공불견신어인) 공적으로는 남에게 신임을 받지 못하고, 私不見助於友(사불견조어우) 사적으로도 벗에게 도움을 받지 못하였다.《進學解》], [見戮於倭(견륙어왜) 왜놈에게 죽임을 당하다(왜놈에게 죽다).]

(2)<음: 현> ❶뵙다 [冉有季路見於孔子(염유계로현어공자) 염유와 계로가 공자를 알현했다.《논어》계씨1장], [久矣吾不復夢見周公(구의오불복몽현주공) 오래되었도다, 내가 다시 周公을 꿈에 뵙지 못한 것이!《논어》술이5장] ❷나타나다, 보이다 [得志(득지) 澤加於民(택가어민) 뜻을 얻으면 백성에게 은덕을 더해 주고, 不得志修身見於世(부득지수신현어세) 뜻을 얻지 못하면 몸을 닦아 세상에 드러낸다.(澤(택) : 은덕)《맹자》], [莫見乎隱(막현호은) 숨은 것보다 드러남이 없으며, 莫顯乎微(막현호미) 은미함보다 더 나타남이 없으니 故君子愼其獨也(고군자신기독야) 그러므로 군자는 그 홀로 있을 때 삼간다.《中庸》]

故(고) ❶예, 옛, 옛날, 옛일, 원래, 본래, 오래되다 [人亡(인망) 餘故宅(여고택) 사람은 죽고 옛집만 남아 空有荷花生(공유하화생) 부질없이 연꽃만 피어 있구나.(空(공) : 비다, 없다, 부질없다 /荷(하) : 蓮(연)) <李白>] ❷그러므로, 고로, 까닭에 *인과관계를 표시하는 접속사 [泰山不讓土塊(태산불양토괴) 태산은 작은 흙덩이를 사양하지 않아서 故能成其大(고능성기대) 그렇게 높아질 수 있었고, 河海不擇細流(하해불택세류) 河海는 작은 물줄기도 가리지 않았으므로 故能就其深(고능취기심) 그렇게 깊어질 수 있었다.《史記》중 秦나라 재상 李斯의 <諫逐客書>], [大丈夫見善明(대장부견선명) 대장부는 선을 보는 것이 밝으므로 故重名節於泰山(고중명절어태산) 이름과 節操(절조)를 泰山(태산)보다 중히 여긴다.《明心寶鑑》] ❸짐짓, 일부러, 고의로 [知我故來意(지아고래의) 내가 일부러 온 뜻을 알고는 取琴爲我彈(취금위아탄) 거문고를 가져다 나를 위해 타 주네.(琴(금) : 거문고 /彈(탄) : 타다, 연주하다)] ❹까닭, 이유, 연고, 사유 [是何故也(시하고야) 이것은 무슨 까닭인가?], [文獻不足故也(문헌부족고야) 문헌이 부족하기 때문이다. 足則吾能徵之矣(족즉오능징지의) 충분하다면 내가 이를 증명할 수 있을 것이다.《논어》팔일9장] ❺事故(사고) [父母俱存(부모구존) 兄弟無故(형제무고) 一樂也(일락야) 부모가 모두 생존해 계시며, 형제가 무고한 것이 첫 번째 즐거움이다.《맹자》 ❻(오랜)친구 *보통은 '故人(고인)'으로 쓴다. [故人知君(고인지군) 친구가 그대를 알아주었는데 君不知故人(군부지고인) 그대는 친구를 알아주지 않음은 何也(하야) 어쩐 일인가?] ❼죽다, 죽은 사람 ❽나이 많은 사람 ❾거짓, 꾸민 계획 ❿끝 ⓫참으로, 확실히 ⓬시키다, 하게 하다

顧(고) ❶도리어 *반어부사 ❷다만 *한정부사 [兵不必多(병불필다) 병력은 반드시 많아야 하는 것이 아니라 顧用之何如耳(고용지하여이) 다만 씀이 어떠한가일 뿐이다] ❸<동사> 생각컨대, 돌아보다, 지난날을 생각하다, 돌보다 ❹돌아가다 ❺당기다 ❻품을 사다(雇(고))

過(과) ❶허물, 잘못 [過則勿憚改(과즉물탄개) 잘못이 있으면 고치기를 꺼리지 말라.《논어》학이8장] ❷지나치다, 초월하다, 넘다 [過猶不及(과유불급) 지나침은 모자람과 같다.《논어》선진15장] ❸통과하다, 지나가다, 들르다, 넘다 [鯉趨而過庭(리추이과정) 제가 종종걸음으로 뜰을 지나려 하자 曰學禮乎(왈학례호) 禮를 배웠느냐고 물으셨다.《논어》계씨13장], [孔子過泰山側(공자과태산측) 공자가 태산 근처를 지나갔다.] ❹낫다 [若要人重我(약요인중아) 남이 나를 중하게 여기기를 바란다면 無過我重人(무과아중인) 내가 먼저 남을 중히 여기는 것보다 나은 것이 없다.]

教(교) ❶가르치다 ❷본받다 ❸가르침 ❹종교 ❺教令(교령)(임금의 命令(명령)) ❻~로 하여금 ~하게 하다 *서술어인 동사나 형용사를 보조하여 사역의 의미를 나타내는 보조사(조동사) [故教流水盡籠山(고교류수진농산) 일부러 흐르는 물로 하여금 산을 에워싸게 했다. (籠(농) : 대바구니, 싸다, 덮어씌우다)]

苟(구) ❶진실로 ❷한때 ❸임시 ❹적어도 ❺구차히도 ❻진실로 ~일지라도 * 가정이나 조건을 표시하는 접속사. 가정부사로 분류하기도 함. ①접속사 '則(즉)'과 호응하여 가정문을 만든다. [苟能有譜(구능유보) 則可知緩急(즉가지완급) 만약 악보가 있을 수 있다면, 느리고 빠름을 알 수 있다.], [苟利社稷(구리사직) 則不顧其身(즉불고기신) 진실로 나라를 이롭게 한다면 그 몸을 돌보지 않는다.] ②문두에 사용하여 가정문을 만든다. [苟志於仁矣(구지어인의) 진실로 인에 뜻을 두면 無惡也(무악야) 악함이 없다.《논어》리인4장], [苟非吾之所有(구비오지소유) 진실로 나의 소유가 아니면 雖一毫而莫取(수일호이막취) 털끝 하나라도 취하지 말라. <蘇軾의 赤壁賦>], [苟爲善(구위선) 진실로 선을 행한다면 後世子孫必有王者矣(후세자손필유왕자의) 후세의 자손 가운데 반드시 王者(왕자)가 있을 것입니다.《맹자》] ❼[苟且(구차)] 소홀히 하다, 그럭저럭 되는대로 살아가다, 그럭저럭 되는대로 하다, 떳떳하지 못함.

其(기) (1) 인칭대사 ❶<3인칭 대사> 그,

그것 ❷<일반적인 사람을 가리키는 대사> ❸<1인칭대사(자기)> [非其鬼而祭之(비기귀이제지) 자기가 제사 지내야 할 귀신이 아닌 것을 제사 지내다.《논어》위정24장]

(2) 부사 ❶<추측> 아마, 아마도 [知其說者之於天下也(지기설자지어천하야) 그 이치를 아는 사람은 천하에 처하는 것이 其如示諸斯乎(기여시저사호) 아마도 마치 이것을 보는 것과 같을 것이다.《논어》팔일11장], [其爲人(기위인) 아마도 사람됨이 得非悻悻自好者乎(득비행행자호자호) 발끈 화를 잘 내고 스스로만을 아끼는 사람이 아니었을까?《논어집주》공야장10장], [修己而安百姓(수기이안백성) 자기 자신을 닦아서 백성을 편안하게 해 주는 것은 堯舜其猶病諸(요순기유병저) 요순임금도 아마 오히려 힘들어했으리라!《논어》헌문42장] ❷<시간> 장차 ~하려고 하다 [道之將行也與命也(도지장행야여명야) 도가 장차 행해지는 것도 천명이고, 道之將廢也與命也(도지장폐야여명야) 도가 장차 없어지는 것도 천명이니, 公伯寮其如命何(공백료기여명하) 공백료가 장차 천명을 어찌하겠느냐?《논어》헌문38장], [必有凶年(필유흉년) 人其流離(인기유리) 반드시 흉년이 들어 사람들이 유랑하게 될 것이다 <李華>], [小車無軏(소거무월) 작은 수레에 멍에 막이가 없다면 其何以行之哉(기하이행지재) 장차 무엇으로써 그 수레를 운행할 것인가?《논어》위정22장]

*[其(기) ~與(여)] 아마도 ~이리라! 아마도 ~일 것이다! 아마도 ~이겠지! *류종목 : 與(여)는 감탄의 어기를 표시하는 어기조사인데, 추측을 표시하는 부사 其(기)와 함께 쓰이는 경우에는 감탄의 어기어와 추측의 어기를 함께 표시한다. [孝弟也者(효제야자) 부모에게 효도하고 웃어른을 공경한다는 것은 其爲仁之本與(기위인지본여) 仁을 행하는 근본일 것이다.《논어》학이2장], [臧文仲其竊位者與(장문중기절위자여) 장문중은 (아마도) 벼슬자리를 훔친 사람이리라!《논어》위령공14장], [伯夷叔齊(백이숙제) 餓于首陽之下(아우수양지하) 백이숙제는 수양산 아래서 굶주렸으나 民到于今稱之(민도우금칭지) 사람들이 오늘날에 이르도록 그들을 칭송하고 있으니, 其斯之謂與(기사지위여) 이런 것을 두고 말하는 것이리라!《논어》계씨12장]

*[其(기) ~也與(야여)] ⇒ 也(야)

❸어찌(= 豈(기)) [山川其舍諸(산천기사저) 산천의 신이 어찌 그것을 버려두겠는가?《논어》옹야4장]

(3)음절을 조정하고 어기를 고르는 어기조사 [樂其可知也(악기가지야) 음악은 알 수 있다.《논어》팔일23장], [我之不賢與(아지불현여) 내가 크게 어질지 못하다면, 人將拒我(인장거아) 사람들이 나를 거절할 것이니, 如之何其拒人也(여지하기거인야) 내가 다른 사람을 어찌 물리치겠느냐?《논어》자장3장], [子産而死(자산이사) 誰其嗣之(수기사지) 자산이 죽는다면 누가 그를 계승하겠는가?《左傳(좌전)》]

*[其諸(기저)] <발어사> [其諸君子樂道堯舜之道與(기저군자락도요순지도여) 아마 군자가 즐겨 요순의 도를 말했으리라! *류종목 : '아마', '혹시'라의 뜻의 부사이며, 추측을 표시하는 부사 其(기)의 어기를 더욱 강하게 하기 위하여 어기조사 諸(저)가 덧붙여진 형태이로서 [其者(기자)]로 쓰기도 한다.

(4)만일, 만약 *가정이나 조건을 표시하는

접속사 [其或繼周者(기혹계주자) 혹시라도 주나라를 잇는 자가 있다면 雖百世(수백세) 비록 100왕조의 뒤라 하더라도 可知也(가지야) 알 수 있을 것이다.《논어》 위정23장], [其如是(기여시) 孰能御之(숙능어지) 만약 이처럼 된다면 누가 그것을 막을 수 있겠습니까?《맹자》]

豈(기) ❶<반어부사> 어찌, 어찌하여 [初豈樂爲哉(초기락위재) 처음부터 어찌 즐겨하겠는가?] ❷바라다 ❸일찌기 ❹즐기다 ❺(= 其(기))
*[豈若(기약)~] <반문> 어찌 ~와 같겠는가? [雖有他親(수유타친) 豈若兄弟(기약형제) 비록 다른 친척이 만더라도 어찌 형제만 하겠는가?《四字小學》]

幾(기) ❶<의문형용사> 몇, 얼마 [少壯幾時兮(소장기시혜) 젊은 날이 몇 날인가, 奈老何(내노하) 늙음을 어찌하랴?(奈(내) : 어찌, 어찌할까)<漢武帝의 秋風辭>], [相識滿天下(상식만천하) 서로 얼굴을 아는 사람은 세상에 가득하지만 知心能幾人(지심능기인) 마음을 알아주는 사람이 몇이나 될까?《明心寶鑑》]
*[幾何(기하)(얼마)]의 형태로 쓰이는 경우가 많다. [先生(선생) 能飮幾何而醉(능음기하이취) 선생께서는 얼마를 마시면 취할 수 있습니까?《史記》], [浮生若夢(부생약몽) 爲歡幾何(위환기하) 덧없는 인생이 꿈과 같으니, 기쁨을 즐기는 것이 얼마나 되겠는가?]
❷<의문부사>어찌 ❸기미, 낌새 [賢者順理(현자순리) 而安行(이안행) 현명한 이는 이치에 따라 편안하게 행하고, 智者知幾而固守(지자지기이고수) 지혜로운 사람은 기미를 알아서 굳게 지킨다. <程伊川>], [哲人知幾(철인지기) 어질고 밝은 사람은 기미를 알아서 誠之於思(성지어사) 생각을 성실히 한다.(哲人(철인) : 어질고 밝은 사람) <程伊川 : 動箴(동잠)>] ❹거의 [禍莫大於輕敵(화막대어경적) 화는 적을 가볍게 여기는 것보다 더 큰 것이 없으니, 輕敵(경적) 幾喪吾寶(기상오보) 적을 가볍게 여기면 거의 나의 보물을 잃는다.《老子》] ❺가깝다 [知樂(지악) 음악을 알면 則幾於禮矣(즉기어례의) 예에 가깝다.《禮記》], [耳不聞人之非(이불문인지비) 귀로는 남의 나쁜 것을 듣지 말고, 目不視人之短(목불시인지단) 눈으로는 남의 단점을 보지 말고, 口不言人之過(구불언인지과) 입으로는 남의 허물을 말하지 않아야 庶幾君子(서기군자) 군자에 가깝다.(庶幾(서기) : 어느 한도에 가까운 정도로)《明心寶鑑》] ❻바라다, 바라건대, 원하건대 [王庶幾改之(왕서기개지) 왕이 고치시기를 바라노니, 王如改諸(왕여개저) 왕이 만일 이를 고치신다면 則必反予(즉필반여) 반드시 나를 돌리게 하셨을 것이다.(庶(서) : 바라다 /反(반) : 돌이키다 /予(여) : 나)《맹자》] ❼(그렇게 되기를) 기약(기대)하다(= 期(기)) [言不可以若是其幾也(언불가이약시기기야) 말로써는 그런 것을 기약할 수는 없습니다.《논어》자로15장] ❽자주, 종종 ❾은미하다 ❿위태롭다 ⓫조용히, 조용하고 공손하게 ⓬어느 정도

乃(내) ❶이에 ❷너<2인칭대사> (=若, 女, 汝, 而, 爾) ❸저번에, 이전에 ❹<접속

사> ①그리하여, 마침내, 비로소 [堯子丹朱不肖 요임금의 아들 단주가 불초하여 乃薦舜於天 마침내 순을 하늘에 천거하였다.《十八史略》], [平明漢軍乃覺之 날이 밝은 뒤에 비로소 한나라군은 비로소 이 일을 깨달았다.《史記》] ②그럼에도. 오히려, 뜻밖에도. 어쩌면 [問今是何世 지금이 어느 때냐고 묻는 것을 보니 乃不知有漢無論魏晉 어쩌면 漢나라는 물론 魏나라와 晉나라가 있었다는 것도 모르는 것이 틀림없다.《陶潛》] ❺<강조>, 이야말로. 참으로. [曰 無傷也 (맹자가) 말했다. 나쁠 것이 없습니다. 是乃仁術也 이것이야말로 바로 인을 행하는 방법입니다.《맹자》]

道 ❶길, 도로 ❷도리, 이치 [朝聞道夕死可矣 아침에 도를 깨달으면 저녁에 죽어도 좋겠다.《논어》리인8장] ❸방법 [富與貴是人之所欲也 富貴는 사람들이 원하는 것이지만 不以其道得之 올바른 방법으로 얻은 것이 아니라면 不處也 처하지 않는다.《논어》리인5장] ❹인도하다, 다스리다 [道千乘之國 천승의 나라를 다스리는 데는 … 使民以時 백성 부림을 때에 맞게 하여야 한다.《논어》학이5장], [忠告而善道之 진심으로 일러주어 잘 인도하되 不可則止 안되면 그만두어서 無自辱焉 스스로 욕됨이 없어야 한다.《논어》안연23장] ❺말하다 [無道人之短 無說己之長 남의 단점을 말하지 말고, 제 장점을 기뻐하지 말라], [子貢曰 자공이 말했다. 夫子自道也 공자께서 스스로 하신 (겸손의) 말씀이다.《논어》헌문30장]

得 ❶<뒤에 목적어가 오면 동사> 획득하다, 얻다, 손에 넣다, 만족하다, 깨닫다, 알다. ❷<뒤에 서술어(동사, 형용사)가 오면 그 서술어를 보조하여 가능을 표시하는 조동사> ~할 수 있다, ~할 만하다 [管氏有三歸 관씨는 삼귀를 두었으며, 官事不攝 자기 가신의 일을 겸직시키지 않았으니 焉得儉 어찌 검소했겠는가?《논어》팔일22장], [擇不處仁 가려서 어질고 넉넉한 마을에 살지 않는다면 焉得知 어찌 지혜롭겠는가?《논어》리인1장], [棖也慾 신정은 욕심이 많은데 焉得剛 어찌 강직할 수 있겠는가?《논어》공야장10장]
❸[可得] <조동사> 허가를 나타내며, 동사 앞에 쓰이고 '~할 수 있다'라고 해석한다.
❹[(可)得而], [得以] <조동사> ~할 수 있다 [可得而聞也 들을 수 있다.《논어》공야장12장], [雖有粟 吾得而食諸 비록 곡식이 있다고 한들 내가 그것을 먹을 수가 있겠습니까?《논어》안연11장], [聖人, 吾不得而見之矣 성인은 내가 만날 수 없을 테니 得見君子者 斯可矣 군자다운 사람이라도 만날 수 있으면 좋겠구나!《논어》술이25장]

❺[得非(득비)] <부사> 추측이나 반문을 나타내고 술어 앞에 쓰이며, 통상 <의문어기조사>와 호응하고, '모두 ~이다', '~일 것이다', '~하지 않으면 안 된다'. '설마 ~일 리가 없다', '~이 아닐까' 등으로 해석한다. [其爲人(기위인) 得非悻悻(득비행행)自好者乎(자호자호) 아마도 사람됨이 발끈 화를 잘 내고 스스로만을 아끼는 사람이 아니었을까? (悻(행) : 화내다)《논어》공야장10장]

令(령) ❶~로 하여금 ~하게 하다 *서술어인 동사나 형용사를 보조하여 사역의 의미를 나타내는 조동사 [賢婦令夫貴(현부영부귀) 현명한 아내는 남편을 귀하게 한다.] ❷이를테면 ❸법령, 규칙 ❹남을 높이는 말 ❺명령하다 ❻布告(포고)하다, 널리 알리다 ❼아름답다, 좋다, 착하다 ❽부리다, 일을 시키다

莫(막). 莫(모) (1)<음 : 막> ❶없다, ~이 없다 *無(무)와 쓰임이 같다. [禍莫大於己之欲(화막대어기지욕) 화는 자기의 욕구를 따르는 것보다 큰 것이 없고, 惡莫大於言人之非(악막대어언인지비) 악은 남의 잘못을 말하는 것보다 큰 것이 없다.《明心寶鑑》], [君子之於天下也(군자지어천하야) 군자가 천하에서 살아감에는 無適也(무적야) 오로지 주장함도 없고 無莫也(무막야) 꼭 안 된다는 것도 없고 義之如比(의지여비) 의로움과 친할 뿐이다.《논어》리인10장] ❷'아무도 ~하지 않다'라는 뜻의 無稱(무칭) 지시대사, 영어의 nobody, none, nothing 따위와 같이 대사적 기능과 부정부사적 기능을 겸하고 있다. [不患莫己知(불환막기지) 자기를 알아주는 이가 없음을 걱정하지 말고 求爲可知也(구위가지야) 알아줄 만하게 되기를 구해야 한다.《논어》리인14장], [君仁(군인) 莫不仁(막불인) 임금이 어질면 아무도 어질지 않은 사람이 없고, 君(군)義莫不義(의막불의) 임금이 의로우면 아무도 의롭지 않은 사람이 없다.《맹자》離婁(이루) 上], [項王泣數行下(항왕읍수행하) 항왕이 눈물 몇 줄기를 흘리자 左右皆泣(좌우개읍)莫能仰視(막능앙시) 좌우의 사람들도 모두 울고 아무도 고개를 드는 자가 없었다.《史記》], ❸<금지> 不可(불가)하다, 마라, 말다, ~하지 말라 *無(무), 勿(물)과 쓰임이 같음 [莫交三公(막교삼공) 愼吾身(신오신) 삼정승을 사귀지 말고, 내 몸을 삼가라.(愼(신) : 삼가다)], [莫喫空心茶(막끽공심차) 빈속에 차를 마시지 말고, 少食中夜飯(소식중야반) 밤중에 밥을 적게 먹어라.(喫(끽) : 먹다 /飯(반) : 밥)《明心寶鑑》] ❹[莫不(막불)]<이중부정> ~아니함이 없다 [君正(군정) 莫不正(막부정) 임금이 바르면 아무도 바르지 아니함이 없다.《맹자》], [賢者識其大者(현자식기대자) 현명한 이는 그 큰 것을 기억하고 不賢者識其小者(불현자식기소자) 어질지 못한 이는 작은 것을 기억하여, 莫不有文武之道焉(막불유문무지도언) 문왕과 무왕의 도를 지니고 있지 않은 사람이 없다.《논어》제19편 자장22장] ❺[莫非(막비)]<이중부정> ~아닌 것이 없다 [尺地莫非其有也(척지막비기유야) 한 자 되는 땅도 그의 소유 아닌 것이 없었으며, 一民莫非其臣也(일민막비기신야) 한 사람의 백성도 그의 신하 아닌 이가 없다.《맹자》]

❻<최상급 비교문> ① [莫(막)ⓐ(형용사)於(어)(乎(호), 于(우), 焉(언)) ⓑ] : ⓑ보다 더 ⓐ한 것은 없다. [禍莫大於不知足(화막대어부지족) 화는 족함을 알지 못하는 것보다 더 큰 것이 없다(知足(지족) : 분수를 알아 탐내지 않음)《老子》], [禍莫大於從己之欲(화막대어종기지욕) 화는 욕심을 따르는 것보다 큰 것이 없다.《明心寶鑑》], [莫見乎隱(막현호은) 숨은 것보다 드러남이 없으며, 莫顯乎微(막현호미) 은미함 보다 더 나타남이 없으니, 故君子愼其獨也(고군자신기독야) 그러므로 군자는 그 홀로 삼간다.《中庸》]

② [莫(막)ⓐ(형용사) 焉(언), 有(유)~焉(언)] : 이보다 더 ~함이 없다(焉(언)에는 대사의 뜻이 포함되어 있음). [莫罪大焉(막죄대언) 죄가 이보다 더 큰 것이 없다.]

③ [ⓐ莫如(막여)ⓑ], [ⓐ莫若(막약)ⓑ] : ⓐ는 ⓑ만한 것이 (아무 데도, 그 누구도) 없다 [至樂莫如讀書(지락막여독서) 지극히 즐거운 것은 책 읽는 것만 한 것이 없고, 至善莫如敎子(지선막여교자) 가장 좋은 일은 자식을 가르치는 것만 한 것이 없다.《明心寶鑑》], [知子莫若父(지자막약부) 자식을 알기로는 아버지만 한 사람이 없고 知臣莫若君(지신막약군) 그 신하를 알기로는 그 군주만 한 이가 없다.《管子》]

④ ⓐ無如(무여)ⓑ, ⓐ無若(무약)ⓑ : ③과 쓰임이 같으나 의미는 약한 편이다,

❼[莫(막)~也(야)] ~아니겠느냐? ~않겠는가?('不(불)~乎(호)'와 같은 관용구) [文莫吾猶人也(문막오유인야) 文事(문사)라면 내가 남과 같지 않겠는가?《논어》술이32장]

❽[何莫(하막)~也(야)] 어찌 ~아니하는가? [何莫由斯道也(하막유사도야) 어찌 이 도를 따르지 아니하겠는가?《논어》옹야15장]

❾꾀하다 ❿便安(편안)하다, 安定(안정)되다 ⓫조용하다 ⓬드넓다, 아득하다 ⓭帳幕(장막)

(2) <음: 모> 저물다, 날이 어둡다(= 暮(모))

末(말) ❶끝, 차례의 마지막 ❷지엽, 중요하지 않은 부분, 보잘 것 없다 ❸없다 [雖欲從之(수욕종지) 비록 그를 따르고자 하지만 末由也已(말유야이) 따라갈 수가 없다.《논어》자한11장], [吾末如之何也已矣(오말여지하야이의) 나도 그를 어떻게 할 수가 없다.《논어》자한23장], [末之難矣(말지난의) 어려울 것이 없겠구나.《논어》헌문42장] ❹亂世(난세) ❺자손, 후예 ❻마침내

亡(망), **亡**(무) (1)<음 : 망> ❶망하다 [國雖大好戰必亡(국수대호전필망) 나라가 비록 크더라도, 싸움을 좋아하면 반드시 망한다.], [順天者存(순천자존) 천리에 따르는 자는 보존되고 逆天者亡(역천자망) 천리를 거스르는 자는 망한다.《맹자》], ❷달아나다, 도망하다 [馬無故亡而入胡(마무고망이입호) 말이 까닭 없이 달아나 오랑캐 땅에 들어갔다.(故(고) : 까닭 /胡(호) : 오랑캐)] ❸죽다, 죽은 ❹잃다

(2)<음 : 무> 없다(= 無(무)) [人皆有兄弟(인개유형제) 我獨亡(아독무) 사람들은 모두 형제가 있는데, 나만이 홀로 없다.《논어》안연5장], [不幸短命死矣(불행단명사의) 불행

히도 명이 짧아 죽고 말았습니다. 今也則亡(금야즉무) 지금은 없습니다.《논어》옹야2장]

無(무) ❶<존재동사> 없다 [獲罪於天(획죄어천) 無所禱也(무소도야) 하늘에 죄를 얻으면 빌 곳이 없다.《논어》팔일13장] ❷<금지를 표시하는 부사, =毋(무)> ~(하지)마라, 말라 [無友不如己者(무우불여기자) 자기만 못한 자를 벗하지 말라.《논어》학이8장], [女(여) 爲君子儒(위군자유) 너는 군자다운 선비가 되고, 無爲(무위) 小人儒(소인유) 소인 같은 선비가 되지 말라.《논어》옹야11장] ❸<술어 앞에 위치하여 부정사 不(불), 非(비), 未(미) 등의 의미로 쓰인다> 아니다, ~아니하다(= 不(불)) [三年無改於父之道(삼년무개어부지도) 삼 년 동안 아버지의 도를 고치지 말아야 可謂孝矣(가위효의) 가히 효라고 일컬을 수 있다.《논어》학이11장], [我不欲人之加諸我也(아불욕인지가저아야) 저는 다른 사람이 나에게 가하기를 바라지 않는 일을 吾亦欲無加諸人(오역욕무가저인) 저 또한 그것을 다른 사람에게 가하지 않고자 합니다.《논어》공야장11장] ❹허무

*[無敢(무감)] 감히 -하지 못하다 [子無敢食我也(자무감식아야) 그대는 감히 나를 잡아먹지 못하리라.《戰國策》]

*[無乃(무내)] 문장 끝에 의문의 어기를 표시하는 어기조사(與(여), 乎(호) 등)를 동반하여 "바로 ~이 아닌가?"라는 뜻의 반문형 의문문을 이루어 강한 긍정을 나타낸다. (= 毋乃(무내), 毋迺(무내)) [居簡(거간) 而行簡(이행간) 몸가짐이 대범하면서 행동마저 대범하면 無乃大簡乎(무내대간호) 지나치게 대범한 것이 아니겠습니까?《논어》옹야1장]

*[無慮(무려)] 어떤 수효 앞에 붙어 그만큼 넉넉하게 또는 강조의 뜻으로 쓰인다. [三代花郎(삼대화랑) 無慮二百餘人(무려이백여인) 3대의 화랑은 무려 이백여 명이었다.]

*[無不(무불)]<이중부정>~하지 않음이 없다, ~하지 못함이 없다, ~하지 않을 수 없다. [吾矛之利(오모지리) 於物無陷也(어물무함야) 내 창의 예리함은 사물을 뚫지 못함이 없다.(矛(모) : 창 /利(리) : 날카롭다 /陷(함) : 빠뜨리다)《韓非子》], [臣疑其君(신의기군) 無不危國(무불위국) 신하가 임금을 의심하면 나라를 위태롭게 하지 않을 수 없고, 妾疑其夫(첩의기부) 無不危家(무불위가) 첩이 남편을 의심하면 집안을 위태롭게 하지 않을 수 없다.《史記》]

*[無非(무비)]<이중부정> ~아니한 것이 없다, ~않음이 없다 [人日用之物(인일용지물) 無非五行之物也(무비오행지물야) 사람들이 날마다 사용하는 물건은 오행의 물건이 아닌 것이 없다.《啓蒙篇》]

*[無以(무이)] ~할 수 없다, 할 것이 없다 [好仁者(호인자) 仁을 좋아하는 사람은 無以尙之(무이상지) 이에 더할 것이 없다.《논어》리인6장], [無以至今日(무이지금일) 오늘에 이를 수 없다.], [幼不能强學(유불능강학) 어려서 열심히 공부하지 못하여, 老無以敎之(노무이교지) 늙어서 다른 사람을 가르칠 수 없으니, 吾恥之(오치지) 나는 이것을 부끄럽게 여긴다.《荀子》], [不學詩(불학시) 無以言(무이언) 詩를 배우지 않으면 말을 할 수가 없다.《논어》계씨13장], [父母遺我以身(부모유아이신) 부모가 나에게 몸을 주셨으니 而擧天下之物無以易(이거천하지물무이역)

此身矣(차신의) 천하의 물건을 들어서 이 몸을 바꿀 수 없다.《李珥의 擊蒙要訣》]

勿(물) 아니다, 없다, ~하지 말라 *서술어인 동사나 형용사를 보조하여 사역의 의미를 나타내는 조동사 [過則勿憚改(과즉물탄개) 잘못이 있으면 고치기를 꺼리지 말라.《논어》학이8장], [己所不欲(기소불욕) 勿施於人(물시어인) 자기 원하지 않는 일을 남에게 하지 말아라.《논어》안연2장], [非禮勿視(비례물시) 예가 아니면 보지 말고, 非禮勿聽(비례물청) 예가 아니면 듣지 말며, 非禮勿言(비례물언) 예가 아니면 말하지 말고, 非禮勿動(비례물동) 예가 아니면 행하지 말라.《논어》안연1장]

*[勿以ⓐ而ⓑ(물이 이)] ⓐ하다고 해서 ⓑ하지 말라 [太公曰(태공왈) 태공이 말하였다. 勿以己貴而賤人(물이기귀이천인) 자신이 귀하다고 해서 남을 천대하지 말고, 勿以自大而蔑小(물이자대이멸소) 자신이 크다고 해서 남에게 작다고 멸시하지 말고, 勿以恃勇而輕敵(물이시용이경적) 용감하다고 해서 적을 가볍게 여기지 말라.《명심보감》], [漢昭烈(한소열) 將終(장종) 勅後主曰(칙후주왈) 蜀漢(촉한)의 소열황제(劉備(유비))가 죽음을 앞두고 아들(劉禪(유선))에게 말하였다. 勿以惡小而爲之(물이악소이위지) 악은 아무리 작더라도 하지 말고, 勿以善小而不爲(물이선소이불위) 선은 아무리 작은 일이라고 하지 않아서는 안 된다.《명심보감》]

未(미) ❶미래 ❷아직 ~못하다, 아직까지 ~하지 않다(못하다), 아직~이 아니다(= 不(불)) [不好犯上而好作亂者(불호범상이호작란자) 웃어른을 범하기 좋아하지 않으면서 난을 일으키기를 좋아하는 자, 未之有也(미지유야) 그러한 사람은 아직 없다.《논어》학이2장], [吾斯之未能信(오사지미능신) 저는 이것을 아직 자신할 수 없습니다.《논어》공야장5장], [吾未嘗無誨焉(오미상무회언) 내가 일찍이 가르치지 않은 적이 없었다.《논어》술이7장], [未嘗至於偃之室也(미상지어언지실야) 일찍이 언(子游)의 집에 온 일이 없었습니다.《논어》옹야12장] ❸못하다, 없다(= 無(무)) [未知生(미지생) 아직 삶도 알지 못하는데, 焉知死(언지사) 어찌 죽음을 알겠는가?《논어》선진11장],

*[未皆(미개)]<부분부정> 다 ~하지는 않다 [經目之事(경목지사) 恐未皆眞(공미개진) 눈으로 경험한 일도 다 참되지는 못할까 두렵거늘, 背後之言(배후지언) 豈足深信(기족심신) 등 뒤의 말을 어찌 깊이 믿을 수 있겠는가? (經(경) : 지나다 /恐(공) : 두렵다 /背(배) : 등, 뒤 /豈(기) : 어찌 /足(족) : 족하다 /深(심) : 깊다)《明心寶鑑》]

*[未嘗不(미상불)], [未嘗非(미상비)]<이중부정> ~하지 않은 적이 없다(언제나 ~했다), [君子之至於斯也(군자지지어사야) 군자가 여기에 오면 吾未嘗不得見也(오미상불득현야) 내가 일찍이 뵙지 않은 적이 없었습니다.《논어》팔일24장]

*[未足(미족)] ~할 것이 없다, ~할 가치가 없다 [士志於道而恥惡衣惡食者(사지어도이치오의오식자) 선비가 道에 뜻을 두고서 나쁜 옷과 나쁜 음식을 부끄러워하는 사람은 未足與議也(미족여의야) 더불어 (道를) 논할 가치가 없다.《논어》리인9장]

*[未必(미필)]<부분부정> 반드시 ~한 것은 아니다 [能詩者(능시자) 未必有歌(미필유가) 시를 지을 수 있는 자가 반드시 노래할 수 있는 것은 아니요, 爲歌者(위가자) 未必有詩(미필유시) 노래 부르는 자가 반드시 시를 할 수 있는 것도 아니다. <靑丘永言序>]

夫(부) ❶<발어사> 대저, 대체로 보아서, 무릇 [夫仁者(부인자) 무릇 仁한 사람은 己欲立而立人(기욕립이립인) 자기가 서고 싶으면 다른 사람부터 서게 하고, 己欲達而達人(기욕달이달인) 자기가 도달하고 싶으면 다른 사람부터 도달하게 해준다.《논어》옹 야 28장], [夫國君好仁(부국군호인) 天下無敵(천하무적) 임금이 仁을 좋아하면 천하에 대적할 만한 상대가 없다.《孟子(맹자)》離婁(이루) 上(상)], [夫戰勇氣也(부전용기야) 전쟁의 승패를 좌우하는 것은 용기입니다.《左傳》] ❷~도다, ~구나 *감탄의 어기를 표시하는 종결어기조사 [逝者如斯夫(서자여사부)! 가는 것이 이와 같도다! 不舍晝夜(불사주야) 주야로 그치지 않는구나]《논어》자한16장 ❸이, 그, 저. *류종목 : 경우에 따라 근칭지시대사가 될 수도 있고, 원칭지시대사가 될 수도 있으며, 어떤 문맥에서는 어느 쪽인지 분간하기 어려운 경우도 있다. [非夫人之爲慟而誰爲(비부인지위통이수위) 이 사람을 위해서 슬퍼하지 않고 누구를 위해 슬퍼하겠느냐?《논어》선진9장] ❹남편, 사내, 장정, 남자, 일꾼, 군인 ❺선생, 사부

*[矣夫(의부)]<감탄 어기조사> ~인가 보다, ~일 것이다 [亡之(무지) 이럴 리가 없는데, 命矣夫(명의부) 천명인가 보다.《논어》옹야8장]

不(불), 不(부) *원래의 음은 "불"이지만 다음에 오는 글자의 자음이 "ㄷ"이나 "ㅈ"일 때에는 "부"로 발음한다. ❶아니하다 ❷아니다(동사 =非(비)) [君子不器(군자불기) 군자는 그릇처럼 국한되지 않는다.《논어》위정 12장], [仁者必有勇(인자필유용) 어진 자는 반드시 용기가 있지만, 勇者不必有仁(용자불필유인) 용기 있는 자가 반드시 어짊이 있는 것은 아니다.《논어》헌문5장] ❸~하지 말라(금지의 뜻으로 쓰임) [不患無位(불환무위) 지위가 없음을 걱정하지 말라.《논어》리인14장] ❹못하다 [非敢後也(비감후야) 馬不進也(마불진야) 내가 감히 부대의 뒤에 처지려고 한 것이 아니라, 말이 앞으로 나아가지 못한 것이다.《논어》옹야13장] ❺없다

*[不可不(불가불)]<이중부정> 일하지 않으면 안 된다 [父母之年(부모지년) 不可不知也(불가부지야) 부모의 나이는 알고 있지 않으면 안 된다.《논어》리인20장>]

*[不可以不(불가이불)]<이중부정> ~하지 않을 수 없다 [學者(학자) 不可以不看詩(불가이불간시) 배우는 자는 시를 보지 않을 수 없다], [待客(대객) 不得不豊(부득불풍) 손님을 접대함에 풍성하게 하지 않을 수 없으며, 治家(치가) 不得不儉(부득불검) 가정을 다스림에 검소하지 않을 수 없다.(待(대) : 대접하다 /客(객) : 손님 /豊(풍) : 풍성하다 /治(치) : 다스리다 /儉(검) : 검소하다)《명심보감》]

*[不但(부단)] 다만, 오직, 그러나, 기탄없이, 거리낌 없이

*[不(불) ~無(무)], [不(불) ~不(불)], [無(무) ~不(불)], [不(불)~弗(불)] <조건절(부정)+결과절(부정)> ~하지 아니하면 ~하

지 아니하다 [不經一事(불경일사) 한 가지 일을 겪지 않으면, 不長一智(불장일지) 한 가지 지혜가 자라지 않는다.《明心寶鑑》], [不登高山(불등고산) 높은 산에 오르지 않으면, 不知天之高也(부지천지고야) 하늘의 높음을 알지 못하다.《荀子》], [遇士無禮(우사무례) 선비를 대우함에 예가 없으면, 不可以得賢(불가이득현) 현인을 얻을 수 없다.《淮南子》>], [不信於友(불신어우) 벗에게 믿음을 받지 못하면 弗獲於上矣(불획어상의) 윗사람에게 신임을 얻지 못할 것이다.《맹자》]

弗(불) ~하지 않다, 아니하다, 못하다, <부정부사>로서 목적어가 생략된 타동사나 전치사, 부사어의 꾸밈을 받지 않는 형용사 술어 앞에 쓰여 不보다 더 강한 부정(절대부정)의 어기를 표시한다. ‘不’은 뒤에 자음 ‘ㄷ’이나 ‘ㅈ’이 오면 ‘부’로 발음하지만, 弗은 항상 ‘불’로 읽는다. 자동사, 목적어가 생략되지 않은 타동사나 전치사, 부사어의 꾸밈을 받는 술어 앞에는 사용되지 않는다. [女弗能救與(여불능구여) 네가 구제할 수 없겠느냐?《논어》팔일6장]

非(비) ❶<연계동사 : 명사 . 명사구를 부정> ~이 아니다(= 不爲(불위), 不是(부시)) [知巧言令色之非仁(지교언영색지비인) ‘교언영색함’이 仁이 아님을 안다면 則知仁矣(즉지인의) 곧 仁을 아는 것이다.《논어집주》학이3장] ❷<뒤에 술어(동사 . 형용사)가 오면 보조사(부정)로 쓰인다> [吾非至於子之門(오비지어자지문) 則殆矣(즉태의) 내가 그대의 문하에 이르지 않았다면 위태로웠을 것이다.《莊子》], [男女非有行媒(남여비유행매) 남녀 간에 중매가 있지 않으면 不相知名(불상지명) 서로 이름도 알지 말 것이며, 非受幣(비수폐) 폐백을 받지 않았거든 不交不親(불교불친) 사귀지도 친하지도 아니한다.《禮記》] ❸그르다, 나쁘다, 옳지 않다 ❹등지다, 배반하다 ❺어긋나다 ❻罰(벌)하다, 나무라다, 꾸짖다, 비방하다, 헐뜯다 ❼아닌가, 아니한가 ❽없다 ❾원망하다 ❿거짓, 허물, 잘못, 邪惡(사악) [魯安得獨用天子禮樂哉(노안득독용천자예악재) 노나라만이 어찌 홀로 천자의 예악을 쓸 수 있겠는가. 成王之賜(성왕지사) 성왕이 하사한 것과 伯禽之受(백금지수) 백금이 그것을 받은 것은 皆非也(개비야) 모두 잘못이다.《논어집주》팔일2장]

*[非不(비불)] <이중부정> ~않음이 아니다, ~하지 않는 것은 아니다 [非不說子之道(비불열자지도) 선생님의 도를 좋아하지 않는 것은 아닙니다.《논어》옹야10장]

師(사) ❶스승, 스승으로 삼다, 모범으로 삼다 ❷軍士(군사), 軍隊(군대) *고대에는 약 2,500명의 병력을 일컫는 말이었음 ❸서울 *보통은 ‘京師(경사)’의 형태로 씀 [武以始元六年春至京師(무이시원육년춘지경사) 소무는 시원 6년 봄에 서울에 왔다.] ❹벼슬, 벼슬아치 ❺樂官(악관)

使(사), 使(시) (1)<음 : 사> ❶<사역동사,. 사

역보조사> [使+대상ⓐ +ⓑ용언] ⓐ로 하여금 ⓑ하게 하다. *ⓐ가 생략되기도 한다. [子使漆雕開仕 공자께서 漆雕開로 하여금 벼슬을 하게 하셨다.《논어》공야장5장], [由也千乘之國 由는 천승의 나라에서 可使治其賦也 (그로 하여금) 그 나라 賦(軍政, 부역, 공물, 조세)를 다스리게 할 수는 있을 것이다.《논어》공야장7장], [由也 千乘之國 可使治其賦也 유(자로)는 천승의 나라에 그 군사를 다스릴 수는 있을 것이다.《논어》공야장7장]

*敎, 令, 俾도 <사역보조사>로 쓰인다.

*[不使] ~으로 하여금 ~하지 못하게 하다 [惡不仁者 不仁을 미워하는 사람도 其爲仁矣 그 仁을 행함에 있어서 不使不仁者加乎其身 不仁한 것으로 하여금 자기 몸에 더하지 못하게 한다.《논어》리인6장] ❷부리다 [疑人勿使 남을 의심하거든 부리지 말고 使人勿疑 남을 부렸거든 의심하지 마라.], [君使臣以禮 임금은 예로써 신하를 부리고, 臣事君以忠 신하는 충으로써 임금을 섬겨야 한다.《논어》팔일19장]

*[使者] 윗사람의 명령이나 부탁을 받고 심부름을 하는 사람

❸따르다, 순종하다 ❹제멋대로 하다 ❺使臣 ❻<가정부사> 가령 . 만약 ①문두에 가정부사 使를 써서 가정문을 만든다. *류종목은 가정이나 조건을 표시하는 접속사라고 한다. [如有周公之才之美 만약 주공의 재주와 아름다움을 가지고도 使驕且吝已 가령 교만하고 인색하다면, 其餘 不足觀也 그 나머지는 볼 것이 없다(吝 : 인색하다)《논어》태백11장] ②접속사 '則'과 호응하여 가정문을 만들기도 한다. [使六國各愛其人 가령 육국(戰國時代의 齊, 楚, 燕, 韓, 魏, 趙)이 각각 그 백성을 사랑하였다면. 則足以拒秦 秦나라를 막을 수 있었을 것이다.], [使人之所惡 가령 사람들이 싫어하는 바가 莫甚於死者 죽음보다 심한 것이 없다면, 則凡可以辟患者 무릇 환난을 피할 방법을 何不爲也 어찌 쓰지 않겠는가?《맹자》]

*[設使] 설사 ~일지라도

*[鄕使] <가정부사> ①문두에 써서 가정문을 만든다. [鄕使主人聽客之言 만약 주인이 객의 말을 들었다면, 不費牛酒 소와 술을 허비하지 않고도 終無火患 끝내 불의 재앙이 없었을 것이다.] ②접속사 '則'과 호응하여 가정문을 만든다. [鄕使能瞻前顧後 만약 앞으로 보고 뒤를 돌아보고, 援鏡自戒 거울을 당겨 자신을 경계할 수 있다면, 則何陷於凶患乎 어찌 재난과 환란에 빠졌겠는가?(瞻 : 보다 /顧 : 돌아보다 /援 : 당기다 /鏡 : 거울 /陷 : 빠지다)]

(2) <음 : 시> 使臣으로 보내다, 使臣가다 [使於四方 사방에 사신으로 가서 不辱君命

可謂士矣(가위사의) 군주의 명을 욕되게 하지 않으면 선비라 할 수 있다.《논어》자로20장]

斯(사) ❶이, 이것, 이런, 이러한 *사물을 가리키는 지시대사 [魯無君子者(노무군자자) 노나라에 군자가 없었다면 斯焉取斯(사언취사) 이 사람이 어디에서 이것을 취했겠는가?《논어》공야장2장], [斯人也(사인야) 이런 사람이 而有斯疾也(이유사질야) 이런 병에 걸리다니!《논어》옹야8장]
*[如斯(여사)] 이러함, [斯世(사세)] 이 세상, [斯業(사업)] 이 사업, 그 일, [斯民(사민)] 이 백성, [斯文(사문)] 유교의 도의나 문화를 일컫는 말, 유학자를 일컫는 말, [斯文亂賊(사문란적)] 유교 교리에 어긋나는 언동으로 유교를 어지럽히는 사람을 이르는 말.
❷모두 ❸잠시, 잠깐 ❹떠나다 ❺ 쪼개다, 가르다 ❻다하다 ❼떨어지다 ❽ 희다, 하얗다 ❾賤(천)하다, 낮다 ❿이렇게 되면 곧, ~하면, ~하면 곧, ~하면 그제야, ~한즉 *가정, 조건에 따른 결과를 표시하는 접속사(=則(즉)) [攻乎異端(공호이단) 斯害也已(사해야이) 이단을 전공하면 해로울 따름이다.《논어》위정16장], [觀過(관과) 斯知仁矣(사지인의) (그 사람의) 허물을 보면 곧 (그 사람이) 仁한지를 알 수 있다.《논어》리인7장], [再斯可矣(재사가의) 두 번이면 된다.《논어》공야장19장], [如知其非義(여지기비의) 만일 그것이 옳지 않은 것을 알았으면 斯速已矣(사속이의) 속히 그만둘 일이지 何待來年(하대래년) 어찌 내년까지 기다리겠소.《맹자》]

相(상) ❶서로 [同聲相應(동성상응) 同氣相求(동기상구) 같은 소리는 서로 응하고, 같은 기운은 서로 구한다] ❷돕다, 도움 [管仲相桓公(관중상환공) 관중이 환공을 도와 覇諸侯(패제후) 제후들의 패자가 되었다.《논어》헌문18장] ❸보조자, 시중드는 사람 ❹정승 [將門必有將(장문필유장) 장군의 가문에는 반드시 장군이 나고, 相門必有相(상문필유상) 재상의 가문에는 반드시 재상이 난다.《사기》] ❺모양, 形像(형상) ❻보다, 자세히 보다, 관찰하다 [武王(무왕) 使玉人(사옥인) 相之(상지) 무왕이 옥을 다루는 사람에게 옥을 보게(감정하게) 하였다.]

善(선) ❶착하다, 선하다 ❷잘하다, 잘되다, 훌륭하다 [善哉(선재) 問(문) 훌륭하도다, 물음이!《논어》팔일4장], [申氏善書畵(신씨선서화) 신씨는 서화를 잘하였다.] ❸좋다 [百戰百勝(백전백승) 非善之善者(비선지선자) 백전백승이 좋은 것 중의 좋은 것이 아니고, 不戰而屈人之兵(부전이굴인지병) 善之善者也(선지선자야) 싸우지 아니하고 남의 병사를 굴복시킴이 좋은 것 중의 좋은 것이다.《孫子》] ❹<부사> 잘 . 제발 . 교묘히 [善爲我辭焉(선위아사언) 나를 위하여 잘 말해주시오.《논어》옹야7장]

誠(성) ❶정성 ❷진실, 참 ❸마음을 참되게 가지다 ❹(몸가짐이나 언행을) 삼가다 ❺자세하다 ❻진실로, 만약 ~일지라도 *가정부사

召(소) ❶부르다, 부름 ❷어떤 결과를 가져오게 하다 ❸<사역암시 동사> <召(소)+대상ⓐ +ⓑ용언> ⓐ를 불러서 ⓑ하게 하다 [君召使擯(군소사빈) 임금이 불러서 손님을 영접하게 하다.《논어》향당3장]

所(소) ❶<명사> 일정한 곳이나 지역, 處所(처소), 곳, 지위, 자리, 위치 [退之方六歲 適父所(퇴지방육세 적부소) 퇴지가 막 여섯 살이었는데, 아버지가 계신 곳에 갔다.(方(방) : 이제, 지금)], [北辰居其所(북신거기소) 북극성이 제 자리에 머물러 있되 而衆星共之(이중성공지) 뭇별이 북극성을 향한다.《논어》위정1장] ❷<명사> 경우, 도리, 사리 ❸官衙(관아) ❹장소를 세는 단위 ❺基礎(기초) ❻얼마, 쯤, 정도 ❼있다 ❽거처하다 ❾<不完全 名詞(불완전 명사)(의존명사)> ~(하는)바, ~(하는)일, ~(하는)것 *반드시「所(소) + 用言類(용언류)(동사, 동사구)」의 형태로 體言(체언)(명사구)化(화)한다. [己所不欲(기소불욕) 자기 원하지 않는 일을 勿施於人(물시어인) 남에게 베풀지 말라.《논어》안연2장], [詩者 興所見也(시자 흥소견야) 시란 본 것을 일으키는 것이다.], [有所不行(유소불행) 행하지 말아야 할 바가 있다.《논어》학이12장] *所(소) 앞에 주술구조를 명사구로 만들어 주는 구조조사 之(지)를 함께 쓰는 경우가 많다. [富與貴(부여귀) 是人之所欲也(시인지소욕야) '부귀' 이것은 사람들이 하고자 하는 것이다.《논어》리인5장]

❿[所以(소이)] <관용적 표현> ~한(하는) 것 . 방법 . 까닭(어떤 일을 하게 된 이유), 연후에, 그러나, 그렇지만, ~하는 바(바탕, 근원) [不患無位(불환무위) 지위가 없음을 걱정하지 말고 患所以立(환소이립) 그 지위에 설 능력을 걱정하다.《논어》리인14장], [明鏡 所以照形也(명경 소이조형야) 밝은 거울은 형체를 비추는 것이요, 往古 所以知今也(왕고 소이지금야) 옛날은 지금을 아는 것이다.], [孝者 所以事君(효자 소이사군) 효라는 것은 임금을 섬기는 바(바탕, 근원) 이다.]
⓫[所 ~者(소 자)] <관용적 표현> ~라는 바의 것, ~라는 것(사람), ~하는 바의 것
 *'所(소)+수식어' 가 '者(자)'를 수식하는 형태로 '所(소)'는 해석하지 않아도 무방하다. [從其所刻者(종기소각자) 그 새긴 바의 것을 쫓다.], [毋自欺三字(무자기삼자) '毋自欺' 세 글자는 是吾平生所自勉者(시오평생소자면자) 내가 평생 힘써 온 바이다.(毋自欺(무자기) : 자신을 속이지 않음 /毋(무) : =不 /欺(기) : 속이다 /勉(면) : 힘쓰다)]
⓬[所ⓐ乎(於)ⓑ者(소 호 어 자)] <관용적 표현> ⓑ에게 ⓐ하는 바의 것, ⓑ가 ⓐ하는 것. [所貴乎講學者(소귀호강학자) 학문을 연구함에서 귀하게 여기는 것은 爲其實用也(위기실용야) 그 실용 때문이다.《燕巖集(연암집)》], [所貴乎人者(소귀호인자) 以其有五倫也(이기유오륜야) 사람을 존귀하게 여기는 까닭은 오륜이 있기 때문이다.《童蒙先習(동몽선습)》]
⓭[所以 ~者(소이 자)] ~하는 까닭 [所以謂人有不忍人之心者(소이위인유불인인지심자) 사람이 누구나 남에게 차마 하지 못

하는 마음이 있다고 말하는 까닭]

⑭<피동보조사> ~을 당하다. [日暮 所擊殺者 날이 저물 무렵에 격살 당한 자가 無慮百十人 무려 백십 인이었다.], [千人所指 천명의 사람에게 손가락질을 당하면 無病而死 병이 없어도 죽는다.《漢書》] *주로 [爲ⓐ 所ⓑ] <ⓐ에게 ⓑ당하다>의 형태로 쓰인다. [先則制人 선수를 치면 상대를 제압할 수 있지만, 後則爲人所制 때가 늦으면 다른 사람에게 제압당한다.《史記》], [爲流矢所中 날아오는 화살에 맞았다.《史記》], [夫爲盜所逐 남편이 도둑에게 쫓기다.],

⑮만일, 만약 *가정이나 조건을 표시하는 접속사, 주로 맹세를 할 때 쓴다. [予所否者 내가 만일 례에 어긋나는 일을 했다면 天厭之 하늘이 나를 버릴 것이다.《논어》옹야26장]

⑯[所當爲] 마땅히 해야 할 것

⑰[所謂] 흔히 말하는 바대로, 이른바 [所謂大臣者 이른바 큰 신하라는 것은 以道事君 도로써 임금을 섬기고 不可則止 그것이 안 되면 그만둡니다.《논어》선진23장]

雖 수 ❶비록 ~일지라도 *가정부사, 놓인 위치에 가서 풀이한다. [謂學不暇者 배우려고 해도 겨를이 없다고 말하는 사람은 雖暇亦不能學矣 비록 겨를이 있어도 역시 배울 수 없다.(暇 : 틈, 여가)], [國雖大 비록 나라가 크더라도 好戰必亡 전쟁을 좋아하면 반드시 망한다.], [雖曰未學 비록 아직 배우지 않았다고 하더라도 吾必謂之學矣 나는 반드시 그를 배운 사람이라고 하겠다.《논어》학이7장]

❷아무리 ~하여도 *양보관계를 표시하는 접속사. 주로 [雖何~ : 아무리~한들 어찌 ~하랴]의 구문. [雖利何行其不義 아무리 이익이 된다고 어찌 불의를 행할까?], [雖美何比西施 아무리 예쁜들 西施에 견줄까?] ❸그러나 ❹밀다 ❺추천하다 ❻만일

孰 숙 ❶익다, 익히다, 끓여먹다, 여물다, 무르익다 ❷정통하다, 숙련하다, 익숙하다 ❸<부사> 익히 ❹어느 것, 무슨 일, 무엇, 누가 *의문대사, 주어진 범위 내에서 선택하게 하는 의문문에 쓰인다. [是可忍也 이런 일도 차마 할 수 있는데 孰不可忍也 무슨 일인들 차마 하지 못 하겠는가?《논어》팔일1장], [孰謂鄹人之子 知禮乎 누가 추땅 사람의 아들이 예를 안다고 말하는가?《논어》팔일15장]

*[與其(또는 與)ⓐ 豈若(若如, 孰若, 孰如, 不若, 不如)ⓑ] <관용어> ⓐ 하는 것 보다 ⓑ 하는 것이 낫다. [與其得罪於鄉黨州閭 고장과 마을에 죄를 얻게 하기보다는 寧孰諫 차라리 익히 간해야 한다.《논어집주》리인18장]

勝 승 ❶이기다, 낫다 [質勝文則野 바탕

이 꾸밈을 이기면 촌사람 같다.《논어》옹야16장] ❷경치가 좋다 [勝地本來無定主(승지본래무정주) 명승지는 본래 주인이 없다.]

是(시) ❶이, 이것 *막연한 것을 가리키는 (근칭)지시대사, 불특정의 것인 만큼 '어느 것이든'이라는 의미를 내포하고 있다. [惡死亡而樂不仁(오사망이락불인) 죽고 망하는 것을 싫어하면서 어질지 못함을 좋아하니, 是猶惡醉而强酒(시유오취이강주) 이는 취함을 싫어하면서도 억지로 술을 마시는 것과 같다.(醉(취) : 취하다 /强(강) : 억지로)《맹자》], [夫子之於是邦(부자지어시방) 선생님께서는 어느 한 나라에 이르시다.《논어》학이10장], [君子無終食之間違仁(군자무종식지간위인) 군자는 밥을 먹는 동안이라도 仁을 떠남이 없으니, 造次必於是(조차필어시) 경황 중에도 이(仁(인))를 반드시 하여, 顚沛必於是(전패필어시)위급한 상황에도 이(仁(인))를 반드시 하는 것이다.《논어》리인5장] ❷여기 ❸옳다, 바르다, 맞다 [是非朝朝有(시비조조유) 시비가 아침마다 있더라도 不聽自燃無(불청자연무) 듣지 않으면 저절로 없어진다.(朝朝 : 아침마다) *명사가 중첩되면 每(매)(매양, 늘, 언제나)의 뜻을 지닌다.] ❹바르게 하다, 옳다고 인정하다, 바로잡다, 다스리다 ❺실로, 정말로 *어세를 강조하는 작용을 한다. [求(구) 無乃爾是過與(무내이시과여) '求(구)'야 이것은 바로 너의 잘못이 아니냐?《논어》계씨1장] ❻이처럼, 이렇게 (=如是(여시)) [丘何爲是栖栖者與(구하위시서서자여) '丘(구)'(공자)는 어찌하여 이렇게도 연연하는 것인가? 無乃爲佞乎(무내위영호) 말재주를 부리려고 함이 아닌가?《논어》헌문34장] *원래 '이와 같다', '이렇다'라는 뜻이지만 여기서는 부사어로 쓰여서 '이처럼', '이렇게'라는 뜻이 된다. ❼~이다 *연계동사로서 반드시 보어를 취하고 주어와 보어 사이에 놓여 이를 연결하는 역할을 한다. 일반동사와는 달리 동작성은 없고, 주어와 보어를 연계하여 판단작용을 한다. [爲善(위선) 是受福之道(시수복지도) 선을 행하는 것이 복을 받는 길이다.], [聞則是病(문즉시병) 들으면 병이요, 不聞是藥(불문시약) 듣지 않으면 약이다.], [口是禍之門(구시화지문) 입은 재앙의 문이요 舌是斬身刀(설시참신도)혀는 몸을 자르는 칼이다.] ❽무릇 ❾이에(접속사), 이렇게 [於予與改是(어여여개시) 宰予(재여)때문에 이렇게 바뀌게 되었다.《논어》공야장9장] ❿다만, 단지(=祇(지)) [今之孝者(금지효자) 지금의 효라는 것은 是謂能養(시위능양) 나만 질부양하는 것만이라고 이른다.《논어》위정7장]

惡(악)·惡(오) (1)<음 : 악> 악, 악하다, 나쁘다 [苟志於仁矣(구지어인의) 無惡也(무악야) 진실로 인에 뜻을 두면 악함이 없다.《논어》里仁(리인)4장], [行惡之人(행악지인) 如磨刀之石(여마도지석) 악을 행하는 사람은 칼을 가는 숫돌과 같아서 不見其損(불견기손) 닳아 없어지는 것이 보이지 않으나, 日有所虧(일유소휴) 날로 이지러지는 바가 있다.(虧(휴) : 이지러지다) 《명심보감》]
(2)<음 : 오> ❶미워하다, 싫어하다 [惟仁者(유인자) 能好人(능호인) 能惡人(능오인) 오직 어진 사람이라야 남을 좋아할 수 있고, 미워할 수 있다.《논어》리

인3장], [衆好之 必察焉 여러 사람이 좋아하더라도 반드시 살펴야 하며, 衆惡之 必察焉 여러 사람이 미워하더라도 반드시 살펴야 한다.《논어》위령공27장] ❷어찌, 어찌하여, 어떻게
*의문부사 [惡有滿而不覆者哉 어찌 가득 차고도 엎어지지 않는 것이 있겠는가?(覆 : 뒤집히다)《荀子》], [以小易大 작은 것으로 큰 것과 바꾸었으니, 彼惡知之 저들이 어찌 이것을 알겠습니까?《맹자》], [先生飮一斗而醉 선생은 한 말 술을 마시면 취하는데, 惡能飮一石哉 어떻게 한 섬 술을 마실 수 있겠습니까?(石 : 섬, 부피의 단위)《史記》] ❸어디 *의문대사 [學惡乎始惡乎終 배움은 어디에서 시작하여 어디에서 끝나는가?(惡乎 : 乎惡의 도치로서 '어디에서', '어떻게', '어찌'의 뜻)《荀子》], [君子去仁 군자가 仁에서 떠난다면 惡乎成名 어찌 (어디에서, 어떻게) 이름을 이룰 수 있겠는가?《논어》리인5장] ❹<감탄사> [惡 可不察與 아! 살피지 않을 수 있겠는가?《莊子》] ❺더럽다, 추하다, 못생기다, 바쁘다, 흉년 들다, 불길하다, 싫어하다, 미워하다, 헐뜯다, 두려워하다, 부끄러워하다, 불화하다, 모질다.

安 안 ❶편안하다, 즐기다, 좋아하다 ❷편안하게 여기다 ❸<사역동사> 편안하게 하다 [老者 安之 늙은이들은 그가 편안하게 하다.《논어》공야장25장] ❹어찌<의문부사> [本不結交 본래 사귐을 맺지 않았다면 安有絶交 어찌 사귐을 끊음이 있겠는가?《耳談續纂》] ❺어디<의문대사> [安見方六七十 如五六十 而非邦也者 사방 6,7십 리나 5,6십 리가 되고서 나라가 아닌 것을 어디서 보겠느냐?《논어》선진25장], [子安取禮 그대는 어디에서 예를 취하여 而來待吾君 우리 임금을 대하는가?] ❻이에, 곧(乃)

也 야 <어기조사> ❶<단정의 어기를 표시하는 종결어기조사> 일반적인 문장의 끝에 쓰여서 '~이다'(~아니다)라는 판단 또는 비교적 단호한 진술의 어기를 표시하는 종결어기조사. 서술어가 명사 . 명사구일 때 주로 쓰이지만, 서술어가 동사나 형용사일 때에도 쓰인다. ①서술어가 명사 . 명사구일 때 [李舜臣 名將也 이순신은 명장이다. *名將은 명사로서 엄밀히 말하면 서술어가 될 수 없으나 也가 붙어서 서술어 역할을 한다. 현대 중국어로 하면 李舜臣 是名將이 된다.], [羞惡之心 義之端也 잘못을 부끄러워하는 마음이 '義'의 단서이다.《맹자》] ②서술어가 동사인 경우 [今君有一窟 未得高枕而臥也 지금 그대는 한 개의 굴만을 가지고 있으므로 베개를 높이하고 누울 수 없다], [思則得之 생각하면 사리를 알게 되고 不思則不得也 생각하지 않으면 사리를 알지 못한다.《맹자》], [言之不出 옛날에 말을 함부로 하지 않은 것

은 恥躬之不逮也(치궁지불체야) 일을 몸소 함이 미치지 못함을 부끄러워한 것이다. *이문주 : 여기의 也(야)는 '~이기 때문이다'의 뜻《논어》리인22장]

③서술어가 형용사인 경우 [君子必愼其獨也(군자필신기독야) 군자는 반드시 혼자 있을 때 삼가야 한다.]

*[也已(야이)]: ~따름이다, ~일 뿐이다, ~일 뿐이다

*단정이나 한정의 어기로 문장을 종결 짓는 어기조사. 也와 已는 모두 단정적인 어기를 표시하지만, 이 둘을 함께 씀으로써 더욱 단정적인 어기를 표시한다. [君子(군자)… 就有道而正焉(취유도이정언) 도가 있는 이에게 나아가 바로잡으니 可謂好學也已(가위호학야이) 배우기를 좋아한다고 이를 만하다.《논어》학이14장], [攻乎異端(공호이단) 斯害也已(사해야이) 이단에 몰입하면 해로울 따름이다.《논어》위정16장]

❷<의문의 어기를 표시하는 종결어기조사> ~냐? <耶(邪)(야 야) : 그런가? · 歟(여) · 乎(호)와 같게 씀> [孰不可忍也(숙불가인야) 무슨 일인들 차마 하지 못하겠는가?《논어》팔일1장], [何謂也(하위야) 무슨 말씀입니까?(앞의 何(하)와 호응하여 의문문을 만듦)《논어》리인15장], [追我者(추아자) 誰也(수야) 나를 쫓는 자는 누구인가?]

*[何以~也(하이 야)] 어찌하여 ~입니까?(이때 也(야)는 앞의 何以(하이)와 호응하여 의문문을 만드는 어기조사이다) [何以謂之文也(하이위지문야) 어찌하여 文이라고 부릅니까?《논어》공야장14장]

*[也與(야여)] ~인가? (종결을 뜻하는 어기조사 也와 의문을 뜻하는 어기조사 與를 연이어 쓴 것임. 이런 경우는 대개 뒤에 있는 어기조사에 중점을 둔다) [仲由(중유) 可使從政也與(가사종정야여) 중유는 정사에 종사하게 할 만합니까?《논어》옹야6장]

*[其(기) ~也與(야여)] 의문의 어기를 표시하는 어기조사인 也與(야여)가 추측을 표시는 부사 其(기)와 호응하여 자신의 생각을 완곡하게 표현하는 어기를 나타낸다. [無爲而治者(무위이치자) 인위적으로 하지 않고 다스린 사람은, 其舜也與(기순야여) 아마도 순임금이리라!《논어》위령공4장], [色厲而內荏(색려이내임) (君子(군자)라면서) 겉으로는 위엄이 있으면서도 속마음이 유약한 사람은 譬諸小人(비저소인) 소인에 비유하자면 其猶穿窬之盜也與(기유천유지도야여) 아마도 벽을 뚫거나 담장을 타고 넘는 도둑과 같을 것이다.《논어》양화12장]

❸<반어의 어기를 표시하는 종결어기조사> [且欲與常馬等(차욕여상마등) 不可得(불가득) 또한 보통의 말과 같아지려고 해도 할 수 없는데, 安求其能千里也(안구기능천리야) 어찌 천 리를 갈 수 있기를 구하겠는가? *반어부사 安(안)과 의문종결사 也(야)가 호응하여 反語(반어)의 뜻(강한 긍정의 뜻)을 표현한다.]

❹<음절을 조정하고 어기를 고르는 어기조사> 이런 종류의 어기조사는 중간에 말을 잠시 끊음으로써 말하는 사람의 호흡을 조절하고, 이로써 그 앞의 말을 객관화시켜 강조하여 듣는 사람의 주의를 환기하는 역할을 한다.

①<주어를 강조> *主語를 표시하는 어기조사로서 '~은(는)', '~이', '~가'의 뜻이라는 견해(이문주) [其爲人也孝弟(기위인야효제) 사람됨이 효성스럽고 공경스러우면서 而好犯上者(이호범상자) 윗사람 해치기

를 좋아하는 사람은 鮮矣(선의) 드물다. *김용재 : '也'는 주어를 객관화시켜 강조하는 용법《논어》학이2장], [中也養不中(중야양부중) 중용의 덕을 갖춘 사람이 갖추지 못한 이를 길러 주고, 才也(재야) 養不才(양부재) 재능이 있는 이가 없는 이를 길러 준다.], [鳥之將死(조지장사) 새가 죽음을 앞두면 其鳴也(기명야) 哀(애) 그 울음소리가 애처롭고, 人之將死(인지장사) 사람이 죽음을 앞두면 其言也善(기언야선) 그 말이 선하다.《논어》태백4장], [其爭也君子(기쟁야군자) 그 다툼이 군자답다.《논어》팔일7장], [女與回也(여여회야) 孰愈(숙유) 너와 안회는 누가 나으냐?《논어》공야장7장], [棖也慾(정야욕) 焉得剛(언득강) 정은 욕심이 많은데 어찌 강할 수 있겠는가《논어》공야장10장]

*[也者(야자)] ~라는 것 *류종목 : 음절을 조정하고 어기를 고르는 두 개의 어기조사가 연이어 쓴 것, 주어를 객관화시킴, 者(자)는 음절을 조정하고 어기를 고르는 어기조사인데, 경우에 따라 '~라고 하는 것', '~라고 하는 사람'으로 풀이하는 것이 자연스러울 때도 있다. [孝弟也者(효제야자) 부모에게 효도하고 웃어른을 공경한다는 것은 其爲仁之本與(기위인지본여) (아마도) 仁을 행하는 근본일 것이다.《논어》학이2장] *이문주 : 也는 어조사, 者는 의존명사, 也者는 '~라는 것은'의 뜻 *김용재 : 주어를 객관화시켜 강조하는 용법. '효제라고 하는 것은'으로 풀이한다.

②<보어를 강조> [始吾於人也(시오어인야) 처음에는 내가 다른 사람에 대하여 聽其言而信其行(청기언이신기행) 그 말을 듣고 그 행실을 믿었는데, 今吾於人也(금오어인야) 지금은 내가 다른 사람에 대하여 聽其言而(청기언이) 觀其行(관기행) 그 말을 듣고 그 행실을 살펴보게 되었다. 於予與改是(어여여개시) 재여 때문에 이렇게 바꾸었다.《논어》공야장9장 *也(야)가 보어인 於人(어인)을 강조해 줌]

③<부사를 강조> [聽訟(청송) 송사를 판결하는 것은 吾猶人也(오유인야) 나도 다른 사람들과 같다. 必(필) 也使無訟乎(야사무송호) (그러나 나는 백성들로 하여금) 반드시 송사가 없도록 하고자 한다!《논어》안연13장 *也(야)가 부사인 必(필)을 강조], [必也正名(필야정명) 乎(호) 반드시 명분을 바로잡다.《논어》자로3장], [今也則亡(금야즉무) 지금은 없습니다.《논어》옹야3장]

❺<몇 가지 사항을 나열하는 어기조사> [天(천) 地之道(지지도), 博也(박야), 厚也(후야), 高也(고야), 明也(명야), 悠也(유야), 久(구) 也(야). 천지의 도는 넓고, 두텁고, 높고, 밝고, 멀고, 오래다.《禮記》], [惡紫之奪朱也(오자지탈주야) 자주색이 붉은색을 빼앗는 것을 미워하며, 惡鄭聲(오정성) 之亂雅樂也(지란아악야) 정나라 음악이 아악을 어지럽힘을 미워하며, 惡利口之覆邦家者(오리구지복방가자) 말 잘하는 입이 나라를 뒤엎는 것을 미워한다.《논어》양화18장]

❻<명령의 어기를 표시하는 종결어기조사> [不患人之不知己(불환인지부지기) 남이 자신을 알아주지 않음을 걱정하지 말고, 患不知人也(환부지인야) 내가 남을 알지 못함을 걱정하라.《논어》학이16장]

❼<영탄, 감탄의 어기를 표시하는 종결어기조사> ~냐, ~이여, ~하다니 [大哉(대재), 堯之爲君也(요지위군야) 위대하시다! 요의 임금 됨이여!《논어》태백19

장], [斯人也(사인야) 而有其疾也(이유기질야) 이런 사람이 이런 병에 걸리다니!《논어》옹야8장]
❽<호격 어조사> ~야. ~여. [賜也(사야)! 爾愛其羊(이애기양) 사야! 너는 그 양을 아까워하느냐?《논어》팔일17장]

耶(야), 耶(사) ❶<의문, 반어 종결어기조사> ~일까, 어째서 ~일까 (= 歟(여)) [我則何故獨爲衆人耶(아즉하고독위중인야) 나는 무슨 까닭으로 유독 평범한 사람이 되었는가?], [王曰(왕왈) 齊無人耶(제무인야) 使子爲使(시자위사) (제나라) 왕이 말했다. 제나라에는 사람이 없는가? 그대를 사람을 사신으로 보내다니.《晏子(안자)》], [豈大者獨惡死(기대자독오사) 어찌 큰 것만 죽기를 싫어하고 而小則不爾耶(이소즉불이야) 작은 것은 그렇지 않겠는가?]
*[~耶(야) ~耶(야)] <선택> ~인가 ~인가 [天道是耶(천도시야) 非耶(비야) 천도는 옳은 것인가 그른 것인가?《史記》]
❷<감탄 어기조사 耶(야)> (어쩌면) ~느냐 (=歟(여))
❸耶(사) : 간사하다 (= 邪(사))

若(약) ❶<대등비교 의미의 형용사> [ⓐ若(약)ⓑ] ⓐ는 ⓑ와 같다 [= ⓐ如(여)ⓑ], [= ⓐ猶(유)ⓑ] [上善若水(상선약수) 최상의 선은 물과 같다.《老子》], [指不若人(지불약인) 손가락이 남들과 같지 않으면 則(즉) 知惡之(지오지) 이것을 싫어할 줄 알되, 心不若人(심불약인) 마음이 남들과 같지 않으면 則不知惡(즉부지오) 이것을 싫어할 줄 모른다.《맹자》]
*[ⓐ不若(불약)ⓑ], [ⓐ不如(불여)ⓑ] <열등비교> ⓐ는 ⓑ보다 못하다, ⓐ보다 ⓑ가 낫다. ⓐ는 ⓑ에 미치지 못한다 [吾與其富而畏人(오여기부이외인) (曾參(증참)이 말했다) 나는 부유하면서 남을 두려워하기보다는 不若貧而無屈(불약빈이무굴) 가난하지만 굽힘이 없는 것이 낫다. *내가 부유하면서 남을 두려워하는 것은 가난하지만 굽힘이 없는 것만 못하다.《공자가어》]
*[與其(여기)ⓐ 不如(불여)(不若(불약))ⓑ] ⇒ 與(여)
*[莫若(막약)ⓐ] ⓐ에 미치는 것은 없다. ⓐ가 가장 좋다.(= 無如(무여)~) [爲大王計(위대왕계) 대왕을 위한 계책으로는 莫若六國從親以擯秦(막약육국종친이빈진) 여섯 나라가 동맹을 맺어 진나라를 물리치는 만한 것이 없습니다.《十八史略》]
*[未若(미약)ⓐ] ⓐ에 미치지 못한다. ⓐ가 낫다. [未若貧而樂(미약빈이락) 富而好禮者也(부이호례자야) 가난하면서도 즐거워하며, 부유하면서도 禮를 좋아하는 것만은 못하다.《논어》학이15장)]
❷만약에 ~하다면. 가령 ~하다면 *가정부사 ①접속사 '則(즉)'과 호응하여 가정문을 만든다. [若紙不生毛(약지불생모) 만약 종이에 보풀이 일어나지 않으면, 則必責其不讀(즉필책기불독) 반드시 읽지 않은 것을 꾸짖었다.(責(책) : 꾸짖다)] ②[若 + 용언] ~이라면 [孔子三計圖云(공자삼계도운) …공자삼계도에 말하였다. …春若不耕(춘약불경) 秋無所望(추무소망) 봄에 밭을 갈지 않으면 가을에 바라는 바가 없고 寅若不起(인약불기) 日無所辦得(일무소판득) 만약 새벽에 일어나지 않으면 하루에 힘쓸 것이 없다.(寅(인) : 인시, 새벽 03시~05시 /辦(판) : 힘쓰다)《明心寶鑑》], [若使天(약사천)

下兼相愛(하겸상애) 만일 천하로 하여금 서로 사랑하게 한다면 國與國不相攻(국여국불상공) 나라와 나라가 서로 공격하지 아니할 것이다.(兼(겸) : 겸하다, 포용하다 /相(상) : 서로 /愛(애) : 사랑하다 /攻(공) : 치다)《墨子(묵자)》, [若異國兵來(약이국병래) 만일 다른 나라 군사가 오거든, 陸路不使過炭峴(육로불사과탄현) 육로는 탄현을 지나지 못하게 하고 水軍不使入伎伐浦(수군불사입기벌포) 수군은 기벌포에 들어오지 못하게 하십시오.(過(과) : 지나다)《三國遺史(삼국유사) 중 成忠(성충)이 義慈王(의자왕)에게 올린 글》]

❸~와, 및 *병렬관계를 표시하는 접속사 [男若女出(남약여출) 남자와 여자가 나와서 而頌萬德之恩(이송만덕지은) 만덕의 은혜를 칭송하였다], [大夫沒矣則稱諡若字(대부몰의즉칭시약자) 대부가 죽으면 시호와 자를 부른다.《禮記》] ❹~로 말하자면, ~로 말할 것 같으면, ~는 *두 가지 또는 여러 가지 사실의 대비관계를 표시하는 접속사 [若聖與仁(약성여인) 성인과 인자라면, 則吾豈敢(즉오기감) 내가 어찌 감히 될 수 있겠는가?《논어》술이33장]

❺너 *2인칭 대사(= 爾(이), 女(여), 汝(여), 而(이)) [若非吾故人乎(약비오고인호) 너는 내 친구가 아닌가?《史記》], [我勝若(아승약) 내가 그대를 이기고, 若不吾勝(약불오승) 그대가 졌다면, 我果是也(아과시야) 내가 과연 옳고, 而果非也邪(이과비야사)네가 과연 그른 것인가?(是(시) : 옳다 /果(과) : 과연 /而(이) : 너 /耶(야) : 종결사)《莊子》]

❻이, 이런 *지시대사 [君子哉(군자재) 若人(약인) 군자답도다 이 사람은!《논어》공야장2장], [以若所爲(이약소위) 求若所欲(구약소욕) 이런 방법으로 이런 욕망을 추구하는 것은 猶緣木而求魚也(유연목이구어야) 나무에 올라가 물고기를 찾는 것과 같습니다.《맹자》], [君人者(군인자) 亦可以察若言矣(역가이찰약언의) 임금 노릇 하는 사람은 이와 같은 말에도 주의를 기울여야 한다.《荀子》] ❼어리다 [若年(약년) 젊은 나이] ❽<의문부사> ① [若(약) ~何(하)] ~어떠한가. 어째서 ~인가. (= 如何(여하)) [若四國何(약사국하) 주위 나라들은 어떠한가?《左氏傳(좌씨전)》 ② [何若(하약)] 어떠한 것인가. 어떻게 하는 것인가. (= 何如(하여)) 順天之意何若(순천지의하약) 어떻게 하늘의 뜻에 순종하겠는가?《墨子(묵자)》 ③ <반문> [豈若(기약)~] 어찌 ~와 같겠는가 [雖有他(수유타) 親(친) 豈若兄弟(기약형제) 비록 다른 친척이 많더라도 어찌 형제만 하겠는가?《四字小學》]

於(어) (1) 전치사 ❶~에, ~에서, ~에게서, ~로 *처소, 장소의 기점, 출발, 발단, 근원, 시발점, 동작의 귀착지를 표시하는 전치사(= 于(우), 乎(호)) [夫子至於是邦也(부자지어시방야) 선생님께서는 한 나라에 이르시면 必聞其政(필문기정) 반드시 그 나라 정사에 대하여 들으신다.《논어》학이10장], [殷(은)因於夏禮(인어하례) 은나라가 하나라의 예를 인습하였다.《논어》위정23장], [邦無道(방무도) 나라에 도가 없으면 免於刑戮(면어형륙) 형벌에 처하지 않을 것이다.《논어》공야장1장] ❷~에, ~에게, ~에 있어서, ~에 대하여 *간접목적어(대상)를 표시하는 전치사 [子禽(자금) 問於子貢(문어자공) 자금이 자공에게 물었다.《논어》학이10장], [不告於王(불고어왕) 而私與之(이사여지) 吾子之祿爵(오자지녹작) 왕에게 말씀드리지 않고 사사로이 그에게 당신의 봉록과 작위를 준다.《孟子(맹자)》], [己所不欲(기소불욕) 勿施於人(물시어인) 자기 원하지 않는 일을 남에게 하지 말라.《논어》안연2장], [當仁(당인) 不讓於師(불양어사) 仁에 대해서는 스승에게도 양보하지 않는다.《논어》위령공35장], [志於道(지어도) 據於德(거어덕) 依於仁(의어인) 游於藝(유어예) 도에 뜻을 두고, 덕에 의거하며, 인에 의지하며, 예에 노닐다.《논어》술이6장], [君子喩於義(군자유어의) 군자는 의에 밝고 小人喩於利(소인유어리) 소인은 이익에 밝다.《논어》리인16장], [始吾於人也(시오어인야) 聽其言而信其行(청기언이신기행) 처음에 내가 다른 사람에 대하여 그 말을 듣고 그 행동을 믿었다.《논어》공야장9장], [君子之(군자지) 於天下也(어천하야) 군자는 천하 만물을 대함에 있어서 無適也(무적야) 오로지 주장함도 없고, 無莫也(무막야) 절대로 안 된다는 것도 없다.《논어》리인10장], [四境之內(사경지내) 莫不有求於王(막불유구어왕) 사방 국경 안에서 왕에게 구하지 않는 바가 없다.]

*'於~'가 대상을 표시할 때('~에게')는 동사의 앞이나 뒤에 올 수 있고, 말미암은 바를 표시할 때는 동사 뒤에 둔다. '自~(로부터)'는 동사 앞에 둔다. [吾自衛反魯(오자위반노) 然後樂正(연후악정) 雅頌(아송) 各得其所(각득기소) 내가 위나라로부터 노나라로 돌아온 후에 음악이 바르게 되고 雅.頌이 각각 제자리를 찾았다.《논어》자한14장]

❸~로 인하여, ~때문에, ~에 의하여 *원인, 근거를 표시하는 전치사 [於予與(어여여) 改是(개시) 재여 때문에 이렇게 바뀌게 되었다.《논어》공야장9장], [於諸侯之約(어제후지약) 제후들의 맹약에 의하여 大王當王關中(대왕당왕관중) 대왕께서 관중의 왕이 되어야 합니다.《漢書》]

❹전치사가 목적어를 수반하여 목적어를 표시하는 경우도 흔히 있다. '~을', '~를'로 풀이한다. [三年無改於父之道(삼년무개어부지도) 삼 년 동안 아버지의 도를 고치지 않는다.《논어》학이11장], [周鑑於二代(주감어이대) 주나라는 이대를 거울삼았다.《논어》팔일 14장>], [二三子何患於喪乎(이삼자하환어상호) 그대들은 어찌 잃을까를 걱정합니까?《논어》팔일24장>]

❺피동문에서 동작의 주체를 표시하는 전치사 [禦人以口給(어인이구급) 구변으로 남을 대하면 屢憎於人(루증어인) 자주 남에게 미움을 받을 뿐이다.《논어》공야장4장], [夫三年之喪(부삼년지상) 삼 년 의 상례는 天下之通喪也(천하지통상야) 천하의 통상적이 상례이거늘, 予也有三年之愛於其父母乎(여야유삼년지애어기부모호) 재여가 부모에게 삼 년의 사랑을 받았는가?《논어》양화21장], [勞心者治人(로심자치인) 마음을 수고롭게 하는 자는 남을 다스리고, 勞力者治於人(노력자치어인) 몸을 수고롭게 하는 자는 남에게 다스려지며, 治於人者食人(치어인자식인) 남에게 다스림을 받는 자는 남을 먹이고, 治人者食於人(치인자식어인) 남을 다스리는 자는 남에 의해 먹는다.《맹자》]

*피동문에서 '於~'는 동사 뒤에 오고, '爲~'는 동사 앞에 온다. [不爲酒困(불위주곤) 술 때문에 곤하게 되지 않는다.《논어》자한15장]

❻~보다 더 *우등비교. 於가 술어(형용사) 뒤에 위치하면 주어가 술어보다 낫다는 의미의 비교급 비교의 뜻을 갖는 문장이 된다.(= 于(우),

乎(호), 焉(언)과 쓰임이 같음) [與人善言(여인선언) 暖於布帛(난어포백) 남에게 좋은 말은 베나 비단보다 따뜻하다.《荀子》], [禍莫大於從己之欲(화막대어종기지욕) 화는 자기의 욕심을 따르는 것보다 큰 것이 없고, 惡莫甚於言人之非(악막심어언인지비) 사람을 헐뜯는 것보다 심한 악행은 없다.《명심보감》], [窮理莫善於讀書(궁리막선어독서) 이치를 궁구하는 책을 읽는 것보다 앞서는 것이 없다.], [靑取之於藍(청취지어람) 靑(청)(청색)은 藍(람)(쪽색,남색)에서 취했지만 而靑於藍(이청어람) 남색보다 푸르고, 氷水爲之(빙수위지) 얼음은 물로 된 것이지만 而寒於水(이한어수) 물보다 차갑다.《荀子》]
❼~로써, ~에 근거하여 *以(이)와 마찬가지로 동작의 근거나 대상, 수단, 방법 등을 표시하는 전치사 [興於詩(흥어시), 立於禮(입어례) 成於樂(성어악) 시를 통하여 (감동을) 일으키고, 예를 통하여 (스스로) 서며, 음악을 통해 (인격을) 완성한다.《논어》태백8장]

(2) 동사 : ❶처하다, 존재하다 [知其說者之於天下也(지기설자지어천하야) 그 이치를 아는 자가 천하에서 살아가는 것은 其如示諸斯乎(기여시저사호) 아마도 마치 여기에서 이것을 보는 것과 같을 것이다.《논어》팔일11장] ❷따르다, 기대다, 의지하다 [人之過也(인지과야) 사람을 허물은 各於其黨(각어기당) 각기 그 부류대로 한다.《논어》리인7장] ❸가다

(3)<감탄사> *<음 : 오> 탄식하다, 오! 아아!(감탄사) 감탄하는 소리 *주로 乎(호), 呼(호), 戱(희) 등과 연이어 쓴다. [王(왕) 在靈沼(재영소), 於(오)! 牣魚躍(인어약) 왕이 영소에 계시니, 아! 가득히 고기가 뛰논다.(牣(인) : 가득하다 /躍(약) : 뛰논다)], [於乎(오호)! 小子(소자) 未知臧否(미지장비) 아! 소자는 좋고 나쁨을 알지 못하는구나! (臧(장) : 착하다)]

抑(억) ❶그렇지 않으면, 혹은, 또는 *선택관계를 표시하는 접속사 [必聞其政(필문기정) 반드시 그 나라 정사에 대하여 들으시는 것은 求之與(구지여) 그것을 요구한 것입니까? 抑與之與(억여지여) 그렇지 않으면 그것을 요청받은 것입니까?《논어》학이10장], [子路問强(자로문강) 자로가 강함에 대하여 묻자 子曰 공자께서 말씀하셨다. 南方之强與(남방지강여) 北方之强與(북방지강여) 남방의 강함인가, 북방의 강함인가, 抑而强與(억이강여) 그렇지 않으면 너의 강건함인가?(而(이) =汝(여))《中庸》]
❷그러나 *역접관계를 표시하는 접속사 [若聖與仁(약성여인) 則吾豈敢(즉오기감) 성인과 인자라면 내가 어찌 감히 될 수 있겠는가? 抑爲之不厭(억위지불염) 그러나 공부하는데 싫증내지 않고 誨人不倦(회인불권) 남을 가르치기를 게을리하지 않는 것이라면, 則可謂云爾已矣(즉가위운이이의) 그렇다고 말할 수 있을 뿐이다.《논어》술이33장] ❸도대체. 도리어. 게다가. [抑王(억왕) 게다가 왕께서는 興甲兵危士臣(흥갑병위사신) 전쟁을 일으켜 신하를 위태롭게 만듭니다.《맹자》] ❹아마도, 혹시 ❺누르다, 억누르다, 굽히다, 속이다, 물러나다, 물리치다, 막다, 다스리다 ❻아름답다, 예쁘다 ❼<감탄사> 아아! 탄식의 뜻

焉(언) (1)<서술 . 단정의 어기를 표시하는

종결어기조사> ~인 것이다. ~임에 틀림없다. ~도다 *也(야), 矣(의)와 쓰임이 같음. 다만 대사 之(그, 그것, 그곳) 혹은 且(이, 이거, 여기) 등의 뜻이 포함된 종결사라는 점에서 차이가 있다. [有君子之道四焉(유군자지도사언) 군자의 도를 네 가지 지니고 있다.《논어》공야장15장], [三人行(삼인행) 必有我師焉(필유아사언) 세 사람이 함께 길을 가면 반드시 나의 스승이 있다.《논어》술이21장]

(2)<의문의 어기를 표시하는 종결어기조사> *반드시 의문사와 결합한다. [既庶矣(기서의) 又何加焉(우하가언) 이미 (백성들이) 많은데 또 무엇을 더해야 합니까? (庶(서) : 많다) *의문대사 何(하)가 목적어이어서 도치됨《논어》자로9장], [人無兄弟(인무형제) 胡不佽焉(호불차언) 사람이 형제가 없거늘, 어찌 도와주시 않는가? (胡(호) : 어찌 /佽(차) : 돕다)《詩經》]

(3)<의문부사> ❶어찌, 어찌하여, 어떻게 ~인가? ~는가? ~하겠는가? *反問(반문)의 어기를 갖는다) *安(안)(어찌), 乎(호)(어찌)와 쓰임이 같음. [未能事人(미능사인) 焉能事鬼(언능사귀) 사람도 (제대로) 섬길 줄 모르는데 어찌 능히 귀신을 섬길 수 있겠느냐?《논어》선진11장], [割鷄焉用牛刀(할계언용우도) 닭을 잡는데 어찌 소 잡는 칼을 쓰리오?《논어》양화4장], [子爲政(자위정) 焉用殺(언용살) 선생께서 정사를 함에 어찌 죽이는 방법을 쓰시겠습니까?《논어》안연19장], [棖也慾焉得剛(정야욕언득강) 정은 욕심이 많은데 어찌 강할 수 있겠는가?《논어》공야장10장] ❷어떻게. 어떤 *何(하)(어찌, 어떤, 어떻게)와 쓰임이 같음 [焉知賢才(언지현재) 而擧之(이거지) 어떻게 어진 이와 능력 있는 사람을 알아 그를 씁니까?《논어》자로2장]

(4)<장소를 묻는 의문대사> 어디 [人焉廋哉(인언수재) 그의 사람 됨됨이를 어디에 숨길 수 있겠는가?《논어》위정10장>], [直道而事人(직도이사인) 焉往而不三黜(언왕이불삼출) 도를 바르게 하여 남을 섬긴다면 어디에 간들 세 번 축출되지 않겠는가?《논어》미자2장]

(5)<전치사 겸 대사> ❶이에, 그에게 (= 於此(어차), 於是(어시), 於之(어지)) [見賢思齊焉(견현사제언) 어진 이를 보면 그와 같기를 생각한다.(齊(제) : 가지런하다)《논어》리인17장], [回也其心(회야기심) 三月不違仁(삼월불위인) 안회는 그 마음이 석 달을 두고도 仁을 떠남이 없지만, 其餘(기여) 則日月至焉而已(즉일월지언이이) 그 나머지 사람들은 하루나 한 달에 한 번 이에 이를 뿐이다.《논어》옹야5장], [君子有三樂(군자유삼락) 군자에게 세 가시 즐거움이 있는데, 而王天下(이왕천하) 不與存焉(불여존언) 천하의 왕이 되는 것은 그것에 포함되지 않는다.《맹자》]
❷이보다 *비교(= 於是(어시), 於之(어지) /是(시) · 之(지)는 지시대사). [反身而誠(반신이성) 몸을 돌이켜보아 성실하면, 樂莫大焉(락막대언) 즐거움이 이보다 클 수 없다.《맹자》],

(6)<장소를 표시하는 전치사 = 於(어)> [五色(오색) 五聲(오성) 五臭(오취) 五味(오미) 凡四類(범사류) 다섯 가지 빛, 다섯 가지 소리, 다섯 가지 냄새, 다섯 가지 맛 등이 네 종류는 自然存焉天地之間(자연존언천지지간) 자연스럽게 천지간에 존재하며, 而不期爲人用(이불기위인용) 사람에게 쓰이기를 바라지 않는다.《尹文子》大道上]

(7)<지시대사> (=之(지)) [衆惡之(중오지) 여러 사람이

그를 미워하더라도 必察焉(필찰언) 반드시 그에 대해 잘 살펴야 하며, 衆好之(중호지) 여러 사람이 그를 좋아하더라도 必察焉(필찰언) 반드시 그에 대해 잘 살펴야 한다.《논어》위령공27장]
(8)<형용어의 접미사로 쓰임> (= 然(연)) [瞻之在前(첨지재전) 바라보면 그것이 앞에 있었는데, 忽焉在後(홀언재후) 어느새 홀연히 뒤에 있구나!《논어》자한10장]

如(여) ❶[ⓐ如(여)ⓑ] ⓐ는 ⓑ와 같다 *대등비교 의미의 형용사 [歲月(세월) 如流(여류) 세월은 흐르는 물과 같다.], [渴時一滴(갈시일적) 如甘露(여감로) 목마를 때 한 방울의 물은 감로수 같고 醉後添盃(취후첨배) 不如無(불여무) 취한 후에 잔을 더하는 것은 없는 것만 못하다.《明心寶鑑》], [學問如逆水行舟(학문여역수행주) 학문은 물을 거슬러 배를 항행하는 것과 같다.]
*[ⓐ若(약)ⓑ, ⓐ猶(유)ⓑ] 도 같은 뜻
*[ⓐ不如(불여)ⓑ], [ⓐ不若(불약)ⓑ] ⓐ는 ⓑ보다 못하다, ⓐ보다 ⓑ가 낫다. *劣等(열등)비교 의미의 형용사
*[與其(여기)ⓐ 不如(불여)ⓑ] ⇒ 與(여)
❷[ⓐ如(여)ⓑ] ⓐ나 혹은ⓑ *병렬관계접속사> [方六七十如五六十(방육칠십여오육십) 사방이 육, 칠십 리나 혹은 오, 육십 리쯤 되다.《논어》선진25장]
❸만약, 가령, 만일 *가정부사 ①문두에 '如(여)'를 써서 가정문은 만든다. [如知其非義(여지기비의) 만일 그것이 의가 아님을 알았다면 斯速已矣(사속이의) 속히 그만두어야지, 何待來年(하대래년) 어찌 내년을 기다리겠는가?《맹자》], [如有博施於民(여유박시어민) 백성들에게 널리 베풀고 而能救濟衆(이능구제중) 민중을 구제할 수 있다면 何如(하여) 어떻습니까?《논어》옹야28장]
②접속사 '則(즉)'과 호응하여 가정문을 만든다. [子如不言(자여불언) 선생님께서 만약 말씀하시지 않으시면, 則小子(즉소자) 何述焉(하술언) 저희들이 무엇을 전하겠습니까?《논어》양화19장], [王如知此(왕여지차) 왕께서 이것을 아신다면, 則無望民之多於隣國也(즉무망민지다어인국야) 백성들이 이웃 나라보다 많아지기를 바라지 마십시오.《맹자》]
❹[如有(여유)] 만일 ~이 있더라도 *양보관계를 표시하는 접속사 [如有王者(여유왕자) 必世以後仁(필세이후인) 설사 왕도로 천하를 다스리는 聖王(성왕)이 있다고 하더라도 반드시 한 세대가 지나야 인덕에 의한 감화가 이루어진다.《논어》자로12장], [如有復我者(여유복아자) 만일 나를 다시 부르러 오는 자가 있으면.《논어》옹야7장]
❺같게 하다 [學如不及(학여불급) 猶恐失之(유공실지) 배움은 미치지 못하는 듯하고, 오히려 잃을까 염려하여야한다.《논어》태백17장], [見善(견선) 如不及(여불급) 선함을 보면 미치지 못할 것과 같이하고, 見不善(견불선) 如探湯(여탐탕) 선하지 않음을 보면 끓는 물을 만지는 것과 같이하라.(探(탐) : 찾다 /湯(탕) : 끓이다)《논어》계씨11]
❻좇다, 따르다, 의지하다, 행하다, ~에 따라 행하다, ~에 의거하여 행하다
❼[如何(여하)] . [何如(하여)] . [如之何(여지하)] 어찌, 어찌하랴

*관용구 *의문부사, 의문형용사 [使民敬忠以勸(사민경충이권) 백성들이 윗사람을 공경하고 충성스럽고 부지런하게 하려면 如之何(여지하) 어찌하면 되겠습니까?《논어》위정20장], [君使臣(군사신) 임금이 신하를 부리며 臣事君(신사군) 신하가 임금을 섬기는 데는 如之何(여지하) 어떻게 해야 합니까?《논어》팔일19장]

❽[如ⓐ何(여 하)] ⓐ를 어찌하겠는가? ⓐ를 어떻게 하는가? *관용구 [人而不仁(인이불인) 사람이 만약 仁하지 못하면 如禮何(여례하) 예에 의거하는 것이 무슨 의미인가.(예를 행하는 것이 아무 소용없다는 뜻)《논어》팔일3장], [不能以禮讓爲國(불능이예양위국) 如禮何(여례하) 예의와 겸양으로써 나라를 다스릴 수 없다면 예에 의거하는 것이 무슨 의미인가?《논어》리인13장>]

❾비슷하다 ❿마땅히, 당연히~하여야 한다 ⓫맞서다, 대항하다 ⓬가다 ⓭이르다 ⓮(영향이나 작용 따위가)미치다 ⓯어떠하다 ⓰형용사나 부사 뒤에 붙어서 어떤 상황이나 상태를 나타냄(접미사 =然(연)) [天下晏如也(천하안여야) 천하가 편안했다.《史記》], [孔子三月無君(공자삼월무군) 공자는 석 달 동안 섬길 임금이 없으면 則皇皇如也(즉황황여야) 안절부절못하였다.《맹자》] ⓱감탄사 乎(호)와 쓰임이 같음 [善如(선여) 爾之問也(이지문야) 훌륭하구나, 너의 물음이!]

與(여) (1)<전치사> ❶~와, 함께, 더불어(= with) *동반관계를 표시하는 전치사 [與(여)倭賊戰於錦山(왜적전어금산) 왜적과 금산에서 싸웠다.], [古之人與民偕樂(고지인여민해락) 옛사람들은 백성과 함께 즐겼기 때문에 有能樂也(유능락야) 즐길 수 있었다.《맹자》], [誰其與歸(수기여귀) 그 누구와 함께 돌아갈까?], [日月逝矣(일월서의) 날이 가고 달이 가서, 歲不我與(세불아여) 세월은 우리와 함께하지 않습니다. *류종목은 與(여)를 '기다리다'의 뜻으로 풀이하여 '세월은 우리를 기다리지 않습니다'라고 풀이한다).《논어》양화1장]

❷<목적어인 대사 생략> [賜也(사야) 사(자공)는 始可與言詩已矣(시가여언시이의) 이제 비로소 (그와) 함께 詩를 말할 만하구나.《논어》학이15장], [士志於道(사지어도) 선비가 道(도)에 뜻을 두고서 而恥惡衣惡食者(이치오의오사자) 나쁜 옷과 나쁜 음식을 부끄러워하는 사람은 未足與議也(미족여의야) 더불어 (道를) 논할 수 없다.《논어》리인9장]

*류종목 : 與(여) 뒤에 목적어로서 賜(사), '士志於道(사지어도) 而恥惡衣惡食者(이치오의오사자)'를 가리키는 대사 之(지)가 와야 되지만 이를 생략한 형태이다. '以(이)', '與(여)', '爲(위)' 따위의 전치사는 왕왕 그다음에 오는 목적어가 생략된다.

(2)<접속사> ❶또, 및, ~과(= and) *병렬관계를 표시하는 접속사 [富與貴是人之所欲也(부여귀시인지소욕야) 부와 귀는 사람이 바라는 바이다.《논어》리인5장], [與亂同事(여란동사) 어지러운 자와 더불어 일을 함께하면 罔不亡(망불망) 망하지 않음이 없다.《書經》], [女與回也孰愈(여여회야숙유) 너와 안회는 누가 나으냐?《논어》공야장7장], [剛與欲正相反(강여욕정상반) 강한 것과 욕심은 서로 정반대이다.《논어》공야장10

장], [夫子之言性與天道 선생님께서 인간의 본성과 하늘의 도를 말씀하신 것은.《논어》공야장12장], [子罕言利與命與仁 선생님께서는 利와 命과 仁을 드물게 말씀하셨다.《논어》자한1장] ❷~에 비하여, ~보다는, ~하기보다는 *與其이라는 뜻의 선택관계를 표시하며, 其가 생략되기도 하고, 보통 뒤에 寧, 寧其, 無寧, 毋寧, 不如, 不若 등이 함께 쓰인다. ①[與其ⓐ 不如(不若)ⓑ]: ⓐ하는 것은 ⓑ하는 것보다 못하다. ⓐ보다 ⓑ가 낫다 [與其生辱 不如死快 살아서 욕되기보다는 죽어서 유쾌함이 낫다.《三國史記》], [與其敬不足而禮有餘也 공경이 미흡하고 예가 넉넉한 것보다는 不若禮不足而敬有餘也 예가 미흡하고 공경이 넉넉함만 못하다.《논어》팔일4장], [與其病後能服藥 병이 난 후에 약을 먹기보다는 不若病前能自防 병나기 전에 스스로 예방하는 것이 낫다.], [與其生而無義 살아 의리가 없기보다는, 固不如烹 진실로 삶아져 죽는 것이 낫다.(固 : 진실로 /烹 : 삶다)《史記》]

② [與其ⓐ 寧ⓑ], [與其ⓐ 無寧ⓑ], [其與ⓐ 無寧ⓑ]: ⓐ하느니 차라리 ⓑ하겠다. ⓐ보다 차라리(오히려) ⓑ가 낫다. ⓐ하기보다는 차라리(오히려) ⓑ하는 것이 낫다 *관용적인 표현 [奢則不遜 사치하면 공손하지 못하고, 儉則固 검소하면 고루하니, 與其不遜也 寧固 불손한 것보다는 차라리 고루한 것이 낫다.《논어》술이35장], [禮與其奢也寧儉 예는 사치스럽기보다는 차라리 검소해야 할 것이다.《논어》팔일4장], [與其得罪於鄕黨州閭 (부모님께서) 고장과 마을에 죄를 얻게 하기보다는 寧孰諫 차라리 (자기가) 자꾸 간해야 한다.《논어집주》리인18장], [予與其死於臣之手也 내가 가신의 손에서 죽는 것보다는 無寧死於二三子之手乎 차라리 너희들의 손에서 죽는 것이 낫지 않겠느냐!《논어》자한11장], [與其媚於奧 방의 아랫목 신에게 아첨하느니 寧媚於竈 차라리 조왕신에게 아첨하라 하는 말은 何謂也 무엇을 이르는 것입니까?《논어》팔일13장]

③ [與其ⓐ 孰若ⓑ], [與其ⓐ 孰與ⓑ]: ⓐ하는 것이 ⓑ하는 것과 무엇이 같겠는가? ⓐ하기보다 ⓑ하는 것이 낫지 않겠는가? [與其殺是童 孰若賣之 이 아이를 죽이는 것보다, 그를 파는 것이 낫지 않겠는가?]

④ [與其ⓐ 豈若(曷若)ⓑ], [與其ⓐ ⓑ] : ⓐ하는 것이 어찌 ⓑ하는 것과 같겠는가? [與其從辟人之士也 사람을 피하는 선비를 따르는 것이 豈若從辟世之士 어찌 세상을 피하는 선비를 따른 것만 하겠습니까?(辟 : 피하다=避)《논어》미자6장], [與其叛而滅亡 曷若順而榮貴 (충성을 다하지 않고) 모반하여 멸망하는 것이 어찌 순응하여 영화롭고 귀하게 되는 것만 하겠는가? <최치원의 檄黃巢書>]

⑤ [ⓐ孰與ⓑ]: ⓐ하기보다 ⓑ하는 것이 낫

지 않겠는가? [望時而待之(망시이대지) 때를 바라서 기다리는 것보다는 孰與應時而使之(숙여응시이사지) 때에 응하여 부리는 것이 낫지 않겠는가? <荀子의 荀子天倫>]

(3)<동사> ❶참여하다, 간여하다, 간섭하다, 위하다 [吾不與祭(오불여제) 내가 제사에 참여하지 않았다면 如不祭(여불제) 제사 지내지 않은 것과 같다.《논어》팔일12장], [天之將喪斯文也(천지장상사문야) 하늘이 장차 이 文을 없애려 하셨다면, 後死者(후사자) 不得與於斯文也(부득여어사문야) 뒤에 죽은 사람이 이 文에 참여하지 못하였을 것이다.《논어》자한5장]

❷주다, 베풀다 *대상을 가리키는 보어직접목적어와 사물을 가리키는 직접목적어를 가진다. [與人善言(여인선언) 暖於布帛(난어포백) 남에게 좋은 말은 베나 비난보나 따뜻하고, 傷人之言(상인지언) 深於矛戟(심어모극) 남을 해치는 말은 창끝보다 더 깊은 상처를 남긴다(於(어) : ~보다) <荀子>], [與若芧(여약서) 너희들에게 도토리(芧)를 줌에, 朝四而暮三足乎(조사이모삼족호) 아침에 넷, 저녁에 셋이면 만족하느냐?《장자》], [弟得黃金二錠(제득황금이정) 以其一與兄(이기일여형) 아우가 황금 두 덩어리를 주워 하나를 형에게 주었다.*以(이)를 사용하여 직접목적어 '其一(기일)'을 도치함 <兄弟投金說話>]

❸허락하다, 인정하다, 그렇다고 인정하다, 동의하다 [吾與女弗如也(오여여불여야) 나는 네가 (안회만) 못한 것을 인정한다, *여기의 與(여)를 접속사 '~와'로 보아 너와 나는 (안회만) 못하다로 풀이하기도 한다(류종목)《논어》공야장8장]

(4)<어기조사> ❶음절을 조정하고 어기를 고르는 어기조사 [予與何誅(여여하주) 재여에게 무엇을 꾸짖겠는가?《논어》공야장9장], [於予與改是(어여여개시) 재여 때문에 이렇게 바뀌게 되었다.《논어》공야장9장], [是盟也(시맹야) 其與幾何(기여기하) 이 맹약이 얼마나 갈까?《左傳》], [如寡人者(여과인자) 安與知恥(안여지치) 과인과 같은 사람이 어떻게 수치를 알겠는가?《國語》]

❷의~인가? *문종결사, 의문의 어기를 표시하는 어기조사(=歟(여)) [求之與(구지여) 그것을 요구한 것입니까? 抑與之與(억여지여) 그렇지 않으면 그것을 요청받은 것입니까? *앞의 與는 '주다', 뒤의 與는 의문 어기조사《논어》학이10장], [民之不正(민지부정) 是誰之過與(시수지과여) 백성이 바르지 않음은 누구의 잘못인가?《논어》계씨1장], [漁父見而問之曰(어보견이문지왈) 어보가 그(屈原(굴원))를 보고 말하였다. 子非三閭大夫與(자비삼려대부여) 그대는 삼려대부가 아닌가?《漁父辭》]

*[也與(야여)] ~인가? *종결을 뜻하는 어기조사 也와 의문을 뜻하는 어기조사 與가 연이어 사용된 것. 이런 경우는 대개 뒤에 있는 어기조사에 중점을 둔다. [仲由(중유) 可使從政也與(가사종정야여) 중유는 정사에 종사하게 할 만합니까?《논어》옹야6장]

❸감탄의 어기를 표시하는 종결어기조사(=歟(여)) [不降其志(불강기지) 不辱其身(불욕기신) 그 뜻을 굽히지 아니하고 그 몸을 욕되게 하지 않은 사람은 伯夷(백이) 叔齊與(숙제여) 백이숙제로다!《논어》양화8장], [詩云(시운)《詩經(시경)》에 "如切如磋(여절여차) 절단한 것 같고, 간 것 같고 如琢如磨(여탁여마) 쫀 것 같고, 연마한 것 같다" 하였으니 其斯之謂與(기사지위여) 아마도 이것을 두고 한 말이군요?《논어》학이15장 *추측

을 표시하는 부사 其(기)와 함께 쓰면 추측의 어기를 갖는다.], [舜 其大孝也與(순 기대효야여) 순임금은 그 대효이도다!《中庸》], [語之而不惰者(어지이불타자) 말해주면 게을리하지 않는 자는 其回也與(기회야여) 안회일 것이로다!(惰(타) : 게으르다)《논어》자한19장],

❹반어적 의문어기조사 [夫子(부자) 聖者與(성자여) 공자는 성자이신가? *'성자이시다'를 강조한 표현《논어》자한6장], [可不愼與(가불신여) 삼 가지 않을 수 있는가? *'삼가야 한다'를 강조한 표현]

❺~이라면 *가정의 어기를 표시하는 어기조사 [我之大賢與(아지대현여) 내가 크게 어질다면 於人何所不容(어인하소불용) 남들에 대해 용납하지 않을 것이 무엇이겠느냐. 我之不賢與(아지불현여) 내가 어질지 못하다면 人將拒我(인장거아) 남들이 나를 거절할 것이니 如之何其拒人也(여지하기거인야) 남을 어찌 거절하겠느냐?《논어》자장3장]

歟(여) 의문의 어기를 표시하는 어기조사(=與(여)) [寧有改理也歟(녕유개리야여) 어찌 고칠 리가 있겠는가?]

然(연) ❶그러하다, 틀림이 없다 ❷그러하게 하다, 명백하다, 분명하다 ❸~이다, 듯하다, 그러하다고 하다 ❹허락하다, 동의하다 ❺그렇다면, 그러면, 그리하여 ❻그러고 나서, 然後(연후)에 ❼드디어 ❽그러나, 그렇지만, 그런데도, 그렇기는 하지만 * 부사적 접속사 * 독립된 접속사로서 문장 앞에 놓여 '역접'의 접속사로 쓰인다. [然創業之難(연창업지난) 往矣(왕의) 그러나 창업의 어려움은 지나갔다.], [豈以爲非是而不貴也(기이위비시이불귀야) 어찌 옳은 것이 아니라고 귀하게 여기지 않겠는가? 然而夷子葬其親厚(연이이자장기친후) 그러나 이자는 그 어버이를 장사지냄이 후했으니, 則是以所賤事親也(즉시이소천사친야) 그렇다면 이는 천한 바로써 그 어버이를 섬긴 것이다.《맹자》] ❾상태를 나타내는 형용사 접미사 [斐然成章(비연성장) 찬란하게 문채를 이루다.《논어》공야장21장], [顔淵喟然歎曰(안연위연탄왈) 안연이 탄식하여 말하였다.《논어》제9편 자한10장] ❿단정적인 어기를 표시하는 어기조사(= 焉(언)) [若由也(약유야) 자로 같은 사람은 不得其死然(부득기사연) 제 명에 죽지 못할 거야.《논어》선진12장]

曰(왈) ❶말하다 ❷일컫다, 부르다, 이르다, ~라고 한다 [行祭曰茶禮(행제왈다례) 제사를 행하는 것을 차례라고 한다.] ❸~이다(동사) [五行(오행) 一曰水(일왈수) 二曰火(이왈화) 三曰木(삼왈목) 四曰金(사왈금) 五曰土(오왈토) 오행이란 첫째는 물이요, 둘째는 불이고, 셋째는 나무이고, 넷째는 쇠이고, 다섯째는 흙이다.《書經》], [詩三百(시삼백) 一言以蔽之(일언이폐지) 曰思無邪(왈사무사)《시경》의 詩 3백 편을 한마디로 개괄한다면 생각에 사악함이 없음이다.《논어》위정2장], [國無九年之畜曰不足(국무구년지축왈부족) 나라에 9년 치 저축이 없는 것이 부족한 것이고, 無六年之畜曰急(무육년지축왈급) 6년 치 저축이 없는 것이 위급한 것이다.《禮記》]

用(용) ❶쓰다, 등용하다, 응용하다, 들어주다 ❷부리다, 사역하다, 다스리다 ❸베풀다, 시행하다, 일하다, 하다, 행하다 ❹도구, 연장, 그릇, 작용, 능력, 효용, 용도, 준비 ❺재물, 재산 ❻씀씀이, 비용 ❼원인．수단．방법을 표시하는 전치사(= 以) *[用是(용시)], [是用(시용)] 이 때문에, 이로써 *인과관계를 표시하는 접속사, 用은 원인．수단, 방법을 표시하는 전치사 [伯夷叔齊不念舊惡(백이숙제불염구악) 백이와 숙제는 지난 잘못을 생각하지 아니하여, 怨是用希(원시용희) 원한이 이 때문에 적었다.《논어》공야장22장] *류종목 : 是用(시용)은 원래 用是(용시)와 같은 것으로, 목적어 是(시)가 전치사 用(용)의 앞에 놓인 형태이지만, 관용어 화하여 접속사로 바뀐 것이다.

爲(위) (1)<동사> ❶하다, 행하다, 실천하다 [見義不爲 無勇也(견의불위 무용야) 의를 보고 행하지 않음은 용기가 없는 것이다.《논어》위정24장], [爲禮不敬(위례불경) 예를 행함에 공경하지 아니하며, 臨喪不哀(임상불애) 상을 당하여 슬퍼하지 않는다면 吾何以觀之哉(오하이관지재) 내가 무엇으로써 (그의 사람됨을)살펴보겠는가?《논어》팔일26장], [爲仁由己(위인유기) 인을 행하는 것이 자기 자신에게 달려 있지 而由人乎哉(이유인호재) 남에게 달려 있겠느냐?《논어》안연1장] ❷~위하여 하다, ~때문이다. ~에 기인하다 [古之學者爲己(고지학자위기) 옛날의 배우는 자는 자신을 위해서 공부했는데, 今之學者爲人(금지학자위인) 오늘날의 배우는 이는 남의 이목 때문에 공부한다.《논어》헌문25장], [不爲酒困(불위주곤) 술 때문에 곤하게 되지 않는다.《논어》자한15장] ❸돕다. 위하다 [夫子爲衛君乎(부자위위군호) 선생님께서는 위나라 임금을 도우실까?《논어》술이14장] ❹다스리다 ①정치를 하다. [能以禮讓爲國乎(능이예양위국호) 예와 겸양으로써 나라를 다스릴 수 있다면 何有(하유) 무슨 어려움이 있겠는가?《논어》리인13장] ②병을 고치다. [疾不可爲也(질불가위야) 병을 고칠 수 없다.《國語》] ❺되다, 이루어지다 [高岸爲谷(고안위곡), 深谷爲陵(심곡위릉) 높은 언덕은 골짜기가 되었고, 깊은 골짜기는 언덕이 되었다.], [學則庶人之子爲公卿(학즉서인지자위공경) 배우면 평민의 자식도 공경이 되고, 不學則公卿之子爲庶人(불학즉공경지자위서인) 배우지 않으면 공경의 자식도 평민이 된다. <柳永의 柳屯田勸學文>], [不患莫己知(불환막기지) 자기를 알아주는 이가 없음을 걱정하지 말고 求爲可知也(구위가지야) 알아줄 만하게 되기를 구해야 한다.(求는 爲可知를 목적어로 하고 爲는 可知를 목적어로 한다.)《논어》리인14장], [仲弓爲人重厚簡默(중궁위인중후간묵) 중궁은 사람됨이 중후하고 소탈 과묵하다.《논어》공야장4장], [女爲君子儒(여위군자유) 너는 군자다운 학자가 되고, 無爲小人儒(무위소인유) 소인 같은 학자가 되지 말라.《논어》옹야11장] ❻'~이다'라는 뜻의 연계동사 *일반적으로 그 뒤에 명사나 대사가 오지만 형용사나 명사로 전용된 형용사가 오는 경우도 있는데, 이 경우에는 뒤에 오는 형용사와 결합하여 '~하다' 또는 '~한 셈이다', '한 것이다'라는 뜻의 술어를 이룬다. 이 경우 대개 '가장~하다'라는 어감을 내포한다.

형용사는 '爲'의 보어가 된다(류종목). [哀公問(애공문) 애공이 물었다. 弟子孰爲好學(제자숙위호학) 제자들 중 누가 배우기를 좋아합니까?《논어》옹야3장], [唯女子與小人 爲難養也(유여자여소인 위난양야) 오직 여자와 소인만은 다루기 어렵다.《논어》양화25장], [奚其爲爲政(해기위위정) 무엇이 정사를 하는 것인가? *앞의 爲(위)는 '이다' 뒤의 爲(위)는 '(정사를) 행하다'의 뜻《논어》위정21장], [禮之用 和爲貴(예지용 화위귀) 예의 효용 가운데 조화가 가장 귀중하다.《논어》학이12장 *❼의 뜻으로 해석할 수도 있다] ❼~라고 생각하다, ~라고 여기다, ~로 삼다, ~라고 인정하다. [季氏使閔子騫 爲費宰(계씨사민자건 위비재) 계씨가 민자건으로 하여금 비읍의 재상으로 삼으려 하였다.《논어》옹야7장]

*[以ⓐ爲ⓑ(이 위)] ⓐ을 ⓑ라고 하다, ⓐ을 ⓑ로 삼다, ⓐ를 ⓑ로 생각하다. ⓐ를 ⓑ로 여기다. [以父母之心爲心(이부모지심위심) 부모의 마음을 자신의 마음으로 삼는다.《논어》리인19장], [以信爲左丞相(이신위좌승상) 한신을 좌승상으로 삼았다.《史記》], [天將以夫子爲木鐸(천장이부자위목탁) 하늘이 부자를 목탁으로 삼으실 것입니다.《논어》팔일24장>], [時人以佞爲賢(시인이영위현) 당시 사람들은 말을 잘하는 것을 훌륭하게 여겼다.《논어집주》공야장4장], [百姓皆以王爲愛也(백성개이왕위애야) 백성들은 모두 왕을 인색하다고 생각합니다(愛애 : 아끼다, 인색하다).《맹자》], [吾以女爲死(오이여위사) 나는 네가 죽은 줄 알았다.《논어》선진22장]

*[以爲~(이위)] (以ⓐ 爲ⓑ에서 ⓐ 또는 ⓐ를 가리키는 대사 之가 생략된 형태) ~라고 생각하다, 여기다 [事君盡禮(사군진례) 임금 섬김에 예를 다하는 것, 人以爲諂也(인이위첨야) 사람들은 (그것을) 아첨한다고 여기는구나!《논어》팔일18장], [以爲治心修身之方(이위치심수신지방) (그것을) 마음을 다스리고 몸을 닦는 방법으로 삼다]

*[不以爲(불이위)…]…라고 생각하지 않는다 [孰不以爲齊勝魯也(숙불이위제승노야) 누구인들 제나라가 노나라보다 낫다고 여기지 않았겠는가?《논어》옹야22장] ❽만들다. 지음 [丘山積卑以爲高(구산적비이위고) 언덕이나 산도 낮은 것을 쌓아 높은 것을 만들었다.《장자》] ❾~라고 말하다, 말하다, 그렇게 이름(= 曰(왈))(= 謂(위)) [知之爲知之(지지위지지) 아는 것을 안다고 말하고, 不知爲不知(부지위부지) 모르는 것을 모른다고 하는 것이 是知也(시지야)아는 것이다.《논어》위정17장>] ❿가장하다(태도를 거짓으로 꾸미다) ⓫당하다. 되다 *피동을 나타내는 보조사, 동사 앞에 온다. 피동문에서 동작의 주체를 표시하는 전치사 '於~'는 동사 뒤에 온다. ①<행위자가 드러나지 않는 경우가 많으며, 드러나더라도 행위자 앞에 전치사가 놓이지 않는 경우> [父母宗族 皆爲戮沒(부모종족 개위륙몰) 부모와 친척이 다 몰살되었다.], [厚者爲戮(후자위륙) (관계가)두터운 사람은 죽임을 당하고 薄者見疑(박자견의) 적은 사람은 의심받았다.《韓非子》], [身死人手(신사인수) 몸이 남의 손에 죽어 爲天下笑者(위천하소자) 천하 사람들의 비웃음을 받음은, 何也(하야) 무엇 때문인가?《史記》], [古來材大難爲用(고래재대난위용) 예로부터 재목이 크면 쓰이기 어려웠다.], [兎不可復得(토불가부득) 而身爲宋國(所)笑(이신위송국소소) 토끼를 다시 얻지도 못했

고 자신은 송나라 사람의 웃음거리가 되었다.《韓非子》] ②於, 于, 乎(~에게)와 호응하여 피동을 나타내는 경우 [彼伍子胥父兄 爲 戮於楚(피오자서부형 위 륙어초) 저 오자서의 아버지와 형은 초나라에 죽음을 당했다.《史記》] ③[爲ⓐ所ⓑ] ⓐ에게 ⓑ당하다 [先則制人(선즉제인) 선수를 치면 상대를 제압할 수 있지만, 後則爲人所制(후즉위인소제) 때가 늦으면 다른 사람에게 제압당한다.《史記》], [爲流矢所中(위유시소중) 날아오는 화살에 맞았다.《史記》] ⑫하게 하다. 시킴 *사역을 나타냄 [井渫不食(정설불식) 爲我心惻(위아심측) (아무리 깨끗하게 우물을 파도) 아무도 마시지 않아 내 마음을 슬프게 한다.《周易》]

(2) <명사> ❶ 행위. 짓 ❷ 붙음 ❸ 갚음. 보답 ❹ 위장함

(3)~ 때문에 *(전성) 전치사 [老父顧謂良曰(노부고위량왈) 노인이 돌아보며 장량에게 말하기를, 孺子下取履(유자하취리) "얘야, 내려가서 신발을 가져와라" 하였다. 良愕然(양악연) 欲毆之(욕구지) 장량은 기가 막혀서 그를 때리려 했으나, 爲其老彊忍(위기노강인) 그가 늙었기 때문에 억지로 참고 下取履(하취리) 내려가서 신발을 갖다 주었다.]

(4) 의문의 어기를 표시하는 어기조사 [誦詩三百(송시삼백)《시》삼백 편을 다 외우면서도, 授之以政(수지이정) 정치의 임무를 주었을 때, 不達(불달) 통달하지 못하면 雖多亦奚以爲(수다역해이위) 비록 많이 외운들 역시 무엇에 쓰겠는가?《논어》자로5장]

*[何以(하이) ⓐ爲(위)] 어찌하여, 무엇 때문에 ⓐ하려고 하는가? [夫顓臾(부전유) 저 전유는 … 是社稷之臣也(시사직지신야) 이는 사직 지신이다. 何以伐爲(하이벌위) 무엇 때문에 정벌하려는 것이냐?《논어》계씨1장]

謂(위) ❶이르다, 말하다, 알리다, ~라고 말하다 ❷(사람이나 사실을) 평론하다, 평하여 말하다, 비평하다 [雖曰未學(수왈미학) 비록 배우지 않았다고 하더라도 吾必謂之學矣(오필위지학의) 나는 그를 반드시 배웠다고 이를 것이다.《논어》학이7장], [子謂公也長(자위공야장) 공자께서 공야장에 대해 평하시기를 可妻也(가처야) (딸을) 시집보낼 만하다고 하였다.《논어》공야장1장], [孔子謂季氏(공자위계씨) 공자께서 계씨를 평(비판)하여 말씀하셨다.《논어》팔일1장] ❸일컫다 ❹~에게 말하다 [或謂孔子曰(혹위공자왈) 혹자가 공자에게 말했다.《논어》위정21장] ❺설명하다 ❻가리키다 ❼생각하다, 생각하건대 [人皆謂(인개위) 사람들은 모두 생각하기를 卿但知經術(경단지경술) 경은 단지 경서를 알 뿐 不曉時務(불효시무) 시급한 일에 밝지 못하다 하였다.] ❽까닭, 이유 [甚無謂也(심무위야) 심히 이유 없는 이야기다]

*[謂之(위지)] 이것을 ~이라 이른다

*[之謂(지위)] ~을 ~이라 부른다 [天命之謂性(천명지위성) 하늘이 부여한 것을 性이라 이르고, 率性之謂道(솔성지위도) 道(도) 性(성)을 따름을 道라 이르며, 修道之謂敎(수도지위교) 道를 닦는 것을 敎라 이른다. *之(지)는 구조조사로 도치된 목적어 天命(천명)의 뒤에 놓임. 원래 어순은 謂天命性이다.《中庸》章句1장]

*[可謂(가위)] ~라고 이를 만하다, ~라고 말할 수

있다 [眞可謂賢內也(진가위현내야) 참으로 현명한 아내라고 이를 만하다.]

有(유) ❶<타동사로서 뒤에 오는 명사를 목적어로 삼는다> ①가지고 있다, 소유하다, 소지하다, 독차지하다 ②친하게 지내다 ③많다, 넉넉하다, 알다 ❷<자동사> 있다, 존재하다 [有朋(유붕) 벗이 있어 自遠方來(자원방래) 먼 곳으로부터 찾아오다.《논어》학이1장] ❸불특정의 사람이나 사물을 표시하는 <관형어>가 되어 뒤에 오는 명사를 꾸며준다. 이 경우에는 '어느', '어떤'으로 풀이할 수 있다. 위 ❷의 예문은 '어떤 친구'로 풀이할 수 있다(류종목). ❹<어기조사 : 단음절의 명사 앞에 붙어서 어조를 고르는 역할을 한다> [孝乎(효호) 효성스럽도다! 惟孝(유효) 오직 효도하고 友于兄弟(우우형제) 형제에게 우애하여 施於有政(시어유정) 정사에 베풀어지게 하라.《논어》위정21장], [有王雖小元子哉(유왕수소원자재) 임금님은 비록 나이 어리지만 큰 아드님이시다.《書經》] ❺또, 다시, ~와 그리고 또(= 又(우)) *병렬관계 접속사 [吾 十有五而志于學(오 십유오이지우학) 나는 열 살에다 또 다섯 살이 되어서 학문에 뜻을 두었다.《논어》위정4장], [子路有聞(자로유문) 자로가 가르침을 듣고 未之能行(미지능행) 아직 그것을 실천하지 못했으면 唯恐有聞(유공유문) 오직 (가르침을) 더 들을까 두려워하였다.《논어》공야장13] ❻소유물, 資材(자재) *명사

惟(유) ❶생각하다, 도모하다, 꾀하다 ❷마땅하다 ❸다만, 단지, 홀로, 오로지, 오직 ~일 뿐 *한정부사(= 唯(유)) *문두에 쓰여 사물의 분량이나 사건의 정도를 限定(한정)하는 문장을 이룬다. [學者所患(학자소환) 배우는이가 근심할 바는 惟有立志不誠(유유입지불성) 오직 뜻을 세움이 진실 되지 못함에 있다.] *이와 같은 한정부사에는 獨(독)(유독 ~일 뿐), 但(단)(다만 ~일뿐), 只(지)(다만 ~일 뿐), 直(직)(다만 ~일뿐), 徒(도)(다만 ~일뿐) 등이 있다. ❹때문에 ❺예. 대답하는 소리. 허락하는 말 ❻<감탄사> 아아! ❼어조를 고르거나 강조하는 어기조사(= 維(유))

維(유) ❶유지하다 ❷오직 ❸생각하다 유지하다 ❹매다 ❺벼리 ❻밧줄 ❼<발어사> 이, 다만 ❽~와, ~로써 *어기조사

矣(의) (1) 어기조사 ❶지정 내지 단정적인 어기를 표시하는 종결어기조사, 주로 서술어가 동사, 형용사일 때 사용. [巧言令色(교언영색) 말을 꾸며서 하고 낯빛을 꾸미는 사람치고 鮮矣仁(선의인) 어진 이가 드물다.《논어》학이3장 *류종목은 <감탄의 어기를 표시하는 어기조사>라고 하여 '적도다 仁이'라고 풀이한다.], [愼終(신종) 장례를 신중하게 하고, 追遠(추원) 먼 조상을 추모하면, 民德歸厚矣(민덕귀후의) 백성들의 덕성이 두텁게 될 것이다.《논어》학이9장], [雖曰未學(수왈미학) 비록 아직 배우지 않았다고 해도 吾必謂之學矣(오필위지학의) 나는 반

드시 그를 배운 사람이라고 말하겠다.《논어》학이7장], [三年無改於父之道(삼년무개어부지도) 삼 년 동안 아버지의 道를 고치지 않아야 可謂孝矣(가위효의) 가히 효라고 할 수 있다.《논어》학이11장], [仁者先難而後獲(인자선난이후획) 仁한 사람은 어려운 일을 먼저 하고 얻음을 뒤로 해야 可謂仁矣(가위인의) 가히 仁하다고 말할 수 있다.《논어》옹야20장], [飯疏食飮水(반소사음수) 거친 밥 먹고 물 마시며 曲肱而枕之(곡굉이침지) 팔을 굽혀 베더라도 樂亦在其中矣(낙역재기중의) 즐거움이 또한 그 가운데 있으니.《논어》술이15장], [回雖不敏(회수불민) 제가 비록 불민하지만 請事斯語矣(청사사어의) 이 말씀을 힘써 행하겠습니다.《논어》안연1장], [三年之喪(삼년지상) 삼 년의 상례는 期已久矣(기이구의) 일주년도 너무 깁니다.《논이》양화21장],

※ 아래는 류종목의 풀이이다.

①필연의 결과를 표시하는 어기조사 [其爲人也孝弟(기위인야효제) 그 사람됨이 효성스럽고 공경하면서 而好犯上者(이호범상자) 鮮矣(선의) 웃어른 범하기를 좋아하는 사람은 드물다.《논어》학이2장], [溫故而知新(온고이지신) 옛것을 익히고 새로운 것을 알면 可以爲師矣(가이위사의). 남의 스승이 될 수 있다.《논어》위정11장], [言寡尤(언과우) 말에 허물이 적으며, 行寡悔(행과회) 행실에 후회가 적으면 祿在其中矣(록재기중의) 녹봉은 그 가운데 있는 것이다.《논어》위정18장], [以約失之者(이약실지자) 鮮矣(선의) 절제하고 제약함으로써 잘못을 저지르는 이는 드물다.《논어》리인23장], [事君數(사군삭) 임금을 섬김에 (간언이) 잦으면 斯辱矣(사욕의) 욕을 당하고, 朋友數(붕우삭) 벗에게 (충고가) 잦으면 斯疏矣(사소의) 멀어진다.《논어》리인26장], [足則吾能徵之矣(족즉오능징지의) (문헌이) 충분하다면 내가 이를 증명할 수 있을 것이다.《논어》팔일9장], [務民之義(무민지의) 사람의 도리에 힘쓰고, 敬鬼神而遠之(경귀신이원지) 귀신을 공경하되 멀리한다면 可謂知矣(가위지의) 가히 지혜롭다고 말할 수 있다.《논어》옹야20장],

②~하게 되다 *상황의 변화나 새로운 상황의 출현을 표시하는 어기조사 [觀過斯知仁矣(관과사지인의) 허물을 보면 곧 그가 仁한지를 알 수 있다.《논어》리인7장], [小人窮斯濫矣(소인궁사람의) 소인이 곤궁하면 함부로 행동하게 된다.《논어》위령공1장], [苟患失之(구환실지) 진실로 잃을까를 근심하면 無所不至矣(무소부지의) 이르지 않는 데가 없게 된다.《논어》양화15장], [吾老矣(오노의) 나는 이미 늙어서 不能用也(불능용야) (공자를) 쓸 수 없다.《논어》미자3장],

③ 동작이 이미 완료되었거나 상황이 이미 끝났음을 표시하는 어기조사 [蓋有之矣(개유지의) 아마도 그와 같은 사람이 있을 터인데 我未之見也(아미지견야) 내가 아직 그러한 사람을 보지 못하였나 보다.《논어》리인6장], [子張問曰(자장문왈) 자장이 물었다. 令尹子文(영윤자문) 영윤 자문이 …舊令尹之政(구영윤지정) 옛 영윤의 정사를 必以告新令尹(필이고신영윤) 반드시 새로운 영윤에게 일러주었는데 何如(하여) 어떻습니까? 子曰(자왈) 공자께서 말씀하셨다. 忠矣(충의) 충성스럽다.《논어》공야장18장], [犯而不校(범이불교) 남이 나에게 잘못을 범하여도 따지지 않았다. 昔者吾友(석자오우)

嘗從事於斯矣(상종사어사의) 옛날에 나의 벗이 일찍이 이런 일에 종사하였다.《논어》태백5장], [夫子之牆(부자지장) 數仞(삭인) 선생님의 담장은 여러 길이어서 不得其門而入(부득기문이입) 그 문을 들어가지 못하면 不見宗廟之美百官之富(불견종묘지미백관지부) 종묘의 아름다움과 백관의 많음을 볼 수가 없다.《논어》자장23장],

④ 동작이 이미 완료되었음을 표시하는 어기조사 [不幸短命死矣(불행단명사의) 불행히도 명이 짧아 죽고 말았습니다.《논어》옹야2장], [子夏曰(자하왈) 자하가 말했다. 商聞之矣(상문지의) 내가 들으니, 死生有命(사생유명) 죽고 사는 것은 천명이요 富貴在天(부귀재천) 부귀는 하늘에 달렸다고 합니다.《논어》안연5장], [女爲周南召南矣乎(여위주남소남의호) 너는 '주남', '소남'을 배웠느냐?《논어》양화10장]

⑤필연의 결과를 표시하는 어기조사 [如有復我者(여유부아자) 만일 나를 다시 부르러 오는 사람이 있으면 則吾必在汶上矣(즉오필재문상의) 나는 반드시 汶水(문수)의 북쪽에 있을 것이오.《논어》옹야7장], [不有祝鮀之佞(불유축타지영) 축 타의 말재주와 而有宋朝之美(이유송조지미) 宋(송)나라 公子(공자) 趙(조)의 미모가 있지 않고서는 難乎免於今之世矣(난호면어금지세의) 오늘날 세상에서 (화를) 면하기 어렵겠구나.《논어》옹야14장], [父爲子隱(부위자은) 아버지는 아들을 위하여 숨기고 子爲父隱(자위부은) 아들은 아버지를 위하여 숨깁니다. 直在其中矣(직재기중의) 곧음은 그 가운데 있습니다.《논어》자로18장], [曰(왈) (장저가) 말했다. 是知津矣(시지진의) 그가 나루터를 알 것이오.《논어》미자6장]

(2) 음절을 조정하고 어기를 고르는 어기조사 [苟志於仁矣(구지어인의) 진실로 인에 뜻을 둔다면 無惡也(무악야) 악한 짓을 하지 않는다.《논어》리인4장], [惡不仁者(오불인자) 仁하지 못함을 미워하는 사람도 其爲仁矣(기위인의) 그 仁을 실천함에 不使不仁者加乎其身(불사불인자가호기신) 仁하지 못한 것이 자기 몸에 가해지지 못하게 한다.《논어》리인6장], [冉由曰(염유왈) 염유가 물었다. 旣庶矣(기서의) 이미 (백성이) 많다면 又何加焉(우하가언) 또 무엇을 더해야 합니까? *류종목은 <상황의 변화나 새로운 상황의 출현을 표시하는 어기조사>로서 '~하게 되다'의 뜻이라고 한다.《논어》자로9장], [苟正其身矣(구정기신의) 진실로 자기 자신을 바르게 한다면 於從政乎(어종정호) 정치에 종사한들 何有(하유) 무슨 어려움이 있겠는가?《논어》자로13장],

(3) 의문의 어기를 표시하는 어기조사 [子張問(자장문) …何如斯可以從政矣(하여사가이종정의) 자장이 …물었다. 어떻게 하면 정사에 종사할 수 있습니까?《논어》요왈2장], [子張問(자장문) 자장(顓孫師(전손사))이 물었다. 士何如(사하여) 선비는 어떻게 하면 斯可謂之達矣(사가위지달의) 통달했다고 이를 수 있습니까?《논어》안연20장]

(4) 감탄의 어기를 표시하는 어기조사 [巧言令色(교언영색) 듣기 좋게 꾸미는 말을 하고 얼굴빛을 보기 좋게 꾸미는 사람치고 鮮矣仁(선의인) 仁한 이가 드물도다!《논어》학이3장], [子謂韶(자위소) 공자께서 韶(소)음악을 평하여 말씀하셨다. 盡美矣(진미의) 극진히 아름답고, 又盡善矣(우진선의) 또 극진히

좋도다!《논어》팔일25], [久矣(구의), 吾不復夢見周公(오불복몽현주공) 오래되었도다, 내가 다시 周公을 꿈에 뵙지 못한 것이!《논어》술이5장], [噫甚矣(희심의) 아아 심하구나! 其無愧而不知恥也(기무괴이부지치야) 그가 부끄러워함이 없고 수치를 알지 못하는구나!], [噫亦太甚矣(희역태심의) 아아, 또한 대단히 심하구나! 先生之言也(선생지언야) 선생의 말씀이여!], [微管仲(미관중) 관중이 없었다면 吾其被髮左衽矣(오기피발좌임의) 우리는 아마도 머리를 풀어헤치고 옷깃을 왼쪽으로 여미게 되었을 것이다.《논어》헌문18장], [如有所譽者(여유소예자) 만일 칭찬한 사람이 있다면 其有所試矣(기유소시의) 그것은 시험한 바가 있어서일 것이다.(其(기)와 함께 쓰이는 경우 추측의 어기를 내포한다)《논어》헌문24장]

*[矣夫(의부)] ~인가보다, ~일 것이다! (矣, 夫는 각각 감탄의 어기를 표시하는 어기조사) [亡之(무지) 이럴 리가 없는데 命矣夫(명의부) 천명인가보다!《논어》옹야8장]

(5) ~뿐이다, 따름이다 *한정, 강조의 어기를 표시하는 어기조사, 주로 한정, 강조의 어기를 표시하는 어기조사인 已와 연이어 써서 已矣, 而已矣의 형태로 쓴다. [賜也(사야) 始可與言詩已矣(시가여언시이의) 賜는 이제 비로소 함께 詩를 말할 만하구나.《논어》학이15장]

已(이) (1) 부사 ❶이미 [常思已往之非(상사이왕지비) 언제나 지나간 잘못을 생각하고, 每念未來之咎(매념미래지구) 늘 미래의 허물을 생각하라.《명심보감》], [萬事分已定(만사분이정) 모든 일은 분수가 이미 정해져 있는데, 浮生空自忙(부생공자망) 덧없는 인생은 부질없이 스스로 바쁘구나.(浮生(부생) : 닷 없는 인생 /浮(부) : 뜨다 /空(공) : 헛되이 /忙(망) : 바쁘다)] ❷너무 [宰我問(재아문) 재아가 물었다. 三年之喪(삼년지상) 삼 년의 상례는 期已久矣(기이구의) 일 주년도 너무 깁니다.《논어》양화21장], [人而不仁(인이불인) 사람이 어질지 못하다고 해서 疾之已甚(질지이심) 그를 미워함이 너무 심해도 亂也(란야) 난동을 일으킨다.《논어》태백10장]

(2) <동사> 그치다, 그만두다, 끝나다, 말다 [學不可以已(학불가이이) 배움을 그만둘 수 없다. 靑取之於藍而靑於藍(청취지어람이청어람) 靑은 藍에서 취했지만 靑이 藍보다 푸르다.《荀子》], [泰山雖高(태산수고) 是亦山(시역산) 태산이 비록 높다 하더라도 이 또한 산이다. 登登不已(등등불이) 有何難(유하난) 오르고 또 올라서 그치지 아니하면 무슨 어려움이 있겠는가? <楊士彦(양사언)>]

(3) ~뿐이다, ~따름이다, ~로다, ~도다 *한정, 강조, 단정의 어기를 표시하는 어기조사. 주로 다른 종결사와 연이어 써서 "已矣(이의)", "而已(이이)", "而已矣(이이의)", "也已(야이)"의 형태로 쓴다. [攻乎異端(공호이단) 斯害也已(사해야이) 이단을 전공하면 해가 될 뿐이다.《논어》위정16장], [王何必曰利(왕하필왈리) 임금께서 하필이면 이익을 말씀하십니까? 亦有仁義而已矣(역유인의이이의) 역시 인의가 있을 뿐입니다.《맹자》], [賜也(사야) 始可與言詩已矣(시가여언시이의) 賜는 이제 비로소 함께 함께 詩를 말할 만하구나.《논어》학이15

장]

*[已矣乎(이의호)] 끝장이구나, 다되었구나! *已(이) 끝나다(동사), 矣(의) 동작이 이미 완료되었음을 표시하는 어기조사, 乎(호) 감탄의 어기를 표시하는 어기조사

以(이) (1) <명사> 이유, 까닭, 길, 도리, 방법 [古人秉燭夜遊(고인병촉야유) 옛날 사람이 촛불을 잡고 밤에 놀았던 것은 良有以也(양유이야) 진실로 까닭이 있었다.(秉(병) : 잡다 /燭(촉) : 초, 촛불 /良(양) : 진실로)]

(2) <지시대사> 이것, 그것 [以告者過也(이고자과야) 이것은 알려 준 사람이 지나친 것입니다.《논어》헌문14장]

(3) <동사> ❶ ~을 쓴다. ~을 부린다. [道之以政(도지이정) 백성을 이끌기를 정령으로써 하고 齊之以禮(제지이례) 백성을 가지런히 하기를 예로써 하다.《논어》위정3장], [夏后氏以松(하후씨이송) 하나라 왕조는 소나무를 썼고, 殷人以柏(은인이백) 은나라 사람은 잣나무를 사용하였습니다.《논어》팔일21장], [忠不必用兮(충불필용혜) 충성스럽다고 반드시 쓰이는 것도 아니요, 賢不必異(현불필이) 어질다고 반드시 쓰이는 것도 아니다.], [君子不施其親(군자불이기친) 군자는 친척을 버리지 않으며, 不使大臣怨乎不以(불사대신원호불이) 대신들로 하여금 써 주지 않는다고 원망하게 하지 않는다.《논어》미자10장] ❷~하다 [視其所以(시기소이) 그가 하는 것을 보다.《논어》위정10장], [如或(여혹) 知爾(지이) 만약 혹 너희들을 알아준다면, 則何以哉(즉하이재) 어떤 일을 하겠느냐?《논어》선진25장]

*[所以(소이)] ⇒ 所(소)

❸말다 ❹거느리다 ❺닮다 ❻의지하다, 근거하다 [公山弗擾以費畔(공산불요이비반)의 以를 '~로써', '~을 가지고'라는 뜻의 전치사로 보아 '공산불요가 비 땅을 가지고 모반을 일으켰다'고 풀이하기도 하지만 류종목은 以를 '의지하다', '근거하다'의 뜻의 동사라고 하여 '공산불요가 비 땅을 근거로 모반을 일으켰다'로 풀이한다.《논어》양화5장]

(4) <부사> 이미. 벌써, 매우 *已(이)와 쓰임이 같음. [秦宮室皆以燒(진궁실개이소) 진나라 궁실은 전부 불탔다.《史記》]

(5) <(전성) 전치사> 以는 본연의 뜻을 가진 실사이지만 전치사로 기능이 바뀐 것이다. 이런 전치사에는 以 외에 爲(위하여), 自, 從, 由(~부터), 與(~와 더불어) 등이 있다. ❶<도구, 수단, 방법, 자료> ~써, ~으로써, ~을 써서, ~을 가지고, ~에 따라, ~를 근거로, ~에 의하여, ~에 의해서, ~대로 [君使臣以禮(군사신이례) 임금은 신하를 부림에 예로써 하고, 臣事君以忠(신사군이충) 신하는 임금을 섬김에 충성으로써 한다.《논어》팔일19장], [禦人以口給(어인이구급) 구변으로 남을 대하다.《논어》공야장4장], [一以貫之(일이관지) 처음부터 끝까지 하나로써 관통하다.《논어》리인15장 * 一以(일이)는 강조 효과를 위하여 목적어를 전치사 앞에 놓은 것, 전치사 以(이)는 목적어 뒤에 놓이는 경우가 많다(류종목)], [君子(군자) 以文會友(이문회우) 以友輔仁(이우보인) 군자는 글로써 벗을 모으고, 벗으로써 仁을 돕는다.《논어》안연24

장], [以己子妻之 자기의 딸을 그에게 시집보내셨다.《논어》공야장1장], [用於國則以死報國 나라에 쓰이면 죽음으로써 나라에 보답한다.], [未聞以道殉乎人者也 도로써 다른 사람을 따른다는 것은 듣지 못했다.]
❷<동작의 대상을 표시하는 전치사> *직접목적어를 표시한다. 以 다음에 직접목적어를 대신하는 之가 생략되어 있다.(류종목) [舊令尹之政 必以告新令尹 전임 令尹의 정사를 반드시 신임 令尹에게 일러 주었다.《논어》공야장18장], [與之粟九百…曰 以與爾隣里鄕黨乎 그에게 곡식 900을 주고… 말했다. 그것을 가지고서 너의 이웃과 마을이나 고을 사람에게 주어라!《논어》옹야5장], [夫達也者 무릇 '통달'이라는 것은 …慮以下人 남에게 자신을 낮추는 것을 깊이 헤아리는 것이다.《논어》안연20장] ❸전치사와 목적어의 도치 : 전치사 以 다음의 대사 之가 생략된 구문. '以', '與', '爲' 따위의 전치사는 왕왕 그 다음에 오는 목적어가 생략된다.(류종목) [行有餘力 則以學文 행함에 여력이 있으면 (그 여력으로써) 글을 배운다.《논어》학이6장] ❹<원인, 이유, 까닭> ~때문, ~ 때문에. ~까닭에, ~로 인하여 [君子所以爲君子 以其仁也 군자가, 군자가 되는 까닭은 그 仁 때문이다.《논어》리인5장], [父母之年 不可不知也 부모의 나이는 알고 있지 않으면 안 되나니 一則以喜 하나는 기쁘기 때문이고, 一則以懼 하나는 두렵기 때문이다.《논어》리인20장], [孔文子 공문자는 何以謂之文也 어찌하여 文이라고 시호하였습니까? *何以는 목적어인 대사 何가 원인을 표시하는 전치사 以 앞에 놓인 형태《논어》공야장4장]
*[勿以ⓐ而ⓑ] ⓐ하다고 해서 ⓑ하지 말라 [太公曰 태공이 말하였다. 勿以己貴而賤人 자신이 귀하다고 해서 남을 천대하지 말고, 勿以自大而蔑小 자신이 크다고 해서 남에게 작다고 멸시하지 말고 勿以恃勇而輕敵 용감하다고 해서 적을 가볍게 여기지 말라.《명심보감》], [漢昭烈將終 勅後主曰 蜀漢의 소열황제(劉備)가 죽게 되어 아들에게 말하였다. 勿以惡小而爲之 악은 아무리 작더라도 하지 말고 勿以善小而不爲 선은 아무리 작은 일이라고 하지 않아서는 안 된다.《명심보감》]
❺<자격> ~로서 [以臣弑君 신하로서 임금을 죽이는 것을 可謂仁乎 仁이라고 할 수 있습니까?《史記》]
❻<행동의 기준이나 근거를 표시하는 전치사> ~에 [使民以時 백성을 부림에 때에 맞게 하여야 한다.《논어》학이5장]
❼<(시간, 장소, 방향, 수량의) 한계를 나타내는 전치사> [以上], [以下], [以來], [以內], [以前], [以後], [以北] 등
❽<행동의 기준이나 근거를 표시하는 전치사(= 於)> ~에. ~에 있어 [以次拜賀 차례대로 절을 하며 축하한다.]
(6) <접속사> ❶<병렬관계, 순접관계를 표시하는 접속사(= 而)> ~하면서, ~하고 [溫良恭儉讓 선생님께서는 온화하고, 어질고, 공손하

고, 겸양하심으로써 以得之(이득지) 그것을 얻으신 것이다.《논어》학이10장], [使民敬忠以勸(사민경충이권) 백성들이 윗사람을 공경하고 충성스러우면서 부지런하게 하려면 如之何(여지하) 어찌하면 되겠습니까?《논어》위정20장], [志士仁人(지사인인) 뜻이 있는 선비와 仁한 사람은 無求生以害仁(무구생이해인) 有殺身以成仁(유살신이성인) 자신의 삶을 추구하느라고 仁을 해치는 일은 없고, 자신을 죽임으로써 仁을 이루는 일은 있다.《논어》위령공9장], [天之道(천지도) 損有餘以補不足(손유여이보부족) 하늘의 도는 남는 것을 덜어서 부족한 것을 보충하거늘 人之道則不然(인지도즉불연) 사람의 도는 그렇지 않다《老子》]

* 以 뒤에 '之' 등의 대명사가 올 때는 대체로 그 대명사가 생략된다. 따라서 以만 남게 되는데, 이 때 以가 순접관계 접속사 '而'와 같은 역할을 하는 것으로 보고 접속사로 다룬다.

* 류종목 : 以는 원래 수단, 방법, 원인을 표시하는 전치사로서 以 다음에 그 앞에 제시된 목적어를 가리키는 인칭대사 之가 와서 목적어 역할을 해야 하는데 그것이 생략됨으로써 결과적으로 전치사와 목적어가 도치된 형태가 된 것이다. 이런 성격의 以는 점점 순접관계를 표시하는 접속사 而와 같은 기능을 지니게 되었다. 以, 與(더불어, 함께), 爲(위하여) 따위의 전치사는 왕왕 그다음에 오는 목적어가 생략된다.

❷<역접관계를 표시하는 접속사(= 而(이))> ~해도 [三分天下有其二(삼분천하유기이) 천하를 셋으로 나누어 (文王(문왕)은) 그 둘을 차지했으면서도, 以服事殷(이복사은) 복종하여 은나라를 섬겼다.《논어》태백20장]

❸<가정, 조건의 접속사(= 則(즉))> '~하면 곧', '~으로 말하자면 곧' [如其禮樂(여기예악) 예와 악 같은 것은 以俟君子(이사군자) 군자를 기다리겠습니다.《논어》선진25장 *류종목 : 여기의 以(이)는 앞에 있는 '如(여)'와 호응하여 '~로 말하자면 곧'이라는 뜻으로 '則(즉)'과 같다.]

❹[以故(이고)] <인과관계를 표시하는 접속사> (⇒ 是故(시고)) [鄕人皆惡我鳴(향인개오아명) 마을 사람들이 모두 나의 울음소리를 싫어하여, 以故東徙(이고동사) 이런 까닭으로 東(동)쪽으로 이사하려 한다.]

(7) [可以(가이)], [足以(족이)] ~해도 좋다, ~할 수 있다, 좋다, 괜찮다, ~할 가치가 있다 *류종목 : <보조사-조동사> 원래 조동사 可와 수단·방법을 표시하는 전치사 以가 결합된 형태로 '가히 그것으로써 ~할 수 있다'라는 뜻인데, 전치사 以 뒤에 올 목적어가 생략됨으로써 아예 조동사로 바뀐 것이다. [溫故而知新(온고이지신) 옛 것을 익히고 새로운 것을 알면 可以爲師矣(가이위사의) 남의 스승이 될 수 있다.《논어》위정11장], [中人以上(중인이상) 중등 인물 이상인 사람에게는 可以語上也(가이어상야) 높은 것을 말해 줄 수 있으나 中人以下(중인이하) 중등 인물 이하인 사람에게는 不可以語上也(불가이어상야) 높은 것을 말해 줄 수 없다.《논어》옹야19장]

(8) [無以(무이)] ~할 수가(~할 도리가, ~할 것이) 없다 *류종목 : 以는 원래 '길, 도리, 방법'이라는 뜻의 명사인데 보통 앞에 無(무)·毋(무)·蔑(멸) 따위를 동반하여 조동사적으로 쓰인다.

[好仁者無以尙之(호인자무이상지) 仁을 좋아하는 사람은 그에 더할 것이 없다.《논어》리인6장], [不學詩 無以言(불학시 무이언) 시를 배우지 않고는 (남과 더불어) 말을 할 수 없다.《논어》계씨13장]

而(이) (1) 접속사 *而가 접속사로 쓰일 경우 문장이 길거나 토를 달거나 띄어쓰기를 할 때는 而 앞에서 끊는다. 그러나 띄어쓰기를 하지 않는 문장을 읽을 때는 而 다음에서 끊어 읽는다. ❶순접관계를 표시하는 접속사 *두 개의 동작이나 상황을 순차적으로 연결해 준다. 이 경우 而를 전후한 두 개의 동작이나 상황의 사이에 '~하여 비로소' 또는 '~해야 비로소', '~한 후에'라는 의미가 있으며, '~하고 나서'의 어감을 지닌다. ①~하고(= 且(차)). ~하여서, 그리하여. 그리고 [君子務本(군자무본) 군자는 근본에 힘쓰나니, 本立而道生(본립이도생) 근본이 서야 도가 생겨난다.《논어》학이2장], [三思而後行(삼사이후행) 세 번 생각하고 난 뒤에 실행에 옮겼다.《논어》공야장19장], [吾與回言終日(오여회언종일) 나는 온종일 안회와 더불어 말했으나, 不違如愚(불위여우) 내 말을 어기지 않아 마치 어리석은 사람 같았으나 退而省其私(퇴이성기사) 그가 물러가고 나서 그의 사사로운 면을 살펴보니.《논어》위정9장], [學而不思則罔(학이불사즉망) 배우기는 하지만 사색하지 않으면 아무것도 없고, 思而不學則殆(사이불학즉태) 사색만 하고 배우지 않으면 위태롭다.《논어》위정15장]. ②그렇게 하고서, 그러면서, ~하면서 [呂滎公曰(여영공왈) 여영공이 말했다. 內無賢父母 外無嚴師友(내무현부모 외무엄사우) 안으로 어진 부모가 없고, 밖으로 엄한 스승과 벗이 없으면서도 而能有成者 鮮矣(이능유성자 선의) 성공할 수 있는 사람은 드물다.《명심보감》] ③ ~와, 또한 [謹而信(근이신) (행동을)삼가고 (말을)미덥게 하다.《논어》학이6장]

❷~하여도, ~하지만, ~하나, ~인데, ~이지만, 그런데도, 그러나, 도리어 *역접관계를 표시하는 접속사 [人不知而不慍(인부지이불온) 다른 사람이 알아주지 않아도 노여워하지 않는다.《논어》학이1장], [可與言(가여언) 더불어 말할 만한데도 而不與之言失人(이불여지언실인) 그와 더불어 말하지 않는 것은 사람을 잃는 것이요, 不可與言(불가여언) 더불어 말할 만하지 않은데도 而與之言失言(이여지언실언) 그와 더불어 말하는 것은 말을 잃는 것이다.《논어》위령공7장], [雍也仁而不佞(옹야인이불영) 염옹은 仁하나 말재주가 없다.《논어》공야장4장]

❸~이면, ~하면 곧, 만일. 만약, 가령. *가정이나 조건에 따르는 결과를 표시하는 접속사 [管氏而知禮(관씨이지례) (만일, 만약) 관중이 예를 안다면 孰不知禮(숙부지례) 누가 예를 알지 못하는가?《논어》팔일22장], [人而無信(인이무신) 사람이 만약 신의가 없다면 不知其可也(부지기가야) 그 可함을 알지 못하겠다.《논어》위정22장], [人而不仁(인이불인) 사람이 만약 仁하지 못하면 如禮何(여례하) 예를 해서 무엇하는가?《논어》팔일3장], [君而失其君之道(군이실기군지도) 임금이 그 임금의 도리를 잃으면 則不爲君(즉불위군) 임금이 되지 못하며, 臣而失其臣之職(신이실기신지직) 신하가 그 신하의 직분을 잃으면 則位虛位(즉위허위) 헛된 자리가 되는 것이다.《논어집주》옹야23장]. ❹인과관계를 표시하는 접속사 [齊景公有馬千駟(제경공유마천사) 제

나라 경공이 말 4,000필을 가지고 있었지만, 死之日(사지일) 그가 죽는 날 民無德而稱焉(민무덕이칭언) 아무도 그가 덕이 있다고 칭찬한 사람은 없었다.《논어》계씨12장] ❺[不ⓐ(불) 而ⓑ(이)] ⓐ는 ⓑ가 아니다 [不徒羡人而甘自棄(불도선인이감자기) 단지 남을 부러워하기만 하고 스스로 포기하는 것을 달갑게 여기지 않을 것이다.《논어집주》리인17장] ❻뒤에 上(상)·下(하)·往(왕)·來(래)·前(전)·後(후) 등을 동반하여 범위를 표시하는 접속사 [形而上者(형이상자) 謂之道(위지도) 형이상학적인 것을 道라 하고, 形而下者(형이하자) 謂之器(위지기) 형이하학적인 것을 器라고 한다.《周易》], [由孔子而來(유공자이래) 至於今百有餘歲(지어금백유여세) 공자 이래로 오늘날에 이르기까지 백여 년이다.《맹자》]

(2) 부사 접미사 ①(然(연)과 같다) [罔之生也(망지생야) 정직하지 않으면서도 사는 것은 幸而免(행이면) (죽음을) 요행히 면한 것이다.《논어》옹야17장] ② 시간이나 때를 나타내는 부사어 뒤에 위치한다. [七十而從心所欲(칠십이종심소욕) 不踰矩(불유구) 일흔 살에 마음에 하고자 하는 바를 좇아도 법도에 넘지 않았다.《논어》위정4장] *이문주 : '~에'의 뜻을 갖는 어조사 *류종목 : 순접관계를 표시하는 접속사이며, 칠십이 되는 일과 종심이 되는 일이 순차적으로 일어났음을 표시하므로 '~하고 나서'라는 어감을 지닌다.

*[旣而(기이)] <관용어> (하나의 동작이) 끝나고 나서, 잠시 뒤에, 얼마 안 있다가 [旣而曰(기이왈) 잠시 있다가 말했다. 鄙哉硜硜乎(비재갱갱호) 비속하구나! 땡땡거리는 소리여!《논어》헌문42장]

(3) ~뿐이다, 따름이다 *한정,. 강조의 어기를 표시하는 어기조사. 주로 다른 종결사와 연이어 써서 而已, 而已矣의 형태로 쓴다. [王何必曰利(왕하필왈리) 임금께서 하필이면 이익을 말씀하십니까? 亦有仁義而已矣(역유인의이이의) 역시 인의가 있을 뿐입니다.《맹자》]

(4) 너, 그대 *2인칭 대사(= 汝(여), 女(여), 若(약), 乃(내), 爾(이)) [余知而無罪也(여지이무죄야) 나는 그대가 죄 없음을 안다.《左氏傳》]

耳(이) ❶<명사> 귀 ❷<동사> (귀에) 익다, 듣다 ❸뿐, ~따름 *한정의 어기를 표시하는 어기조사 [二三子(이삼자) 얘들아! 偃之言是也(언지언시야) 偃의 말이 옳다. 前言戲之耳(전언희지이) 앞에 한 말은 놀려준 것일 뿐이다.《논어》양화4장], [罔之生也(망지생야) 곧지 않은 삶은 幸而免(행이면) 요행히 면한 것일 뿐이다.《논어》옹야17장]

爾(이) ❶너 *2인칭 대사(=汝(여), 女(여), 而(이), 若(약), 乃(내)) [爾奚泣(이해읍) 너는 어찌 우는가?], [豈食爾粟而求生者乎(기식이속이구생자호) 어찌 너희들의 곡식을 먹고서 삶을 구하려는 사람이겠는가?], [用之則行(용지즉행) 등용되면 행하고 舍之則藏(사지즉장) 버려지면 은둔하는 것, 惟我與爾有是夫(유아여이유시부) 오직 나와 너만이 이것을 할 수 있으리라!《논어》술이10장] ❷이, 이것, 여기 *근칭 지시대사(= 是(시), 此(차)) [女得人焉爾乎(여득인언이호) 그대는 여기서 인재를 얻었는가?《논어》옹야12장], [夫子何善爾也(부자하선이야) 선생님께서는 어찌하여 이것을 훌륭하다고 여기십니까?《禮記》] ❸그, 그것 *3인칭 대사(=彼(피), 其(기))

❹~뿐 *한정의 어기를 표시하는 어기조사 [莊王圍宋(장왕위송) 장왕이 송나라를 포위함에, 軍有七日之糧爾(군유칠일지량이) 군에는 7일의 군량이 있을 뿐이었다.(圍(위) : 두르다 /糧(량) : 양식)] ❺가깝다(=邇(이)) [道在爾而求諸遠(도재이이구저원) 도가 가까운 곳에 있는데도 먼 곳에서 구하며, 事在易而求諸難(사재이이구저난) 일이 쉬운 데 있는데도 어려운 데서 찾는다.(諸(저) : 이를 ~에서 =於之(어지))《맹자》] ❻그러하다(=然(연)) [豈大者獨惡死(기대자독오사) 어찌 큰 것만 죽기를 싫어하고, 而小則不爾耶(이소즉불이야) 작은 것은 그렇지 않겠는가?(豈(기) : 어찌 /惡(오) : 싫어하다 /耶(야) : 어기조사)] ❼형용사 뒤에 접미사처럼 쓰여 모양이나 상태를 나타냄 [子路 率爾而對(자로 솔이이대) 자로가 경솔하게 대답하였다(率(솔) : 경솔하다)《논어》선진25장], [兀然而醉(올연이취) 올연히 취하고, 恍爾而醒(황이이성) 황홀하게 깨어나다.(兀然(올연) : 취하여 가만히 있는 모양 /兀(올) : 우뚝하다 /恍(황) : 황홀하다 /醒(성) : 술 깨다)], [蹴爾而與之(축이이여지) 차면서 그것을 주면, 乞人不屑也(걸인불설야) 걸인도 받지 아니할 것이다.(蹴(축) : 차다 /乞(걸) : 빌다 /屑(설) : 달갑게 여기다)]

因(인) ❶인하다, 어떤 사실로 말미암다, 원인이나 계기로 되다 ❷의지하다, 의거하다, 잇닿다, 이어받다, 인습하다, 따르다, 뒤를 잇다 ❸겹치다 ❹親(친)하게 하다, 친하게 지내다 ❺부탁하다 ❻쌓이다 ❼인연, 연고, 연줄, 유래, 연유, 까닭, 원인을 이루는 근본 ❽말미암아, 관련하여, ~의 이유로, ~에 의하여, ~에서, ~부터 따르다 *인과관계를 표시하는 접속사 [無恒産(무항산) 일정한 생업이 없으면, 因無恒心(인무항심) 인하여 불변하는 마음이 없다.《맹자》], [楓岳皆骨無土(풍악개골무토) 풍악은 다 뼈대이고 흙이 없어, 因名爲皆骨(인명위개골) 인하여 개골이라 이름하였다.]

自(자) ❶자기, 자신 *1인칭대사, 자기 자신을 가리키는 말로는 自와 己가 있으나 일반적으로 自는 동사 앞에, 己는 동사의 앞뒤에 모두 쓰인다. *류종목 : 부사적 성격이 강하기 때문에 목적어로 쓰일 경우 동사 앞에 놓인다. [自勝者强(자승자강) 자기를 이기는 자는 강하고, 知足者富(지족자부) 만족할 줄 아는 사람은 부유하다.《老子》], [所謂誠其意者(소위성기의자) 이른바 뜻을 진실하게 한다는 것은 毋自欺也(무자기야) 자신을 속이지 않음이다.(毋(무) =不(불) /欺(기) : 속이다)《大學》], [見不賢(견불현) 어질지 못한 이를 보면 而內自省也(이내자성야) 속으로 자신을 돌아보다.《논어》리인17장], [吾未見 能見其過(오미견 능견기과) 나는 자기 허물을 능히 발견하고 而內自訟者也(이내자송자야) 마음속으로 자신을 꾸짖는 자를 아직 보지 못했다.《논어》공야장26장]

*[自棄(자기)] 스스로 제 몸을 버리고 돌아보지 않음(自暴自棄(자포자기))

*[自責(자책)] 자기 잘못을 스스로 꾸짖음

*[引過自責(인과자책)] 자기 잘못을 바루고 스스로 꾸

짖음 /引 : 바루다(비뚤어지거나 구부러지지 않도록 바르게 하다)

❷<부사> 스스로, 몸소 [酒不醉人 술이 사람을 취하게 하는 것이 아니라 人自醉 사람이 스스로 취하는 것이다.《명심보감》]

❸<부사> 저절로 [讀書百遍 글을 백 번 읽으면, 意自見 뜻이 저절로 보인다.(遍 : 횟수를 세는 말)], [安分 身無辱 분수에 편안하면 몸에 욕됨이 없을 것이요, 知幾 心自閑 기미를 알면 마음이 저절로 한가할 것이다.《명심보감》]

❹~에서부터, ~(으)로부터 *시발점을 표시하는 전치사 [吾自衛反魯然後樂正 내가 위나라로부터 노나라로 돌아온 후에 음악이 바르게 되고 雅頌各得其所 雅.頌이 각각 제자리를 찾았다.《논어》자한14장], [弟子自遠方至受業者百餘人 먼 곳으로부터 와서 가르침을 받는 제자가 백여 명이었다.《史記》], [有朋自遠方來 不亦樂乎 벗이 먼 곳에서 찾아오면 또한 즐겁지 않겠는가?《논어》학이1장]

*'於~'가 대상을 표시할 때('~에게')는 동사의 앞이나 뒤에 올 수 있고, 말미암은 바를 표시할 때는 동사 뒤에 둔다. '自~(로부터)'는 동사 앞에 둔다. [四境之內 莫不有求於王 사방 국경 안에서 왕에게 구하지 않는 바가 없다.]

*[自 ~至] ~에서부터 ~까지 [自昏至夜 저녁부터 밤까지]

❺[自非~] 만약 ~이 아니라면 *가정 [自非聖人 만약 성인이 아니라면 不能無過 허물이 없을 수 없다.《後漢書》], [自非顯才高行 만일 드러난 재능과 고상한 행실이 아니라면, 安可强冠之哉 어찌 억지로 벼슬할 수 있겠는가?(顯 : 나타나다 /高行 : 고상한 행실 /安 : 어찌 /强 : 억지로 /冠 : 갓을 쓰다(곧 벼슬함)《西京雜記》) ❻말미암다, ~부터 하다, 因하다(어떤 사실로 말미암다) ❼좇다, 따르다 ❽使用하다, 쓰다

者 (1)<명사> ❶사람 [知之者 不如好之者 (道를) 아는 사람은 좋아하는 사람만 못하고, 好之者 不如樂之者 좋아하는 사람은 즐거워하는 사람만 못하다.《논어》옹야18장], [知者樂水 지혜로운 사람은 물을 좋아하고 仁者樂山 仁한 사람은 산을 좋아한다.《논어》옹야21장] ❷<의존명사(불완전명사)> 자립적으로 쓰이지 못하고 그 앞에 반드시 수식해주는 말이 있어야 하는 명사. 앞말의 수식을 받아 전체를 명사구로 만들어 준다. ~라는 것, ~(하는) 사람, ~이라는 사람, ~한 사람 *所도 의존명사로서 '~하는바'로 풀이되는데 者와 달리 所는 앞에 오는 서술어의 수식을 받는다. [其爲人也孝弟而好犯上者 鮮矣 그 사람됨이 효성스럽고 공경하면서 윗어른 범하기를 좋아하는 사람은 드물다. *여기의 者는 其爲人也孝悌 而好犯上의 수식을 받아 전체를 명사구로 만들어 준다.《논어》학이2장], [禘自旣灌而往者 체 제사를 지냄에 있어

강신의 술을 따르는 일을 마치고부터 이후의 것.《논어》팔일10장], [友也者 友其德也 벗이란 그 덕을 벗함이다《맹자》] ❸ ~곳 *장소 [水淺者 大魚不遊 물이 얕은 곳은 큰 물고기가 놀지 않고, 地薄者 大物不産 땅이 척박한 곳은 큰 물건이 나지 않는다.(淺 : 얕다 /遊 : 놀다 /薄 : 땅이 박하다 /産 : 낳다, 만들어 내다)]

(2) <어기조사> ❶음절을 조정하고 어기를 고르는 어기조사. 경우에 따라 '~라고 하는 것', '~라고 하는 사람'으로 풀이하는 것이 자연스러울 때도 있다(류종목). [陳勝者 陽城人也 진승은 양성인이다.《史記》]. [有蔣氏者 장씨라는 사람이 있어 專其利三世矣 삼대 동안 그 이익을 독점했다.]

*[也者] '~라는 것', '~라고 하는 것', '~라고 하는 사람'으로 풀이하는 것이 자연스러울 때도 있다. 음절을 조정하고 어기를 고르는 두 개의 어기조사가 연이어 사용된 것으로 주어를 객관화시킨다. [孝弟也者 부모에게 효도하고 웃어른을 공경한다는 것은 其爲仁之本與 아마도 仁을 실천하는 근본일 것이다.《논어》학이2장] ❷가정이나 조건의 어기를 표시하는 어기조사 [其或繼周者 만약 혹자가 주나라를 잇는다면 雖百世可知也 비록 100왕조의 뒤라 하더라도 알 수 있을 것이다.《논어》위정23장], [魯無君子者 노나라에 군자가 없었다면 斯焉取斯 이 사람이 어디에서 이러한 德을 취했겠는가?《논어》공야장2장], [予所否者 내가 만일 예에 어긋나는 일을 했다면 天厭之 하늘이 나를 미워할 것이다.《논어》옹야27장], [伍奢有二子 不殺者 오사에게는 아들 둘이 있는데 죽이지 않으면 爲楚國患 초나라의 우환이 될 것입니다.《史記》], [民衆而不用者 백성이 많이 있어도 쓰지 않으면 與無民同 백성이 없는 것과 같다.《韓非子》], [士志於道 선비가 道에 뜻을 두고도 而恥惡依惡食者 나쁜 옷과 나쁜 음식을 부끄러워한다면 未足與議也 더불어 (道를) 논할 수 없다.《논어》리인9]
❸시간 부사에 붙는 어기조사 [今者 지금, 금시, 지금에 있어서], [近者 근래], [頃者 근래], [乃者 이전에], [昔者 옛날, 옛날에], [古者 옛날, 옛날에]

(3)복수의 數量詞 뒤에 붙는 구조조사 [子曰 居, 女三人者 吾語女禮 공자께서 "앉거라, 너희 세 사람. 내가 너희들에게 예가 무엇인지 말해주마"라고 하셨다.《禮記》], [異乎三子者之撰 세 사람이 여러 가지를 잘 갖춘 것과는 다릅니다.《논어》선진26장], [吾二臣者 皆不欲也 저희 두 신하는 모두 원하지 않습니다.《논어》계씨1장]

將 장 (1)<부사> ❶장차 ~하려고 한다. 머지않아 ~되려 한다. 이 경우에는 '장차'라고 굳이 풀이하지 않아도 된다 [天將以夫子爲木鐸 하늘이 부자를 목탁으로 삼으실 것이오.

《논어》팔일24장], [國將興 必貴師而傅 나라가 흥하려면 반드시 스승을 귀히 여겨야 한다.(師, 傅 : 스승)《荀子》] ❷무릇. 대저. 거의. 일부 [今藤絶長補短 將五十里也 지금 등나라는 긴 곳을 잘라 짧은 곳에 더하면 거의 50리가 된다.(藤 : 나라이름 /補 : 깁다, 더하다)《맹자》], [固天縱之將聖 又多能也 진실로 하늘이 풀어놓은 거의 성인이시고, 또 다능하시다.(固 : 진실로 /縱 : 놓다)《논어》자한6장]

*[將~, 將~] : '일부는 또한 ~가 되고, 일부는 또한 ~가 된다', '또한 한편으로 ~가 있고, 또한 한편으로 ~가 있다' [將爲君子焉 일부는 군자가 되고, 將爲野人焉 일부는 야인이 된다.《맹자》]

❸<반어부사> 어찌(= 何). 오히려. [將得已乎 어찌 얻겠는가?《春秋左氏傳》]

❹<한정 · 제한> ① 오직. ~뿐 (惟와 같게 쓰임) [寡人將君是望 과인은 귀국의 임금만을 바라보고 있을 따름입니다.《春秋左氏傳》] ② 이. 이것 (此와 같게 쓰임) ❺<가정> 만일. 혹은 (若과 같게 쓰임) [令尹將必來辱 영윤께서 만일 꼭 욕되이 오시려 한다면 爲惠已甚 은혜가 너무 크니 吾無以酬之 내가 보답할 길이 없으니 若何 어찌하겠소?《春秋左氏傳》] ❻<당연 · 의무> 마땅히 ~하여야 한다. [君人者將禍是務去 백성의 군주가 되는 사람은 마땅히 화를 제거하는 데 힘써야 한다.《左氏傳》]

(2)<동사> ❶~이 되다, ~이다 *류종목은 위 '固天縱之將聖'의 '將聖'을 '성인이 되도록'으로 풀이한다. ❷거느리다 [其馬將駿馬而歸 그 말이 준마를 거느리고 돌아왔다.(駿 : 준마, 뛰어난 말)], [陛下不能將兵 폐하는 병사는 거느릴 수 없으나, 而善將將 장군을 거느릴 수 있습니다.《史記》], [將風伯雨師雲師 풍백, 우사, 운사를 거느리고, 而主穀主命主病主刑主善惡 농사, 생명, 질병, 선악을 주관하였다.《三國遺事》] ❸가지다 [崔女將利刀潛入庫中 최녀가 날카로운 칼을 가지고, 몰래 무기고 안에 들어갔다.(潛 : 몰래 /庫 : 창고)《三國史記》]

(3)<접속사> ❶~과. ~과 함께. 그리고 [欲知死人有知將無知也 죽은 사람도 앎과 모름이 있는지를 알고자 하다.《設苑》] ❷또한. 한편(= 且와 같게 쓰임) [將安將樂 편안하고 즐거워지려고 하니 女轉棄予 너는 도리어 나를 버리는가.《詩經》]

(4)<전치사 : 수단 · 방법> ~을 써서, ~로써, ~에 의하여 [唯將舊物表深情 장차 오래 지닐 물건으로써 깊은 정을 표하려니. <白居易>]

(5)<명사> 장수 [廉頗者 趙之良將也 염파는 조나라의 훌륭한 장수이다.], [敗軍之將 不可以言勇 패한 군의 將帥는 용기를 말할 수 없다.]

哉(재) ❶~일 것인가. ~리오. ~인가? ~는가? *의문의 어기를 표시하는 반어형 어기조사, 반문의 형식을 취하여 강한 긍정의 뜻을 나타낸다. 흔히, 安(안)·豈(기)·何(하)·何以(하이)(무엇으로써) 따위의 의문대사나 반어 부사와 함께 쓰인다. [人焉廋哉(인언수재) 그의 사람 됨됨이를 어찌 숨길 수 있겠는가?《논어》위정10장], [觚不觚(고불고) 觚가 모나지 않으면 觚哉觚哉(고재고재) 觚이겠느냐? 觚이겠느냐?《논어》옹야23장] ❷~로구나. ~도다 *감탄종결사. 영탄, 감탄의 어기를 표시하는 어기조사 [大哉(대재) 問(문) 크도다! 물음이여!《논어》팔일4장], [賢哉(현재) 回也(회야) 훌륭하도다, 안회는!《논어》옹야9장], [快哉(쾌재) 통쾌하도다!], [善哉(선재) 좋구나! 좋다!] ❸비로소. 처음으로, 비롯하다 ❹처음 ❺재앙, 재난

諸(제), **諸**(저) (1)<음 : 제> ❶모든. 모두, 여러 (≒ 庶(서)) [一日不念善(일일불념선) 諸惡自皆起(제악자개기) 하루라도 선을 생각하지 않으면, 모든 악이 저절로 다 일어난다.《莊子》] ❷간수하다. 갈무리함 ❸말려서 저장한 과일. 절인 것. 김치 따위 ❹두꺼비

(2)<음 : 저> ❶<어기조사> ①<구별> ~은, ~는. ~것은. (者(자)와 쓰임이 같음) [不知神之所在(부지신지소재) 신이 계신 바를 알지 못한다. 於彼乎(어피호), 於此乎(어차호), 或諸遠人乎(혹저원인호) 저기에? 여기에? 혹 저기 사람에서 먼가요?《禮記》] ②<강조의 어기를 표시하는 어기조사> [其諸(기저)] ~그야말로 ~일 것이다. [其諸異乎人之求之與(기저이호인지구지여) 다른 사람이 그것을 구함과는 다르리라. *其는 '아마', '혹시'라의 뜻의 추측을 표시하는 부사이고 諸는 강조의 어기를 표시하는 어기조사. *이문주 : 발어를 위한 어조사로서 별다른 의미가 없다. *류종목 : '아마', '혹시'라의 뜻의 추측을 표시하는 부사 其의 어기를 더욱 강하게 하기 위하여 어기조사 諸가 덧붙여진 형태로서 자신의 말에 대한 확신이 없을 때 하는 말투로서 제나라와 노나라의 사투리라는 견해도 있다!《논어》학이10장] ③<영탄의 어기를 표시하는 어기조사> [~諸] ~여. ~이여. …인저 [日居月諸(일거월저) 해와 달이여 胡迭而微(호질이미) 어찌하여 갈마들며 이지러나.《詩經》] ❷諸(저)의 音이 之於(지어), 至於(지어), 之乎(지호)의 合音과 비슷하므로 이를 代用한다. ①<之於(지어)·至於(지어)의 뜻> 이를, 이에, 이것(그것)을 ~에(에게) [其如示諸斯乎(기여시저사호) 아마도 마치 여기에 물건을 얹어 놓는 것과 같을 것이다.《논어》팔일11장], [君子(군자) 求諸己(구저기) 군자는 자신에게서 찾고, 小人(소인) 求諸人(구저인) 소인은 남에게서 찾는다.《논어》위령공20장], [或乞醯焉(혹걸혜언) 어떤 사람이 그에게 식초를 빌리러 오자 乞諸其隣(걸저기인) 그것(醯)을 그의 이웃집에서 빌어다 而與之(이여지) 그에게 주었다.《논어》공야장23장] ②<之乎(지호)의 뜻> ㉠그것이 ~인가? [子路問(자로문) 聞斯行諸(문사행저) 자로가 물었다. 들으면 곧 이를 행하여야 합니까?《논어》선진20장] ㉡그것이 ~이리라! *감탄과 추측의 어기를 표시 [山川其舍諸(산천기사저) 산천의 신이 어찌 그것을 버려두겠는가?《논어》옹야4장], [何事於仁(하사어인) 어찌 仁(인)할 뿐이겠느냐? 必也聖乎(필야성호) 틀림없이

성인일 것이다. 堯舜其猶病諸(요순기유병저) 요임금도 순임금도 오히려 그렇게 하기는 힘들어했을 것이다!《논어》옹야28장], [修己以安百姓(수기이안백성) 자기 자신을 닦아서 백성을 편안하게 해 주는 것은 堯舜其猶病諸(요순기유병저) 요임금이나 순임금도 오히려 어렵게 여겼던 일이리라!《논어》헌문45장]
❸<대명사> [~諸] ~이. ~이를. ~이에. 之와 쓰임이 같음. [子路請禱(자로청도) 자로가 기도할 것을 청하니 子曰(자왈) 공자께서 말씀하셨다. 有諸(유저) 그런 일이 있느냐?《논어》술이34장], [湯放桀(탕방걸) 武王伐紂(무왕벌주) 有諸(유저) 탕 왕이 걸 왕을 내쫓고, 무왕이 주왕을 정벌하였다 하니, 그러한 일이 있습니까?《맹자》]
❹~에, ~에서, ~에게서 *위치, 목적을 표시하는 전치사(= 於(어), 乎(호)와 쓰임이 같음) [孝弟發諸朝廷(효제발저조정) 효제가 조정에서부터 나와서 行乎道路(행호도로) 큰 도시 거리에 행해지고 至乎州巷(지호주항) 고을 거리에 미친다.《禮記》], [射求正諸己(사구정저기) 활쏘기는 자기에게서 올바름을 구하는 것이니.《禮記》]

絶(절) ❶<타동사> 끊다 [鍾子期死(종자기사), 伯牙破琴絶絃(백아파금절현) 종자기가 죽자 백아가 슬을 부수고 현을 끊었다.] ❷<자동사> 끊어지다, 전혀 없다 [以財交者(이재교자) 財盡而交絶(재진이교절) 재물로써 사귄 사람은 재물이 다하면 사귐도 끊어진다.], [子絶四(자절사) 공자께서는 네 가지가 전혀 없으셨다.《논어》자한4장] ❸뛰어나다 [曹操智計(조조지계) 殊絶於人(수절어인) 조조의 지략은 남다르게 뛰어났다.]
❹<부사> 전혀, 매우

足, 足(족, 주) (1) <음: 족> ❶발, 뿌리, 根本(근본) ❷넉넉하다, 충족하다 [足食(족식) 식량을 풍족하게 하고, 足兵(족병) 군비를 충분히 갖추며, 民信之矣(민신지의) 백성이 나라를 믿게 하는 것이다.《논어》안연顔淵(안연)장], [足則吾能徵之矣(족즉오능징지의) (문헌이) 충분하다면 내가 이를 입증할 수 있을 것이다.《논어》팔일9장] ❸족하다, (분수를) 지키다 [學然後知不足(학연후지부족) 배운 뒤에야 부족함을 안다.《禮記》] ❹만족, 만족하게 여기다 [安分知足(안분지족) 편한 마음으로 자기 분수를 지키며 만족할 줄 알다.]
❺[足以(족이)] ~하기에 족하다, ~하기에 충분하다, ~할 수 있다는 뜻의 조동사(보조사). *류종목: 원래 조동사 足과 수단 . 방법을 표시하는 전치사 以가 결합된 형태로 '족히 그것으로써 ~할 수 있다'라는 뜻인데 잔치사 以 뒤에 올 목적어가 생략됨으로써 아예 조동사로 바뀐 것이다. [退而省其私(퇴이성기사) 그가 물러가고 나서 그의 사적인 생활을 살펴보니, 亦足以發(역족이발) 또한 족히 (내가 말한 바의 이치를) 드러내 밝히고 있다.《논어》위정9장], [書足以記姓名而耳(서족이기성명이이) 글은 이름을 쓸 수 있으면 됩니다.《史記》] ❻<조동사-보조사(가능의 뜻)> [臣死且不避(신사차불피) 신은 죽음도 또한 피하지 않았는데, 卮酒安足辭(치주안족사) 어찌 한 잔의 술을 어찌 사양할 수 있겠습니까?《史記》], [士志於道(사지어도) 선비가 道

에 뜻을 두고도 而恥惡依惡食者(이치악의악사자) 나쁜 옷과 나쁜 음식을 부끄러워하는 사람은 未足與議也(미족여의야) 더불어 (道를) 논할 수 없다.《논어》리인9장], [凡可以矜己誇人者(범가이긍기과인자) 무릇 자기를 자랑하여 남에게 과시하는 것 따위는 皆無足道矣(개무족도의) 모두 말할 것도 없다./無足(무족), 不足(부족) : ~할 것이 없다 /道(도) : 말하다).

(2)<음 : 주> 지나치다, 과도하다, 더하다, 보태다 [巧言令色(교언영색) 말을 듣기 좋게 하고 얼굴빛을 보기 좋게 꾸미고 足恭(주공) 지나치게 공손함을 左丘明恥之(좌구명치지) 좌구명이 부끄러워했다.《논어》공야장21장]

祭(제) ❶祭祀(제사), 제사지내다 ❷미루다, 헤아리다

*祭主(좨주): 정삼품의 벼슬 이름. 제나라 임치의 稷門(직문) 근처에 있던 학문기관인 稷下學宮(직하학궁)의 우두머리 벼슬 이름. 직하학궁은 춘추전국시대 諸子百家(제자백가)의 학문의 요람이었다고 하며, 노자의 도덕경도 여기서 완성되었다고 하기도 함. 筍子(순자)가 두 번에 걸쳐 그 좨주를 지냈다고 함.

卒(졸) ❶마치다, 끝 [有始有卒者(유시유졸자) 시작도 있고 끝도 있는 이는 其惟聖人乎(기유성인호) 아마도 오직 성인뿐이리라!《논어》자장12장] ❷죽다 ❸마침내 ❹<부사> 갑자기 ❺군사

*卒以(졸이) 마침내

縱(종) ❶세로 (≠ 橫(횡): 가로) ❷(풀어) 놓다 [固天縱之將聖(고천종지장성) 진실로 하늘이 (한정하지 않고) 풀어놓은 거의 성인이시라서 又多能也(우다능야) 또한 능한 것이 많으신 것입니다.《논어》자한6장], [縱一葦之所如(종일위지소여) 쪽배가 가는대로 맡겨 能萬頃之茫然(능만경지망연) 만경의 아득한 물결을 지나다.《赤壁賦(적벽부)》 ❸放縱(방종) [水一傾(수일경) 則不可復(즉불가복) 물은 한 번 기울어지면 회복할 수 없고, 性一縱(성일종) 則不可反(즉불가반) 성품이 한 번 방종해지면 돌이킬 수 없다.《명심보감》] ❹비록 [縱我不在(종아부재) 子(자) 寧不來(녕불래) 비록 나는 가지 못하지만 그대는 어찌 오지 않는가?]

則(즉), 則(칙) (1)<음: 즉> ❶곧, 만일 ~이라면, ~하면, ~로 말하자면, ~한 즉, ~는, ~에 이르러서는 *가정, 조건에 따른 결과를 표시하는 접속사(=卽). 두 가지 또는 여러 가지 사실의 대비관계를 표시하는 경우가 많다. [弟子入則孝(제자입즉효) 젊은이는 집에 들어가면 효성스럽고 出則弟(출즉제) 밖으로 나가면 윗사람에게 공경스러워야 한다.《논어》學而(학이)6장>], [過則勿憚改(과즉물탄개) 잘못이 있다면 고치기를 꺼리지마라.《논어》學而(학이)8장], [必死則生(필사즉생) 必生則死(필생즉사) 반드시 죽으려 하면 곧 살고, 반드시 살려 하면 곧 죽는다], [學而不思則罔(학이불사즉망) 배우기만 하고 생각하지 않으면 얻음이 없고, 思而不學則殆(사이불학즉태) 생각하기만 하고 배우지 않으면 위태롭다.《논어》爲政(위정)15

장], [足則吾能徵之矣(족즉오능징지의) (문헌이) 충분하다면 내가 이를 입증할 수 있을 것이다.《논어》八佾(팔일)9장], [見小利(견소리) 則大事不成(즉대사불성) 작은 이익에 눈 돌리면 큰일을 이루지 못한다.《논어》子路(자로)17장], [仕而優則學(사이우즉학) 벼슬하면서 여유가 있으면 학문을 하고, 學而優則仕(학이우즉사) 학문하면서 여가가 있으면 벼슬을 한다.《논어》子張(자장)17장], [學則乃(학즉내) 爲君子(위군자) 배우면 군자가 되고 不學則爲小人(불학즉위소인) 배우지 않으면 소인이 된다.《明心寶鑑(명심보감)》], [今也則亡(금야즉무) 지금은(지금으로 말하자면) 없습니다.《논어》雍也(옹야)3장], [唯義所在(유의소재) 則舍命效忠(즉사명효충) 오직 의리가 있는 곳에는 목숨을 버리고 충성을 바쳐야한다.(唯(유) : 오직, 오로지 /舍(사) : 버리다 /效(효) : 바치다)]

❷~해도 *역접관계를 표시하는 접속사 [學則不固(학즉불고) 학문해도 견고하지 못하다.《논어》學而(학이)8장], [藤小國也(등소국야) 竭力以事大國(갈력이사대국) 등나라는 소국이라 힘을 다해서 대국을 섬겨도 則不得免焉(즉부득면언) 그 압박서 벗어날 수 없습니다.《孟子(맹자)》]

❸~은, ~가(주어 다음에 위치함) *一, 二, 三 등의 수사나 여러 가지 사항을 열거할 때 쓰이는 접속사 [公則一(공즉일) 公은 한결같고, 私則萬殊(사즉만수) 私는 여러 가지로 다르다.《近思錄》], [公則自傷(공즉자상) 공께서 스스로 상한 것이지 鬼惡能傷公(귀오능상공) 귀신이 어찌 공을 해할 수 있겠습니까?《莊子(장자)》], [鳥則擇木(조즉택목) 새가 나무를 택하지 木豈能擇鳥(목기능택조) 나무가 어찌 새를 택할 수 있겠습니까?《春秋》], [一則以喜(일즉이희) 한편으로는(하나는) 기쁘고 一則以懼(일즉이구) 한편으로는(하나는) 두렵다.《논어》里仁(리인)20장], [一則所見小(일즉소견소) 첫째는 소견이 작고 二則立心私(이즉립심사) 둘째는 마음먹은 것이 사사롭다.]

(2) <음 : 칙> ❶<명사> 법, 법칙 ❷<동사> 본받다. [惟天爲大(유천위대) 오직 하늘이 위대하거늘 惟堯則之(유요칙지) 요임금이 이것을 본받았다.《맹자》], [知我子希(지아자희) 나를 아는 자는 드물고 則我子貴(칙아자귀) 나를 본받는 자는 귀하다.《老子》], [先生施敎(선생시교) 선생이 가르침을 베풀면 弟子是則(제자시칙) 제자는 이를 본받는다.《小學》], [天生蒸民(천생증민) 하늘이 여러 백성을 내시니 有物有則(유물유칙) 사물이 있으면 법이 있도다.(蒸民(증민) : 모든 백성)《詩經》]

之(지) (1)<동사> ❶가다 [子之武城(자지무성) 공자께서 무성에 가셨을 때, 聞弦歌之聲(문현가지성) 거문고 소리에 맞춰 노래 부르는 소리가 들렸다.《논어》계씨4장], [末之也已(말지야이) 가실 곳이 없으면 그만두시지 何必公山氏之之也(하필공산씨지지야) 하필이면 공산씨에게 가시려 하십니까? *앞의 之(지)는 '~에게'(전치사), 뒤의 之(지)는 '가다'(동사)의 뜻《논어》계씨5장], [曾子之妻之市(증자지처지시) 증자의 아내가 시장을 갔는데, 其子隨之而泣(기자수지이읍) 그 아들이 그녀를 따르며 울었다.《韓非子》] ❷이르다, 어떤 장소나 시간에 닿다, 도달하다 [之死矢(지사시)

靡他(미타) 죽어도(죽음에 이르러도) 딴 마음 없음을 맹세한다. (靡他(미타) : 다른 마음이 없다, 마음이 변하지 않다.) ❸(영향을)끼치다 [之後世君子(지후세군자) 후세에 남을 군자다] ❹쓰다, 사용하다, 이용하다. [物舍其長(물사기장) 물건의 그 긴 것은 버리고, 之其所短(지기소단) 그 짧은 것을 이용한다.] ❺변하여 가다

(2)<代詞> * 문장의 끝에 놓인 之(지)는 대사이다. ❶근칭지시대사 <그, 그것> *지시대사로서 가리키는 것은 명사 외에 형용사적 성격을 가진 것과 부사적인 성격을 지닌 것까지 포괄한다. [予所否者, 天厭之(여소부자, 천염지) 내가 만일 례에 어긋나는 일을 했다면, 하늘이 나를 미워할 것이다.《논이》옹야26장], [學而時習之(학이시습지) 배우고 때때로 그것을 익히다.《논어》학이1장]

❷일반적인 사실 . 사물 . 사람을 가리키는 대사 [先行其言(선행기언) 먼저 그 말할 것을 실행하고, 而後從之(이후종지) 그 뒤에 (말이 행동을) 따르게 하는 것이다.《논어》위정13장], [吾道一以貫之(오도일이관지) 나의 도는 한 가지 理(이치)가 모든 것을 꿰뚫고 있다.《논어》리인15장], [知之者不如好之者(지지자불여호지자) (道를) 아는 사람은 좋아하는 사람만 못하고, 好之者不如樂之者(호지자불여낙지자) 좋아하는 사람은 즐거워하는 사람만 못하다.《논어》옹야18장 * 이 경우에는 之는 풀이하지 않는 것이 자연스럽다.]

❸대사와 조동사의 쓰임을 함께 내포. [景行錄云(경행록운) 경행록에 말하기를 寶貨用之有盡(보화용지유진) 보화는 그것을 쓰면 다함이 있지만 忠孝亨之無窮(충효형지무궁) 충효는 그것을 누려도 끝이 없다.《明心寶鑑》]

(3) 後置詞(어떤 단어의 뒤에 놓여서 그 단어의 역할을 규정하는 품사)로서의 之(지)

❶冠形格 어조사: 피수식어(주어, 객어 보어) 앞에서 뒤에 오는 명사를 수식한다. 이때 之는 앞의 단어에게 관형어(사) 자격을 주는 후치사이므로 '관형격 후치사(어조사)'라고 한다.

*관형어는 원칙적으로 피수식어의 앞에 위치한다.

*관형어는 품사와 달리 단어가 문장 속에서 어떤 기능을 하느냐에 따른 분류로서 문장성분 중의 하나이다. (문장성분이 관형어라 하여 그것이 품사로 '관형사'인 것은 아니다. '품사'와 '문장성분'은 구별된다.)

*술어(동사 . 형용사) 앞에서 술어를 수식하는 부사어와도 구별된다.

①<명사 . 대사 . 명사구 + 之> ~의 * '~의'라고 풀이하지만 한문문법에서는 대개 '소유격'이라고 하지 않는다. [君之病在胃腸(군지병재위장) 임금의 병은 장과 위에 있으니, 不治將益深(불치장익심) 치료하지 않으면 장차 더욱 깊어질 것이다.《韓非子》], [老馬之智可用也(노마지지가용야) 늙은 말의 지혜를 이용할 만하다.《韓非子》]

②<형용사 + 之> ~한 [少之時 血氣未定(소지시 혈기미정) 연소한 때는 혈기가 아직 정하여지지 않는다.《논어》계씨7장]

③<동사 . 동사구 + 之> ~하는 [害人之心不可有(해인지심불가유) 남을 해하려는 마음이 있어서 안 된다.《菜根譚(채근담)》], [器者(기자) 有用之成材(유용지성재) '기'란 쓰임이 있는 완성된 재질이다.《논어》공야장3장], [無羞惡之心 非人也(무수오지심 비인야) 자신의 불선을 부끄러워

하고 남의 불선을 미워하는 마음이 없으면 사람이 아니다.《맹자》], [孝弟也者(효제야자) 其爲仁之本與(기위인지본여) 부모에게 효도하고 웃어른을 공경한다는 것은 아마도 仁을 행하는 근본일 것이다.《논어》학이2장]

❷主格 어조사 : 앞의 명사(명사구)가 주어임을 나타낸다. 우리말의 '~은(는)', '~이', '~가'에 해당하며, 之 다음에는 대체로 서술어가 온다. * 류종목 : 주어와 술어 사이에 쓰여 主述構造(행위의 주체-주어-와 행위·동작·상태-서술어-의 결합된 구조)로 하여금 독립성을 잃고 명사구 또는 명사절이 되게 하는 구조조사. 명사구가 되는 경우 주어나 목적어로 쓰이고 節이 되는 경우 대개 시간, 가정, 조건 등을 표시한다. [不患人之不己知(불환인지불기지) 남이 자신을 알아주지 않음을 걱정하지 말고 患不知人也(환부지인야) 내가 남을 알아보지 못함을 걱정해야 한다.《논어》학이16장] [恥躬之不逮也(치궁지불체야) 躬行(궁행)(몸소 행함)이 미치지 못함을 부끄러워하다.《논어》리인22장], [人之不學(인지불학) 如登天而無術(여등천이무술) 사람이 배우지 않음은 하늘에 오르려는 데 방법이 없는 것과 같다.《莊子》], [歲寒然後(세한연후) 知松栢之後彫也(지송백지후조야) 날씨가 추워진 뒤에야 소나무와 잣나무가 나중에 시듦을 안다.《논어》자한27장], [君子之於天下也(군자지어천하야) 無適也(무적야) 無莫也(무막야) 군자는 천하의 일에 있어서 오로지 주장함도 없고 꼭 안 된다는 것도 없다.《논어》리인10장>], [赤之適齊也(적지적제야) 적이 제에 갈 때.《논어》옹야3장], [夫子之求之也(부자지구지야) 선생님께서 그것을 구하심은 其諸異乎人之求之與(기저이호인지구지여) 아마 다른 사람이 구하는 것과 다르리라.《논어》학이10장],

[夷狄之有君(이적지유군) '오랑캐 나라가 임금이 있는 것'이 不如諸夏之亡也(불여저하지무야) '중국의 여러 제후국에 (임금이) 있지 않은 것'과 같지 않다.《논어》팔일5장]

❸目的格 어조사 : 앞의 명사(명사구)가 목적어임을 나타낸다. 우리말의 '~을', '를'에 해당하며, 之 다음에는 대체로 '말하다'의 뜻을 갖는 서술어가 온다. [知之爲知之(지지위지지) 아는 것을 안다고 (말)하고, 不知爲不知(부지위부지) 모르는 것을 모른다고 (말)하는 것, 是知也(시지야) 이것이 바로 아는 것(앎)이다. *앞의 之(지)가 목적격 어조사 * 그 다음의 爲(위)는 '~하다'로 풀이하지만 속뜻은 '말하다'이다.《논어》위정17장]

❹목적어를 강조하기 위해 목적어를 술어 앞에 도치하고 목적어와 술어 사이에 '之'를 삽입한다. *之는 도치를 돕는 구조조사로서 결과적으로 之는 목적어와 술어가 도치된 것임을 나타내는 어조사. *<목적격 어조사>와 같이 '~을', '를'의 뜻으로 풀이한다. [其斯之謂與(기사지위여) 아마도 이것을 두고 한 말이군요?《논어》학이15장], [父母(부모) 唯其疾之憂(유기질지우) 어버이는 오로지 그 자식이 병이 들까를 근심하신다.《논어》위정6장], [詩書之無敎(시서지무교) 子孫愚(자손우) 시서를 가르치지 않으면 자손이 어리석어진다.], [盡己之謂忠(진기지위충) 자기 마음을 다하는 것을 일러 忠이라 하고, 推己之謂恕(추기지위서) 자기 마음을 미루어 남의 마음을 헤아려 주는 것을 일러 恕라고 한다.《논어》리인15장]. [言之不出(언지불출) 말을 하지 않음.《논어》리인22장>], [吾斯之未能信(오사지미능신) 저는 이것(벼슬)을 아직 자신할 수 없습니다.《논

어》공야장5장], [末之也已(말지야이) 가실 곳이 없으면 그만두시지, 何必公山氏之之也(하필공산씨지지야) 하필이면 공산씨에게 가시려 하십니까? *앞의 之(지)는 '~에게'(전치사), 뒤의 之(지)는 '가다'(동사)의 뜻《논어》계씨5장]

(4) ~로 말하자면, ~로 말할 것 같으면, ~는 *두 가지 또는 여러 가지 사실의 대비관계를 표시하는 접속사(= 則(즉)) [邇之事父(이지사부) 가까이로는 부모를 섬기고 遠之事君(원지사군) 멀리로는 군주를 섬길 수 있다.《논어》양화9장]

(5) ~에, ~에 있어서 [所行又簡(소행우간) 행하는 바가 또 대범하다면 豈不失之大簡(기불실지대간) 어찌, 너무 대범함에 잘못이 없고 而無法度之可守乎(이무법도지가수호) 지킬 만한 법도가 없는 것이 아니겠는가?《논어집주》옹야1장]

(6) ~와, ~과

(7) 이에, 이곳에

(8) 만일, 만약

且(차) ❶또, ~한 위에 또 더하여 *병렬관계, 또는 체증-점점 많아짐-관계를 표시하는 접속사 [道之以德(도지이덕) 백성을 이끌기를 덕으로써 하고 齊之以禮(제지이례) 백성을 가지런히 하기를 예로써 하면, 有恥且格(유치차격) 부끄러움을 알고 또 바르게 된다.《논어》위정3장], [不義而富且貴(불의이부차귀) 於我如浮雲(어아여부운) 의롭지 않으면서 부하고 귀한 것은 나에게 뜬구름과 같다.《논어》술이15장], [如有周公之才之美(여유주공지재지미) 설사 주공과 같은 훌륭한 재능을 가지고 있다고 하더라도, 使驕且吝(사교차인) 만일 교만하고 또 인색하다면 其餘不足觀也已(기여부족관야이) 그 나머지는 볼 것도 없다.《논어》태백11장] ❷<且(차)~ 且(차)~ > 한편으로 ~하고, 한편으로 ~하다, ~하기도 하고, 또 ~하기도 하고 [且問且答(차문차답) 한편으로는 묻고 다른 한편으로는 대답함], [且信且疑(차신차의) 한편으로는 믿음직스럽고 다른 한편으로는 의심스럽다.] ❸<억양(抑揚)> ~마저도, ~까지도 [臣死且不避(신사차불피) 신은 죽음까지도 또한 피하지 않는데, 卮酒(치주)安足辭(안족사) 잔술을 어찌 사양하겠습니까!(卮(치) : 큰 술잔)] ❹장차, 장차 ~하려 하다, 바야흐로 ~이 되려 하다. 將(장)과 쓰임이 같음. ❺만일 [君且欲霸王(군차욕패왕) 만일 장차 제후 중 패왕이 되려 하신다면 非管夷吾其不可(비관이오기불가) 관이오가 없이는 불가합니다.《史記》] ❻우선, 잠시, 얼마간

被(피) ❶이불, 덮는 침구 ❷잠옷 ❸미치다 ❹덮다, 덮어 가리다 ❺옷을 입다 ❻은혜를 입다 ❼피해, 부상 등을 당하다 ❽그, 그 사람 (= 彼(피)) ❾쓰다, 당하다 *수동적임을 나타내는 보조사 [信而見疑(신이견의) 미덥게 해도 의심받고, 忠而被謗(충이피방) 충성해도 비방 받는다.]

必(필) ❶반드시, 필히, 틀림없이, 꼭 ❷오로지, 專一(전일)하다 ❸구차히, 가벼히, 소홀히 ❹期必(기필)하다, 이루어 내다

*[期必(기필)] 어떤 일을 꼭 이룰 것을 때를 정하

여 약속함

*[不必(불필)] ~하지 마라, ~할 필요가 없다, ~할 것까지는 없다, 반드시 ~한 것은 아니다<부분부정> [仁者必有勇(인자필유용) 어진 자는 반드시 용기가 있지만, 勇者不必有仁(용자불필유인) 용기 있는 자가 반드시 어짊이 있는 것은 아니다.《논어》헌문5장]

*[未必(미필)] 반드시 ~한 것은 아니다. 꼭 그렇다고 할 수 없다<부분부정> [能詩者(능시자) 未必有歌(미필유가) 시를 지을 수 있는 자가 반드시 노래할 수 있는 것은 아니요, 爲歌者(위가자) 未必有詩(미필유시) 노래 부르는 자가 반드시 시를 할 수 있는 것도 아니다. <김천택의 靑丘永言(청구영언)>]

*[必然(필연)] 반드시 그렇게 되게 되어있는 일, 틀림없이 꼭

何(하) ❶<의문대사> 무엇, 누구, 어떤 사람 [旣庶矣(기서의) 又何加焉(우하가언) 이미 (백성들이) 많으면, 또 무엇을 더해야 합니까? (庶(서) : 많다)《논어》자로9장], [吾所以有天下者何(오소이유천하자하) 내가 천하를 가지게 된 까닭이 무엇이며, 項氏之所以失天下者何(항씨지소이실천하자하) 항우가 천하를 잃은 까닭이 무엇인가? *의문대사 "何(하)"가 술어로 사용되었음], [何事非君(하사비군) 어느 분을 섬긴들 군주가 아니며, 何使非民(하사비민) 어느 사람을 부린들 백성이 아니겠는가?(事(사) : 섬기다 /使(사) : 부리다) *의문대사 "何(하)"가 목적어인 경우 도치됨《맹자》]

*[何謂也(하위야)] 무엇을 이르는 것인가?

*[何有(하유)] 무엇이 있겠는가? 무엇이 있는가? (何難之有(하난지유) 아무 어려움이 없다) *의문문에서 목적어가 동사 앞에 놓인 형태 [能以禮讓(능이례양) 예와 겸양으로써 할 수 있다면 爲國乎何有(위국호하유) 나라를 다스리는 데에 무슨 어려움이 있겠는가?《논어》리인13장]

❷<의문형용사> 어느 [汝(여) 何國臣乎(하국신호) 너는 어느 나라 신하인가?《三國遺事》]

*[何故(하고)] 무슨 까닭으로

*[何如(하여)], [如何(여하)] 어떠한가? [賜也何如(사야하여) 저(賜)는 어떻습니까?《논어》공야장3장]

❸<의문부사> 어찌, 어찌하여 [有約(유약) 來何晩(래하만) 약속이 있는데, 오는 것이 어찌 늦은가? (約(약) : 약속하다 /來(래) : 오다 /晩(만) : 늦다)]

*[何莫~也(하막 야)] 어찌 ~아니하는가? [何莫由斯道也(하막유사도야) 어찌 이 도를 따르지 않겠는가?《논어》옹야15장]

*[何以(하이)] <의문부사> 어떻게, 왜, 무엇으로써 [吾何以觀之哉(오하이관지재) 내가 무엇으로써 (그 사람의 사람됨을) 살펴보겠는가?《논어》팔일26장]

*[何以 ~也(하이 야)] 어찌하여~입니까? *也(야)는 앞의 何以(하이)와 호응하여 의문문을 만드는 어기조사 [何以謂之文也(하이위지문야) 어찌하여 文이라고 시호하였습니까?《논어》공야장14장]

*[何用(하용)] 어찌 ~하겠는가? [不忮不求(불기불구) 질투하지 않고 탐내지 않으니 何用不臧(하용불장) 어찌 착하지 않겠는가?《논어》자한26장]

*[何(하) ~乎(호)] 어찌 ~하겠는가? [雖弑父與君(수시부여군) 비록 부모와 군주를 시해하는 일이라도 亦何(역하) 所憚而不爲乎(소탄이불위호) 또한 어찌 꺼려서 하지 못하겠는가?《논어》위정1장]

❹<反語副詞> 반어문(강조어법)을 만들기도 하는데, 의문문과 모양이 비슷해서 주의가 요구된다. [學業在汝篤志與否(학업재여독지여부) 학업은 너의 뜻이 돈독한지 아닌지에 달려 있거늘 志篤則(지독즉) 何患業不進(하환업부진) 뜻이 도타운데 어찌 업이 부진함을 걱정하리오? *'걱정할 필요 없다']

盍(합) ❶<의문·반어부사> 어찌하여 ~하지 않는가 *何不(하불)의 두 音(음)이 합하여 축약된 것 [盍各言爾志(합각언이지) 어찌하여 각기 너희들의 뜻을 말하지 않는가?《논어》공야장25장], [盍徹乎(합철호) 어찌하여 철법을 쓰지 않습니까?《논어》안연9장] ❷덮다, 합하다

奚(해) ❶<의문대사> 어디, 무엇 [奚以知其然也(해이지기연야) 무엇으로 그렇다는 것을 아는가?《莊子》], [衛君待子而爲政(위군대자이위정) 子將奚先(자장해선) 위나라 임금이 선생님을 모셔 정사를 하고자 한다면 선생님께서는 무엇을 먼저 하시겠습니까?《논어》자로3장] ❷<의문부사> 어찌, 어찌하여 [君(군) 奚爲不見孟軻也(해위불견맹가야) 임금께서는 어찌 맹가(맹자의 이름)를 만나 보지 않으셨습니까?《韓非子》], [奚取於三家之堂(해취어삼가지당) 어찌 삼가의 사당에서 취하여 쓰는가?《논어》팔일2장] ❸<의문형용사> 어느, 무슨 [惟救死(유구사) 而恐不贍(이공불섬) 오직 죽음을 구제하기에도 부족할까 두려우니, 奚暇(해가) 治禮義哉(치례의재) 어느 겨를에 예의를 다스리겠습니까?(救(구) : 건지다 /恐(공) : 두렵다 /贍(섬) : 넉넉하다 /暇(가) : 겨를)], [法術之士(법술지사) 법술을 지닌 선비가 奚道得進(해도득진) 무슨 방법으로 나아갈 수 있겠으며, 而人主(이인주) 奚時得悟乎(해시득오호) 임금은 어느 때나 깨달을 수 있겠는가?(術(술) : 꾀 /悟(오) : 깨닫다)]

乎(호) (1) <어기조사> ❶~느냐? ~는가? ~겠지? ~이 아닌가? ~한데 그렇지 아니한가? *반어형 의문 종결어기조사. 그 말 속에는 듣는 사람이 말하는 이에게 마땅히 동의할 것이라는 뜻이 숨어 있다. [由(유) 誨女知之乎(회여지지호) 유야, 너에게 안다는 것을 가르쳐 줄까?《논어》위정17장]

*[不有(불유) ~乎(호)] ~있지 아니한가?

*[不亦(불역) ~乎(호)] 역시 ~이 아닌가? [學而時習之(학이시습지) 배우고 때때로 그것을 익히니, 不亦說乎(불역열호) 또한 기쁘지 아니한가? ('기쁘다'를 강조하는 반문형-반어적인 표현)《논어》학이1장]

*[無乃(무내) ~乎(호)] 바로 ~이 아닌가? *반문형 의문문으로 강한 긍정을 나타낸다 [居簡而行簡(거간이행간) 몸가짐이 대범하면서 행동마저 대범하면 無乃大簡乎(무내대간호) 지나치게 대범한 것이 아니겠습니까?《논어》옹야1장]

❷~일 것이다 *단정적인 추측의 어기를 표시하는 어기조사 [君子無所爭(군자무소쟁) 군자는 (승부를) 다투는 일이 없으나 (있다면) 必也射乎(필야사호)

반드시 활쏘기일 것이다.《논어》八佾(팔일)7장], [何事於仁(하사어인) 어찌 어짊뿐이겠느냐? 必也聖乎(필야성호) 틀림없이 성스럽다고 하겠다.《논어》옹야28장] ❸음절을 조정하고 어기를 고르는 어기조사 [由也果(유야과) 중유는 결단력이 있으므로 於從政乎(어종정호) 何有(하유) 정사에 종사하는 데 있어서 무슨 어려움이 있겠는가?《논어》옹야6장], [苟正其身矣(구정기신의) 진실로 자기 자신을 바르게 한다면 於從政乎(어종정호) 정치에 종사한들 何有(하유) 무슨 어려움이 있겠는가?《논어》자로13장] ❹~하라! ~랴! ~도다 *감탄의 어기를 표시하는 종결어기조사 [以與爾鄰里鄉黨乎(이여이린리향당호) 그것을 가지고서 너의 이웃과 마을이나 고을 사람에게 나누어 주려무나!《논어》옹야3장], [已矣乎(이의호) 끝났구나! 吾未見能見其過(오미견능견기과) 나는 아직 자기 허물을 보고 而內自訟者也(이내자송자야) 속으로 스스로를 꾸짖을 수 있는 자를 보지 못했다. *<단정적 어기를 표시하는 어기조사> 矣(의)와 <감탄의 어기를 표시하는 어기조사> 乎(호)를 연이서 써서 강한 단정과 감탄의 어기를 표시한다.《논어》공야장26장], [中庸之爲德也(중용지위덕야) 중용의 덕 됨은 其至矣乎(기지의호) 아마도 지고지상(至高至上) 이리라! *추측을 표시하는 부사 其(기)와 함께 쓰이는 경우에는 추측의 어기를 내포한다.《논어》옹야26장], [其言也訒(기언야인) 함부로 말하지 않으면 斯謂之仁矣乎(사위지인의호) 곧 그것을 '仁(인)'이라고 합니까?《논어》안연3장] ❺~아. ~이여. ~야 *呼格 어기조사 [參乎(삼호) 吾道一以貫之(오도일이관지) 삼아! 나의 도는 하나로써 모든 것을 꿰뚫고 있다.《논어》리인15장]

(2) 아! 그런가! *감탄사(=呼(호))

*嗚乎(오호), 嗚呼(오호), 於乎(오호), 嗟乎(차호)

(3) <전치사> ❶ ~에, ~에서 *동작 발생의 장소를 표시하는 전치사(=於(어), 于(우)) [君子去仁(군자거인) 군자가 仁에서 떠난다면 惡乎成名(오호성명) 어찌 (어디에서, 어떻게) 이름을 이룰 수 있겠는가?《논어》리인5장], [吾惡乎哭諸(오오호곡저) 나는 어디에서 그를 위해 통곡한단 말이냐?《禮記》], [不信乎朋友(불신호붕우) 친구에게 신임을 얻지 못하면(乎(호)는 피동의 뜻을 가짐) 不獲乎上矣(불획호상의) 윗사람에게도 신임을 얻지 못한다.《中庸》]

❷~을, ~에 *동작의 대상을 표시하는 전치사(= 於(어)) [攻乎異端(공호이단) 斯害也已(사해야이) 이단을 전공하면(이단에 몰입하면) 해로울 따름이다.《논어》위정16장], [彖者(단자) 言乎象者也(언호상자야), 爻者(효자) 言乎變者也(언호변자야) '단'은 상을 말하는 것이고, '효'는 변화를 말하는 것이다.《周易經》] ❸~보다, ~와 (=於(어)) *비교의 대상을 표시하는 전치사로서 술어인 형용사 뒤에 위치한다. [德隆乎三皇(덕융호삼황) 덕이 삼황보다 우뚝하고 功羨於五帝(공선어오제) 공이 오제보다 뛰어났다.] [不有博奕者乎(불유박혁자호) 장기놀이와 바둑이라는 것도 있지 않느냐? 爲之猶賢乎已(위지유현호이) 그것이라도 하는 것이 오히려 하지 않는 것보다는 낫다.《논어》양화22장]

(4) 형용 접미사로서 상태를 나타냄. [洋洋乎盈耳哉(양양호영이재) 양양하게(감미롭게 넘실넘실) 내 귀를 채웠도다!《논어》태백15장]